DAREDEVIL & ECHO

TEILE DER LEERE

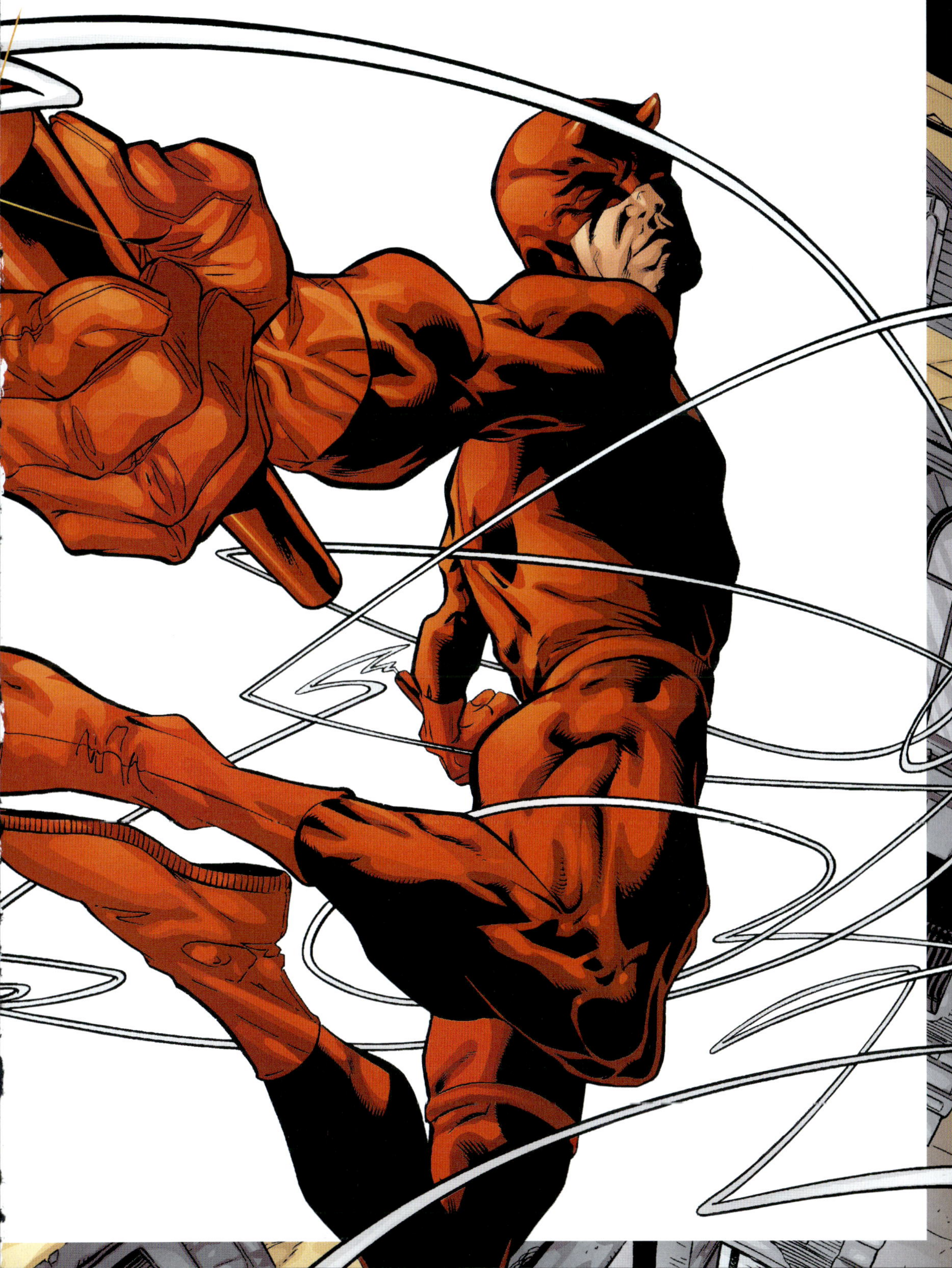

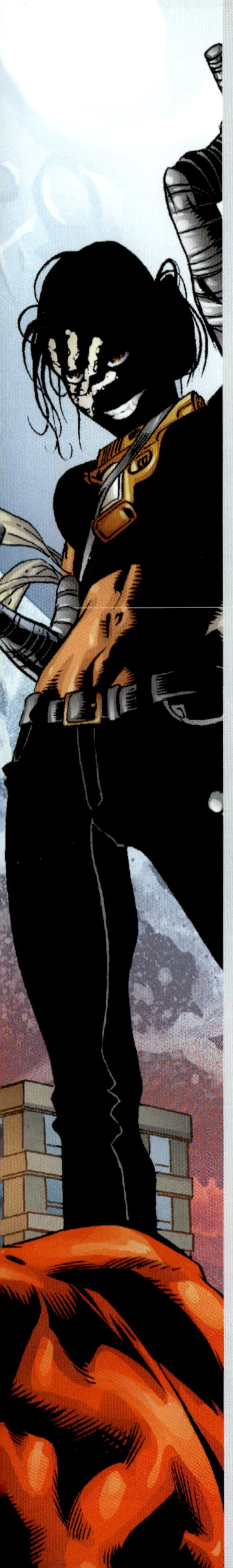

INHALT

MARVEL

FSC
www.fsc.org
MIX
Paper | Supporting responsible forestry
FSC® C115044

DAREDEVIL & ECHO
TEILE DER LEERE

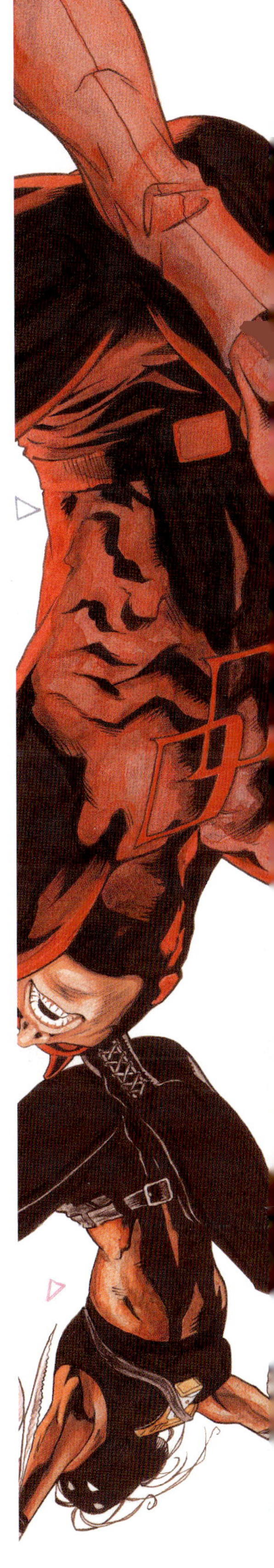

DAVID MACK (9-11, 13-15)
JIMMY PALMIOTTI (12)
JOE QUESADA (12)
STORY

ROB HAYNES (12)
JOE QUESADA (9-11, 13-14)
DAVID ROSS (14-15)
ZEICHNUNGEN

ROB HAYNES (12)
MARK MORALES (13-15)
JIMMY PALMIOTTI (9-11)
TUSCHE

RICHARD ISANOVE (9-11, 13-15)
DAVID SELF (12)
FARBEN

ANDREA RENZONI
LETTERING

BERND KRONSBEIN
ÜBERSETZUNG

NANCI DAKESIAN
KELLY LAMY
STUART MOORE
REDAKTION USA

C. B. CEBULSKI
CHEFREDAKTEUR USA

MARVEL MUST-HAVE: DAREDEVIL & ECHO – TEILE DER LEERE erscheint bei **PANINI COMICS**, Schloßstraße 76, D-70176 Stuttgart. Druck: Lito Terrazzi S.r.l. – Prato. Pressevertrieb: Stella Distribution GmbH, D-22297 Hamburg. Direkt-Abos auf **www.paninicomics.de.** Anzeigenverkauf: BLAUFEUER VERLAGSVERTRETUNGEN GmbH, info@blaufeuer.com. Es gelten die Anzeigenpreise gemäß der Mediadaten 2023. Geschäftsführer **Hermann Paul**, Publishing Director Europe **Marco M. Lupoi**, Finanzen/Logistik **Felix Bauer**, Marketing Director **Holger Wiest**, Marketing **Fabio Cunetto**, Vertrieb **Alexander Bubenheimer**, PR/Presse **Steffen Volkmer**, Publishing Manager **Lisa Pancaldi**, Redaktion **Monty Arnold**, **Harald Gantzberg**, **Matthias Korn**, **Anja Seiffert**, **Kristina Starschinski**, **Ilaria Tavoni**, **Daniela Uhlmann**, Übersetzung **Bernd Kronsbein**, Proofreading **Genoveva Fincias Alonso**, Lettering **Andrea Renzoni**, grafische Gestaltung **Marco Paroli** (coordinator), **Cinzia Morando**, **Barbara Sarti**, Art Director **Alessandro Gucciardo**, Redaktion Panini Comics **Annalisa Califano**, **Beatrice Doti**, Prepress **Cristina Bedini**, **Daniela Guidetti**, **Andrea Lusoli**, Repro/Packager **Alessandro Nalli** (coordinator), **Anna Boselli**, **Mario Da Rin Zanco**, **Valentina Esposito**, **Luca Ficarelli**, **Linda Leporati**. Deutsche Edition bei Panini Verlags-GmbH unter Lizenz von Marvel Characters B.V. Cover von **Joe Quesada**, **Jimmy Palmiotti** & **David Mack**, *Daredevil/Echo: Parts of a Hole* HC (2010).

Bibliografische Information der Deutschen Nationalbibliothek
Die Deutsche Nationalbibliothek verzeichnet diese Publikation in der Deutschen Nationalbibliografie; detaillierte bibliografische Daten sind im Internet über dnb.d-nb.de abrufbar.

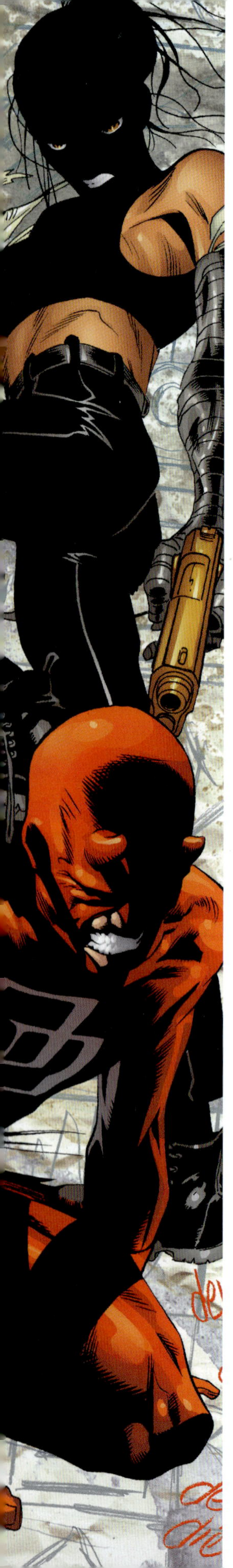

DIE NACHT IST SEIN FREUND

Keinen klassischen Marvel-Helden kennen wir so lange wie **Matt Murdock** alias **Daredevil**. Wir lernen ihn bereits als achtjährigen Sohn eines alternden Preisboxers kennen. Als Jugendlicher hat Matt große Ähnlichkeit mit James Dean. Da zwingt ihm seine Aufopferungsbereitschaft eines Tages einen schicksalhaften Tauschhandel auf. Er verliert bei einem Unfall das Augenlicht, doch seine übrigen Sinne werden übermenschlich geschärft und um einen Radarsinn ergänzt. In der Turnhalle schmiedet er sich zu einem kraftvollen Akrobaten, schneidert sich ein Kostüm (dessen Design später noch verbessert wird) und rächt den Tod seines Vaters durch die Hand krimineller Boxkampf-Veranstalter. Den Blindenstock, den er zur Wahrung seines bürgerlichen Inkognitos trägt, braucht er in Wahrheit nicht, baut ihn aber zu einer Waffe aus. Matt Murdocks Hauptberuf als Rechtsanwalt macht ihn sogar zum zweifachen Verbrechensbekämpfer. Die Kanzlei teilt er sich mit **Foggy Nelson** und der Sekretärin **Karen Page**, die heimlich in ihn verliebt ist. Inzwischen ist Karen tot, und Matt Murdock hat um sie getrauert – das Schicksal nimmt seinen Lauf. Nachdem **Bill Everett** (ein Veteran des Golden Age) 1964 gemeinsam mit **Stan Lee** den Grundstein für diese Saga gelegt und der unvergessene **Wallace Wood** der ersten *Daredevil*-Serie den fertigen Schliff verpasst hatte, war es vor allem **Gene Colan**, der den Helden viele Jahre lang betreute (ausgiebiger sollte er sich nur *The Tomb of Dracula* widmen). Daredevil ist der erste finstere Protagonist in der Reihe der Superhelden, seine Teufelshörnchen trägt er nicht von ungefähr. Dafür hat bereits Autor **Gerry Conway** gesorgt, der im Ruf steht, seinen Helden besonders übel mitzuspielen! Ist Queens die Heimat von **Spider-Man** und Greenwich Village der Kiez von **Dr. Strange**, so ist Daredevil der Hüter von Hell's Kitchen. Ein Newcomer namens **Frank Miller**, der 1979 mit *Daredevil* 158 bei Marvel einstieg, verstärkte diesen Ansatz. Zunächst nur als Zeichner vorgesehen, prägte Miller die Serie schließlich auch als Autor, schuf die Auftragsmörderin **Elektra** (Matt Murdocks Jugendliebe) und stieg damit zum Comic-Giganten auf. Zeichner, die heute ebenfalls Stars der Branche sind, setzten seine erzählerischen Höhepunkte um: 1986 erschienen *Daredevil: Born Again* mit **David Mazzucchelli** und *Elektra Assassin* mit **Bill Sienkiewicz**. Im selben Jahr trug Miller bei DC zur Neuerfindung von Batman bei. Jahre vor dem MCU enterte Hell's Kitchens Beschützer Hollywood. Doch die Verfilmung mit dem zahmen Ben Affleck in der Hauptrolle war zu leichtgewichtig. Erst 2015, als Charlie Cox bei Netflix als Daredevil in Serie ging, begann sich der Blick auf den blinden Superhelden auch außerhalb der Comic-Gemeinde zu schärfen. Die Wechselwirkungen zwischen Film, Serie und Comic-Kunst sind ohnehin längst obligatorisch. Vieles, was im vorliegenden Band geschieht, wurde für die Figur der **Maya Lopez** in der Streaming-Serie *Hawkeye* auf Disney+ aufgegriffen. Wie man hört, ist sie bei diesem Anbieter als Heldin einer eigenen Serie vorgesehen. Ob sie dann auch Daredevil begegnet?

Monty Arnold

Als ich neun Jahre alt war, las ich zum ersten Mal *Daredevil*. Es war eines der Hefte von Frank Miller aus dem Jahr 1982 (genauer gesagt Nummer 183). Um die Wahrheit zu sagen, war ich ein wenig verunsichert. Die Geschichte war eine kantige urbane Kriminalgeschichte, die sich mit den Gefahren des Drogenkonsums befasste. Die Geschichte (und die Erzählweise) war anspruchsvoller als alles, was ich bisher gesehen oder gelesen hatte. Darauf war ich nicht vorbereitet, und sie ließ mein kleines neunjähriges Gehirn auf Hochtouren laufen und brachte mich dazu, die Dinge auf eine neue Art zu betrachten.

Jahre später las ich diese alten Hefte erneut und erkannte darin noch mehr, was ich beim ersten Mal nicht begriffen hatte. Ich glaube, es waren diese frühen Daredevil-Geschichten von Frank Miller, die mich zum ersten Mal auf die Idee brachten, eine Geschichte mit Bildern zu erzählen. Ich glaube, sie waren auch dafür verantwortlich, dass ich den Wunsch verspürte, Bücher zu lesen, die sowohl lehrreich als auch unterhaltsam sind. Comics haben mein Verständnis für die Welt erweitert und meine Leidenschaft für das Lernen und die Kreativität gestärkt.

Der Band, den ihr jetzt in den Händen haltet, ist aus vielen Gründen sehr wichtig für mich. Es ist die erste Arbeit, die ich für Marvel Comics gemacht habe. Die Möglichkeit zu haben, *Daredevil* zu schreiben, nachdem ich es als Kind gelesen hatte, ist der Traum eines neunjährigen Kindes, der wahr geworden ist. Dieser Band markiert auch den Beginn einer wunderbaren und fantastischen Zusammenarbeit mit Joe Quesada. Meiner Meinung nach handelt es sich hierbei um die beste Sammlung von Joes Zeichenkunst und Storytelling, die es je gab. Vielleicht bin ich voreingenommen, aber ich denke, dass es Joes bisher stärkstes Werk ist.

Als Joe mich zum ersten Mal bat, *Daredevil* zu schreiben, war ich ein wenig zwiegespalten. Nun, zuerst war ich fassungslos. Dann fühlte ich mich geschmeichelt. Aber dann musste ich ernsthaft über die Herausforderung nachdenken. Ich hatte jahrelang *Kabuki* (meine eigene Reihe) geschrieben, aber ich hatte noch nie eine Figur geschrieben, die ich nicht selbst erschaffen hatte.

Ich hatte schon immer das Gefühl, dass mein Schreiben sich am stärksten anfühlt, wenn ich es aus einem persönlichen Kontext heraus schreiben kann. Ich muss in der Lage sein, die Figur mit meinen eigenen persönlichen Erfahrungen emotional zu durchdringen. Die Herausforderung bestand darin, das auch hier zu ermöglichen. Ich musste den Hauptfiguren (und meinen neuen Figuren) etwas Eigenes geben, die Reihe aber auch so schreiben, dass die umfangreiche Geschichte von Daredevil und all das, was die früheren Autoren eingebracht haben, respektiert wird. Andernfalls hätte es wirklich keinen Sinn für mich gehabt.

Erst als ich die ersten Seiten sah, die Joe nach meinem Skript gezeichnet hatte, bekam ich das Gefühl, dass die Geschichte diese Herausforderungen meistert. Joes Zeichnungen erweckten sie zum Leben und ließen sie auf eine Weise atmen, die ich mir nicht hätte vorstellen können. Joes Zeichnungen variieren in Stil, Komposition und Tempo, alles basierend auf den subtilen Veränderungen im Ton der Geschichte und der Charakterentwicklung. Seine Zeichnungen in dieser Story wissen genau, wann sie flüstern und wann sie schreien müssen. Er zeigt eine solche Bandbreite bei der Gestaltung, dass viele Leute dachten, ich hätte einige der Seiten gezeichnet und gemalt.

Joe hat die besten Ideen meiner Geschichte und Layout-Vorschläge übernommen und sie mit seinem eigenen, einzigartigen Zeichenstil in einem solchen Ausmaß verschmolzen, dass es manchmal so scheint, als sei eine Art Hybrid entstanden. Joes Zeichnungen (und die Arbeit des restlichen Teams, insbesondere die des Koloristen Richard Isanove) machten das fertige Puzzle so viel besser als die Summe seiner Teile, dass die Zusammenarbeit wie Magie erschien. Deshalb ist es für mich sehr wichtig, dass diese Geschichte endlich in einem Band gesammelt wird. Alle Kapitel dieses Bandes wurden auf einmal geschrieben, als eine einzige Handlung, und ich denke, dass sie sich am besten in einem Stück liest. Noch besser ist, dass man sie öfter lesen kann, und ich glaube, dass es beim zweiten Mal sogar noch mehr Spaß macht. Probiert es aus. Joes Zeichnungen erzählen die Geschichte sehr dynamisch, aber auch sehr subtil, und mancher Subtext ist gut verschlüsselt.

Dieser Band wird für manche die erste Begegnung mit Daredevil sein und für manche sogar die erste Begegnung mit Comics. Ich hoffe, für euch entsteht die gleiche Art von Magie, wie es bei mir beim ersten Lesen eines Daredevil-Comics war. Wenn ja, dann gebt diesen Band weiter an einen Freund. So hat es bei mir angefangen.

David Mack
Dezember 2001

Meinem Vater, ***Wilson Grant Mack*** *gewidmet, der mir meinen ersten Daredevil-Comic kaufte, als ich neun war. Als wir klein waren, nannten mein Bruder und ich ihn immer „den Kingpin", und viele Details in dieser Geschichte entstammen tatsächlichen Erinnerungen an meinen Vater und Ereignissen aus meiner eigenen Kindheit.*
Ich möchte mich auch bei allen bedanken, mit denen ich bei diesem Projekt zusammenarbeiten durfte, und insbesondere bei Joe Quesada, der mich gebeten hat, Daredevil zu schreiben. Vielen Dank für diese Gelegenheit.

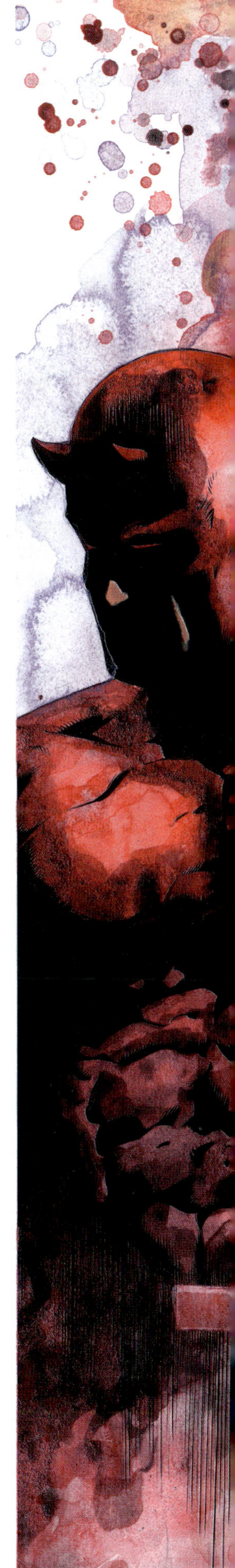

TEILE DER LEERE, KAPITEL 1: MURDOCKS GESETZ

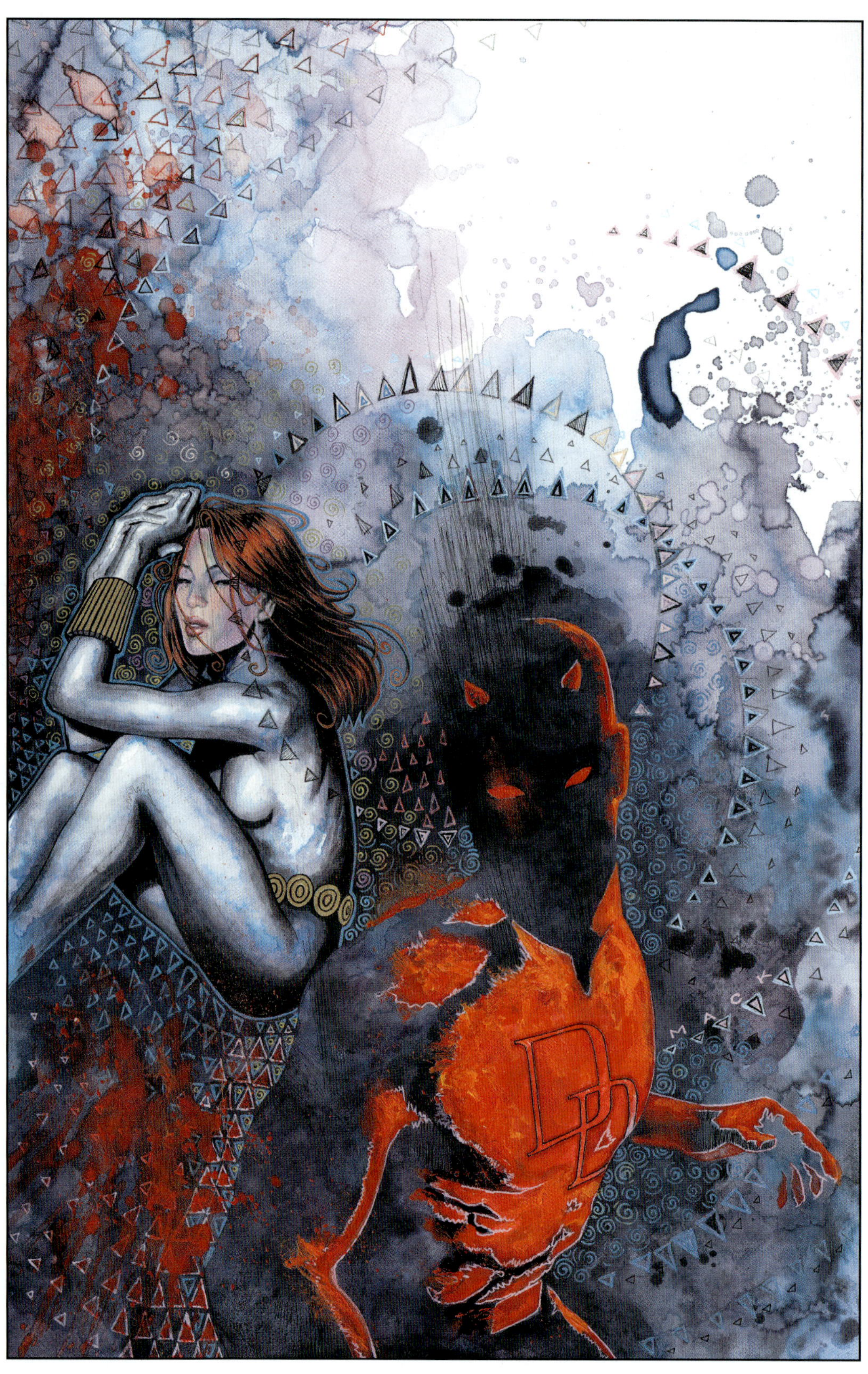

Daredevil (1998) 9
Cover von **DAVID MACK**

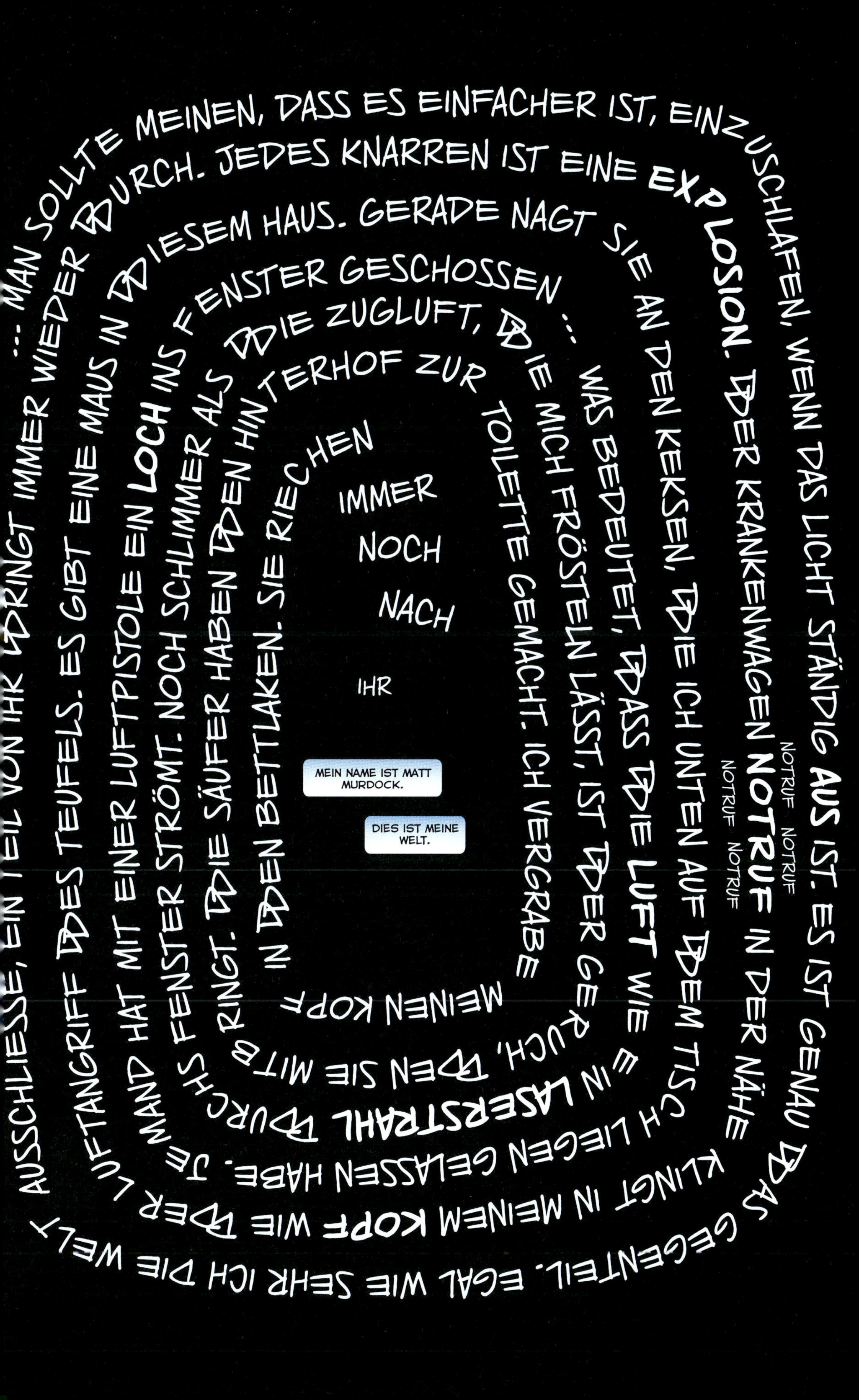

... MAN SOLLTE MEINEN, DASS ES EINFACHER IST, EINZUSCHLAFEN, WENN DAS LICHT STÄNDIG **AUS** IST. ES IST GENAU DAS GEGENTEIL. EGAL WIE SEHR ICH DIE WELT AUSSCHLIESSE, EIN TEIL VON IHR DRINGT IMMER WIEDER DURCH. JEDES KNARREN IST EINE **EXPLOSION.** DER KRANKENWAGEN **NOTRUF** IN DER NÄHE KLINGT IN MEINEM **KOPF** WIE DER LUFTANGRIFF DES TEUFELS. ES GIBT EINE MAUS IN DIESEM HAUS. GERADE NAGT SIE AN DEN KEKSEN, DIE ICH UNTEN AUF DEM TISCH LIEGEN GELASSEN HABE. JEMAND HAT MIT EINER LUFTPISTOLE EIN **LOCH** INS FENSTER GESCHOSSEN ... WAS BEDEUTET, DASS DIE **LUFT** WIE EIN **LASERSTRAHL** DURCHS FENSTER STRÖMT. NOCH SCHLIMMER ALS DIE ZUGLUFT, DIE MICH FRÖSTELN LÄSST, IST DER GERUCH, DEN SIE MITBRINGT. DIE SÄUFER HABEN DEN HINTERHOF ZUR TOILETTE GEMACHT. ICH VERGRABE MEINEN KOPF IN DEN BETTLAKEN. SIE RIECHEN

IMMER

NOCH

NACH

IHR

NOTRUF NOTRUF NOTRUF NOTRUF

MEIN NAME IST MATT MURDOCK.

DIES IST MEINE WELT.

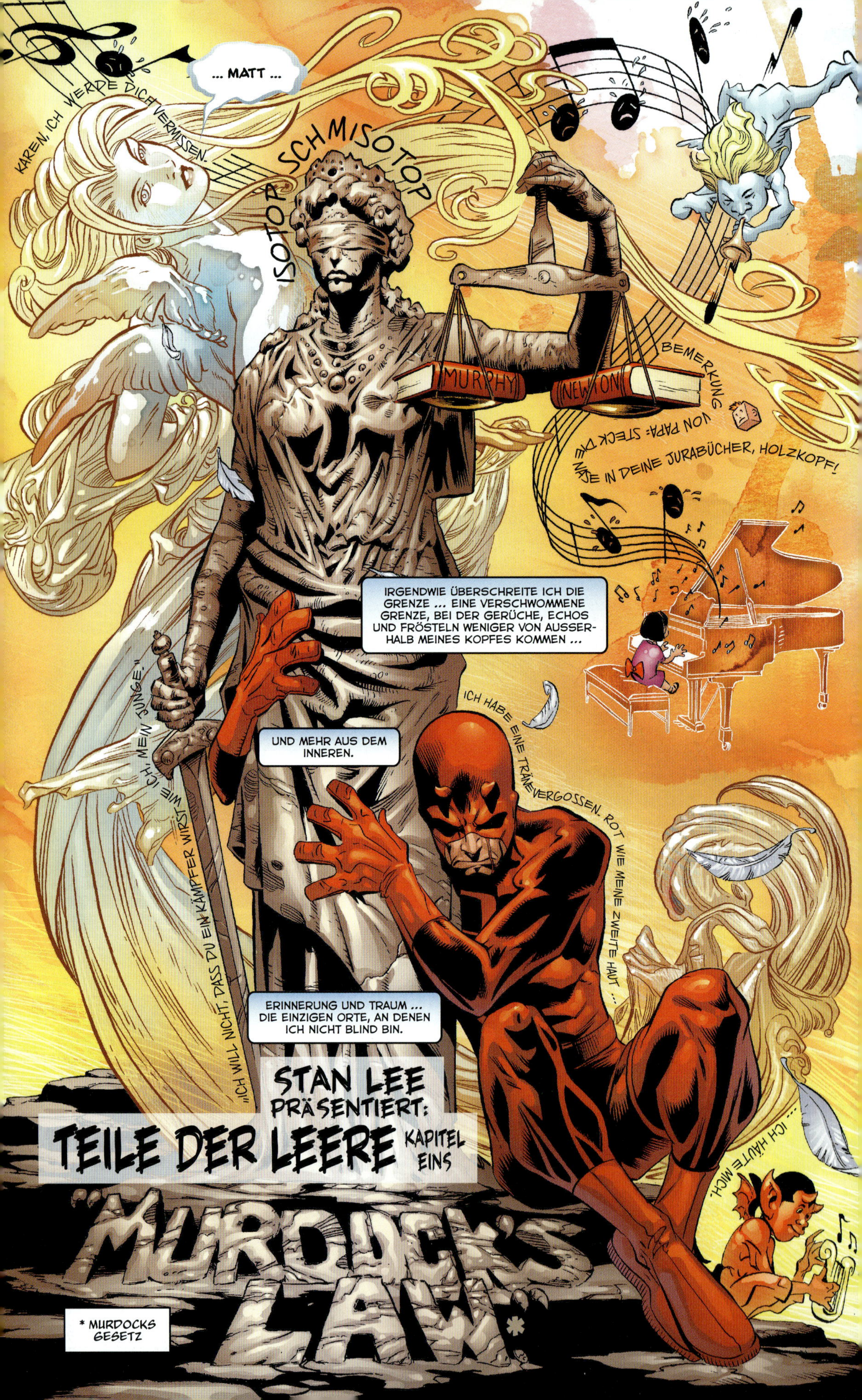
... MATT ...
KAREN, ICH WERDE DICH VERMISSEN.
ISOTOP SCHMISOTOP
MURPHY
NEWTON
BEMERKUNG VON PAPA: STECK DIE NASE IN DEINE JURABÜCHER, HOLZKOPF!
IRGENDWIE ÜBERSCHREITE ICH DIE GRENZE ... EINE VERSCHWOMMENE GRENZE, BEI DER GERÜCHE, ECHOS UND FRÖSTELN WENIGER VON AUSSERHALB MEINES KOPFES KOMMEN ...
UND MEHR AUS DEM INNEREN.
"ICH WILL NICHT, DASS DU EIN KÄMPFER WIRST WIE ICH, MEIN JUNGE."
ICH HABE EINE TRÄNE VERGOSSEN. ROT WIE MEINE ZWEITE HAUT ...
ERINNERUNG UND TRAUM ... DIE EINZIGEN ORTE, AN DENEN ICH NICHT BLIND BIN.
... ICH HÄUTE MICH.
STAN LEE PRÄSENTIERT:
TEILE DER LEERE KAPITEL EINS
"MURDOCK'S LAW"*
* MURDOCKS GESETZ

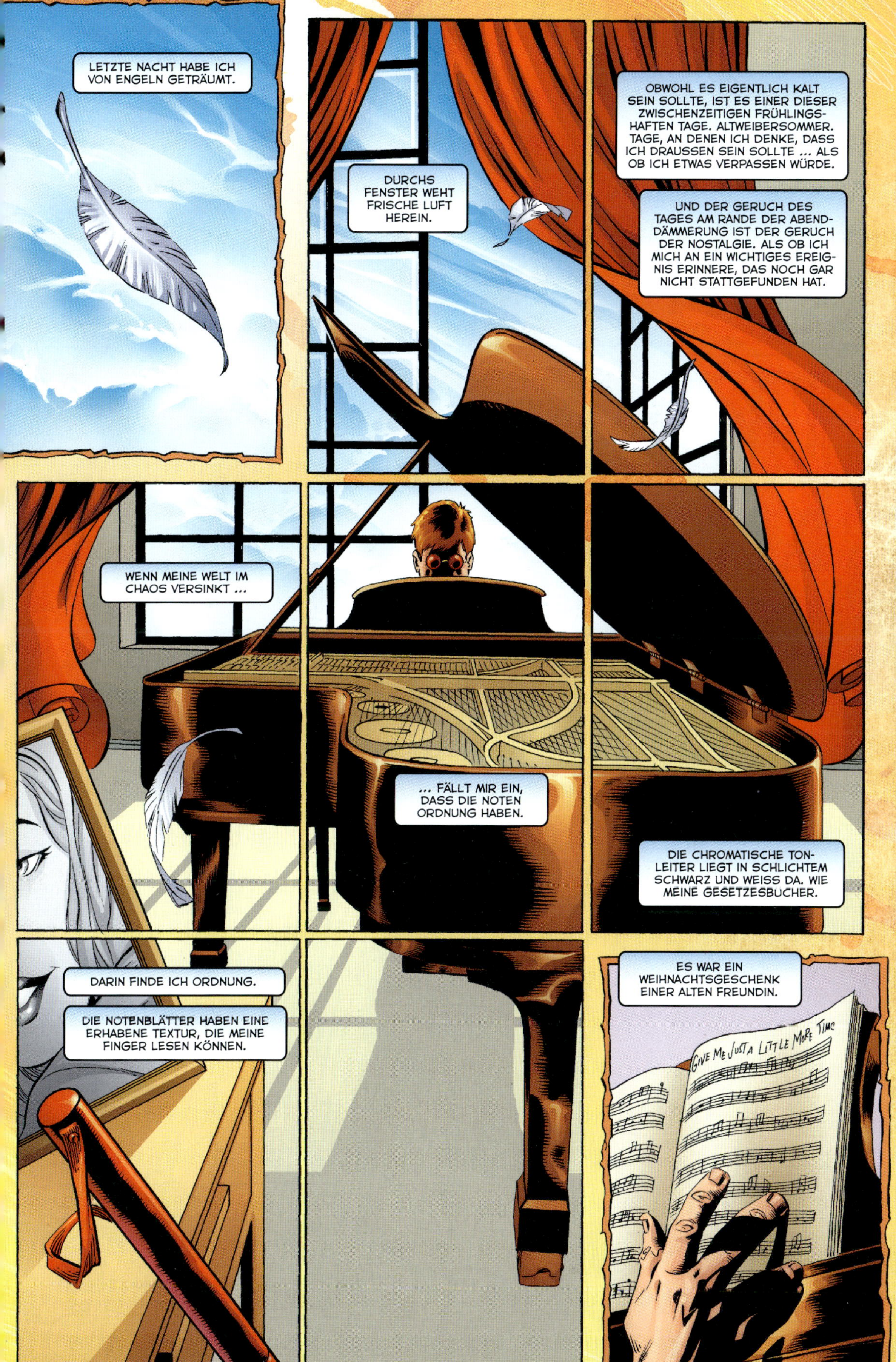
LETZTE NACHT HABE ICH VON ENGELN GETRÄUMT.
DURCHS FENSTER WEHT FRISCHE LUFT HEREIN.
OBWOHL ES EIGENTLICH KALT SEIN SOLLTE, IST ES EINER DIESER ZWISCHENZEITIGEN FRÜHLINGSHAFTEN TAGE. ALTWEIBERSOMMER. TAGE, AN DENEN ICH DENKE, DASS ICH DRAUSSEN SEIN SOLLTE ... ALS OB ICH ETWAS VERPASSEN WÜRDE.
UND DER GERUCH DES TAGES AM RANDE DER ABENDDÄMMERUNG IST DER GERUCH DER NOSTALGIE. ALS OB ICH MICH AN EIN WICHTIGES EREIGNIS ERINNERE, DAS NOCH GAR NICHT STATTGEFUNDEN HAT.
WENN MEINE WELT IM CHAOS VERSINKT ...
... FÄLLT MIR EIN, DASS DIE NOTEN ORDNUNG HABEN.
DIE CHROMATISCHE TONLEITER LIEGT IN SCHLICHTEM SCHWARZ UND WEISS DA. WIE MEINE GESETZESBUCHER.
DARIN FINDE ICH ORDNUNG.
DIE NOTENBLÄTTER HABEN EINE ERHABENE TEXTUR, DIE MEINE FINGER LESEN KÖNNEN.
ES WAR EIN WEIHNACHTSGESCHENK EINER ALTEN FREUNDIN.
GIVE ME JUST A LITTLE MORE TIME

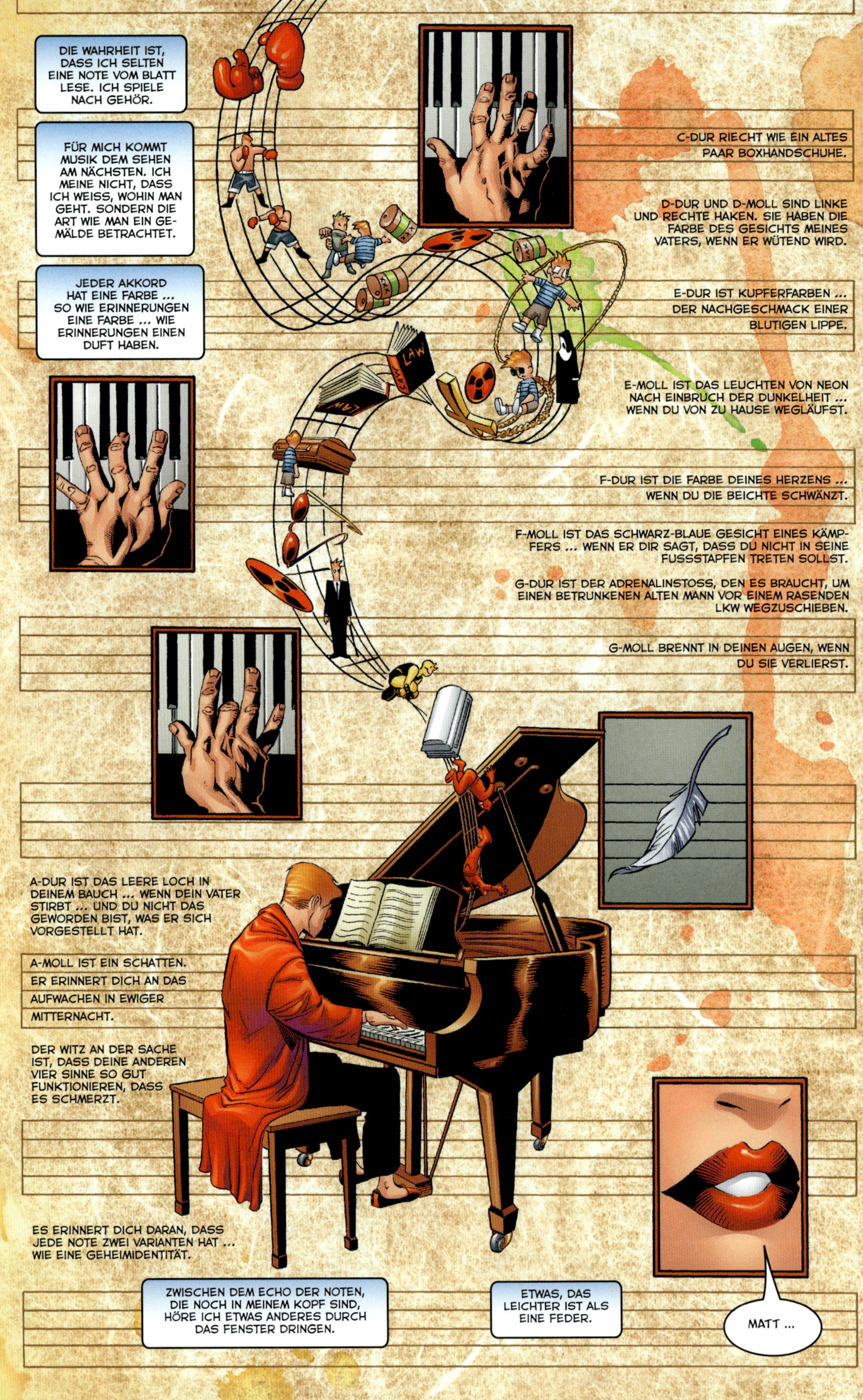
DIE WAHRHEIT IST, DASS ICH SELTEN EINE NOTE VOM BLATT LESE. ICH SPIELE NACH GEHÖR.
FÜR MICH KOMMT MUSIK DEM SEHEN AM NÄCHSTEN. ICH MEINE NICHT, DASS ICH WEISS, WOHIN MAN GEHT. SONDERN DIE ART WIE MAN EIN GEMÄLDE BETRACHTET.
JEDER AKKORD HAT EINE FARBE ... SO WIE ERINNERUNGEN EINE FARBE ... WIE ERINNERUNGEN EINEN DUFT HABEN.
C-DUR RIECHT WIE EIN ALTES PAAR BOXHANDSCHUHE.
D-DUR UND D-MOLL SIND LINKE UND RECHTE HAKEN. SIE HABEN DIE FARBE DES GESICHTS MEINES VATERS, WENN ER WÜTEND WIRD.
E-DUR IST KUPFERFARBEN ... DER NACHGESCHMACK EINER BLUTIGEN LIPPE.
E-MOLL IST DAS LEUCHTEN VON NEON NACH EINBRUCH DER DUNKELHEIT ... WENN DU VON ZU HAUSE WEGLÄUFST.
LAW
F-DUR IST DIE FARBE DEINES HERZENS ... WENN DU DIE BEICHTE SCHWÄNZT.
F-MOLL IST DAS SCHWARZ-BLAUE GESICHT EINES KÄMPFERS ... WENN ER DIR SAGT, DASS DU NICHT IN SEINE FUSSSTAPFEN TRETEN SOLLST.
G-DUR IST DER ADRENALINSTOSS, DEN ES BRAUCHT, UM EINEN BETRUNKENEN ALTEN MANN VOR EINEM RASENDEN LKW WEGZUSCHIEBEN.
G-MOLL BRENNT IN DEINEN AUGEN, WENN DU SIE VERLIERST.
A-DUR IST DAS LEERE LOCH IN DEINEM BAUCH ... WENN DEIN VATER STIRBT ... UND DU NICHT DAS GEWORDEN BIST, WAS ER SICH VORGESTELLT HAT.
A-MOLL IST EIN SCHATTEN. ER ERINNERT DICH AN DAS AUFWACHEN IN EWIGER MITTERNACHT.
DER WITZ AN DER SACHE IST, DASS DEINE ANDEREN VIER SINNE SO GUT FUNKTIONIEREN, DASS ES SCHMERZT.
ES ERINNERT DICH DARAN, DASS JEDE NOTE ZWEI VARIANTEN HAT ... WIE EINE GEHEIMIDENTITÄT.
ZWISCHEN DEM ECHO DER NOTEN, DIE NOCH IN MEINEM KOPF SIND, HÖRE ICH ETWAS ANDERES DURCH DAS FENSTER DRINGEN.
ETWAS, DAS LEICHTER IST ALS EINE FEDER.
MATT ...

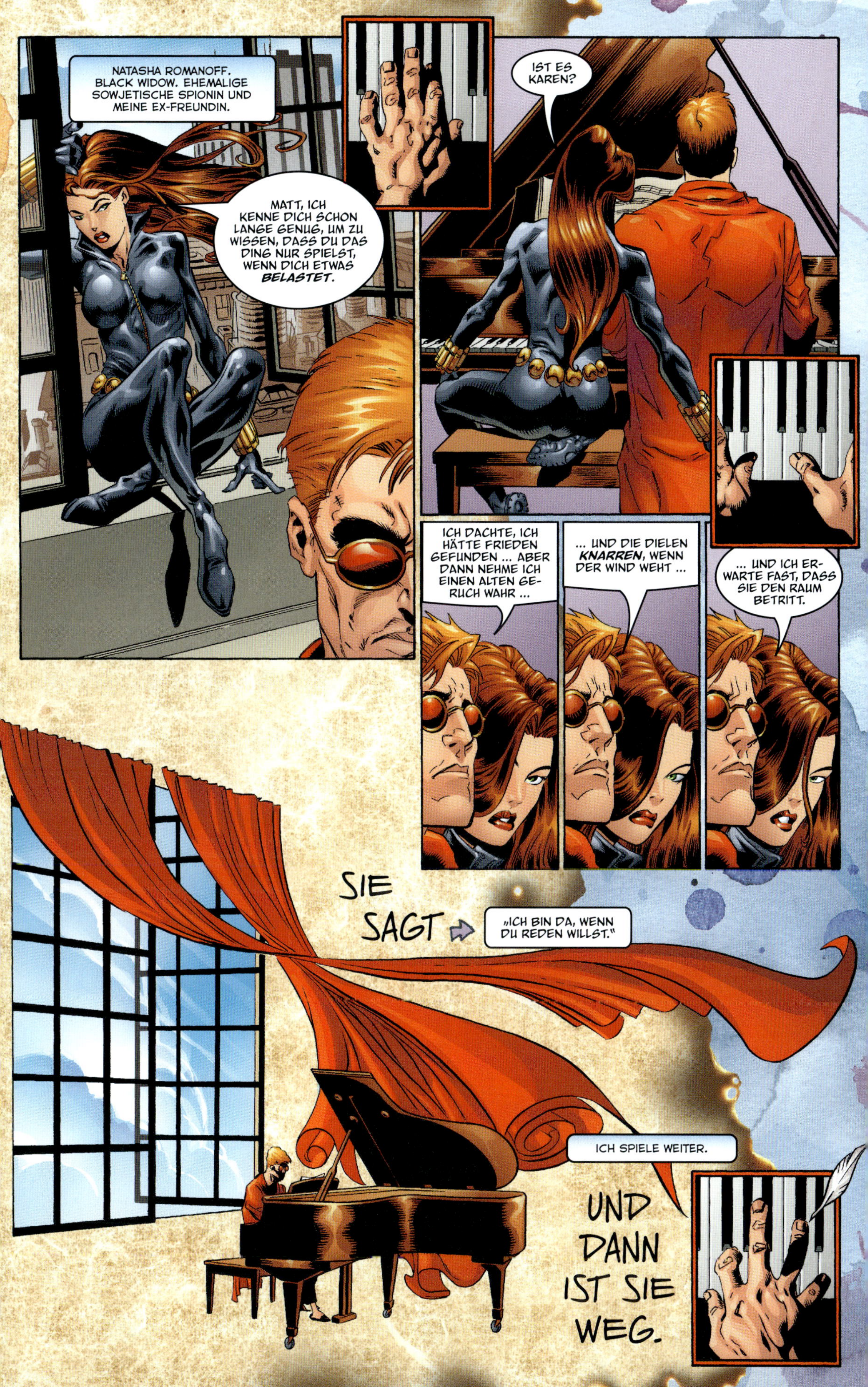
NATASHA ROMANOFF. BLACK WIDOW. EHEMALIGE SOWJETISCHE SPIONIN UND MEINE EX-FREUNDIN.
MATT, ICH KENNE DICH SCHON LANGE GENUG, UM ZU WISSEN, DASS DU DAS DING NUR SPIELST, WENN DICH ETWAS BELASTET.
IST ES KAREN?
ICH DACHTE, ICH HÄTTE FRIEDEN GEFUNDEN ... ABER DANN NEHME ICH EINEN ALTEN GE-RUCH WAHR ...
... UND DIE DIELEN KNARREN, WENN DER WIND WEHT ...
... UND ICH ER-WARTE FAST, DASS SIE DEN RAUM BETRITT.
SIE SAGT
„ICH BIN DA, WENN DU REDEN WILLST."
ICH SPIELE WEITER.
UND DANN IST SIE WEG.

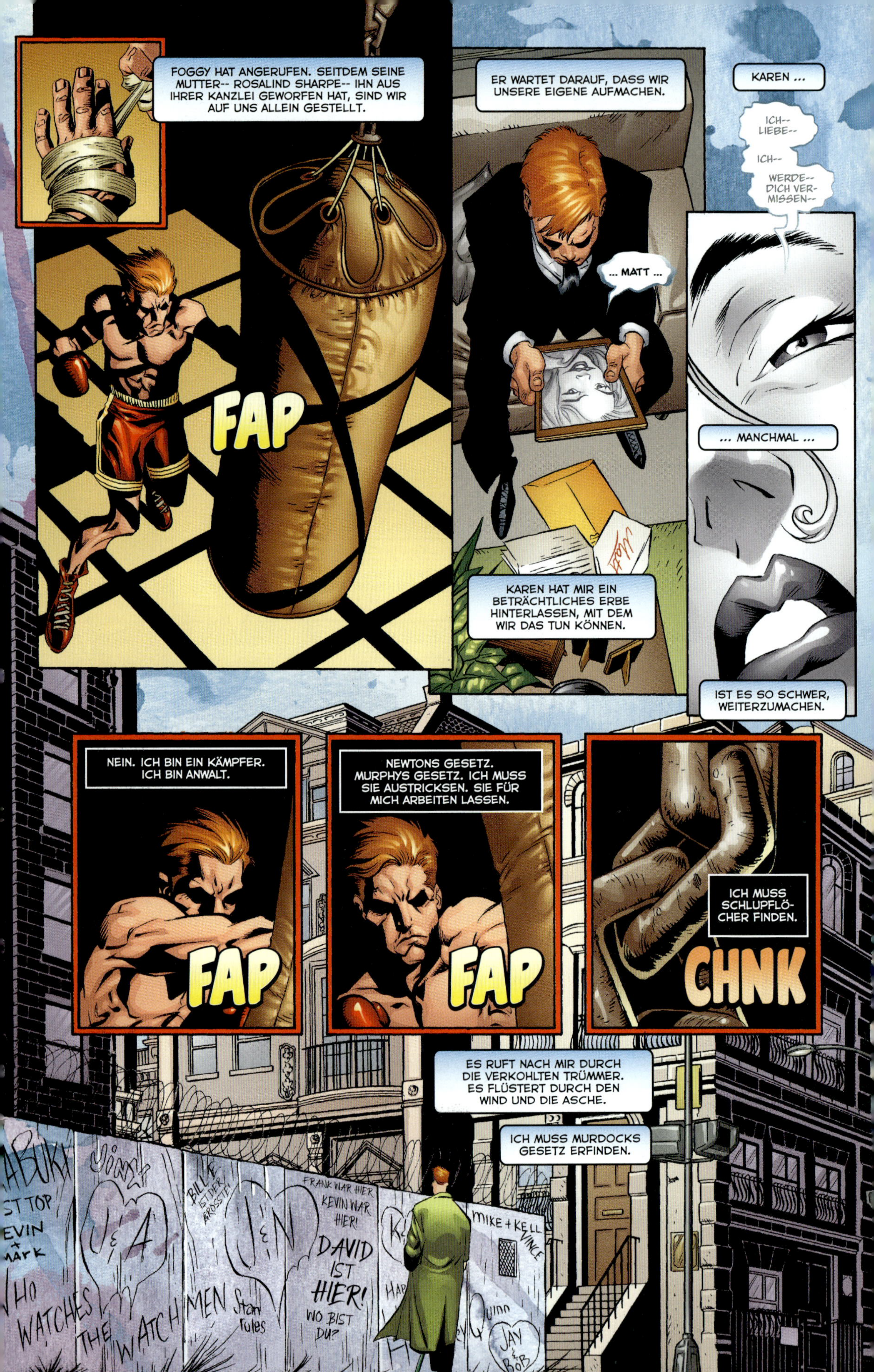
FOGGY HAT ANGERUFEN. SEITDEM SEINE MUTTER-- ROSALIND SHARPE-- IHN AUS IHRER KANZLEI GEWORFEN HAT, SIND WIR AUF UNS ALLEIN GESTELLT.
FAP
ER WARTET DARAUF, DASS WIR UNSERE EIGENE AUFMACHEN.
... MATT ...
KAREN HAT MIR EIN BETRÄCHTLICHES ERBE HINTERLASSEN, MIT DEM WIR DAS TUN KÖNNEN.
KAREN ...
ICH-- LIEBE--
ICH--
WERDE-- DICH VERMISSEN--
... MANCHMAL ...
IST ES SO SCHWER, WEITERZUMACHEN.
NEIN. ICH BIN EIN KÄMPFER. ICH BIN ANWALT.
FAP
NEWTONS GESETZ. MURPHYS GESETZ. ICH MUSS SIE AUSTRICKSEN. SIE FÜR MICH ARBEITEN LASSEN.
FAP
ICH MUSS SCHLUPFLÖCHER FINDEN.
CHNK
ES RUFT NACH MIR DURCH DIE VERKOHLTEN TRÜMMER. ES FLÜSTERT DURCH DEN WIND UND DIE ASCHE.
ICH MUSS MURDOCKS GESETZ ERFINDEN.
FRANK WAR HIER
KEVIN WAR HIER!
DAVID IST HIER!
WO BIST DU?
WATCHES THE WATCHMEN
Stan rules
mike + KELL

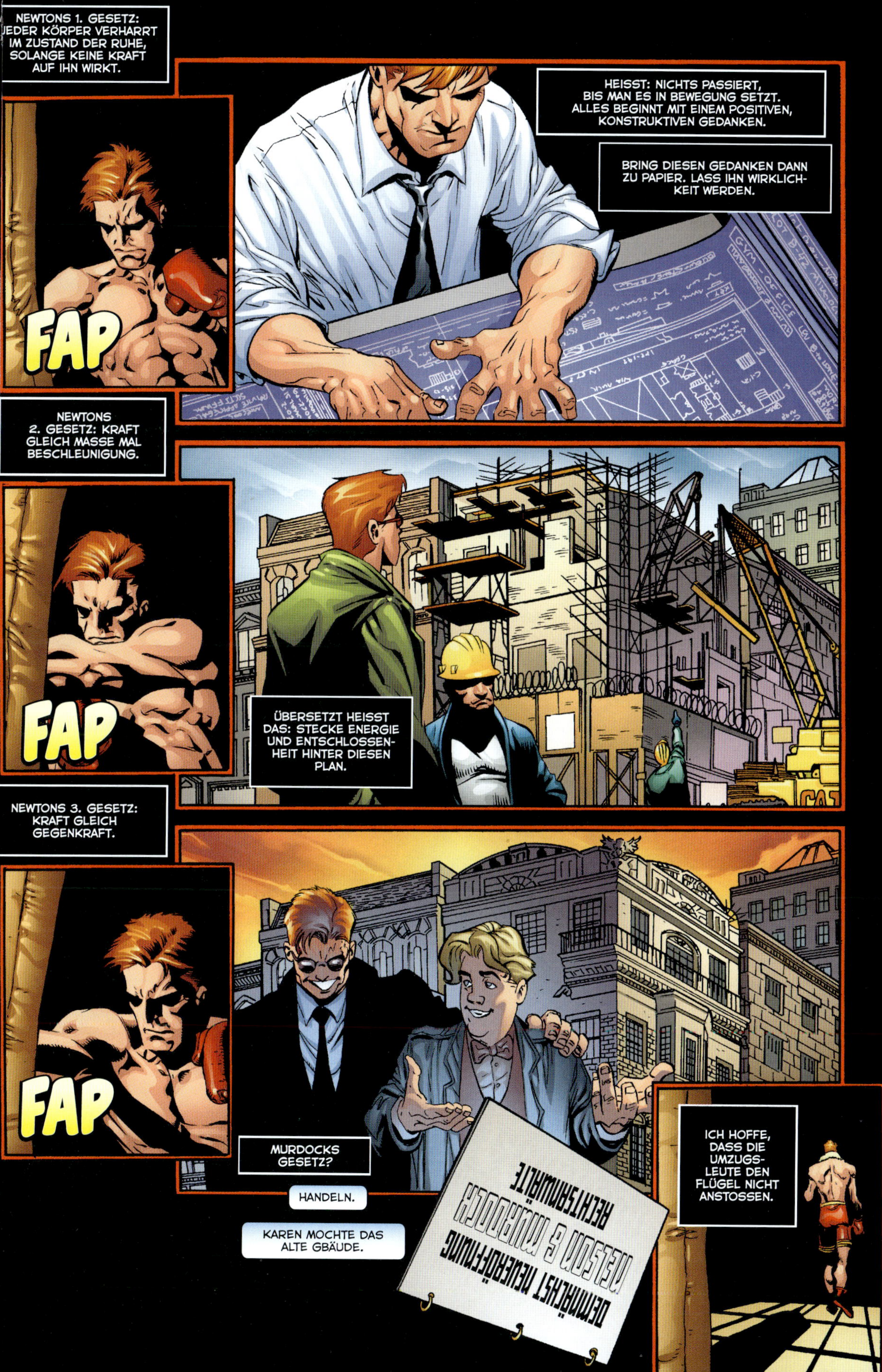
NEWTONS 1. GESETZ: JEDER KÖRPER VERHARRT IM ZUSTAND DER RUHE, SOLANGE KEINE KRAFT AUF IHN WIRKT.
FAP
HEISST: NICHTS PASSIERT, BIS MAN ES IN BEWEGUNG SETZT. ALLES BEGINNT MIT EINEM POSITIVEN, KONSTRUKTIVEN GEDANKEN.
BRING DIESEN GEDANKEN DANN ZU PAPIER. LASS IHN WIRKLICHKEIT WERDEN.
NEWTONS 2. GESETZ: KRAFT GLEICH MASSE MAL BESCHLEUNIGUNG.
FAP
ÜBERSETZT HEISST DAS: STECKE ENERGIE UND ENTSCHLOSSENHEIT HINTER DIESEN PLAN.
NEWTONS 3. GESETZ: KRAFT GLEICH GEGENKRAFT.
FAP
MURDOCKS GESETZ?
HANDELN.
KAREN MOCHTE DAS ALTE GBÄUDE.
DEMNÄCHST NEUERÖFFNUNG
NELSON & MURDOCK
RECHTSANWÄLTE
ICH HOFFE, DASS DIE UMZUGSLEUTE DEN FLÜGEL NICHT ANSTOSSEN.

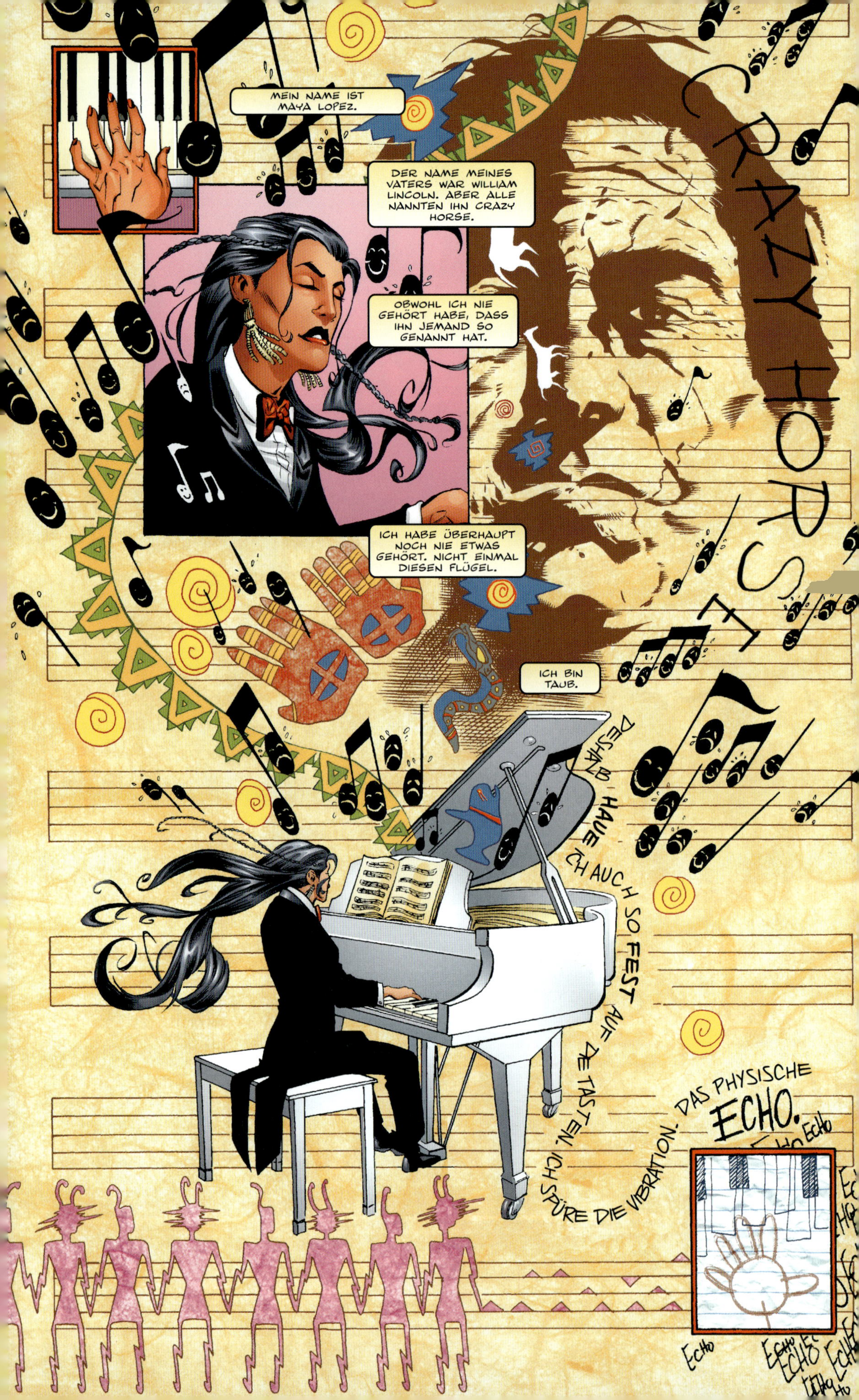
MEIN NAME IST MAYA LOPEZ.
DER NAME MEINES VATERS WAR WILLIAM LINCOLN. ABER ALLE NANNTEN IHN CRAZY HORSE.
CRAZY HORSE
OBWOHL ICH NIE GEHÖRT HABE, DASS IHN JEMAND SO GENANNT HAT.
ICH HABE ÜBERHAUPT NOCH NIE ETWAS GEHÖRT. NICHT EINMAL DIESEN FLÜGEL.
ICH BIN TAUB.
DESHALB HAUE ICH AUCH SO FEST AUF DIE TASTEN. ICH SPÜRE DIE VIBRATION. DAS PHYSISCHE
ECHO.
ECHO

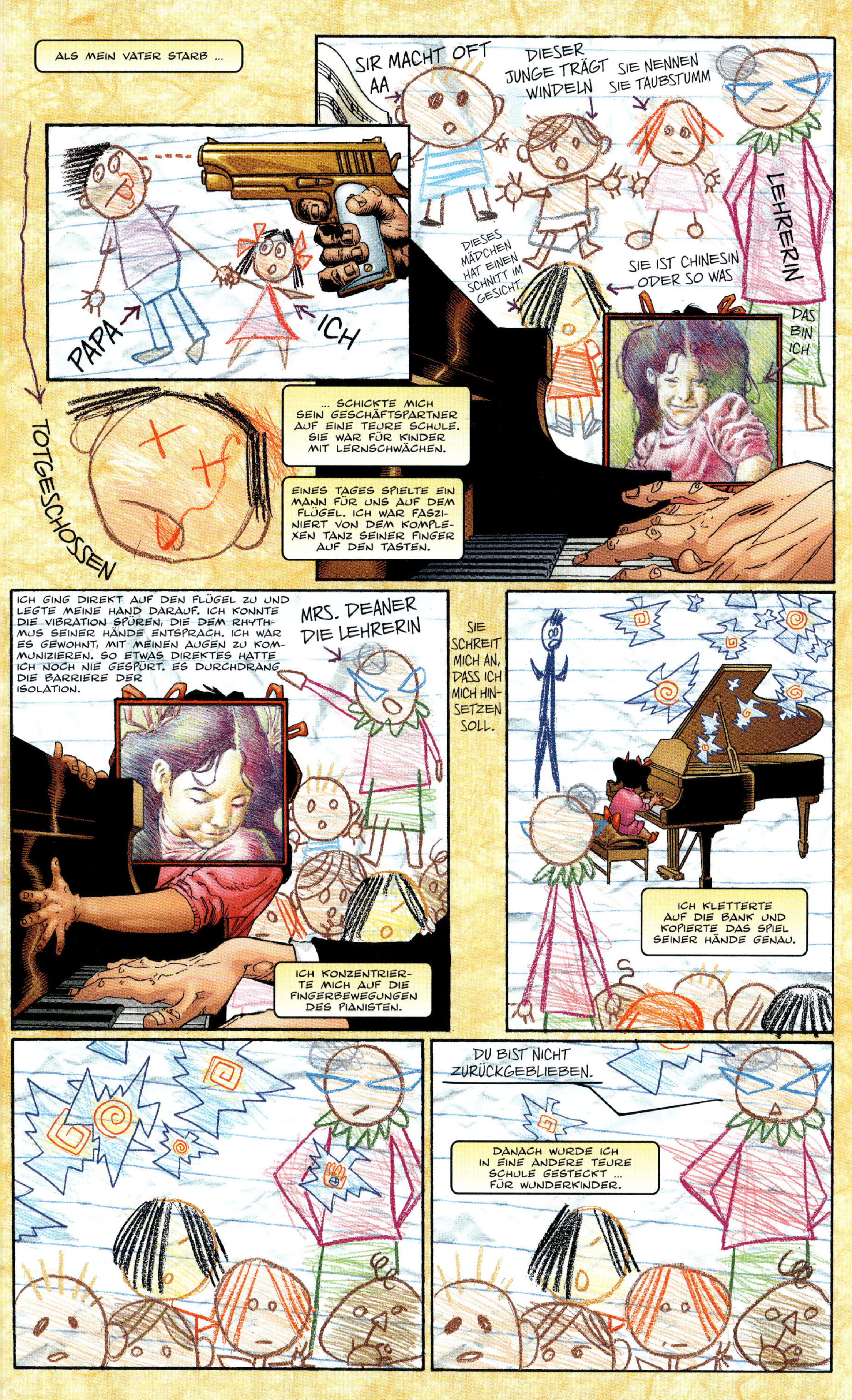
ALS MEIN VATER STARB ...
PAPA
ICH
TOTGESCHOSSEN
SIR MACHT OFT AA
DIESER JUNGE TRÄGT WINDELN
SIE NENNEN SIE TAUBSTUMM
LEHRERIN
DIESES MÄDCHEN HAT EINEN SCHNITT IM GESICHT.
SIE IST CHINESIN ODER SO WAS
DAS BIN ICH
... SCHICKTE MICH SEIN GESCHÄFTSPARTNER AUF EINE TEURE SCHULE. SIE WAR FÜR KINDER MIT LERNSCHWÄCHEN.
EINES TAGES SPIELTE EIN MANN FÜR UNS AUF DEM FLÜGEL. ICH WAR FASZINIERT VON DEM KOMPLEXEN TANZ SEINER FINGER AUF DEN TASTEN.
ICH GING DIREKT AUF DEN FLÜGEL ZU UND LEGTE MEINE HAND DARAUF. ICH KONNTE DIE VIBRATION SPÜREN, DIE DEM RHYTHMUS SEINER HÄNDE ENTSPRACH. ICH WAR ES GEWOHNT, MIT MEINEN AUGEN ZU KOMMUNIZIEREN. SO ETWAS DIREKTES HATTE ICH NOCH NIE GESPÜRT. ES DURCHDRANG DIE BARRIERE DER ISOLATION.
MRS. DEANER DIE LEHRERIN
ICH KONZENTRIERTE MICH AUF DIE FINGERBEWEGUNGEN DES PIANISTEN.
SIE SCHREIT MICH AN, DASS ICH MICH HINSETZEN SOLL.
ICH KLETTERTE AUF DIE BANK UND KOPIERTE DAS SPIEL SEINER HÄNDE GENAU.
DU BIST NICHT ZURÜCKGEBLIEBEN.
DANACH WURDE ICH IN EINE ANDERE TEURE SCHULE GESTECKT ... FÜR WUNDERKINDER.

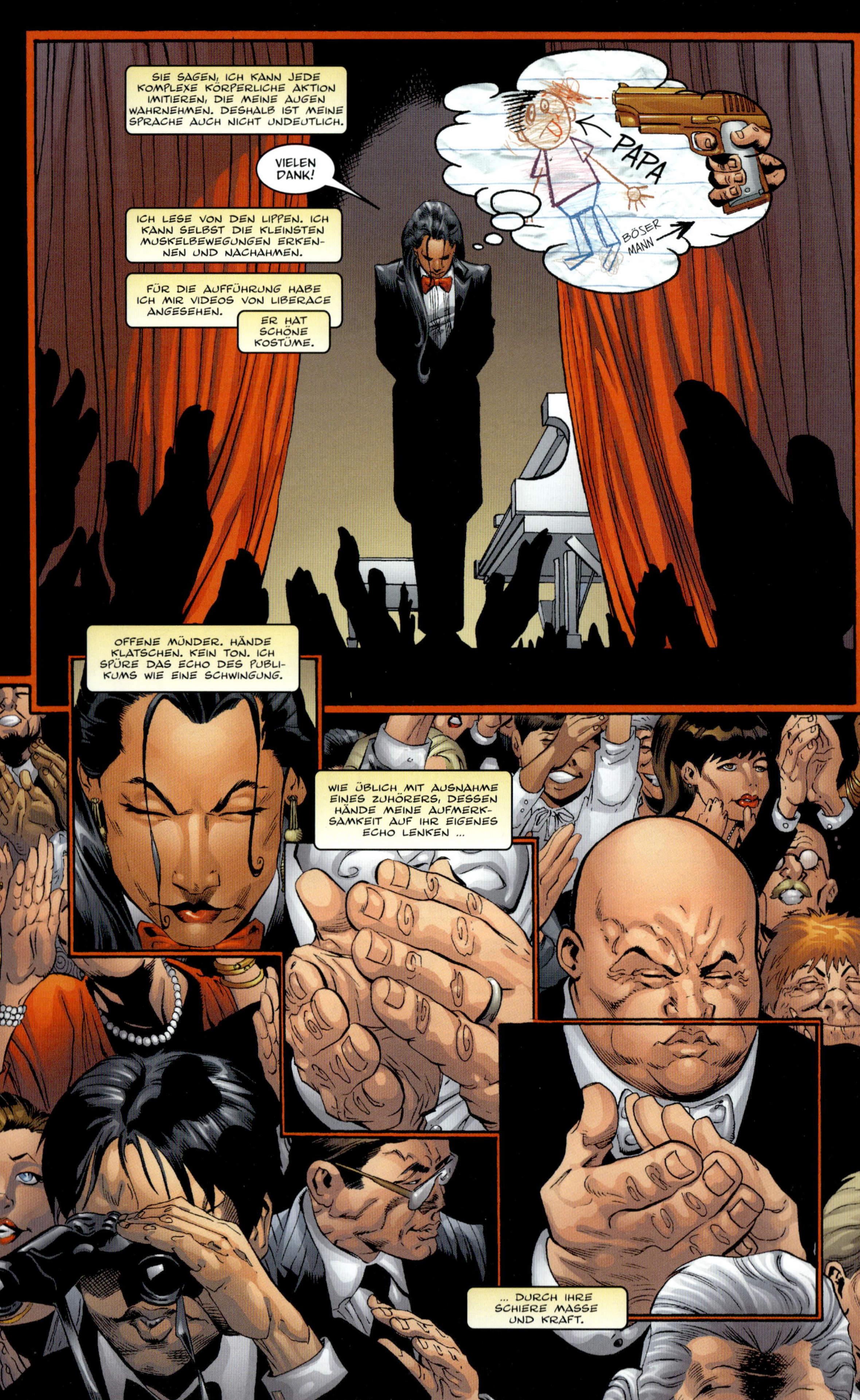
SIE SAGEN, ICH KANN JEDE KOMPLEXE KÖRPERLICHE AKTION IMITIEREN, DIE MEINE AUGEN WAHRNEHMEN. DESHALB IST MEINE SPRACHE AUCH NICHT UNDEUTLICH.
VIELEN DANK!
PAPA
BÖSER MANN
ICH LESE VON DEN LIPPEN. ICH KANN SELBST DIE KLEINSTEN MUSKELBEWEGUNGEN ERKENNEN UND NACHAHMEN.
FÜR DIE AUFFÜHRUNG HABE ICH MIR VIDEOS VON LIBERACE ANGESEHEN.
ER HAT SCHÖNE KOSTÜME.
OFFENE MÜNDER. HÄNDE KLATSCHEN. KEIN TON. ICH SPÜRE DAS ECHO DES PUBLIKUMS WIE EINE SCHWINGUNG.
WIE ÜBLICH MIT AUSNAHME EINES ZUHÖRERS, DESSEN HÄNDE MEINE AUFMERKSAMKEIT AUF IHR EIGENES ECHO LENKEN ...
... DURCH IHRE SCHIERE MASSE UND KRAFT.

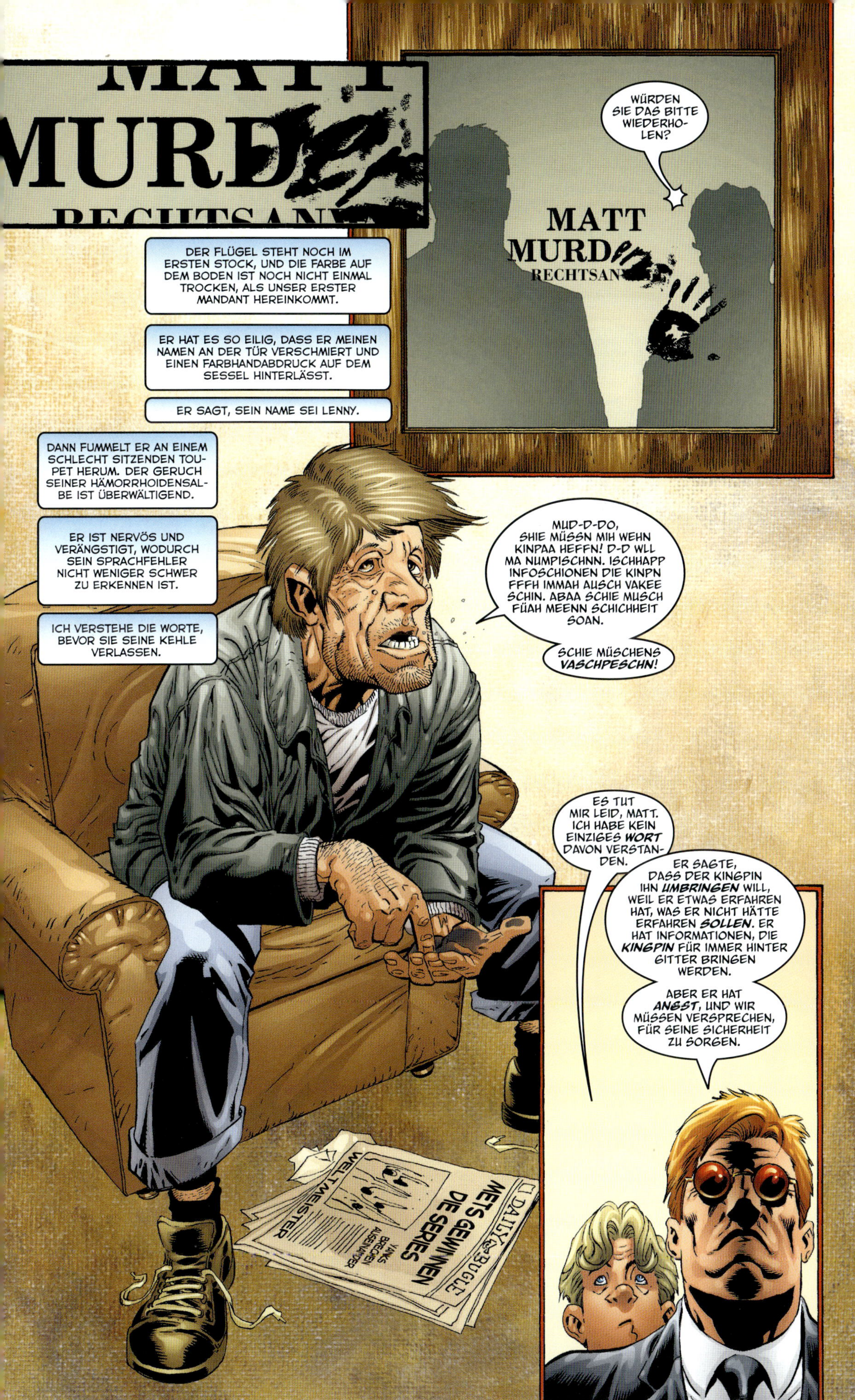
MATT
MURD
RECHTSAN
WÜRDEN SIE DAS BITTE WIEDERHOLEN?
DER FLÜGEL STEHT NOCH IM ERSTEN STOCK, UND DIE FARBE AUF DEM BODEN IST NOCH NICHT EINMAL TROCKEN, ALS UNSER ERSTER MANDANT HEREINKOMMT.
ER HAT ES SO EILIG, DASS ER MEINEN NAMEN AN DER TÜR VERSCHMIERT UND EINEN FARBHANDABDRUCK AUF DEM SESSEL HINTERLÄSST.
ER SAGT, SEIN NAME SEI LENNY.
DANN FUMMELT ER AN EINEM SCHLECHT SITZENDEN TOUPET HERUM. DER GERUCH SEINER HÄMORRHOIDENSALBE IST ÜBERWÄLTIGEND.
ER IST NERVÖS UND VERÄNGSTIGT, WODURCH SEIN SPRACHFEHLER NICHT WENIGER SCHWER ZU ERKENNEN IST.
ICH VERSTEHE DIE WORTE, BEVOR SIE SEINE KEHLE VERLASSEN.
MUD-D-DO, SHIE MÜSSN MIH WEHN KINPAA HEFFN! D-D WLL MA NUMPISCHNN. ISCHHAPP INFOSCHIONEN DIE KINPN FFFH IMMAH AUSCH VAKEE SCHIN. ABAA SCHIE MUSCH FÜAH MEENN SCHICHHEIT SOAN.
SCHIE MÜSCHENS VASCHPESCHN!
ES TUT MIR LEID, MATT. ICH HABE KEIN EINZIGES WORT DAVON VERSTANDEN.
ER SAGTE, DASS DER KINGPIN IHN UMBRINGEN WILL, WEIL ER ETWAS ERFAHREN HAT, WAS ER NICHT HÄTTE ERFAHREN SOLLEN. ER HAT INFORMATIONEN, DIE KINGPIN FÜR IMMER HINTER GITTER BRINGEN WERDEN.
ABER ER HAT ANGST, UND WIR MÜSSEN VERSPRECHEN, FÜR SEINE SICHERHEIT ZU SORGEN.
DAILY BUGLE
METS GEWINNEN DIE SERIES
WELTMEISTER

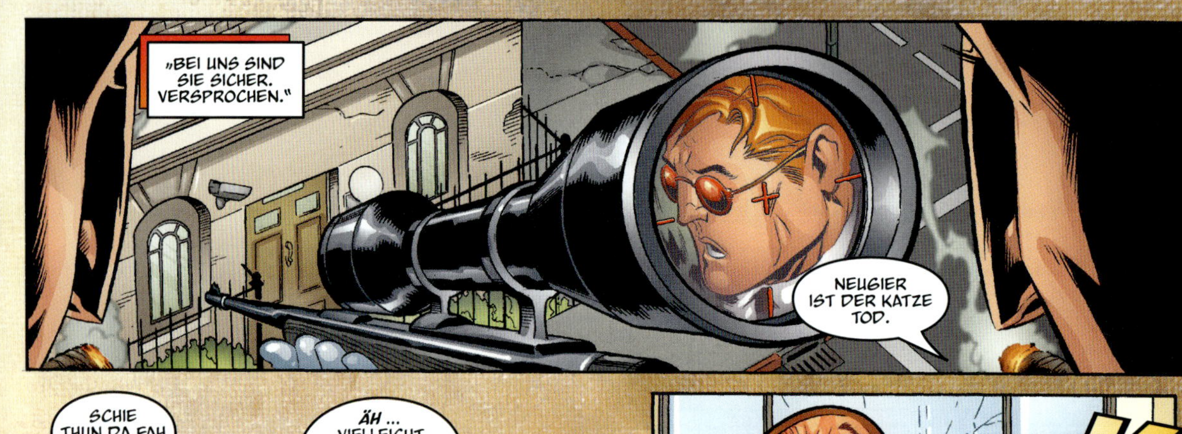
„BEI UNS SIND SIE SICHER. VERSPROCHEN."
NEUGIER IST DER KATZE TOD.

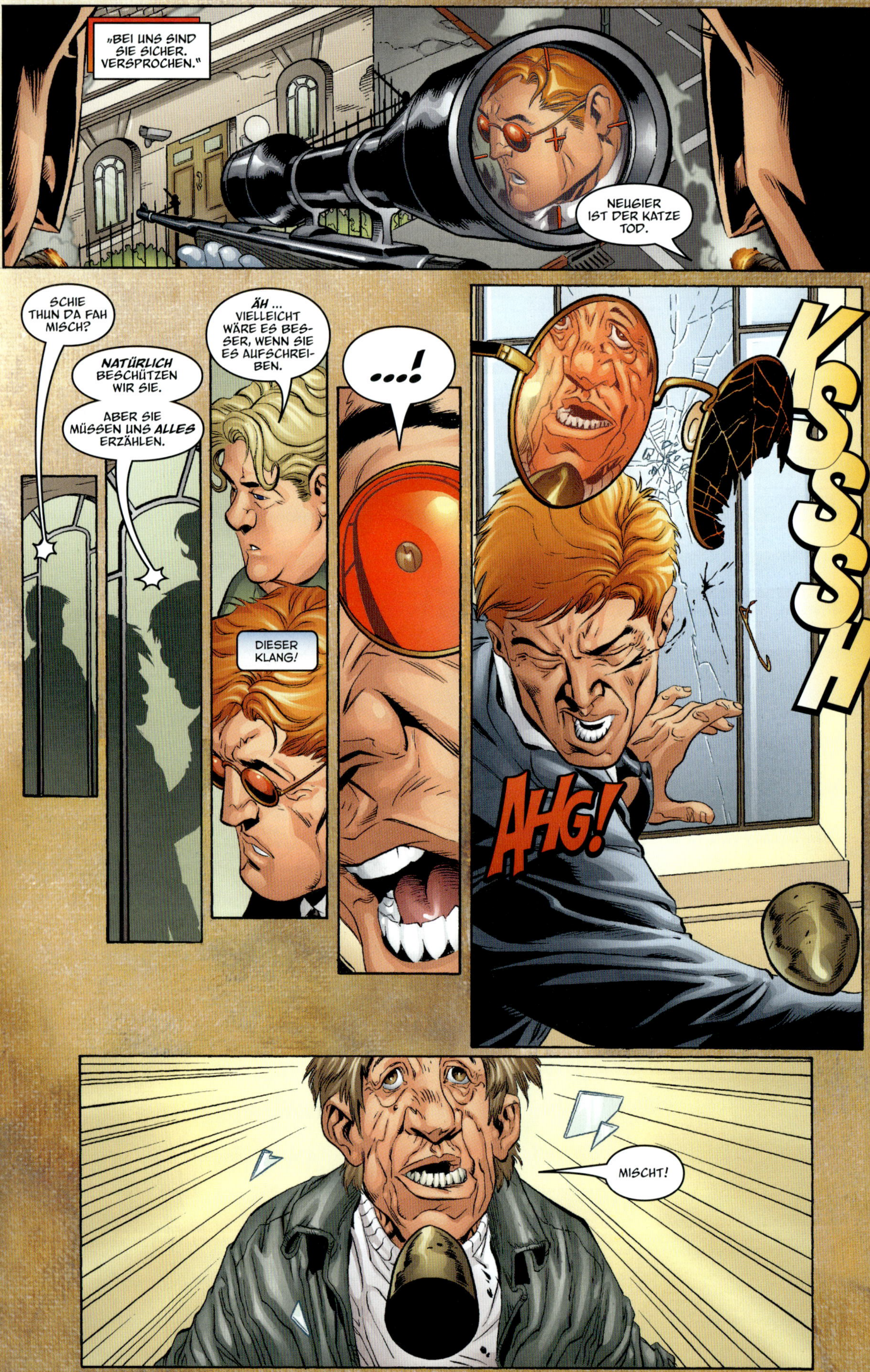

SCHIE THUN DA FAH MISCH?
NATÜRLICH BESCHÜTZEN WIR SIE.
ABER SIE MÜSSEN UNS ***ALLES*** ERZÄHLEN.
ÄH ... VIELLEICHT WÄRE ES BESSER, WENN SIE ES AUFSCHREIBEN.
DIESER KLANG!
...!
KSSSSH
AHG!

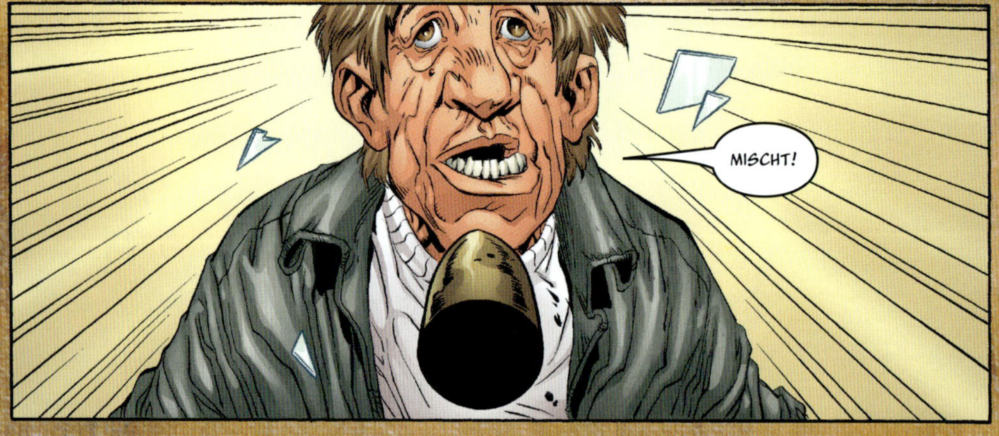
MISCHT!

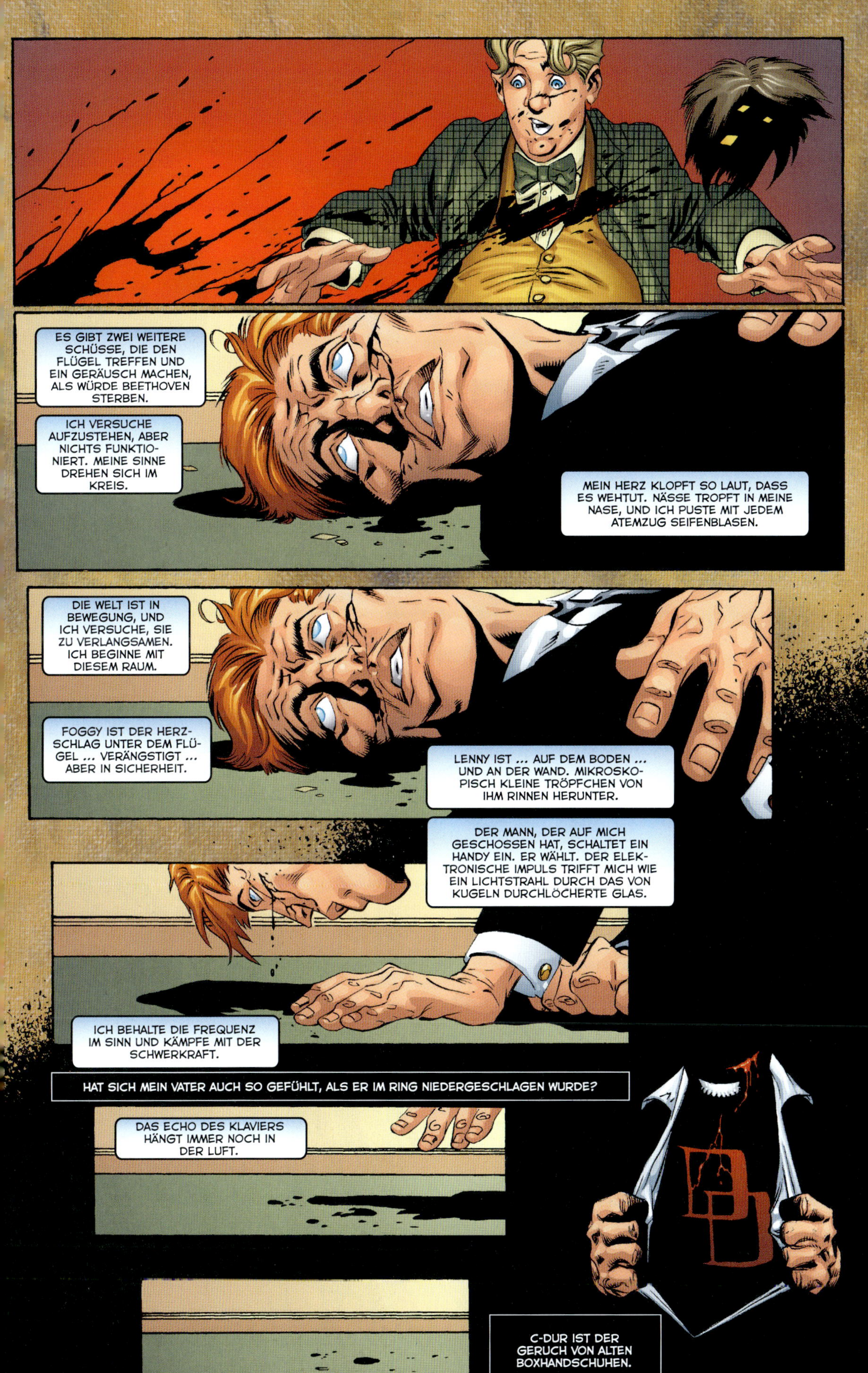
ES GIBT ZWEI WEITERE SCHÜSSE, DIE DEN FLÜGEL TREFFEN UND EIN GERÄUSCH MACHEN, ALS WÜRDE BEETHOVEN STERBEN.
ICH VERSUCHE AUFZUSTEHEN, ABER NICHTS FUNKTIONIERT. MEINE SINNE DREHEN SICH IM KREIS.
MEIN HERZ KLOPFT SO LAUT, DASS ES WEHTUT. NÄSSE TROPFT IN MEINE NASE, UND ICH PUSTE MIT JEDEM ATEMZUG SEIFENBLASEN.
DIE WELT IST IN BEWEGUNG, UND ICH VERSUCHE, SIE ZU VERLANGSAMEN. ICH BEGINNE MIT DIESEM RAUM.
FOGGY IST DER HERZSCHLAG UNTER DEM FLÜGEL ... VERÄNGSTIGT ... ABER IN SICHERHEIT.
LENNY IST ... AUF DEM BODEN ... UND AN DER WAND. MIKROSKOPISCH KLEINE TRÖPFCHEN VON IHM RINNEN HERUNTER.
DER MANN, DER AUF MICH GESCHOSSEN HAT, SCHALTET EIN HANDY EIN. ER WÄHLT. DER ELEKTRONISCHE IMPULS TRIFFT MICH WIE EIN LICHTSTRAHL DURCH DAS VON KUGELN DURCHLÖCHERTE GLAS.
ICH BEHALTE DIE FREQUENZ IM SINN UND KÄMPFE MIT DER SCHWERKRAFT.
HAT SICH MEIN VATER AUCH SO GEFÜHLT, ALS ER IM RING NIEDERGESCHLAGEN WURDE?
DAS ECHO DES KLAVIERS HÄNGT IMMER NOCH IN DER LUFT.
C-DUR IST DER GERUCH VON ALTEN BOXHANDSCHUHEN.

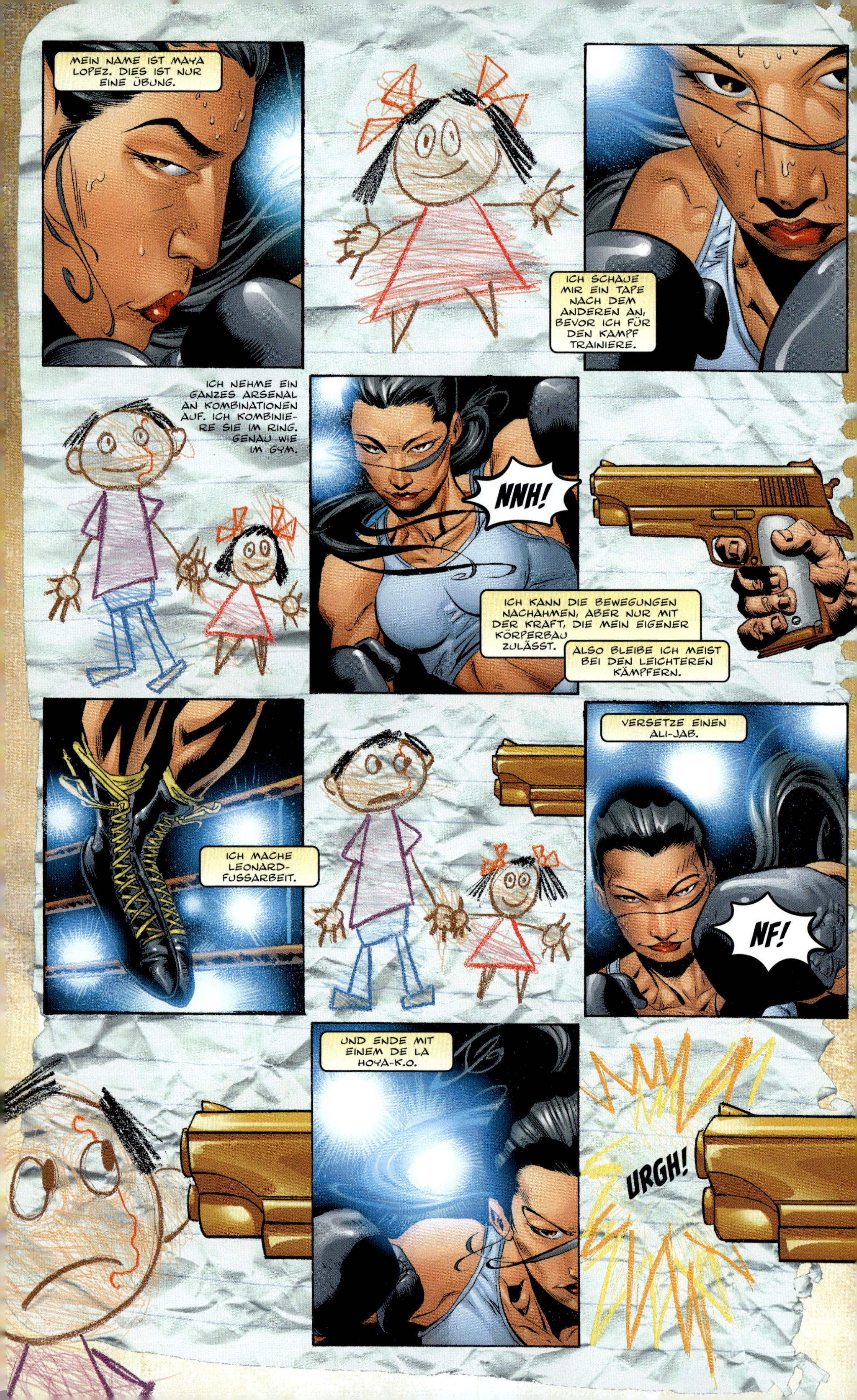
MEIN NAME IST MAYA LOPEZ. DIES IST NUR EINE ÜBUNG.
ICH SCHAUE MIR EIN TAPE NACH DEM ANDEREN AN, BEVOR ICH FÜR DEN KAMPF TRAINIERE.
ICH NEHME EIN GANZES ARSENAL AN KOMBINATIONEN AUF. ICH KOMBINIERE SIE IM RING. GENAU WIE IM GYM.
NNH!
ICH KANN DIE BEWEGUNGEN NACHAHMEN, ABER NUR MIT DER KRAFT, DIE MEIN EIGENER KÖRPERBAU ZULÄSST.
ALSO BLEIBE ICH MEIST BEI DEN LEICHTEREN KÄMPFERN.
ICH MACHE LEONARD-FUSSARBEIT.
VERSETZE EINEN ALI-JAB.
NF!
UND ENDE MIT EINEM DE LA HOYA-K.O.
URGH!

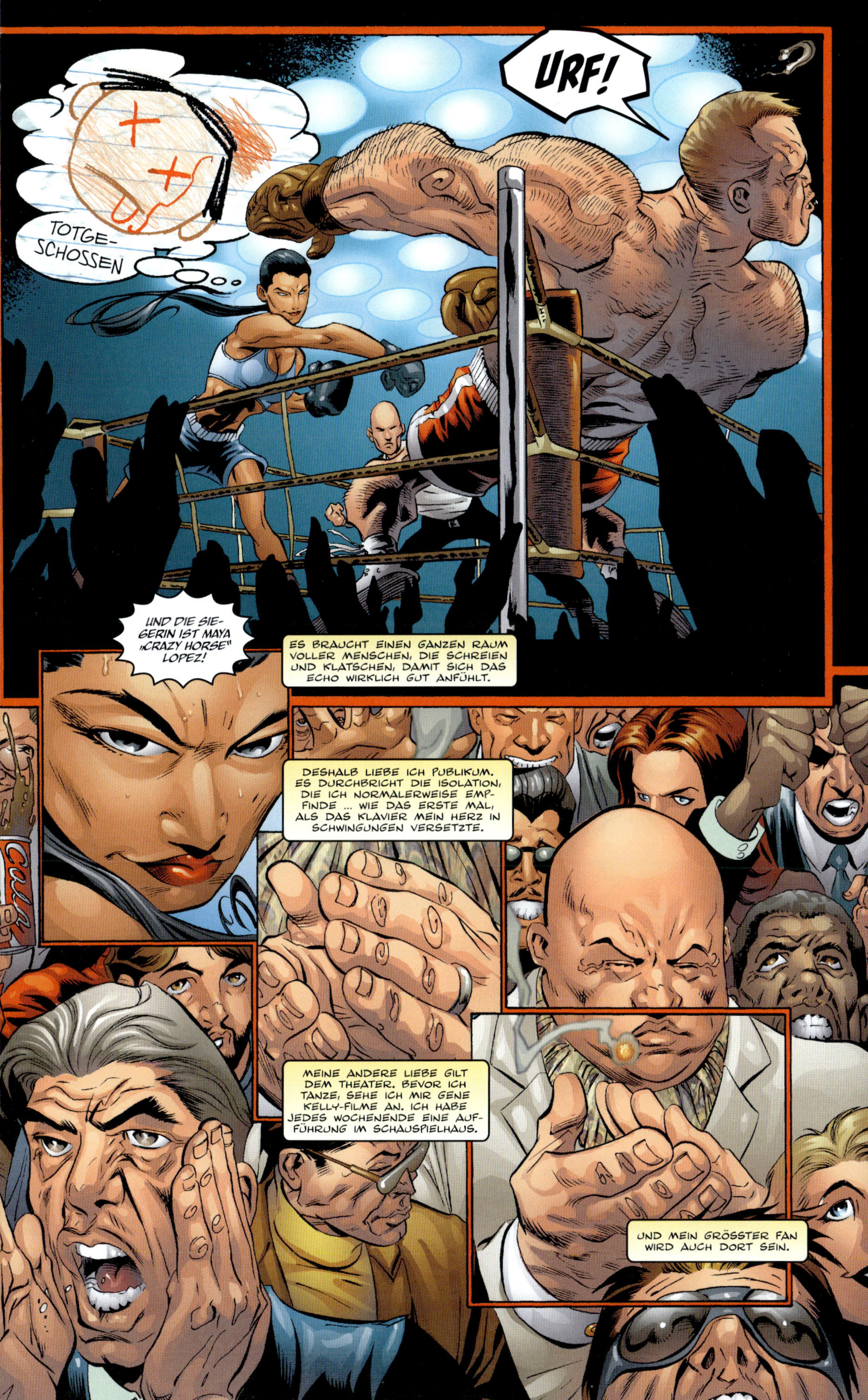
URF!
TOTGE-
SCHOSSEN
UND DIE SIE-
GERIN IST MAYA
„CRAZY HORSE"
LOPEZ!
ES BRAUCHT EINEN GANZEN RAUM VOLLER MENSCHEN, DIE SCHREIEN UND KLATSCHEN, DAMIT SICH DAS ECHO WIRKLICH GUT ANFÜHLT.
DESHALB LIEBE ICH PUBLIKUM. ES DURCHBRICHT DIE ISOLATION, DIE ICH NORMALERWEISE EMPFINDE ... WIE DAS ERSTE MAL, ALS DAS KLAVIER MEIN HERZ IN SCHWINGUNGEN VERSETZTE.
MEINE ANDERE LIEBE GILT DEM THEATER. BEVOR ICH TANZE, SEHE ICH MIR GENE KELLY-FILME AN. ICH HABE JEDES WOCHENENDE EINE AUFFÜHRUNG IM SCHAUSPIELHAUS.
UND MEIN GRÖSSTER FAN WIRD AUCH DORT SEIN.

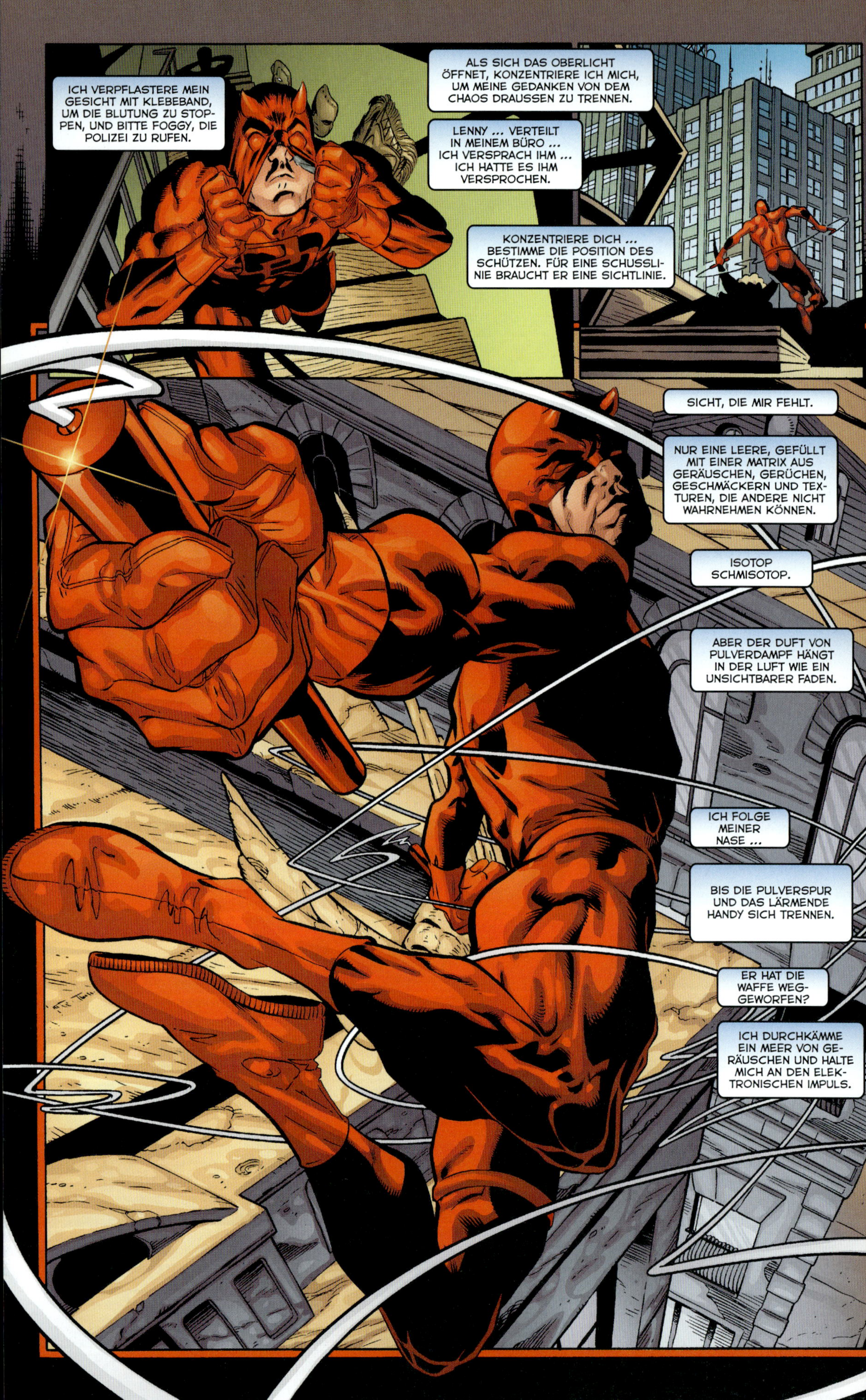
ICH VERPFLASTERE MEIN GESICHT MIT KLEBEBAND, UM DIE BLUTUNG ZU STOPPEN, UND BITTE FOGGY, DIE POLIZEI ZU RUFEN.
ALS SICH DAS OBERLICHT ÖFFNET, KONZENTRIERE ICH MICH, UM MEINE GEDANKEN VON DEM CHAOS DRAUSSEN ZU TRENNEN.
LENNY ... VERTEILT IN MEINEM BÜRO ... ICH VERSPRACH IHM ... ICH HATTE ES IHM VERSPROCHEN.
KONZENTRIERE DICH ... BESTIMME DIE POSITION DES SCHÜTZEN. FÜR EINE SCHUSSLINIE BRAUCHT ER EINE SICHTLINIE.
SICHT, DIE MIR FEHLT.
NUR EINE LEERE, GEFÜLLT MIT EINER MATRIX AUS GERÄUSCHEN, GERÜCHEN, GESCHMÄCKERN UND TEXTUREN, DIE ANDERE NICHT WAHRNEHMEN KÖNNEN.
ISOTOP SCHMISOTOP.
ABER DER DUFT VON PULVERDAMPF HÄNGT IN DER LUFT WIE EIN UNSICHTBARER FADEN.
ICH FOLGE MEINER NASE ...
BIS DIE PULVERSPUR UND DAS LÄRMENDE HANDY SICH TRENNEN.
ER HAT DIE WAFFE WEGGEWORFEN?
ICH DURCHKÄMME EIN MEER VON GERÄUSCHEN UND HALTE MICH AN DEN ELEKTRONISCHEN IMPULS.

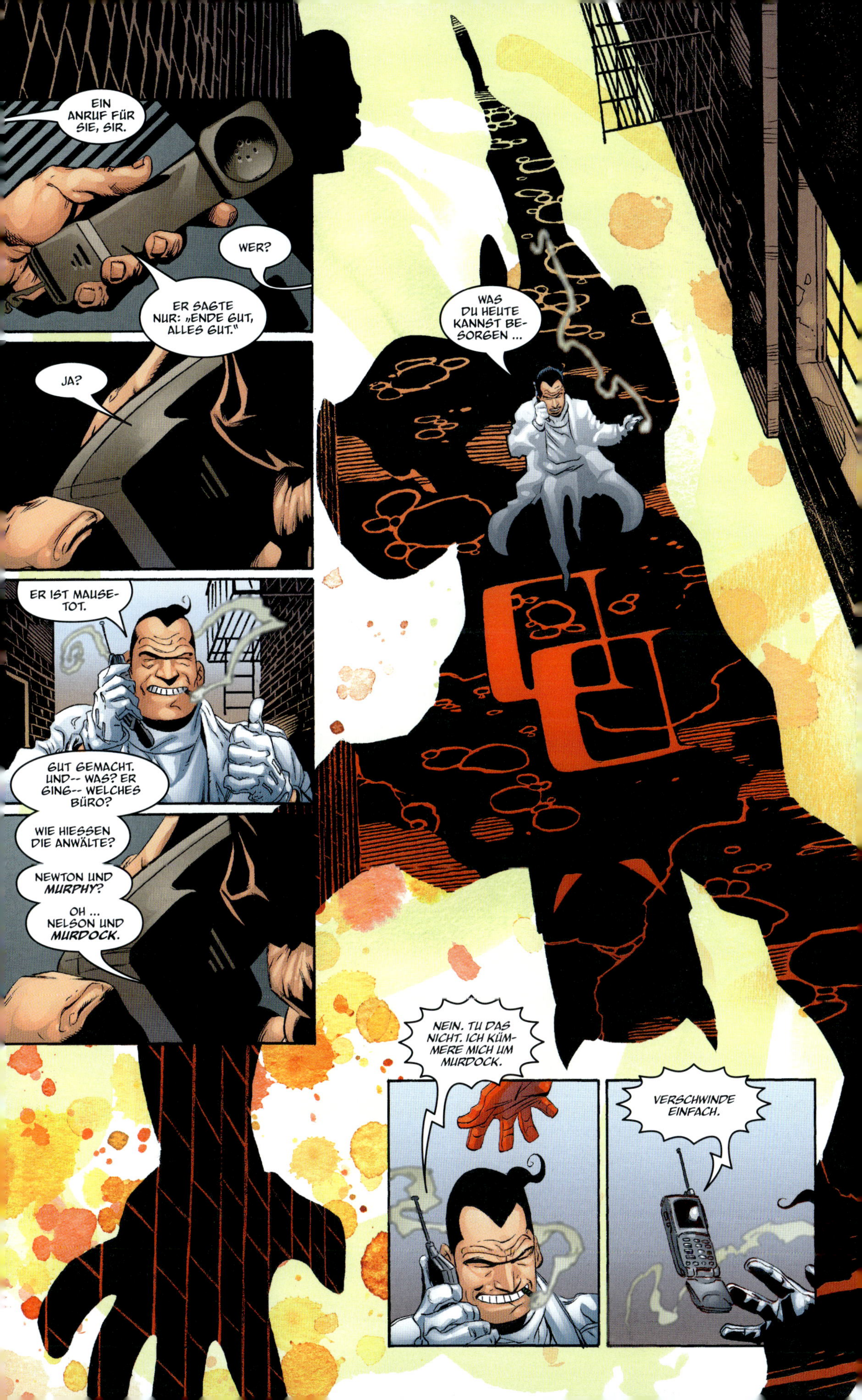
EIN ANRUF FÜR SIE, SIR.
WER?
ER SAGTE NUR: „ENDE GUT, ALLES GUT."
JA?
ER IST MAUSE-TOT.
GUT GEMACHT. UND-- WAS? ER GING-- WELCHES BÜRO?
WIE HIESSEN DIE ANWÄLTE?
NEWTON UND MURPHY?
OH ... NELSON UND MURDOCK.
WAS DU HEUTE KANNST BE-SORGEN ...
NEIN. TU DAS NICHT. ICH KÜM-MERE MICH UM MURDOCK.
VERSCHWINDE EINFACH.

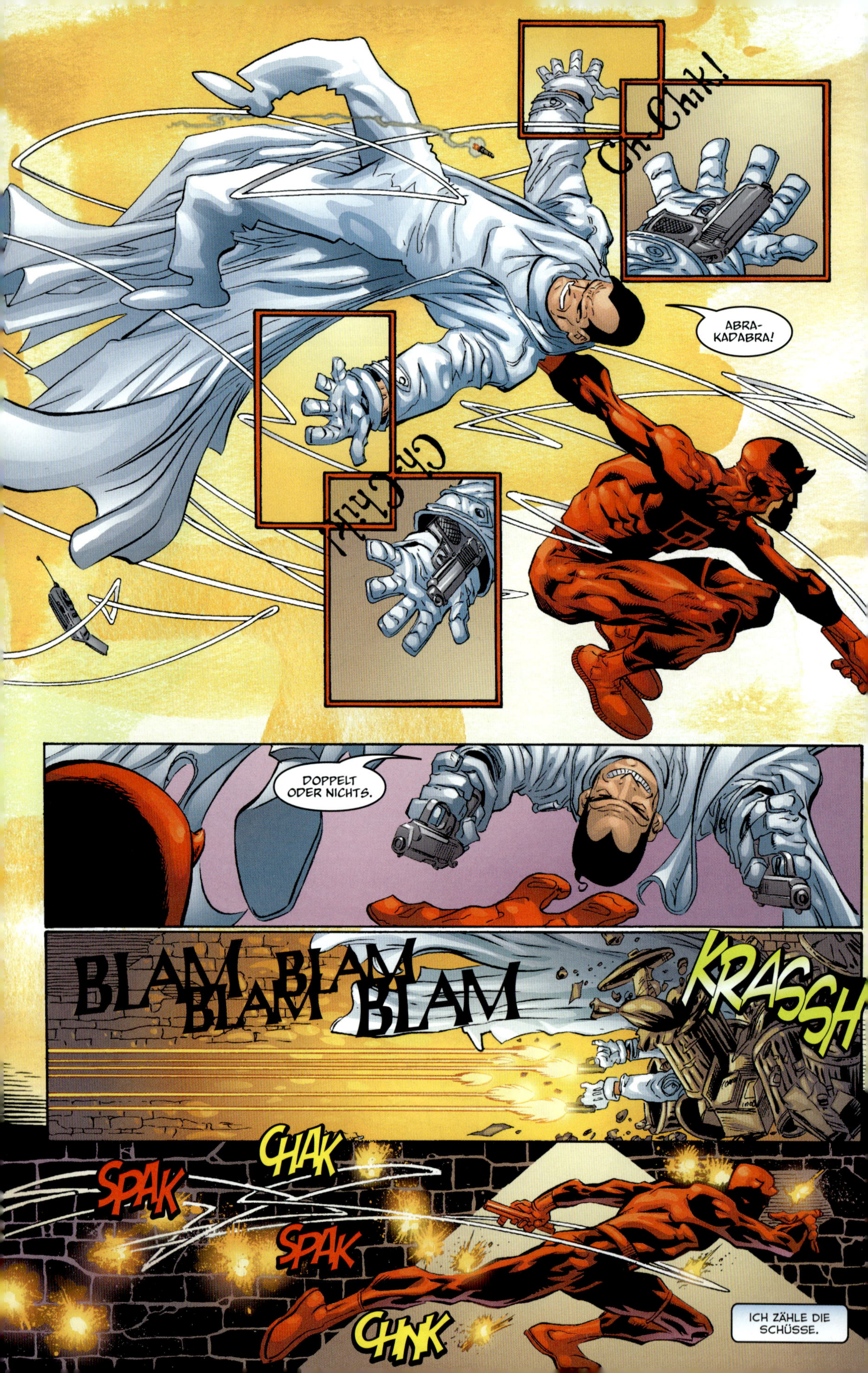
Ch Chik!
ABRA-KADABRA!
Ch Chik!
DOPPELT ODER NICHTS.
BLAM BLAM BLAM BLAM BLAM
KRASSH
CHAK
SPAK
SPAK
CHNK
ICH ZÄHLE DIE SCHÜSSE.

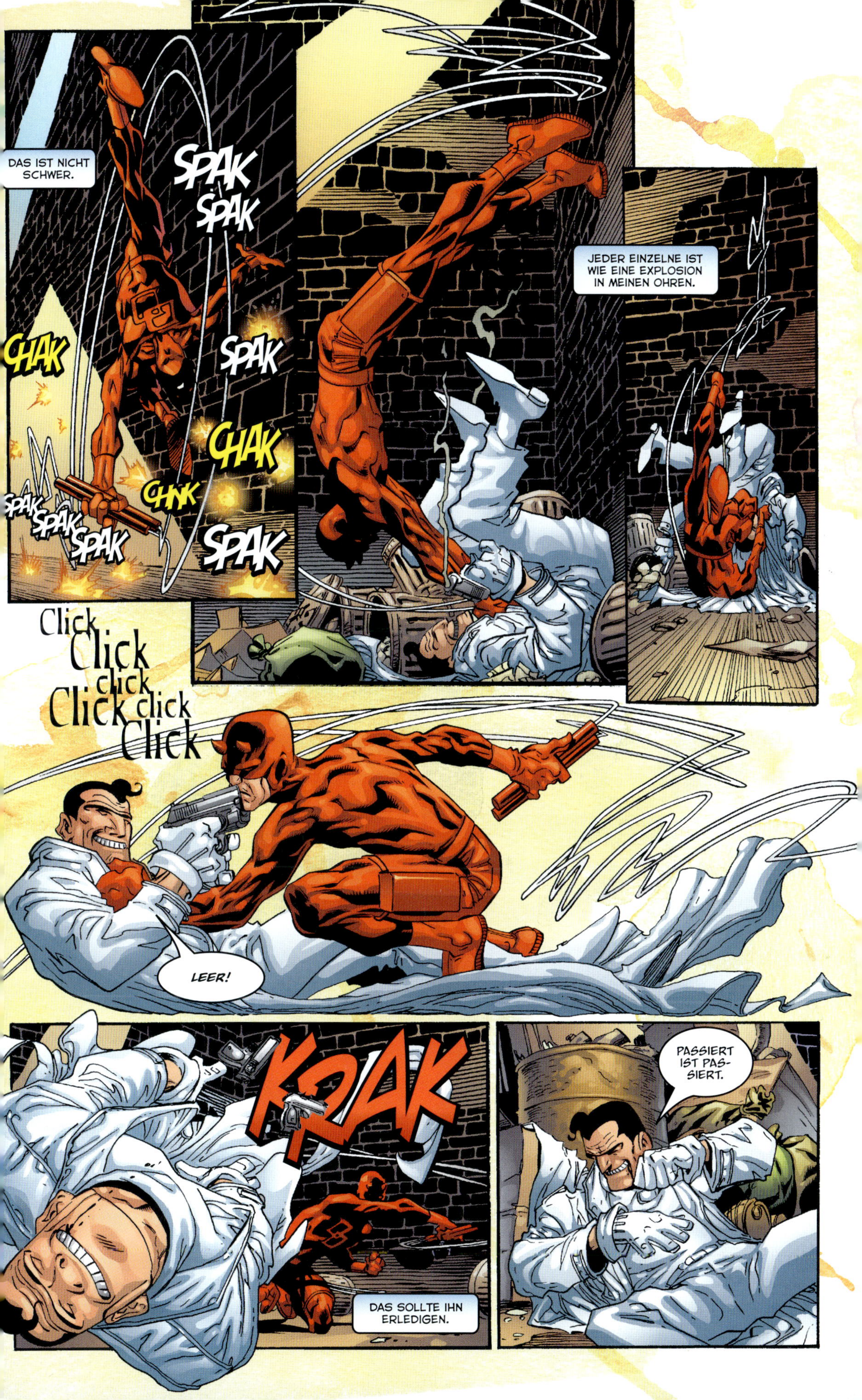
DAS IST NICHT SCHWER.
SPAK
SPAK
CHAK
SPAK
CHAK
CHNK
SPAK SPAK SPAK
SPAK
JEDER EINZELNE IST WIE EINE EXPLOSION IN MEINEN OHREN.
Click
Click
click
Click click
Click
LEER!
KRAK
DAS SOLLTE IHN ERLEDIGEN.
PASSIERT IST PASSIERT.

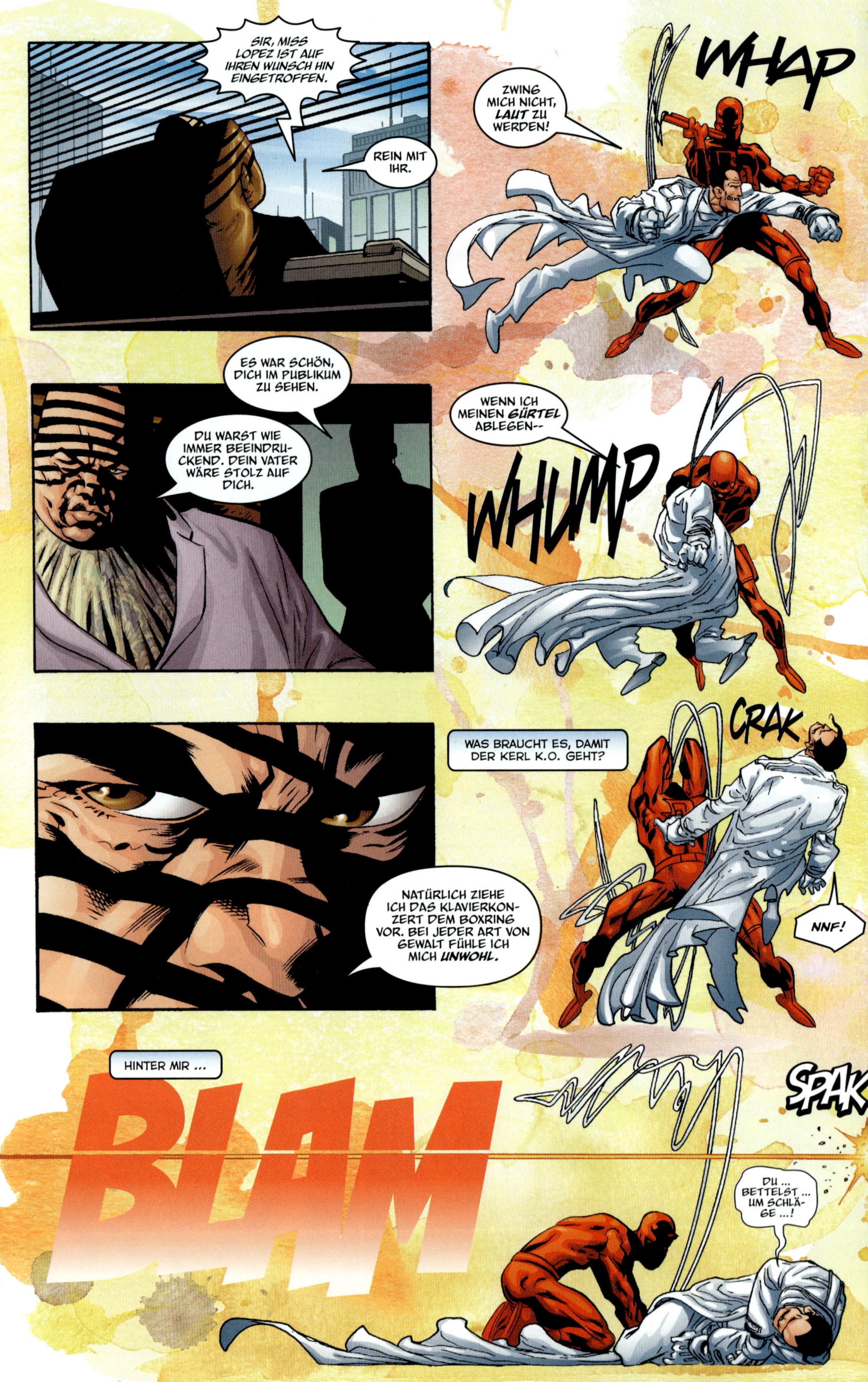
SIR, MISS LOPEZ IST AUF IHREN WUNSCH HIN EINGETROFFEN.
REIN MIT IHR.
ZWING MICH NICHT, LAUT ZU WERDEN!
WHAP
ES WAR SCHÖN, DICH IM PUBLIKUM ZU SEHEN.
DU WARST WIE IMMER BEEINDRU-CKEND. DEIN VATER WÄRE STOLZ AUF DICH.
WENN ICH MEINEN GÜRTEL ABLEGEN--
WHUMP
NATÜRLICH ZIEHE ICH DAS KLAVIERKON-ZERT DEM BOXRING VOR. BEI JEDER ART VON GEWALT FÜHLE ICH MICH UNWOHL.
WAS BRAUCHT ES, DAMIT DER KERL K.O. GEHT?
CRAK
NNF!
HINTER MIR ...
BLAM
SPAK
DU ... BETTELST ... UM SCHLÄ-GE ...!

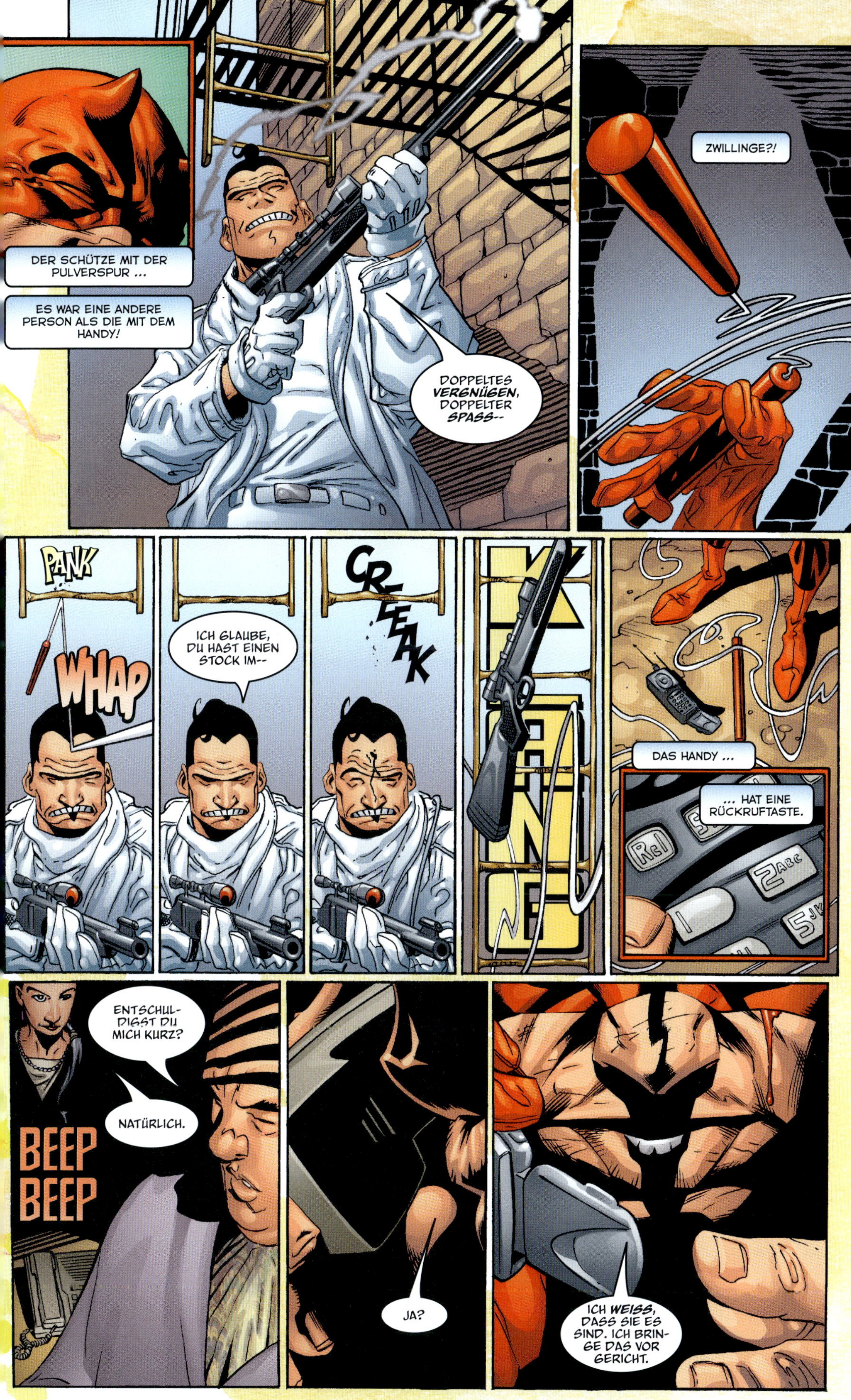
DER SCHÜTZE MIT DER PULVERSPUR ...
ES WAR EINE ANDERE PERSON ALS DIE MIT DEM HANDY!
DOPPELTES VERGNÜGEN, DOPPELTER SPASS--
ZWILLINGE?!
PANK
WHAP
ICH GLAUBE, DU HAST EINEN STOCK IM--
CREEAK
DAS HANDY ...
... HAT EINE RÜCKRUFTASTE.
ENTSCHULDIGST DU MICH KURZ?
NATÜRLICH.
BEEP BEEP
JA?
ICH WEISS, DASS SIE ES SIND. ICH BRINGE DAS VOR GERICHT.

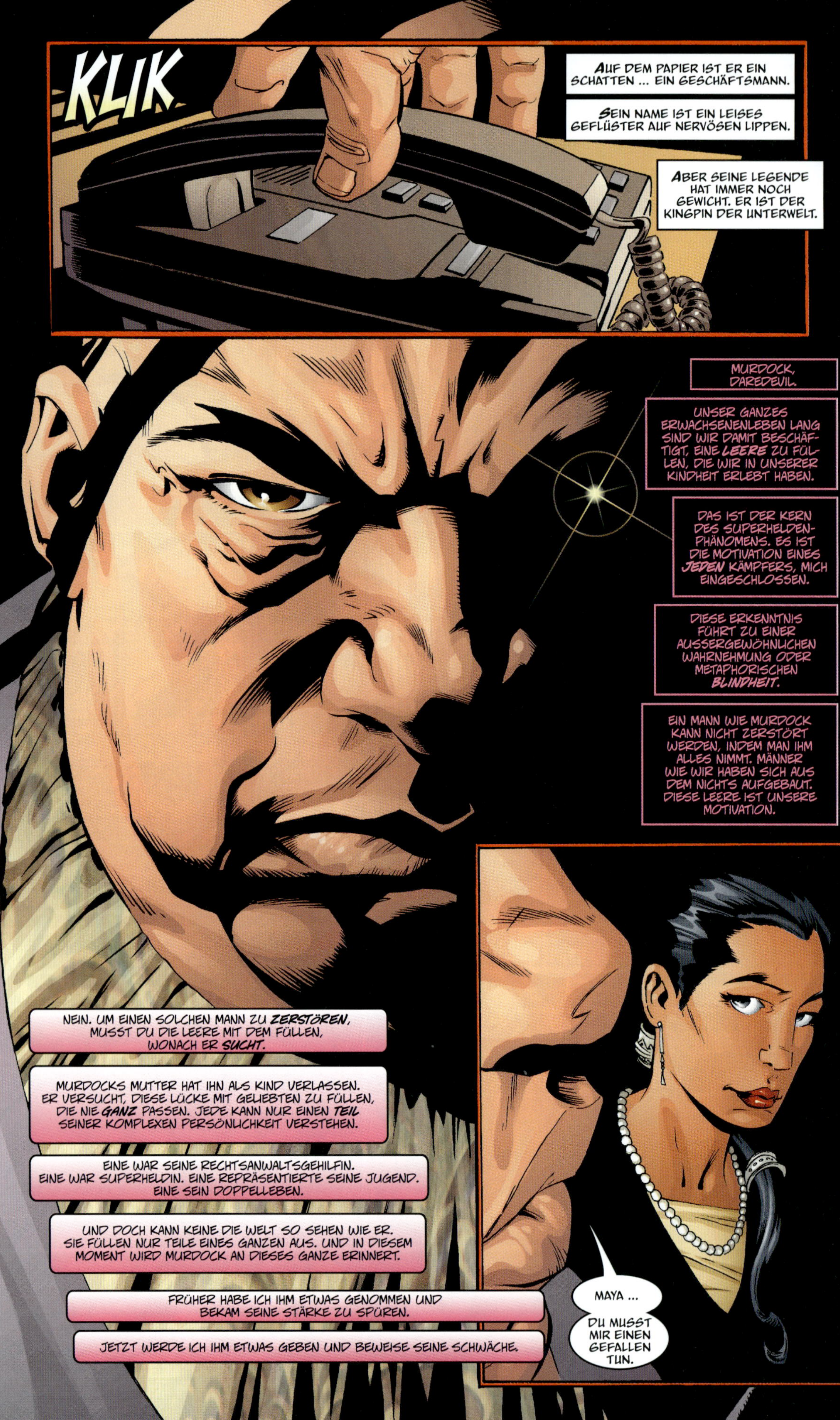
KLIK
AUF DEM PAPIER IST ER EIN SCHATTEN ... EIN GESCHÄFTSMANN.
SEIN NAME IST EIN LEISES GEFLÜSTER AUF NERVÖSEN LIPPEN.
ABER SEINE LEGENDE HAT IMMER NOCH GEWICHT. ER IST DER KINGPIN DER UNTERWELT.
MURDOCK, DAREDEVIL.
UNSER GANZES ERWACHSENENLEBEN LANG SIND WIR DAMIT BESCHÄFTIGT, EINE LEERE ZU FÜLLEN, DIE WIR IN UNSERER KINDHEIT ERLEBT HABEN.
DAS IST DER KERN DES SUPERHELDEN-PHÄNOMENS. ES IST DIE MOTIVATION EINES JEDEN KÄMPFERS, MICH EINGESCHLOSSEN.
DIESE ERKENNTNIS FÜHRT ZU EINER AUSSERGEWÖHNLICHEN WAHRNEHMUNG ODER METAPHORISCHEN BLINDHEIT.
EIN MANN WIE MURDOCK KANN NICHT ZERSTÖRT WERDEN, INDEM MAN IHM ALLES NIMMT. MÄNNER WIE WIR HABEN SICH AUS DEM NICHTS AUFGEBAUT. DIESE LEERE IST UNSERE MOTIVATION.
NEIN. UM EINEN SOLCHEN MANN ZU ZERSTÖREN, MUSST DU DIE LEERE MIT DEM FÜLLEN, WONACH ER SUCHT.
MURDOCKS MUTTER HAT IHN ALS KIND VERLASSEN. ER VERSUCHT, DIESE LÜCKE MIT GELIEBTEN ZU FÜLLEN, DIE NIE GANZ PASSEN. JEDE KANN NUR EINEN TEIL SEINER KOMPLEXEN PERSÖNLICHKEIT VERSTEHEN.
EINE WAR SEINE RECHTSANWALTSGEHILFIN. EINE WAR SUPERHELDIN. EINE REPRÄSENTIERTE SEINE JUGEND. EINE SEIN DOPPELLEBEN.
UND DOCH KANN KEINE DIE WELT SO SEHEN WIE ER. SIE FÜLLEN NUR TEILE EINES GANZEN AUS. UND IN DIESEM MOMENT WIRD MURDOCK AN DIESES GANZE ERINNERT.
FRÜHER HABE ICH IHM ETWAS GENOMMEN UND BEKAM SEINE STÄRKE ZU SPÜREN.
JETZT WERDE ICH IHM ETWAS GEBEN UND BEWEISE SEINE SCHWÄCHE.
MAYA ...
DU MUSST MIR EINEN GEFALLEN TUN.

TEILE DER LEERE, KAPITEL 2: ECHOS!

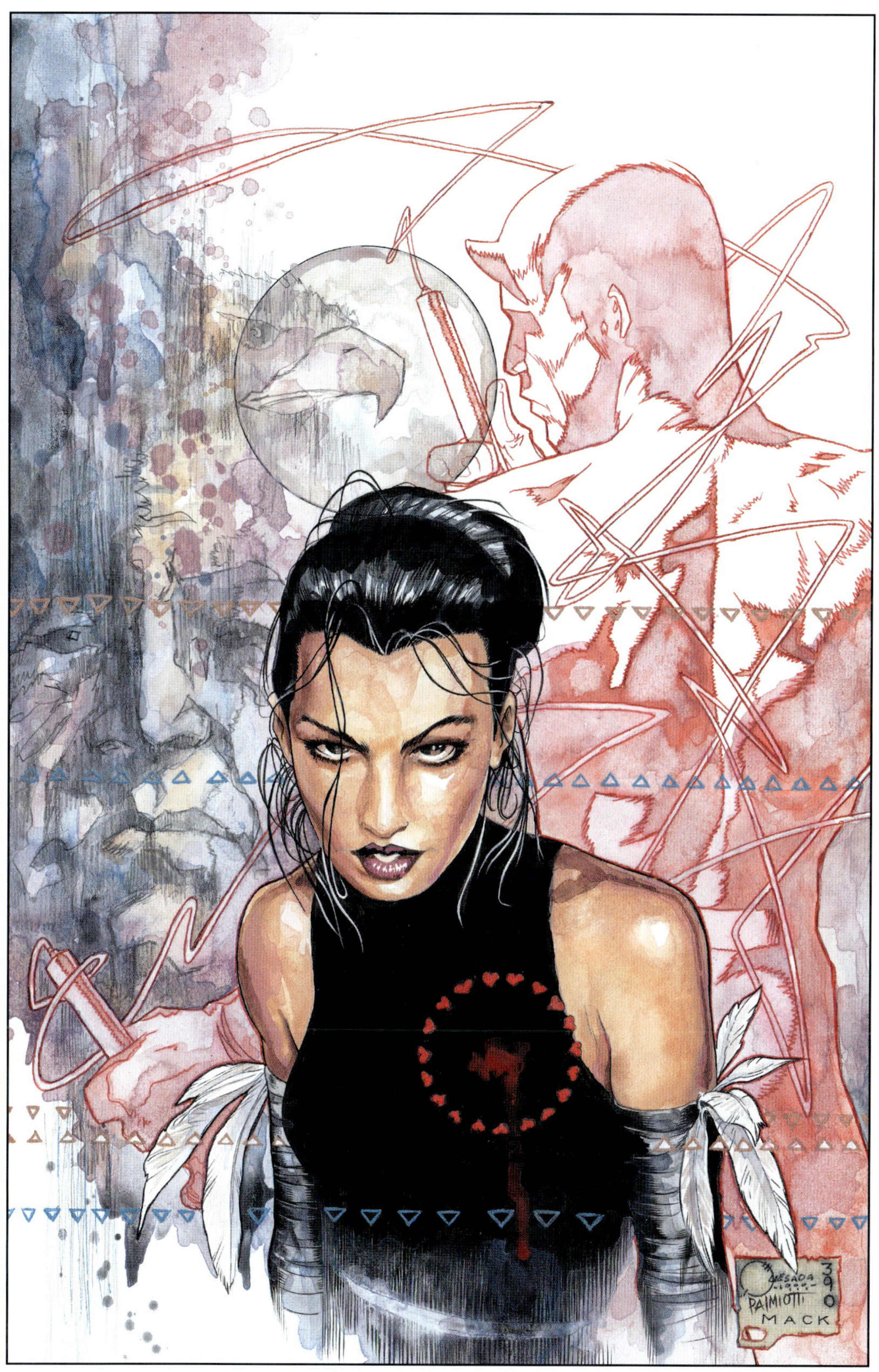

Daredevil (1998) 10

Cover von **JOE QUESADA**, **JIMMY PALMIOTTI** & **DAVID MACK**

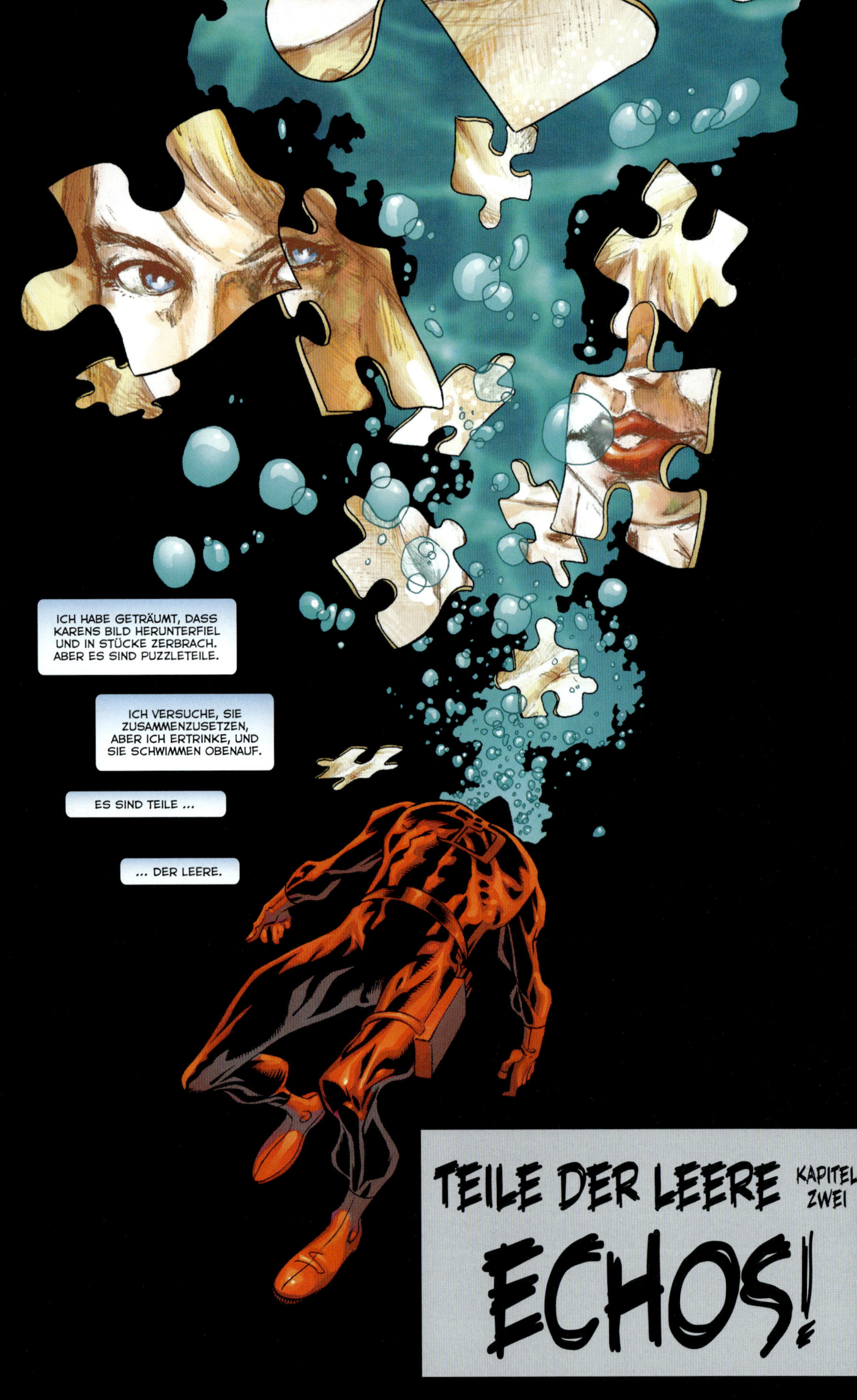
ICH HABE GETRÄUMT, DASS KARENS BILD HERUNTERFIEL UND IN STÜCKE ZERBRACH. ABER ES SIND PUZZLETEILE.
ICH VERSUCHE, SIE ZUSAMMENZUSETZEN, ABER ICH ERTRINKE, UND SIE SCHWIMMEN OBENAUF.
ES SIND TEILE ...
... DER LEERE.
TEILE DER LEERE
KAPITEL ZWEI
ECHOS!

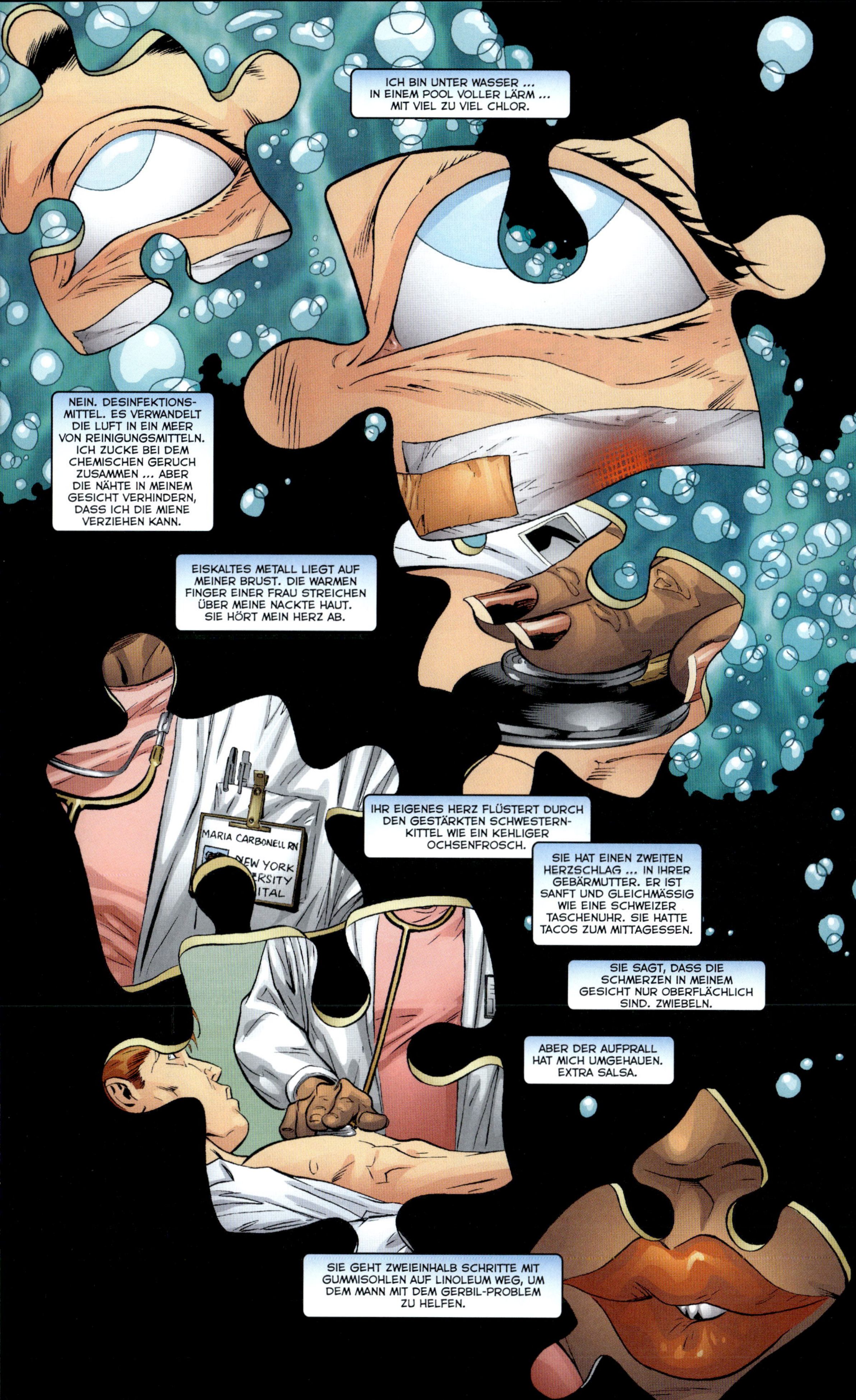
ICH BIN UNTER WASSER ... IN EINEM POOL VOLLER LÄRM ... MIT VIEL ZU VIEL CHLOR.
NEIN. DESINFEKTIONS-MITTEL. ES VERWANDELT DIE LUFT IN EIN MEER VON REINIGUNGSMITTELN. ICH ZUCKE BEI DEM CHEMISCHEN GERUCH ZUSAMMEN ... ABER DIE NÄHTE IN MEINEM GESICHT VERHINDERN, DASS ICH DIE MIENE VERZIEHEN KANN.
EISKALTES METALL LIEGT AUF MEINER BRUST. DIE WARMEN FINGER EINER FRAU STREICHEN ÜBER MEINE NACKTE HAUT. SIE HÖRT MEIN HERZ AB.
MARIA CARBONELL RN
IHR EIGENES HERZ FLÜSTERT DURCH DEN GESTÄRKTEN SCHWESTERN-KITTEL WIE EIN KEHLIGER OCHSENFROSCH.
SIE HAT EINEN ZWEITEN HERZSCHLAG ... IN IHRER GEBÄRMUTTER. ER IST SANFT UND GLEICHMÄSSIG WIE EINE SCHWEIZER TASCHENUHR. SIE HATTE TACOS ZUM MITTAGESSEN.
SIE SAGT, DASS DIE SCHMERZEN IN MEINEM GESICHT NUR OBERFLÄCHLICH SIND. ZWIEBELN.
ABER DER AUFPRALL HAT MICH UMGEHAUEN. EXTRA SALSA.
SIE GEHT ZWEIEINHALB SCHRITTE MIT GUMMISOHLEN AUF LINOLEUM WEG, UM DEM MANN MIT DEM GERBIL-PROBLEM ZU HELFEN.

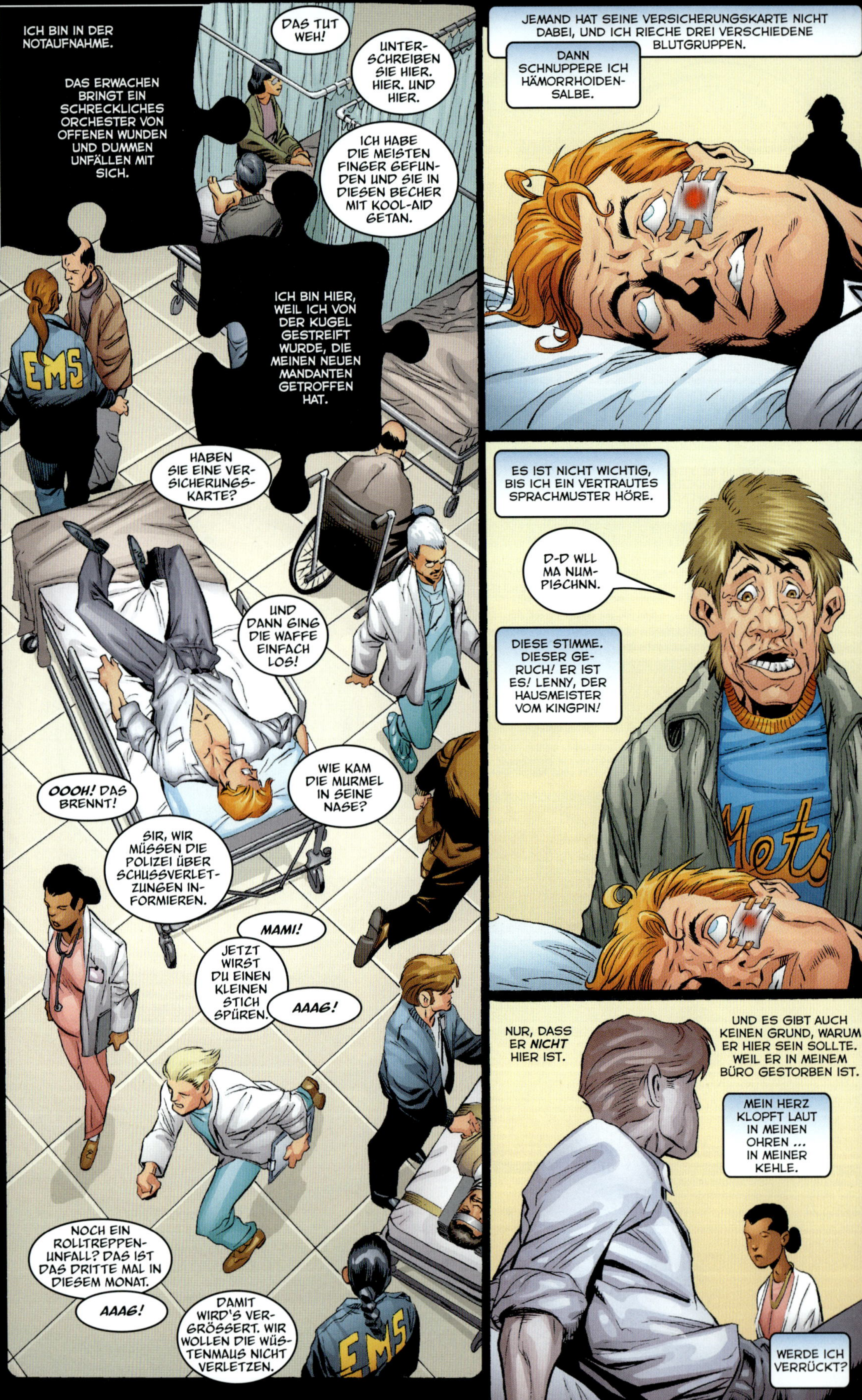
ICH BIN IN DER NOTAUFNAHME.
DAS ERWACHEN BRINGT EIN SCHRECKLICHES ORCHESTER VON OFFENEN WUNDEN UND DUMMEN UNFÄLLEN MIT SICH.
DAS TUT WEH!
UNTER-SCHREIBEN SIE HIER. HIER. UND HIER.
ICH HABE DIE MEISTEN FINGER GEFUN-DEN UND SIE IN DIESEN BECHER MIT KOOL-AID GETAN.
ICH BIN HIER, WEIL ICH VON DER KUGEL GESTREIFT WURDE, DIE MEINEN NEUEN MANDANTEN GETROFFEN HAT.
EMS
HABEN SIE EINE VER-SICHERUNGS-KARTE?
UND DANN GING DIE WAFFE EINFACH LOS!
OOOH! DAS BRENNT!
WIE KAM DIE MURMEL IN SEINE NASE?
SIR, WIR MÜSSEN DIE POLIZEI ÜBER SCHUSSVERLET-ZUNGEN IN-FORMIEREN.
MAMI!
JETZT WIRST DU EINEN KLEINEN STICH SPÜREN.
AAAG!
NOCH EIN ROLLTREPPEN-UNFALL? DAS IST DAS DRITTE MAL IN DIESEM MONAT.
AAAG!
DAMIT WIRD'S VER-GRÖSSERT. WIR WOLLEN DIE WÜS-TENMAUS NICHT VERLETZEN.
EMS
JEMAND HAT SEINE VERSICHERUNGSKARTE NICHT DABEI, UND ICH RIECHE DREI VERSCHIEDENE BLUTGRUPPEN.
DANN SCHNUPPERE ICH HÄMORRHOIDEN-SALBE.
ES IST NICHT WICHTIG, BIS ICH EIN VERTRAUTES SPRACHMUSTER HÖRE.
D-D WLL MA NUM-PISCHNN.
DIESE STIMME. DIESER GE-RUCH! ER IST ES! LENNY, DER HAUSMEISTER VOM KINGPIN!
Mets
NUR, DASS ER NICHT HIER IST.
UND ES GIBT AUCH KEINEN GRUND, WARUM ER HIER SEIN SOLLTE. WEIL ER IN MEINEM BÜRO GESTORBEN IST.
MEIN HERZ KLOPFT LAUT IN MEINEN OHREN ... IN MEINER KEHLE.
WERDE ICH VERRÜCKT?

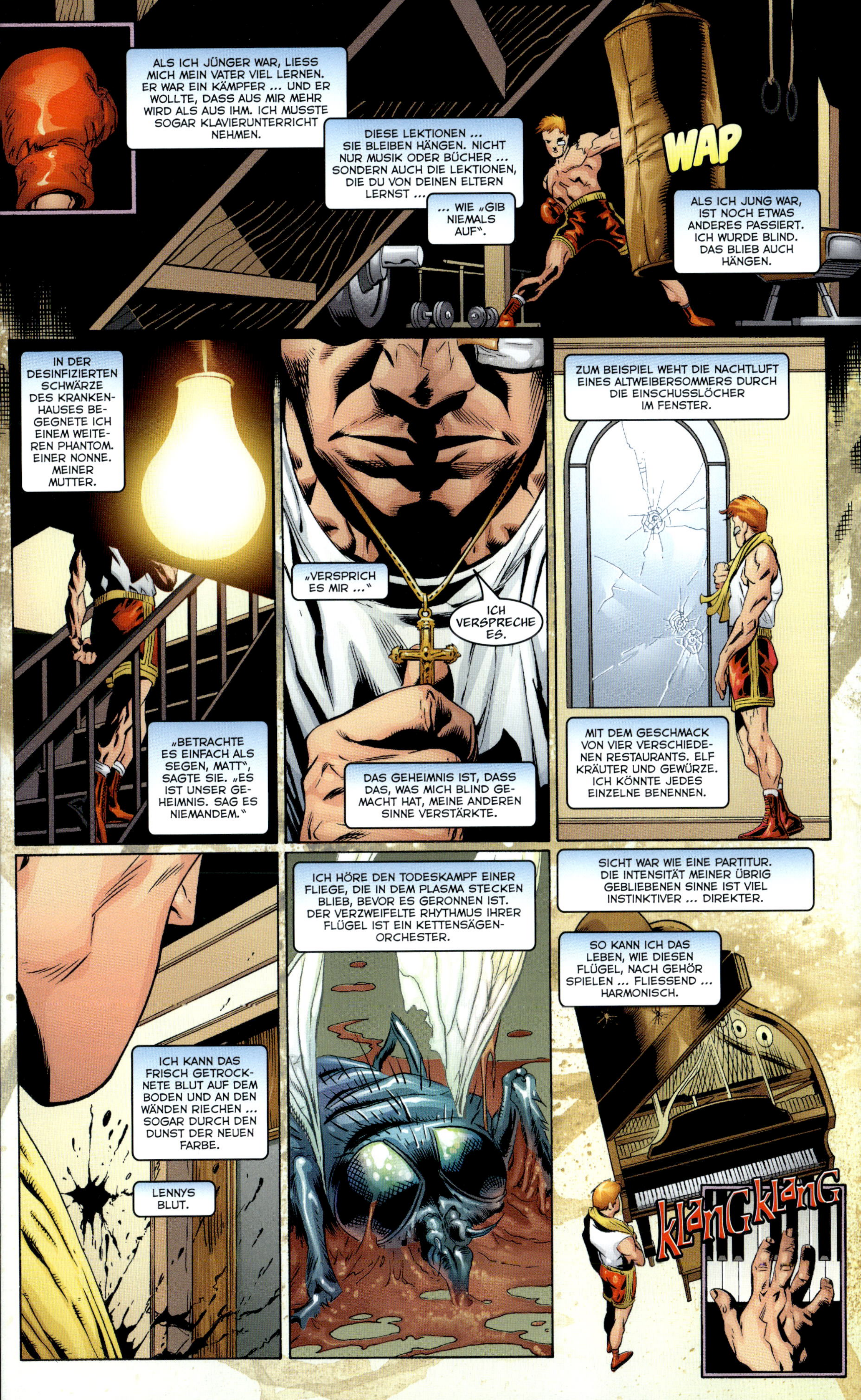
ALS ICH JÜNGER WAR, LIESS MICH MEIN VATER VIEL LERNEN. ER WAR EIN KÄMPFER ... UND ER WOLLTE, DASS AUS MIR MEHR WIRD ALS AUS IHM. ICH MUSSTE SOGAR KLAVIERUNTERRICHT NEHMEN.
DIESE LEKTIONEN ... SIE BLEIBEN HÄNGEN. NICHT NUR MUSIK ODER BÜCHER ... SONDERN AUCH DIE LEKTIONEN, DIE DU VON DEINEN ELTERN LERNST ...
... WIE „GIB NIEMALS AUF".
WAP
ALS ICH JUNG WAR, IST NOCH ETWAS ANDERES PASSIERT. ICH WURDE BLIND. DAS BLIEB AUCH HÄNGEN.
IN DER DESINFIZIERTEN SCHWÄRZE DES KRANKENHAUSES BEGEGNETE ICH EINEM WEITEREN PHANTOM. EINER NONNE. MEINER MUTTER.
„BETRACHTE ES EINFACH ALS SEGEN, MATT", SAGTE SIE. „ES IST UNSER GEHEIMNIS. SAG ES NIEMANDEM."
„VERSPRICH ES MIR ..."
ICH VERSPRECHE ES.
DAS GEHEIMNIS IST, DASS DAS, WAS MICH BLIND GEMACHT HAT, MEINE ANDEREN SINNE VERSTÄRKTE.
ZUM BEISPIEL WEHT DIE NACHTLUFT EINES ALTWEIBERSOMMERS DURCH DIE EINSCHUSSLÖCHER IM FENSTER.
MIT DEM GESCHMACK VON VIER VERSCHIEDENEN RESTAURANTS. ELF KRÄUTER UND GEWÜRZE. ICH KÖNNTE JEDES EINZELNE BENENNEN.
ICH KANN DAS FRISCH GETROCKNETE BLUT AUF DEM BODEN UND AN DEN WÄNDEN RIECHEN ... SOGAR DURCH DEN DUNST DER NEUEN FARBE.
LENNYS BLUT.
ICH HÖRE DEN TODESKAMPF EINER FLIEGE, DIE IN DEM PLASMA STECKEN BLIEB, BEVOR ES GERONNEN IST. DER VERZWEIFELTE RHYTHMUS IHRER FLÜGEL IST EIN KETTENSÄGENORCHESTER.
SICHT WAR WIE EINE PARTITUR. DIE INTENSITÄT MEINER ÜBRIG GEBLIEBENEN SINNE IST VIEL INSTINKTIVER ... DIREKTER.
SO KANN ICH DAS LEBEN, WIE DIESEN FLÜGEL, NACH GEHÖR SPIELEN ... FLIESSEND ... HARMONISCH.
KLANGKLANG

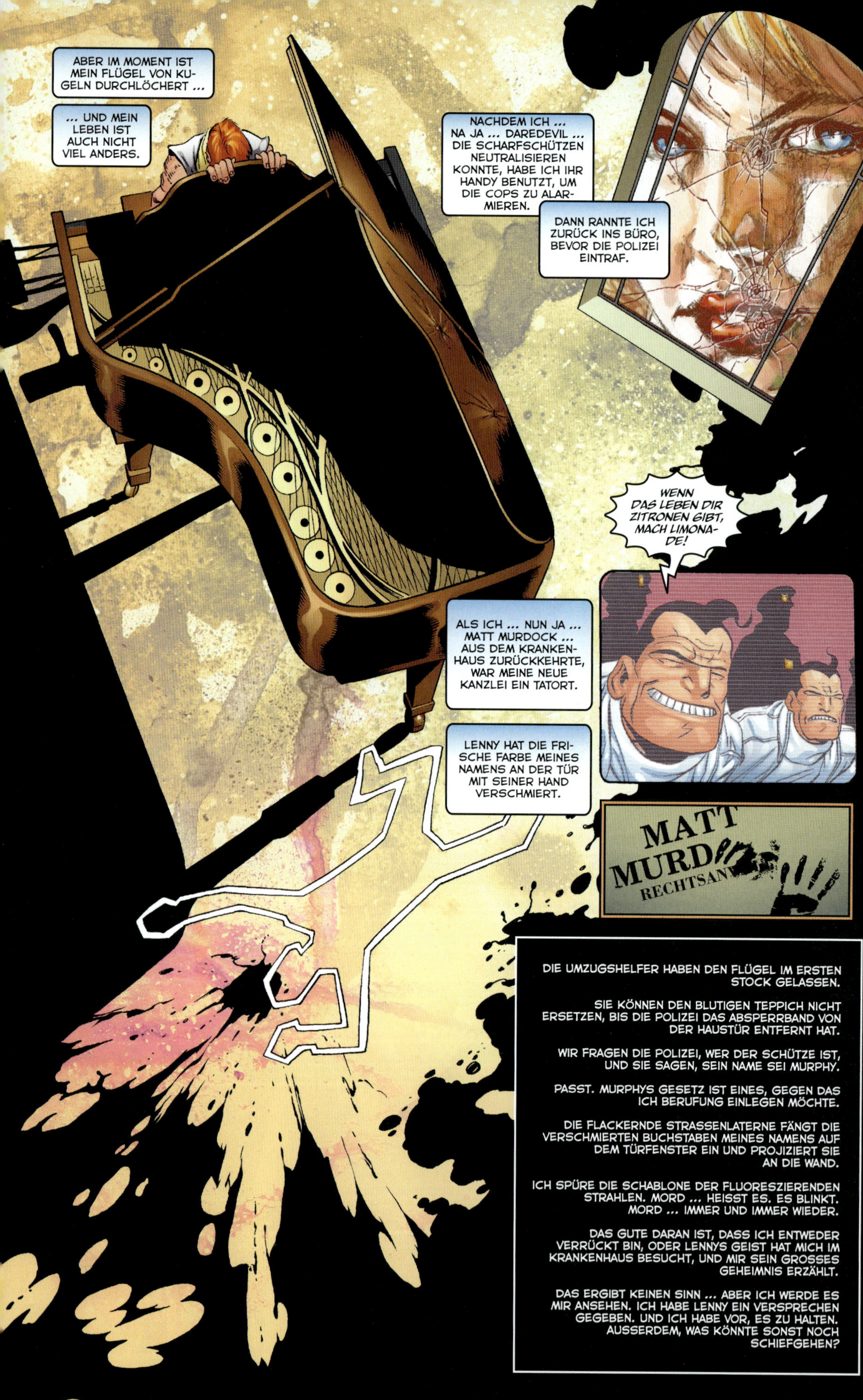
ABER IM MOMENT IST MEIN FLÜGEL VON KUGELN DURCHLÖCHERT ...
... UND MEIN LEBEN IST AUCH NICHT VIEL ANDERS.
NACHDEM ICH ... NA JA ... DAREDEVIL ... DIE SCHARFSCHÜTZEN NEUTRALISIEREN KONNTE, HABE ICH IHR HANDY BENUTZT, UM DIE COPS ZU ALARMIEREN.
DANN RANNTE ICH ZURÜCK INS BÜRO, BEVOR DIE POLIZEI EINTRAF.
WENN DAS LEBEN DIR ZITRONEN GIBT, MACH LIMONADE!
ALS ICH ... NUN JA ... MATT MURDOCK ... AUS DEM KRANKENHAUS ZURÜCKKEHRTE, WAR MEINE NEUE KANZLEI EIN TATORT.
LENNY HAT DIE FRISCHE FARBE MEINES NAMENS AN DER TÜR MIT SEINER HAND VERSCHMIERT.
MATT MURD
RECHTSAN
DIE UMZUGSHELFER HABEN DEN FLÜGEL IM ERSTEN STOCK GELASSEN.
SIE KÖNNEN DEN BLUTIGEN TEPPICH NICHT ERSETZEN, BIS DIE POLIZEI DAS ABSPERRBAND VON DER HAUSTÜR ENTFERNT HAT.
WIR FRAGEN DIE POLIZEI, WER DER SCHÜTZE IST, UND SIE SAGEN, SEIN NAME SEI MURPHY.
PASST. MURPHYS GESETZ IST EINES, GEGEN DAS ICH BERUFUNG EINLEGEN MÖCHTE.
DIE FLACKERNDE STRASSENLATERNE FÄNGT DIE VERSCHMIERTEN BUCHSTABEN MEINES NAMENS AUF DEM TÜRFENSTER EIN UND PROJIZIERT SIE AN DIE WAND.
ICH SPÜRE DIE SCHABLONE DER FLUORESZIERENDEN STRAHLEN. MORD ... HEISST ES. ES BLINKT. MORD ... IMMER UND IMMER WIEDER.
DAS GUTE DARAN IST, DASS ICH ENTWEDER VERRÜCKT BIN, ODER LENNYS GEIST HAT MICH IM KRANKENHAUS BESUCHT, UND MIR SEIN GROSSES GEHEIMNIS ERZÄHLT.
DAS ERGIBT KEINEN SINN ... ABER ICH WERDE ES MIR ANSEHEN. ICH HABE LENNY EIN VERSPRECHEN GEGEBEN. UND ICH HABE VOR, ES ZU HALTEN. AUSSERDEM, WAS KÖNNTE SONST NOCH SCHIEFGEHEN?

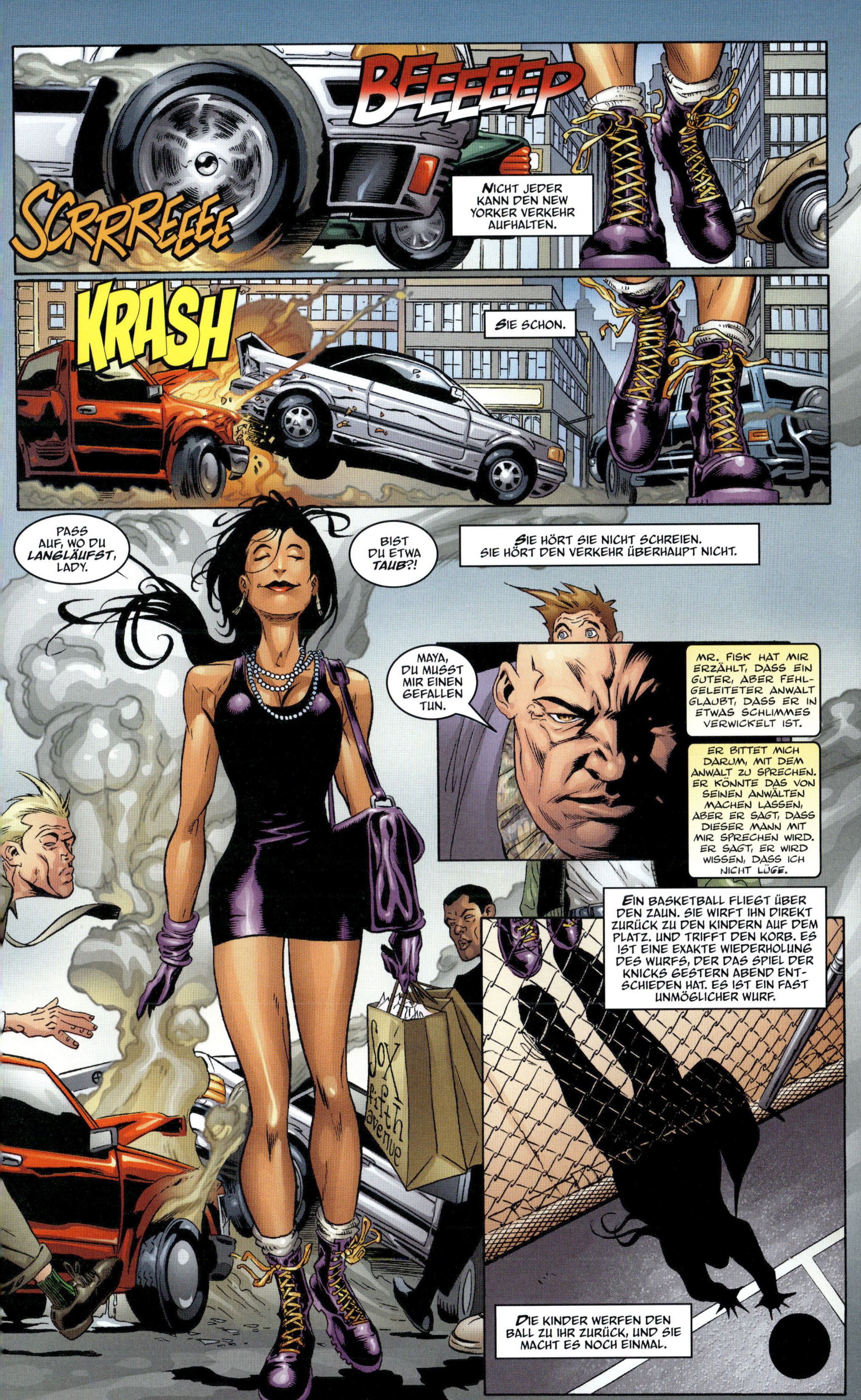
BEEEEEEP
SCRRREEEE
NICHT JEDER KANN DEN NEW YORKER VERKEHR AUFHALTEN.
KRASH
SIE SCHON.
PASS AUF, WO DU LANGLÄUFST, LADY.
BIST DU ETWA TAUB?!
SIE HÖRT SIE NICHT SCHREIEN. SIE HÖRT DEN VERKEHR ÜBERHAUPT NICHT.
MAYA, DU MUSST MIR EINEN GEFALLEN TUN.
MR. FISK HAT MIR ERZÄHLT, DASS EIN GUTER, ABER FEHLGELEITETER ANWALT GLAUBT, DASS ER IN ETWAS SCHLIMMES VERWICKELT IST.
ER BITTET MICH DARUM, MIT DEM ANWALT ZU SPRECHEN. ER KÖNNTE DAS VON SEINEN ANWÄLTEN MACHEN LASSEN, ABER ER SAGT, DASS DIESER MANN MIT MIR SPRECHEN WIRD. ER SAGT, ER WIRD WISSEN, DASS ICH NICHT LÜGE.
EIN BASKETBALL FLIEGT ÜBER DEN ZAUN. SIE WIRFT IHN DIREKT ZURÜCK ZU DEN KINDERN AUF DEM PLATZ. UND TRIFFT DEN KORB. ES IST EINE EXAKTE WIEDERHOLUNG DES WURFS, DER DAS SPIEL DER KNICKS GESTERN ABEND ENTSCHIEDEN HAT. ES IST EIN FAST UNMÖGLICHER WURF.
DIE KINDER WERFEN DEN BALL ZU IHR ZURÜCK, UND SIE MACHT ES NOCH EINMAL.

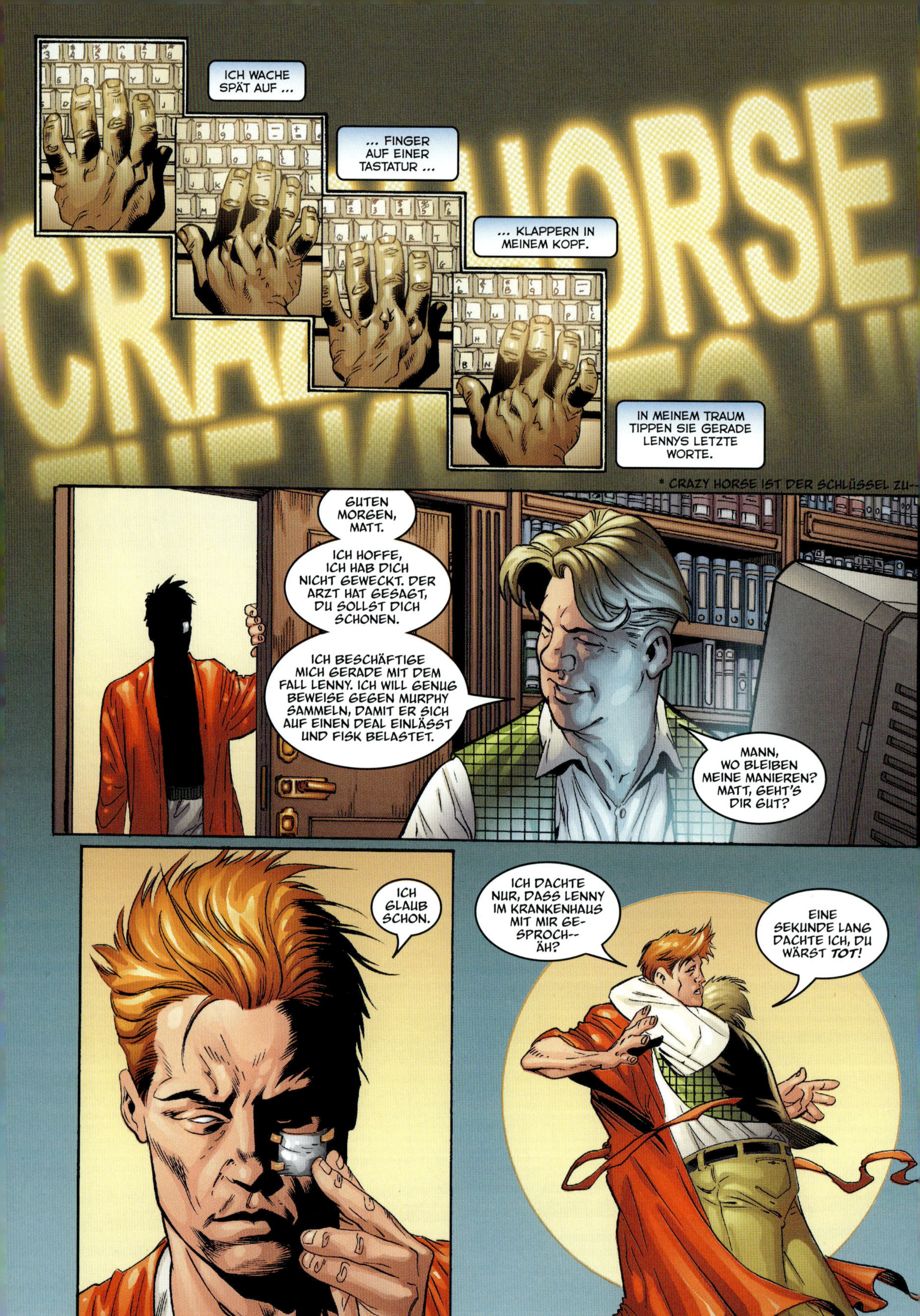
ICH WACHE SPÄT AUF ...
... FINGER AUF EINER TASTATUR ...
... KLAPPERN IN MEINEM KOPF.
IN MEINEM TRAUM TIPPEN SIE GERADE LENNYS LETZTE WORTE.
* CRAZY HORSE IST DER SCHLÜSSEL ZU--
GUTEN MORGEN, MATT.
ICH HOFFE, ICH HAB DICH NICHT GEWECKT. DER ARZT HAT GESAGT, DU SOLLST DICH SCHONEN.
ICH BESCHÄFTIGE MICH GERADE MIT DEM FALL LENNY. ICH WILL GENUG BEWEISE GEGEN MURPHY SAMMELN, DAMIT ER SICH AUF EINEN DEAL EINLÄSST UND FISK BELASTET.
MANN, WO BLEIBEN MEINE MANIEREN? MATT, GEHT'S DIR GUT?
ICH GLAUB SCHON.
ICH DACHTE NUR, DASS LENNY IM KRANKENHAUS MIT MIR GE-SPROCH-- ÄH?
EINE SEKUNDE LANG DACHTE ICH, DU WÄRST *TOT!*

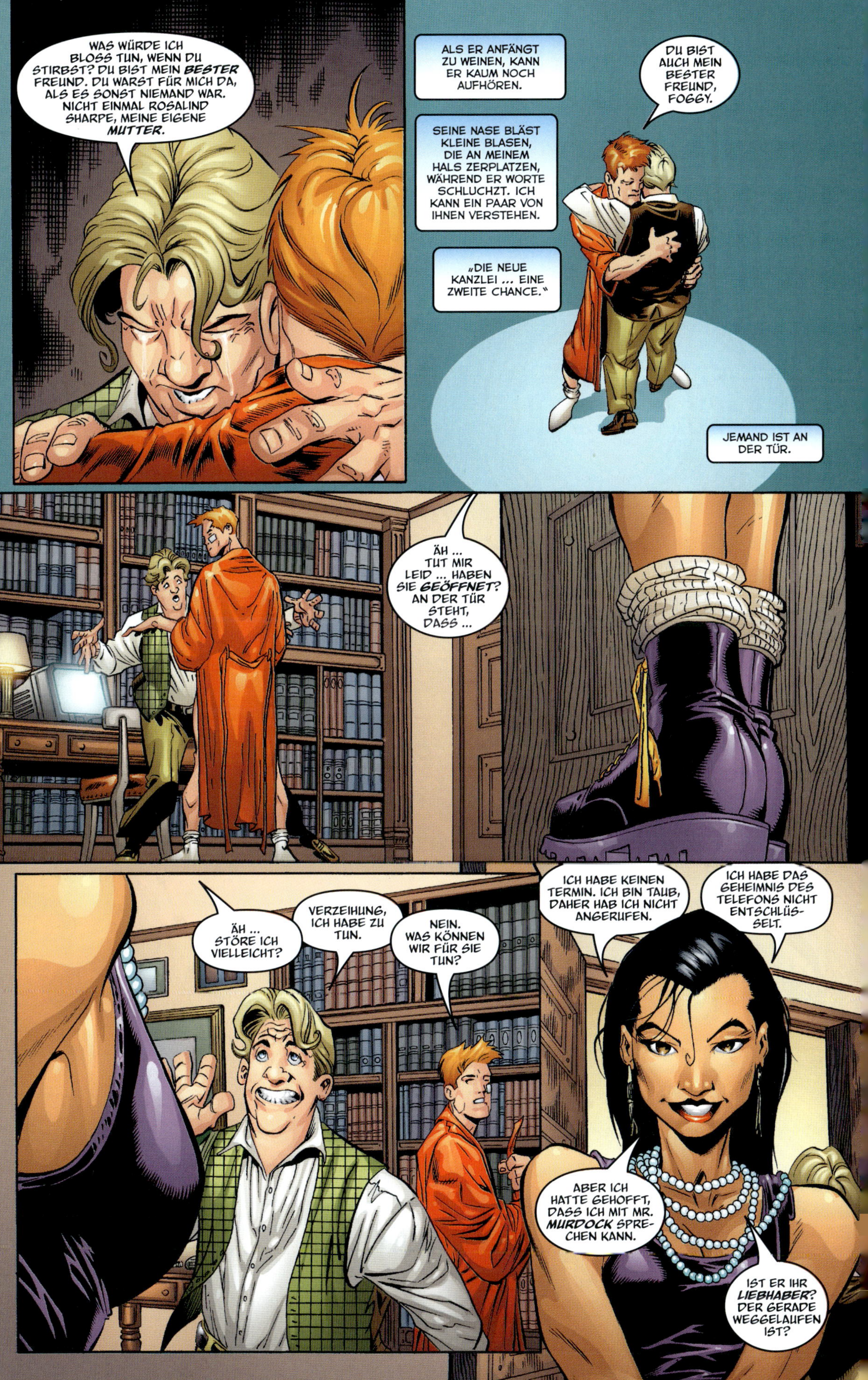
WAS WÜRDE ICH BLOSS TUN, WENN DU STIRBST? DU BIST MEIN BESTER FREUND. DU WARST FÜR MICH DA, ALS ES SONST NIEMAND WAR. NICHT EINMAL ROSALIND SHARPE, MEINE EIGENE MUTTER.
ALS ER ANFÄNGT ZU WEINEN, KANN ER KAUM NOCH AUFHÖREN.
SEINE NASE BLÄST KLEINE BLASEN, DIE AN MEINEM HALS ZERPLATZEN, WÄHREND ER WORTE SCHLUCHZT. ICH KANN EIN PAAR VON IHNEN VERSTEHEN.
„DIE NEUE KANZLEI ... EINE ZWEITE CHANCE."
DU BIST AUCH MEIN BESTER FREUND, FOGGY.
JEMAND IST AN DER TÜR.
ÄH ... TUT MIR LEID ... HABEN SIE GEÖFFNET? AN DER TÜR STEHT, DASS ...
ÄH ... STÖRE ICH VIELLEICHT?
VERZEIHUNG, ICH HABE ZU TUN.
NEIN. WAS KÖNNEN WIR FÜR SIE TUN?
ICH HABE KEINEN TERMIN. ICH BIN TAUB, DAHER HAB ICH NICHT ANGERUFEN.
ICH HABE DAS GEHEIMNIS DES TELEFONS NICHT ENTSCHLÜS-SELT.
ABER ICH HATTE GEHOFFT, DASS ICH MIT MR. MURDOCK SPRE-CHEN KANN.
IST ER IHR LIEBHABER? DER GERADE WEGGELAUFEN IST?

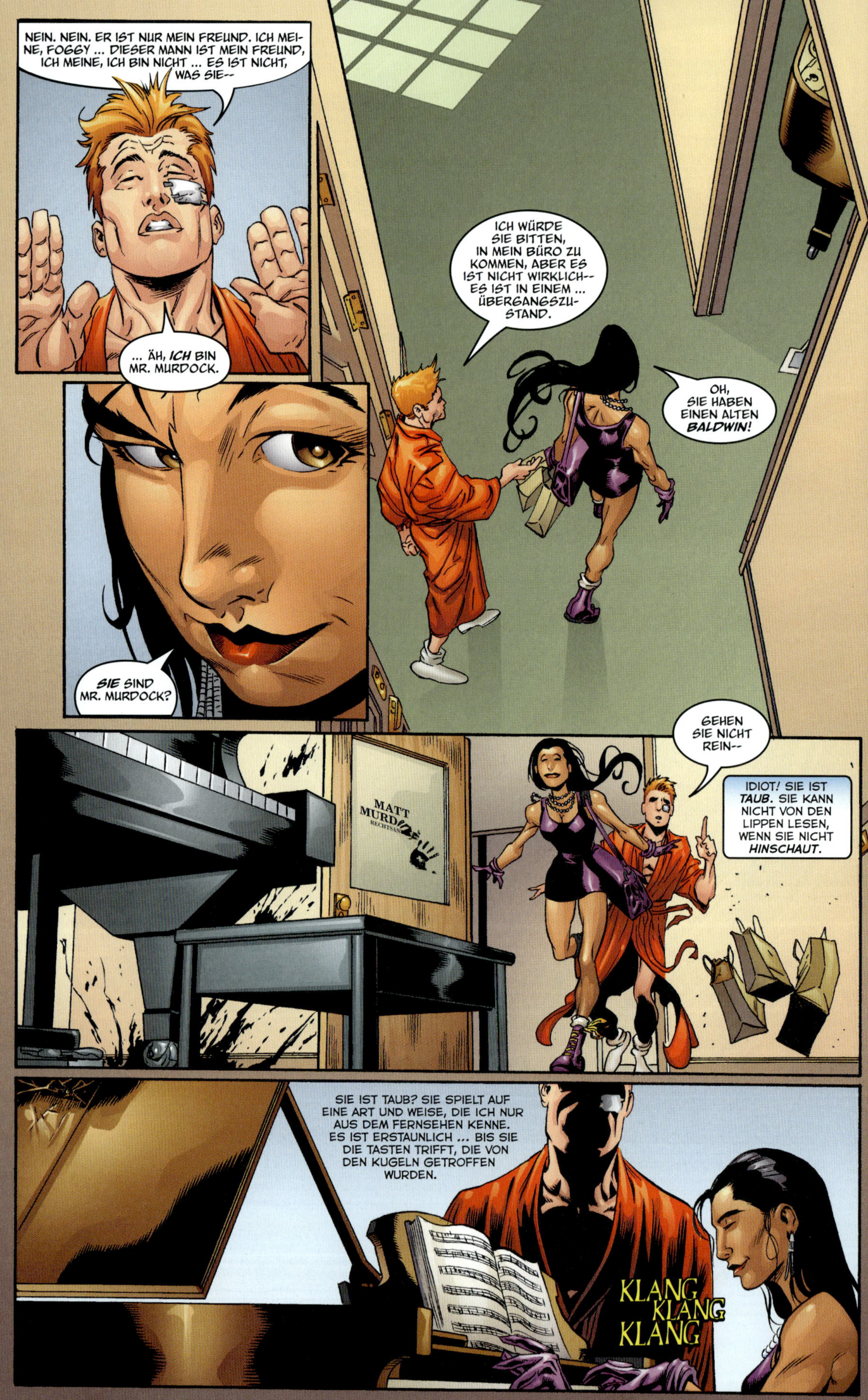
NEIN. NEIN. ER IST NUR MEIN FREUND. ICH MEINE, FOGGY ... DIESER MANN IST MEIN FREUND, ICH MEINE, ICH BIN NICHT ... ES IST NICHT, WAS SIE--
... ÄH, *ICH* BIN MR. MURDOCK.
SIE SIND MR. MURDOCK?
ICH WÜRDE SIE BITTEN, IN MEIN BÜRO ZU KOMMEN, ABER ES IST NICHT WIRKLICH-- ES IST IN EINEM ... ÜBERGANGSZUSTAND.
OH, SIE HABEN EINEN ALTEN *BALDWIN!*
MATT MURD
GEHEN SIE NICHT REIN--
IDIOT! SIE IST *TAUB*. SIE KANN NICHT VON DEN LIPPEN LESEN, WENN SIE NICHT *HINSCHAUT*.
SIE IST TAUB? SIE SPIELT AUF EINE ART UND WEISE, DIE ICH NUR AUS DEM FERNSEHEN KENNE. ES IST ERSTAUNLICH ... BIS SIE DIE TASTEN TRIFFT, DIE VON DEN KUGELN GETROFFEN WURDEN.
KLANG KLANG KLANG

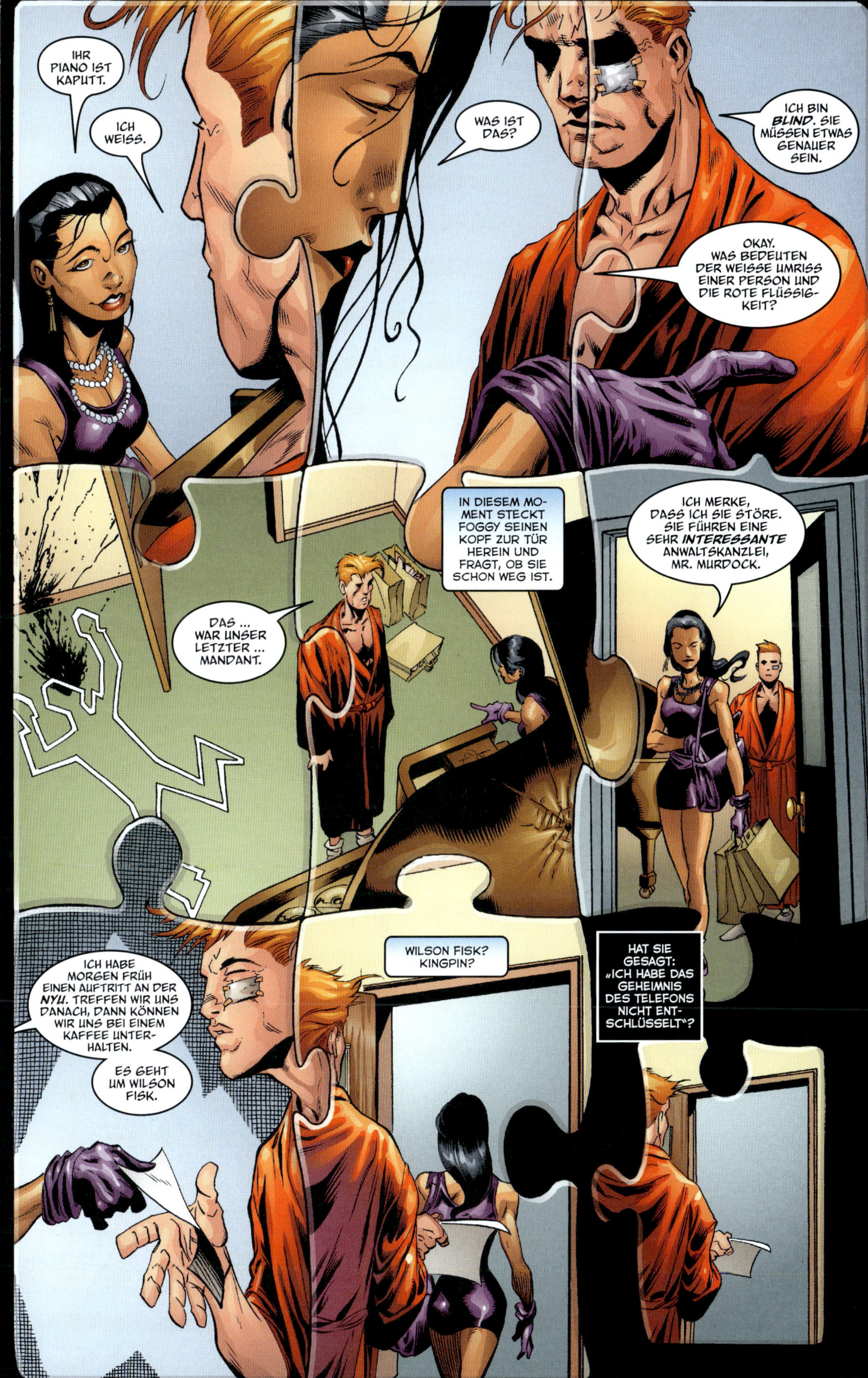
IHR PIANO IST KAPUTT.
ICH WEISS.
WAS IST DAS?
ICH BIN BLIND. SIE MÜSSEN ETWAS GENAUER SEIN.
OKAY. WAS BEDEUTEN DER WEISSE UMRISS EINER PERSON UND DIE ROTE FLÜSSIG-KEIT?
DAS ... WAR UNSER LETZTER ... MANDANT.
IN DIESEM MO-MENT STECKT FOGGY SEINEN KOPF ZUR TÜR HEREIN UND FRAGT, OB SIE SCHON WEG IST.
ICH MERKE, DASS ICH SIE STÖRE. SIE FÜHREN EINE SEHR INTERESSANTE ANWALTSKANZLEI, MR. MURDOCK.
ICH HABE MORGEN FRÜH EINEN AUFTRITT AN DER NYU. TREFFEN WIR UNS DANACH, DANN KÖNNEN WIR UNS BEI EINEM KAFFEE UNTER-HALTEN.
ES GEHT UM WILSON FISK.
WILSON FISK? KINGPIN?
HAT SIE GESAGT: „ICH HABE DAS GEHEIMNIS DES TELEFONS NICHT ENT-SCHLÜSSELT“?

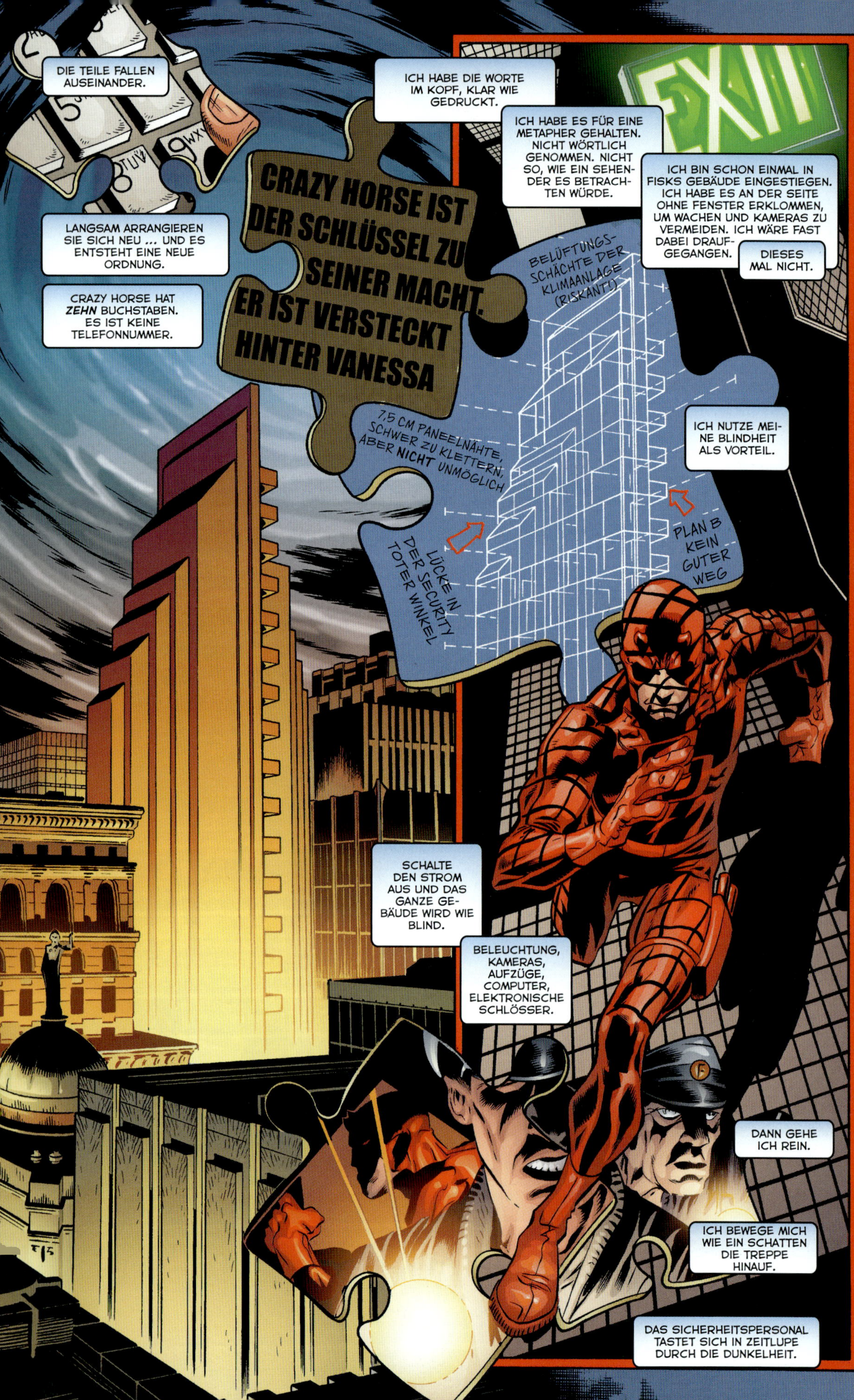
DIE TEILE FALLEN AUSEINANDER.
LANGSAM ARRANGIEREN SIE SICH NEU ... UND ES ENTSTEHT EINE NEUE ORDNUNG.
CRAZY HORSE HAT ZEHN BUCHSTABEN. ES IST KEINE TELEFONNUMMER.
CRAZY HORSE IST DER SCHLÜSSEL ZU SEINER MACHT. ER IST VERSTECKT HINTER VANESSA
ICH HABE DIE WORTE IM KOPF, KLAR WIE GEDRUCKT.
ICH HABE ES FÜR EINE METAPHER GEHALTEN. NICHT WÖRTLICH GENOMMEN. NICHT SO, WIE EIN SEHENDER ES BETRACHTEN WÜRDE.
EXIT
ICH BIN SCHON EINMAL IN FISKS GEBÄUDE EINGESTIEGEN. ICH HABE ES AN DER SEITE OHNE FENSTER ERKLOMMEN, UM WACHEN UND KAMERAS ZU VERMEIDEN. ICH WÄRE FAST DABEI DRAUFGEGANGEN.
DIESES MAL NICHT.
BELÜFTUNGSSCHÄCHTE DER KLIMAANLAGE (RISKANT!)
7,5 CM PANEELNÄHTE, SCHWER ZU KLETTERN, ABER NICHT UNMÖGLICH
LÜCKE IN DER SECURITY TOTER WINKEL
PLAN B KEIN GUTER WEG
ICH NUTZE MEINE BLINDHEIT ALS VORTEIL.
SCHALTE DEN STROM AUS UND DAS GANZE GEBÄUDE WIRD WIE BLIND.
BELEUCHTUNG, KAMERAS, AUFZÜGE, COMPUTER, ELEKTRONISCHE SCHLÖSSER.
DANN GEHE ICH REIN.
ICH BEWEGE MICH WIE EIN SCHATTEN DIE TREPPE HINAUF.
DAS SICHERHEITSPERSONAL TASTET SICH IN ZEITLUPE DURCH DIE DUNKELHEIT.

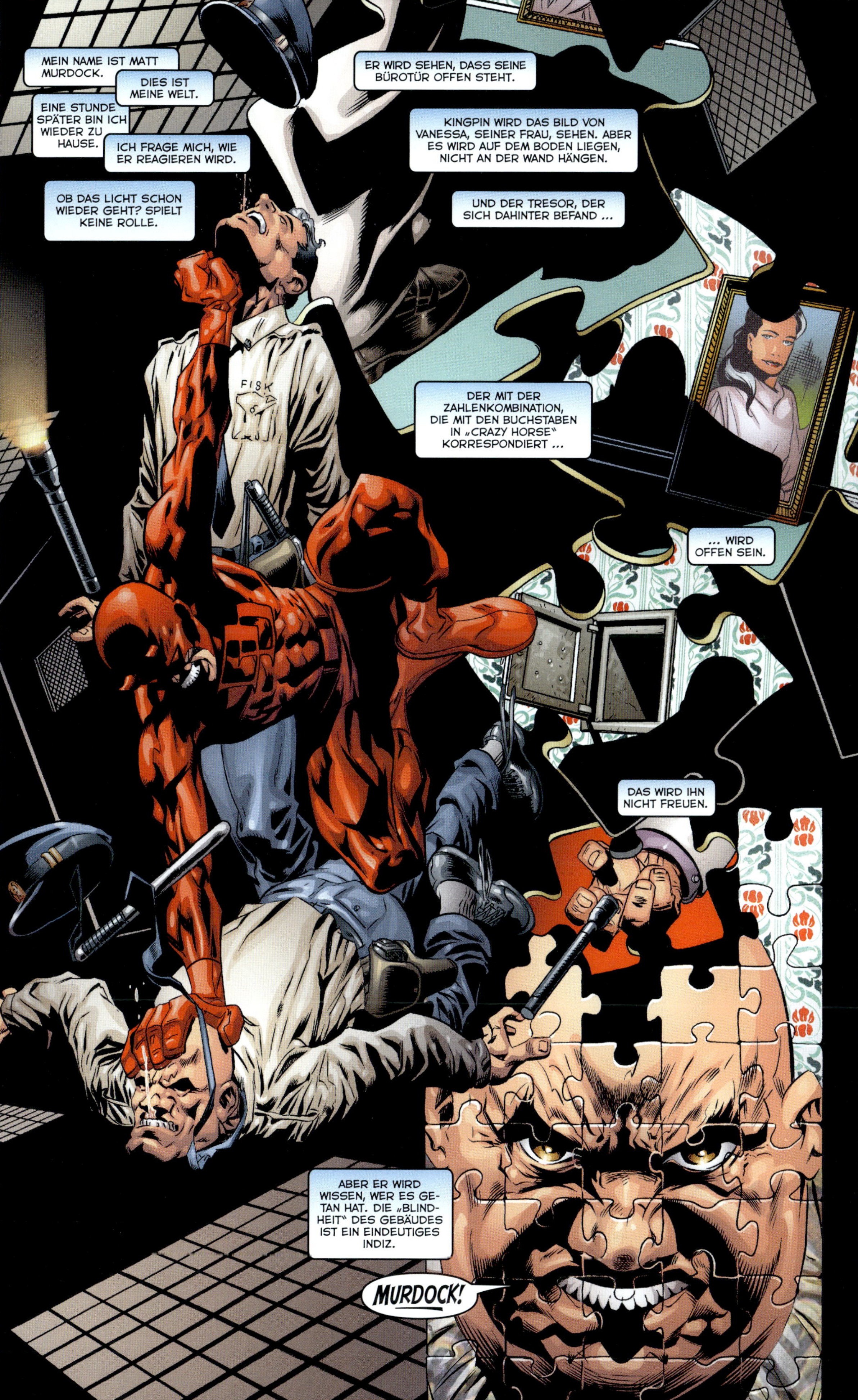
MEIN NAME IST MATT MURDOCK.
DIES IST MEINE WELT.
EINE STUNDE SPÄTER BIN ICH WIEDER ZU HAUSE.
ICH FRAGE MICH, WIE ER REAGIEREN WIRD.
OB DAS LICHT SCHON WIEDER GEHT? SPIELT KEINE ROLLE.
ER WIRD SEHEN, DASS SEINE BÜROTÜR OFFEN STEHT.
KINGPIN WIRD DAS BILD VON VANESSA, SEINER FRAU, SEHEN. ABER ES WIRD AUF DEM BODEN LIEGEN, NICHT AN DER WAND HÄNGEN.
UND DER TRESOR, DER SICH DAHINTER BEFAND ...
DER MIT DER ZAHLENKOMBINATION, DIE MIT DEN BUCHSTABEN IN „CRAZY HORSE“ KORRESPONDIERT ...
... WIRD OFFEN SEIN.
DAS WIRD IHN NICHT FREUEN.
ABER ER WIRD WISSEN, WER ES GETAN HAT. DIE „BLINDHEIT“ DES GEBÄUDES IST EIN EINDEUTIGES INDIZ.
MURDOCK!

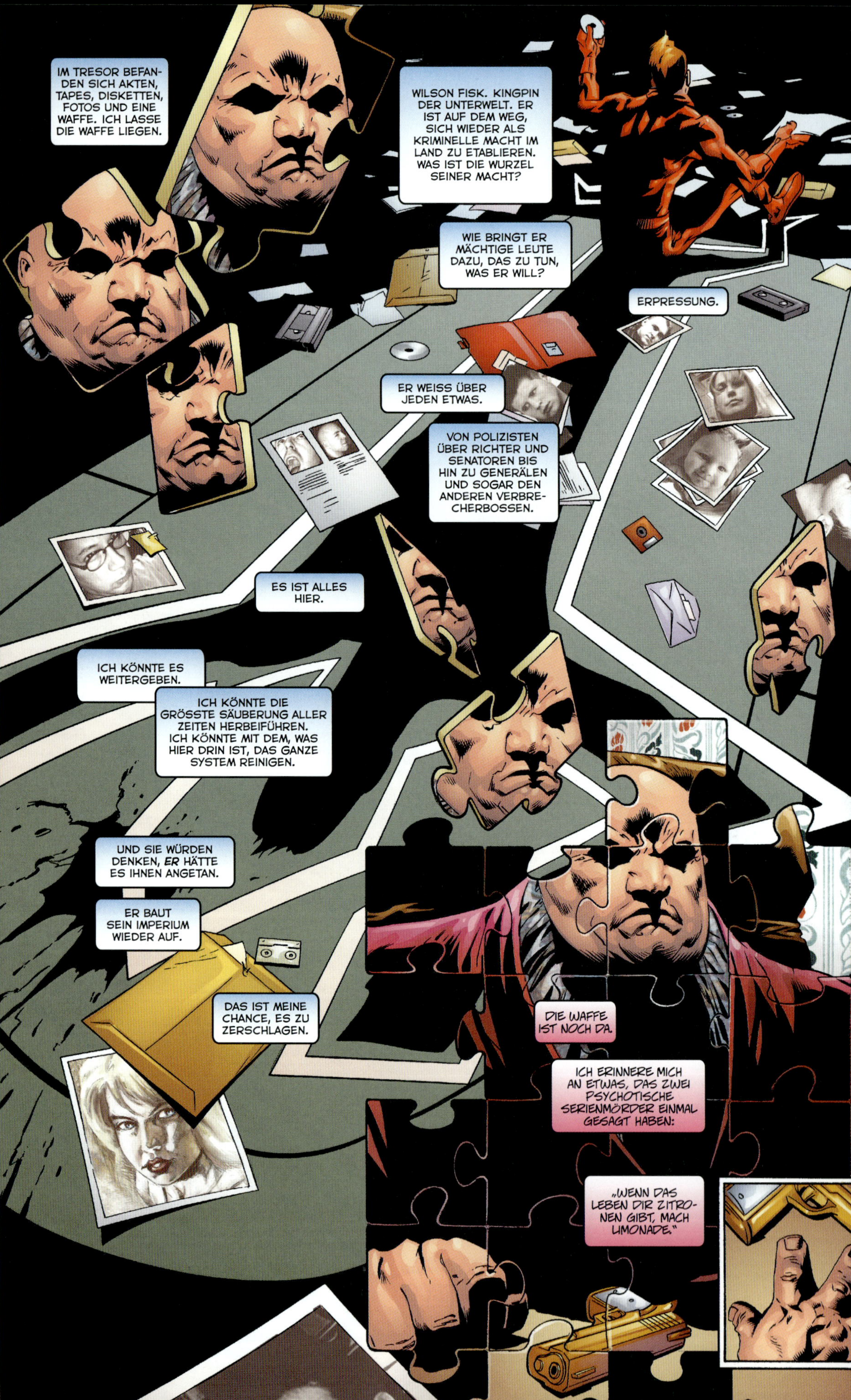

IM TRESOR BEFANDEN SICH AKTEN, TAPES, DISKETTEN, FOTOS UND EINE WAFFE. ICH LASSE DIE WAFFE LIEGEN.
WILSON FISK. KINGPIN DER UNTERWELT. ER IST AUF DEM WEG, SICH WIEDER ALS KRIMINELLE MACHT IM LAND ZU ETABLIEREN. WAS IST DIE WURZEL SEINER MACHT?
WIE BRINGT ER MÄCHTIGE LEUTE DAZU, DAS ZU TUN, WAS ER WILL?
ERPRESSUNG.
ER WEISS ÜBER JEDEN ETWAS.
VON POLIZISTEN ÜBER RICHTER UND SENATOREN BIS HIN ZU GENERÄLEN UND SOGAR DEN ANDEREN VERBRECHERBOSSEN.
ES IST ALLES HIER.
ICH KÖNNTE ES WEITERGEBEN.
ICH KÖNNTE DIE GRÖSSTE SÄUBERUNG ALLER ZEITEN HERBEIFÜHREN. ICH KÖNNTE MIT DEM, WAS HIER DRIN IST, DAS GANZE SYSTEM REINIGEN.
UND SIE WÜRDEN DENKEN, *ER* HÄTTE ES IHNEN ANGETAN.
ER BAUT SEIN IMPERIUM WIEDER AUF.
DAS IST MEINE CHANCE, ES ZU ZERSCHLAGEN.
DIE WAFFE IST NOCH DA.
ICH ERINNERE MICH AN ETWAS, DAS ZWEI PSYCHOTISCHE SERIENMÖRDER EINMAL GESAGT HABEN:
„WENN DAS LEBEN DIR ZITRONEN GIBT, MACH LIMONADE."

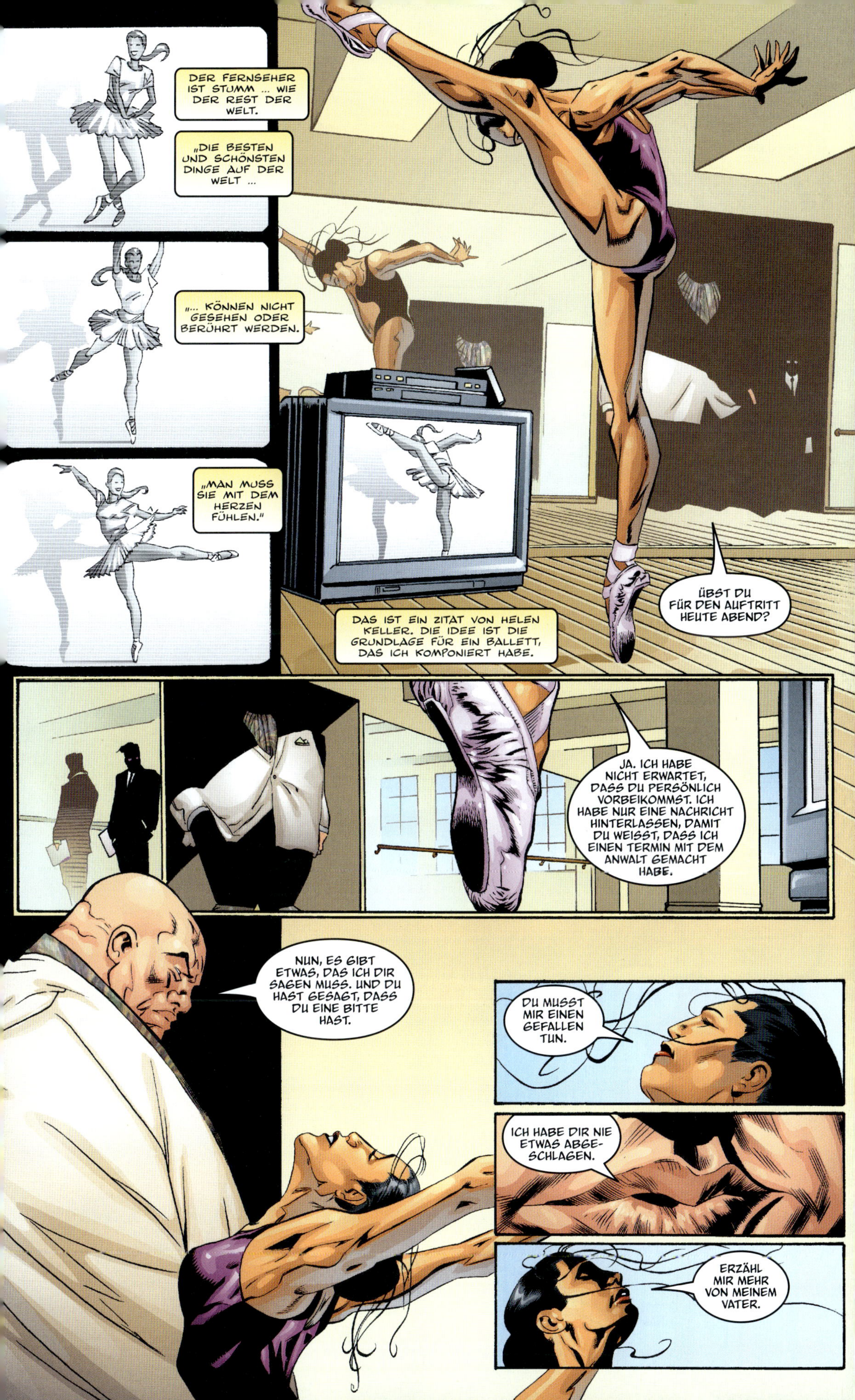
DER FERNSEHER IST STUMM ... WIE DER REST DER WELT.
„DIE BESTEN UND SCHÖNSTEN DINGE AUF DER WELT ...
„... KÖNNEN NICHT GESEHEN ODER BERÜHRT WERDEN.
„MAN MUSS SIE MIT DEM HERZEN FÜHLEN."
DAS IST EIN ZITAT VON HELEN KELLER. DIE IDEE IST DIE GRUNDLAGE FÜR EIN BALLETT, DAS ICH KOMPONIERT HABE.
ÜBST DU FÜR DEN AUFTRITT HEUTE ABEND?
JA. ICH HABE NICHT ERWARTET, DASS DU PERSÖNLICH VORBEIKOMMST. ICH HABE NUR EINE NACHRICHT HINTERLASSEN, DAMIT DU WEISST, DASS ICH EINEN TERMIN MIT DEM ANWALT GEMACHT HABE.
NUN, ES GIBT ETWAS, DAS ICH DIR SAGEN MUSS. UND DU HAST GESAGT, DASS DU EINE BITTE HAST.
DU MUSST MIR EINEN GEFALLEN TUN.
ICH HABE DIR NIE ETWAS ABGE-SCHLAGEN.
ERZÄHL MIR MEHR VON MEINEM VATER.

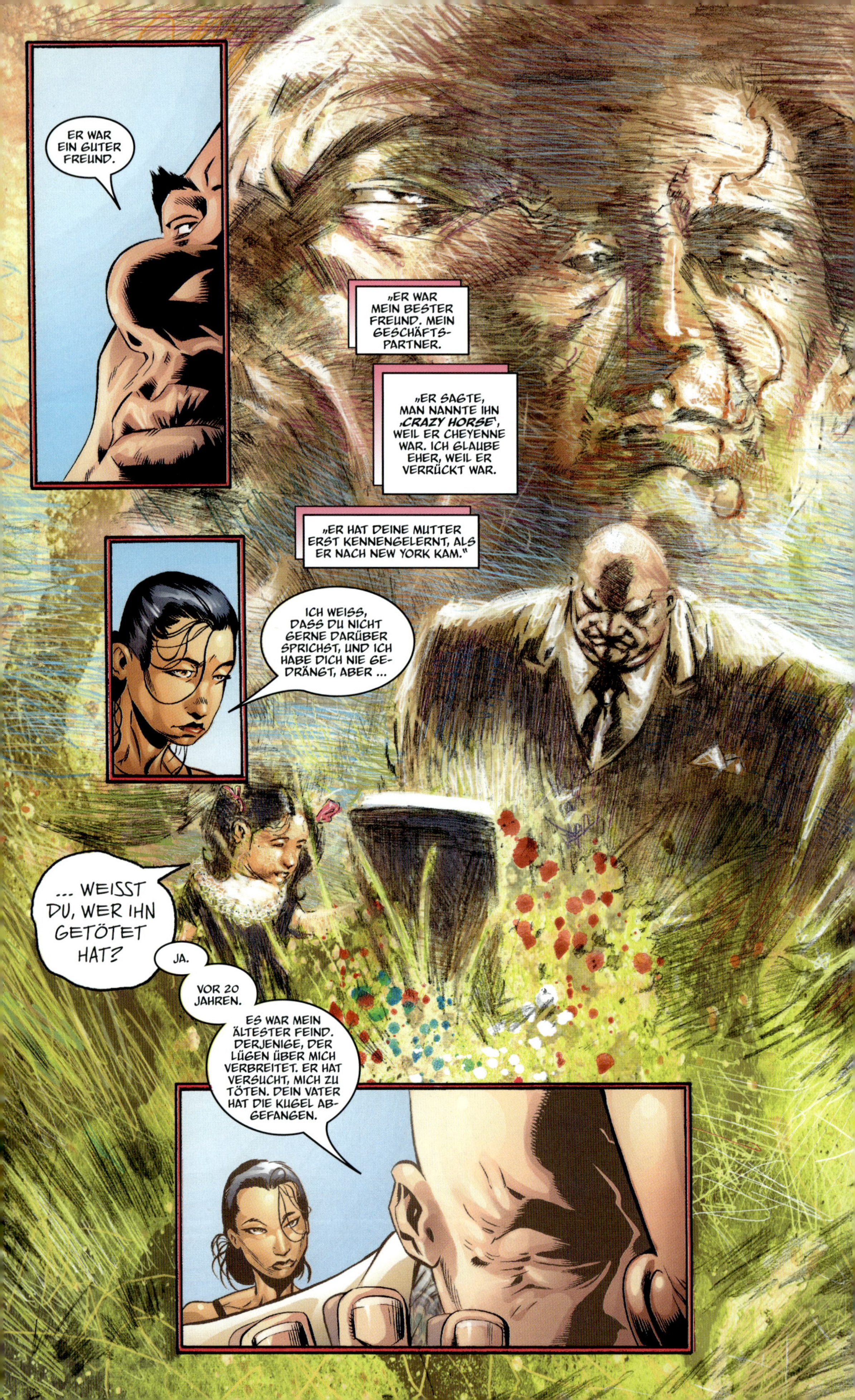
ER WAR EIN GUTER FREUND.
„ER WAR MEIN BESTER FREUND. MEIN GESCHÄFTS-PARTNER.
„ER SAGTE, MAN NANNTE IHN ‚CRAZY HORSE', WEIL ER CHEYENNE WAR. ICH GLAUBE EHER, WEIL ER VERRÜCKT WAR.
„ER HAT DEINE MUTTER ERST KENNENGELERNT, ALS ER NACH NEW YORK KAM."
ICH WEISS, DASS DU NICHT GERNE DARÜBER SPRICHST, UND ICH HABE DICH NIE GE-DRÄNGT, ABER ...
... WEISST DU, WER IHN GETÖTET HAT?
JA.
VOR 20 JAHREN.
ES WAR MEIN ÄLTESTER FEIND. DERJENIGE, DER LÜGEN ÜBER MICH VERBREITET. ER HAT VERSUCHT, MICH ZU TÖTEN. DEIN VATER HAT DIE KUGEL AB-GEFANGEN.

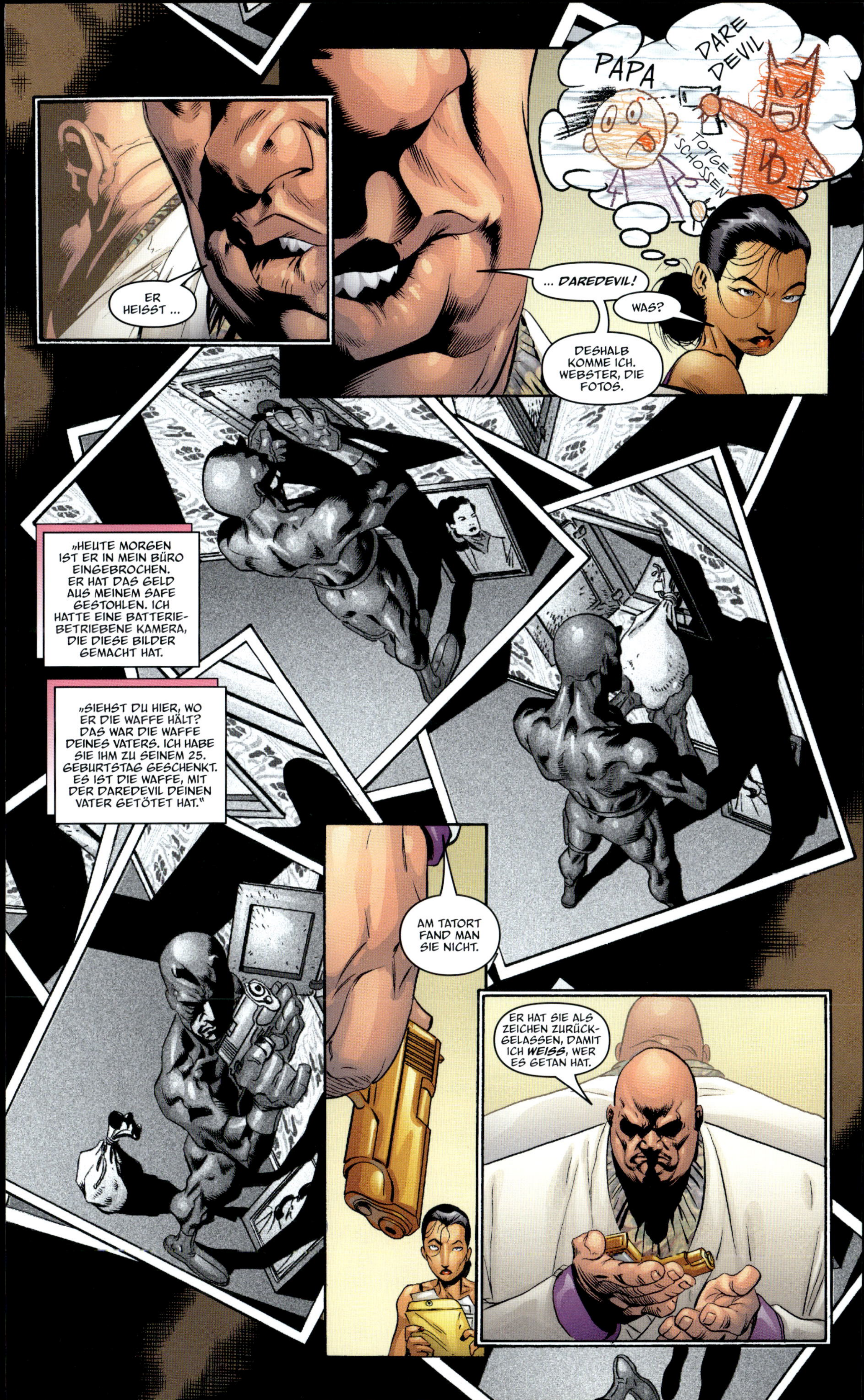
ER HEISST ...
... DAREDEVIL!
PAPA
DARE DEVIL
TOTGE SCHOSSEN
WAS?
DESHALB KOMME ICH. WEBSTER, DIE FOTOS.
„HEUTE MORGEN IST ER IN MEIN BÜRO EINGEBROCHEN. ER HAT DAS GELD AUS MEINEM SAFE GESTOHLEN. ICH HATTE EINE BATTERIE-BETRIEBENE KAMERA, DIE DIESE BILDER GEMACHT HAT.
„SIEHST DU HIER, WO ER DIE WAFFE HÄLT? DAS WAR DIE WAFFE DEINES VATERS. ICH HABE SIE IHM ZU SEINEM 25. GEBURTSTAG GESCHENKT. ES IST DIE WAFFE, MIT DER DAREDEVIL DEINEN VATER GETÖTET HAT."
AM TATORT FAND MAN SIE NICHT.
ER HAT SIE ALS ZEICHEN ZURÜCK-GELASSEN, DAMIT ICH WEISS, WER ES GETAN HAT.

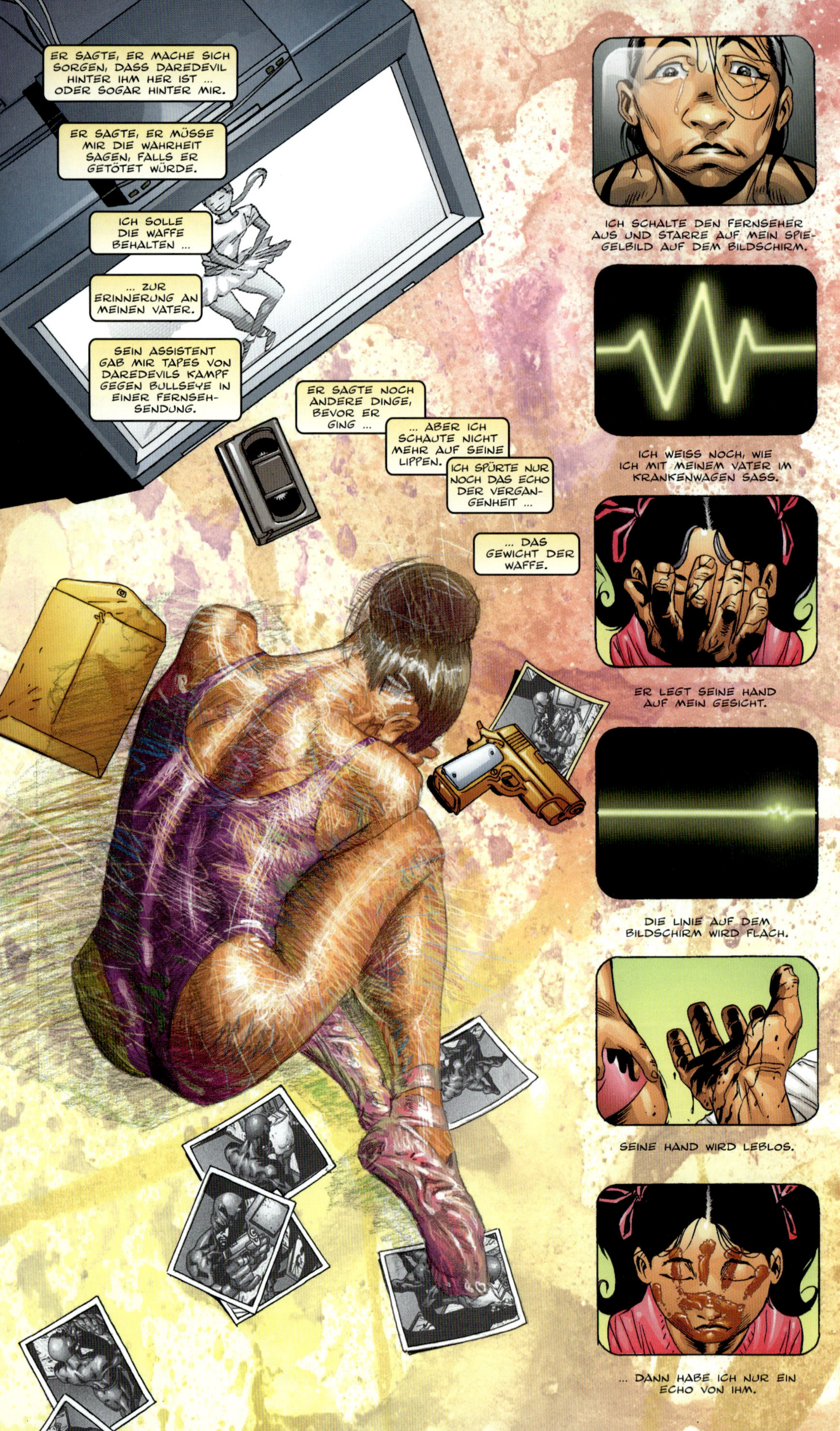
ER SAGTE, ER MACHE SICH SORGEN, DASS DAREDEVIL HINTER IHM HER IST ... ODER SOGAR HINTER MIR.
ER SAGTE, ER MÜSSE MIR DIE WAHRHEIT SAGEN, FALLS ER GETÖTET WÜRDE.
ICH SOLLE DIE WAFFE BEHALTEN ...
... ZUR ERINNERUNG AN MEINEN VATER.
SEIN ASSISTENT GAB MIR TAPES VON DAREDEVILS KAMPF GEGEN BULLSEYE IN EINER FERNSEH-SENDUNG.
ER SAGTE NOCH ANDERE DINGE, BEVOR ER GING ...
... ABER ICH SCHAUTE NICHT MEHR AUF SEINE LIPPEN.
ICH SPÜRTE NUR NOCH DAS ECHO DER VERGANGENHEIT ...
... DAS GEWICHT DER WAFFE.
ICH SCHALTE DEN FERNSEHER AUS UND STARRE AUF MEIN SPIEGELBILD AUF DEM BILDSCHIRM.
ICH WEISS NOCH, WIE ICH MIT MEINEM VATER IM KRANKENWAGEN SASS.
ER LEGT SEINE HAND AUF MEIN GESICHT.
DIE LINIE AUF DEM BILDSCHIRM WIRD FLACH.
SEINE HAND WIRD LEBLOS.
... DANN HABE ICH NUR EIN ECHO VON IHM.

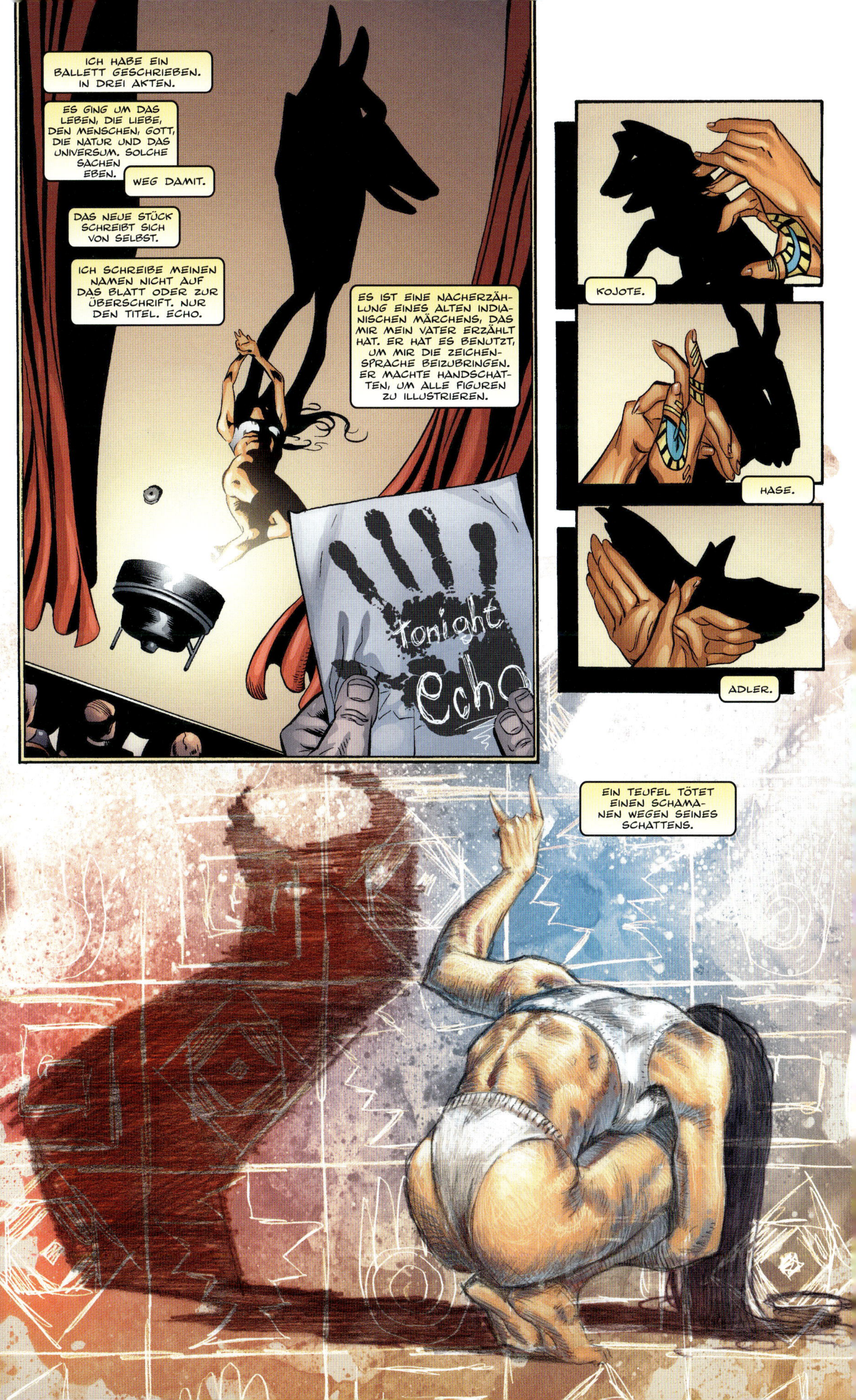
ICH HABE EIN BALLETT GESCHRIEBEN. IN DREI AKTEN.
ES GING UM DAS LEBEN, DIE LIEBE, DEN MENSCHEN, GOTT, DIE NATUR UND DAS UNIVERSUM. SOLCHE SACHEN EBEN.
WEG DAMIT.
DAS NEUE STÜCK SCHREIBT SICH VON SELBST.
ICH SCHREIBE MEINEN NAMEN NICHT AUF DAS BLATT ODER ZUR ÜBERSCHRIFT. NUR DEN TITEL. ECHO.
ES IST EINE NACHERZÄHLUNG EINES ALTEN INDIANISCHEN MÄRCHENS, DAS MIR MEIN VATER ERZÄHLT HAT. ER HAT ES BENUTZT, UM MIR DIE ZEICHENSPRACHE BEIZUBRINGEN. ER MACHTE HANDSCHATTEN, UM ALLE FIGUREN ZU ILLUSTRIEREN.
Tonight
Echo
KOJOTE.
HASE.
ADLER.
EIN TEUFEL TÖTET EINEN SCHAMANEN WEGEN SEINES SCHATTENS.

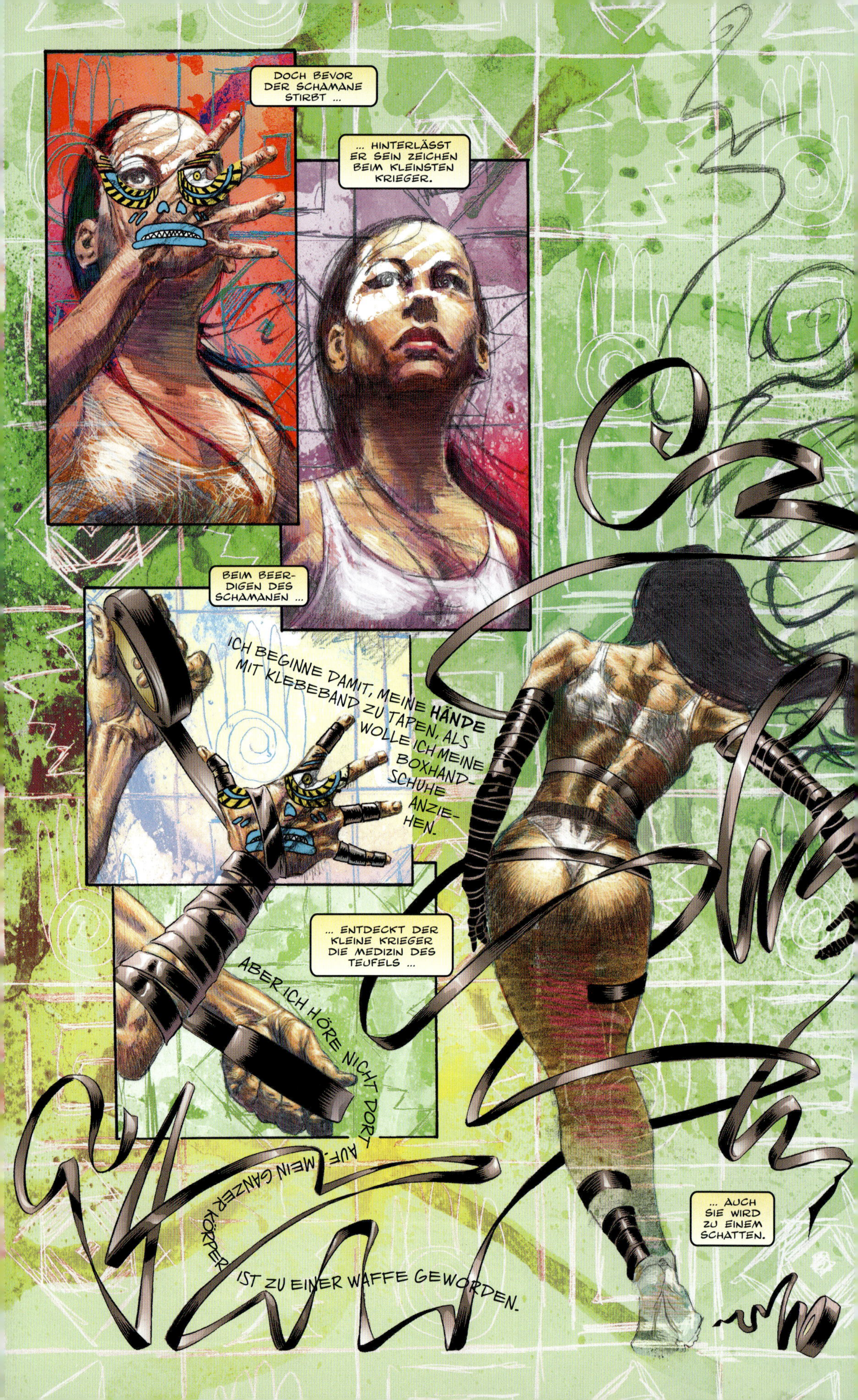
DOCH BEVOR DER SCHAMANE STIRBT ...
... HINTERLÄSST ER SEIN ZEICHEN BEIM KLEINSTEN KRIEGER.
BEIM BEERDIGEN DES SCHAMANEN ...
ICH BEGINNE DAMIT, MEINE HÄNDE MIT KLEBEBAND ZU TAPEN, ALS WOLLE ICH MEINE BOXHANDSCHUHE ANZIEHEN.
... ENTDECKT DER KLEINE KRIEGER DIE MEDIZIN DES TEUFELS ...
ABER ICH HÖRE NICHT DORT AUF. MEIN GANZER KÖRPER IST ZU EINER WAFFE GEWORDEN.
... AUCH SIE WIRD ZU EINEM SCHATTEN.

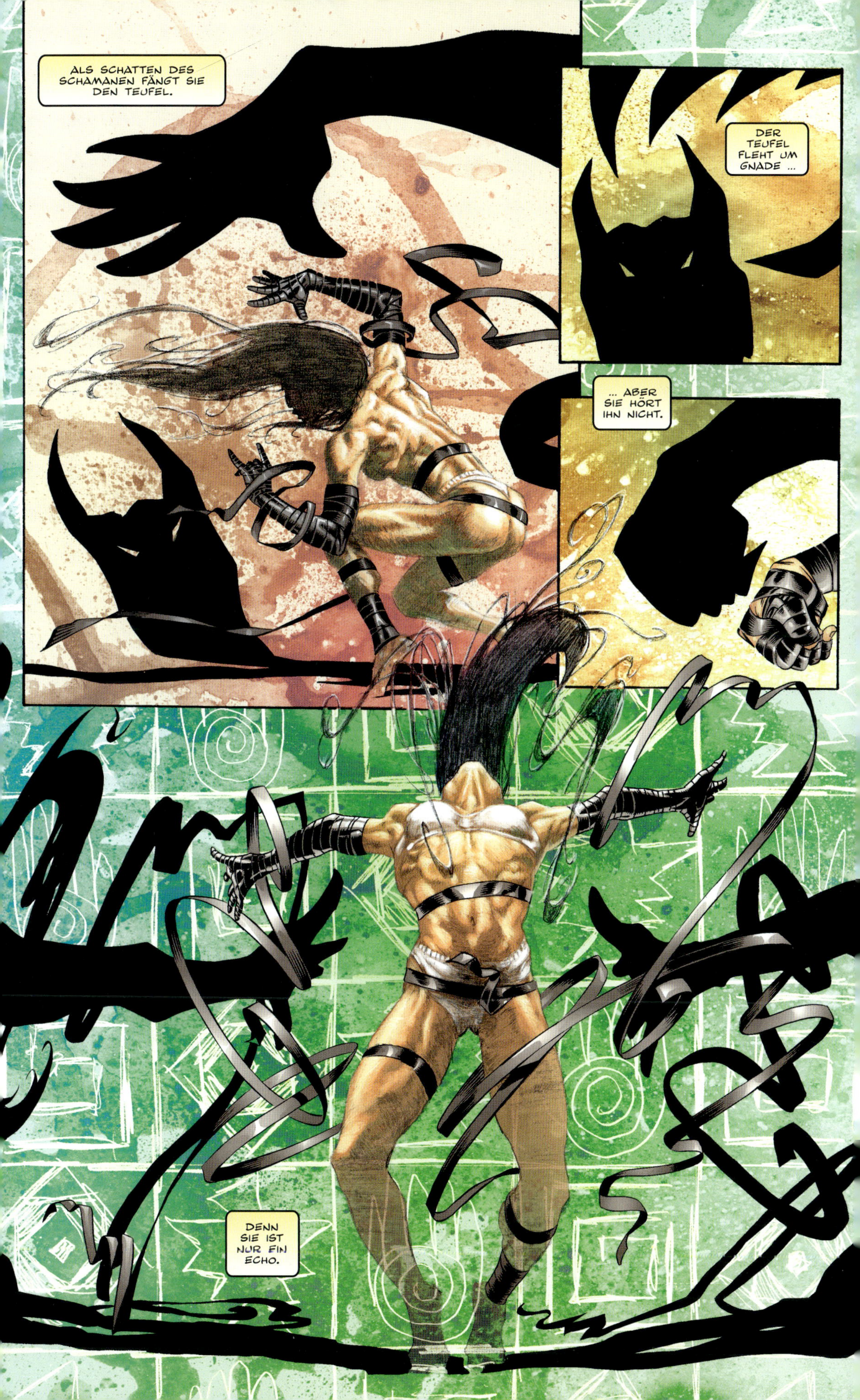
ALS SCHATTEN DES SCHAMANEN FÄNGT SIE DEN TEUFEL.
DER TEUFEL FLEHT UM GNADE ...
... ABER SIE HÖRT IHN NICHT.
DENN SIE IST NUR EIN ECHO.

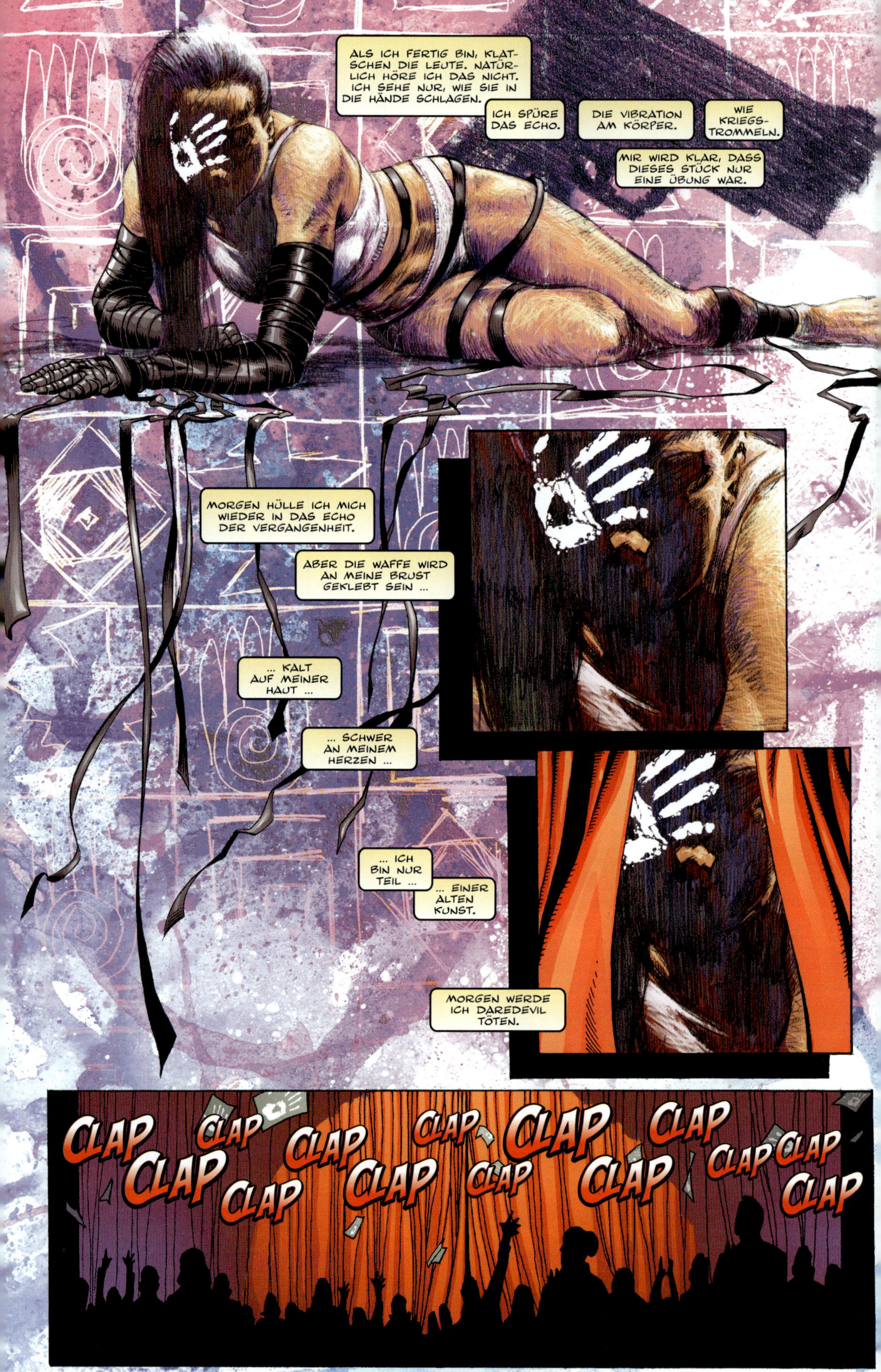
ALS ICH FERTIG BIN, KLATSCHEN DIE LEUTE. NATÜRLICH HÖRE ICH DAS NICHT. ICH SEHE NUR, WIE SIE IN DIE HÄNDE SCHLAGEN.
ICH SPÜRE DAS ECHO.
DIE VIBRATION AM KÖRPER.
WIE KRIEGSTROMMELN.
MIR WIRD KLAR, DASS DIESES STÜCK NUR EINE ÜBUNG WAR.
MORGEN HÜLLE ICH MICH WIEDER IN DAS ECHO DER VERGANGENHEIT.
ABER DIE WAFFE WIRD AN MEINE BRUST GEKLEBT SEIN ...
... KALT AUF MEINER HAUT ...
... SCHWER AN MEINEM HERZEN ...
... ICH BIN NUR TEIL ...
... EINER ALTEN KUNST.
MORGEN WERDE ICH DAREDEVIL TÖTEN.
CLAP CLAP CLAP CLAP CLAP CLAP CLAP CLAP CLAP CLAP CLAP CLAP CLAP CLAP CLAP

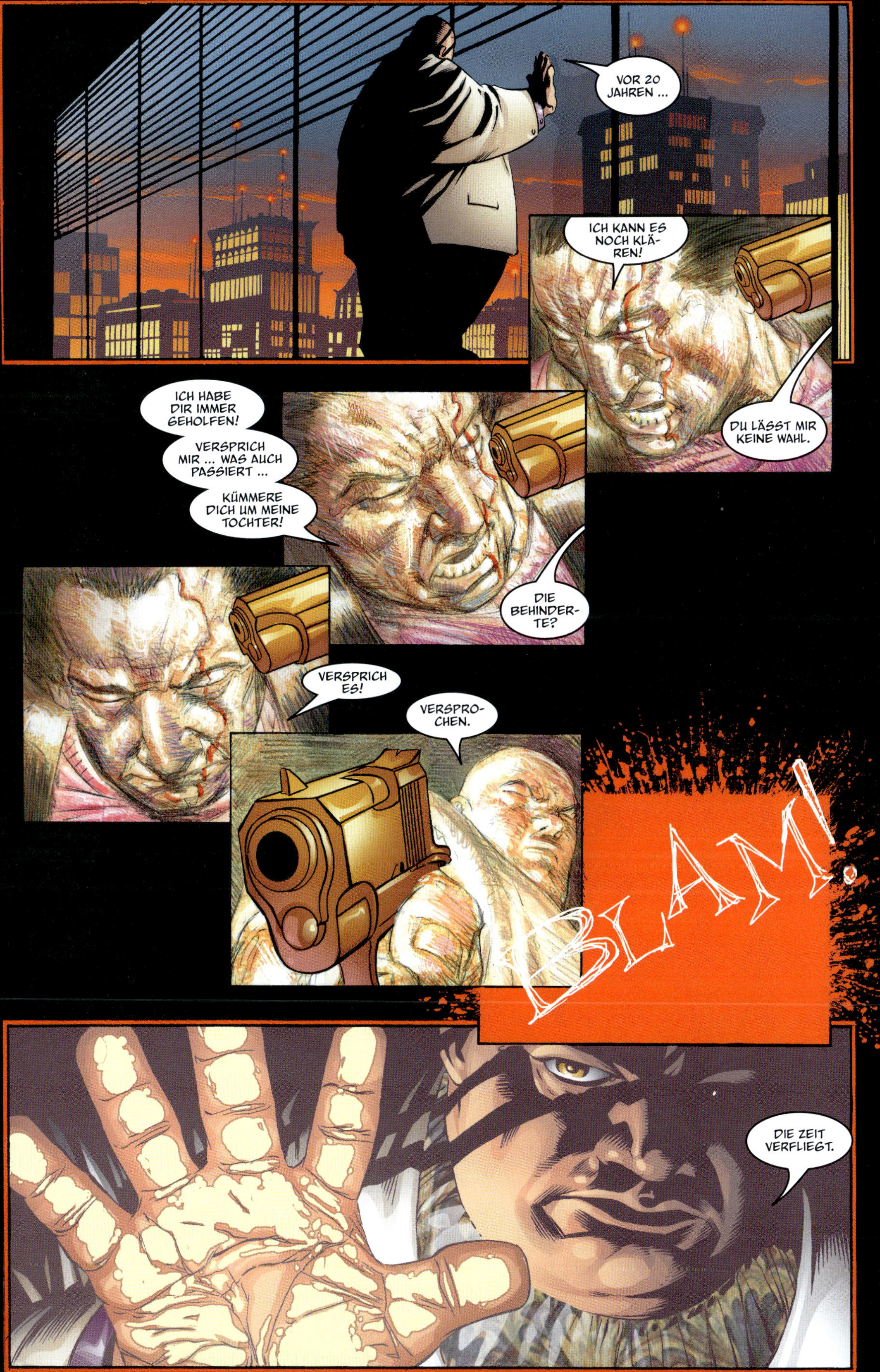
VOR 20 JAHREN ...
ICH KANN ES NOCH KLÄREN!
DU LÄSST MIR KEINE WAHL.
ICH HABE DIR IMMER GEHOLFEN!
VERSPRICH MIR ... WAS AUCH PASSIERT ...
KÜMMERE DICH UM MEINE TOCHTER!
DIE BEHINDERTE?
VERSPRICH ES!
VERSPROCHEN.
BLAM!
DIE ZEIT VERFLIEGT.

TEILE DER LEERE, KAPITEL 3: ABENDESSEN PLUS KINO

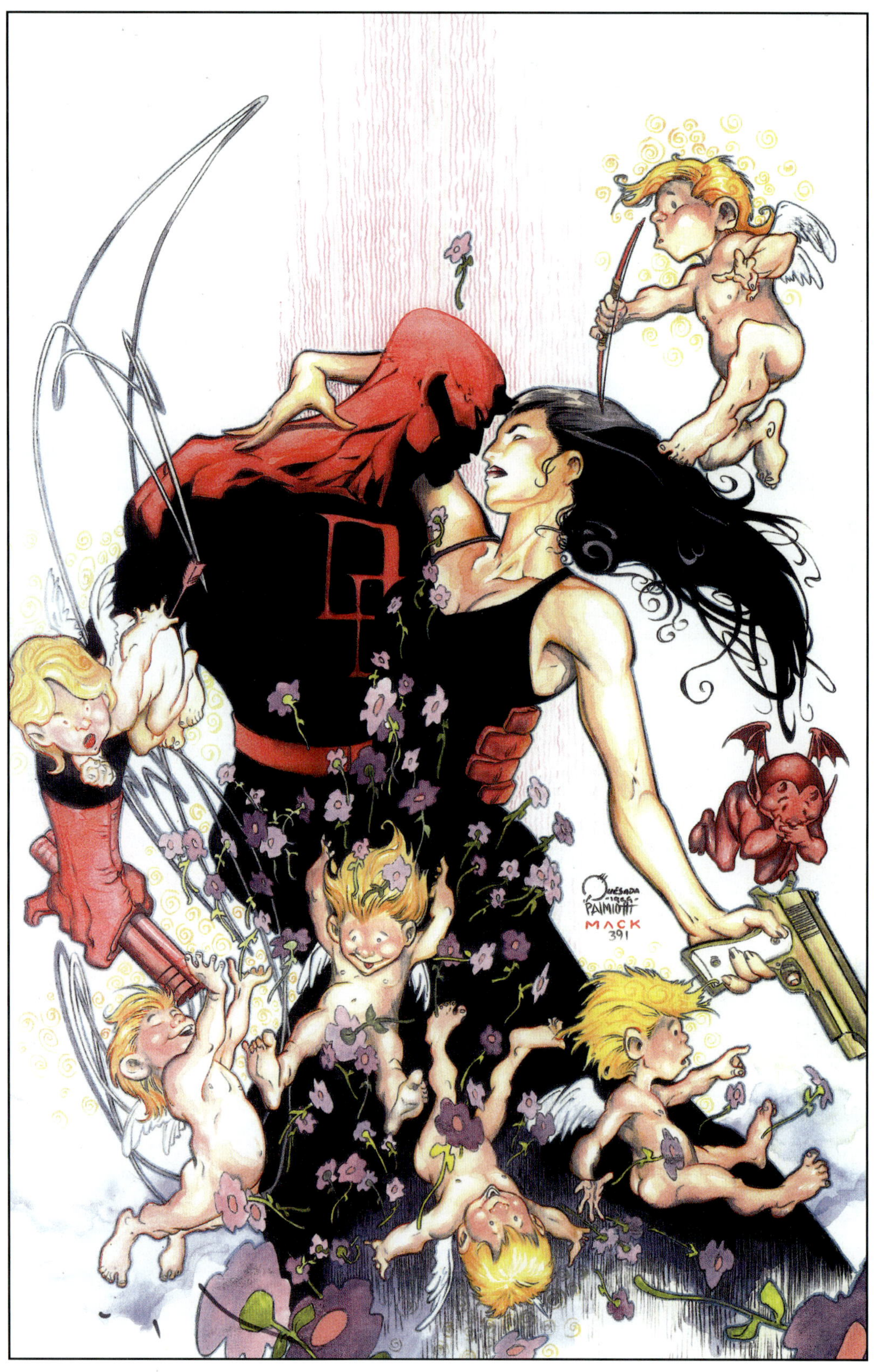

Daredevil (1998) 11
Cover von **JOE QUESADA**, **JIMMY PALMIOTTI** & **DAVID MACK**

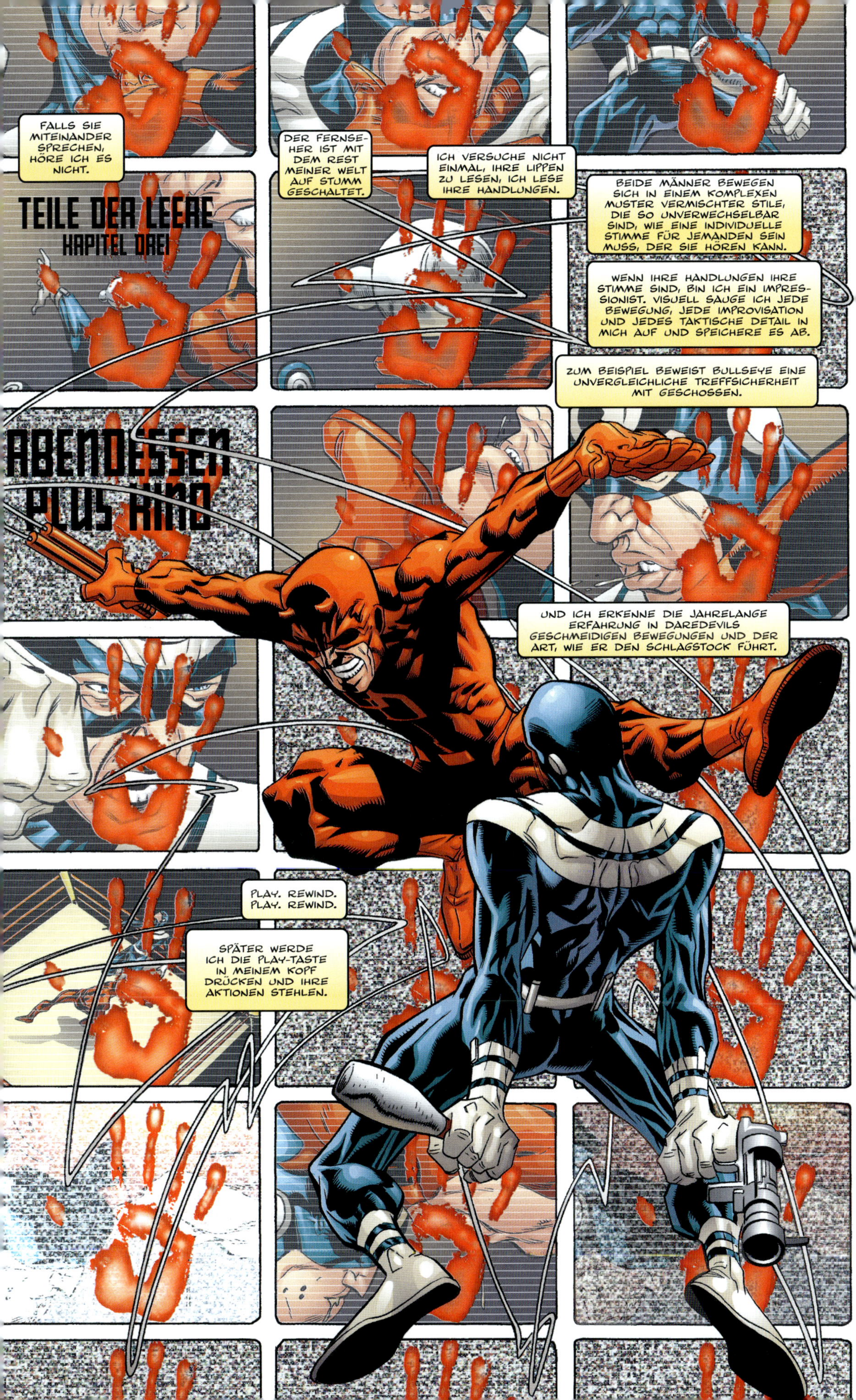
FALLS SIE MITEINANDER SPRECHEN, HÖRE ICH ES NICHT.
DER FERNSEHER IST MIT DEM REST MEINER WELT AUF STUMM GESCHALTET.
ICH VERSUCHE NICHT EINMAL, IHRE LIPPEN ZU LESEN, ICH LESE IHRE HANDLUNGEN.
TEILE DER LEERE
KAPITEL DREI
BEIDE MÄNNER BEWEGEN SICH IN EINEM KOMPLEXEN MUSTER VERMISCHTER STILE, DIE SO UNVERWECHSELBAR SIND, WIE EINE INDIVIDUELLE STIMME FÜR JEMANDEN SEIN MUSS, DER SIE HÖREN KANN.
WENN IHRE HANDLUNGEN IHRE STIMME SIND, BIN ICH EIN IMPRESSIONIST. VISUELL SAUGE ICH JEDE BEWEGUNG, JEDE IMPROVISATION UND JEDES TAKTISCHE DETAIL IN MICH AUF UND SPEICHERE ES AB.
ZUM BEISPIEL BEWEIST BULLSEYE EINE UNVERGLEICHLICHE TREFFSICHERHEIT MIT GESCHOSSEN.
ABENDESSEN PLUS KINO
UND ICH ERKENNE DIE JAHRELANGE ERFAHRUNG IN DAREDEVILS GESCHMEIDIGEN BEWEGUNGEN UND DER ART, WIE ER DEN SCHLAGSTOCK FÜHRT.
PLAY. REWIND. PLAY. REWIND.
SPÄTER WERDE ICH DIE PLAY-TASTE IN MEINEM KOPF DRÜCKEN UND IHRE AKTIONEN STEHLEN.

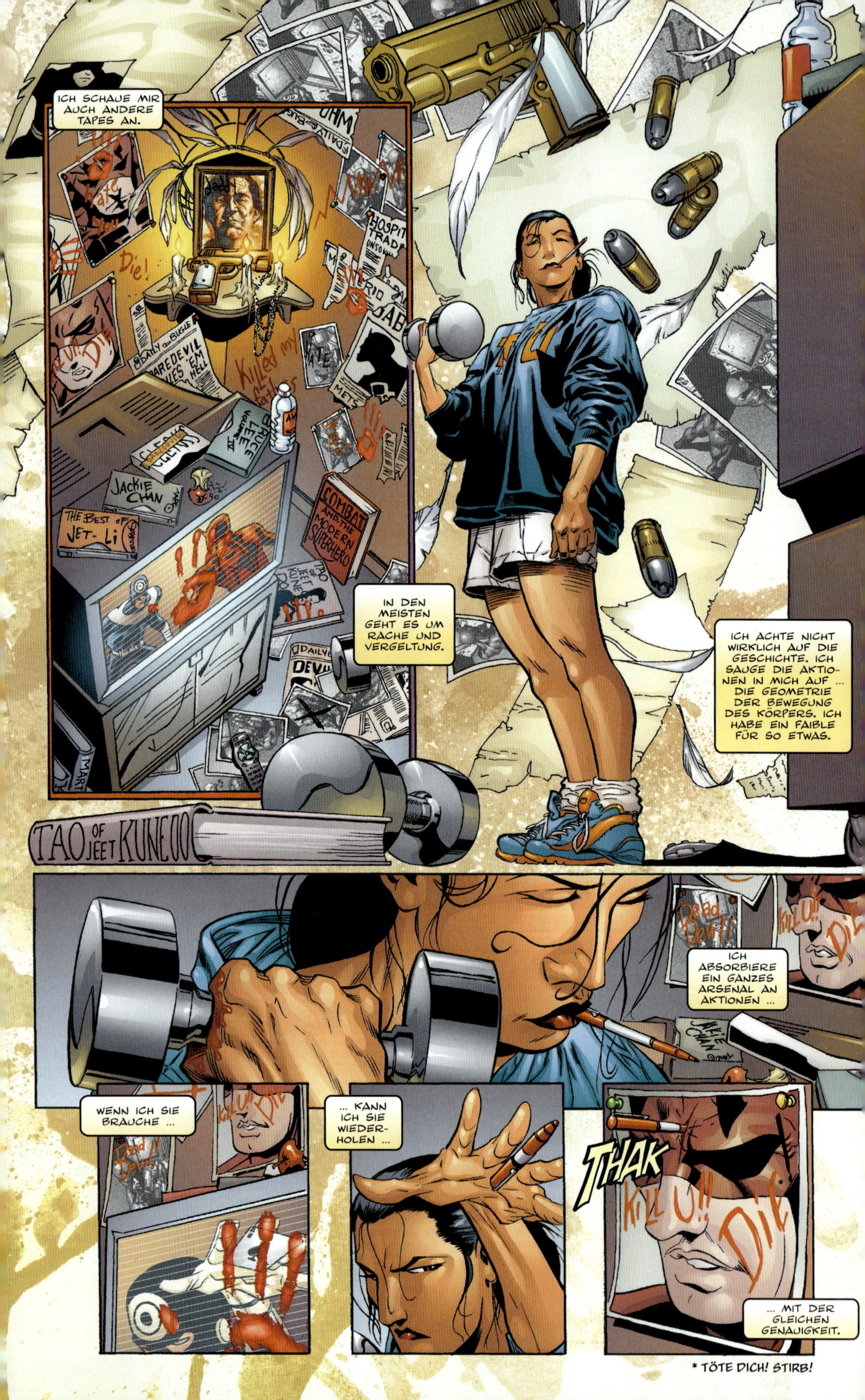
ICH SCHAUE MIR AUCH ANDERE TAPES AN.
IN DEN MEISTEN GEHT ES UM RACHE UND VERGELTUNG.
ICH ACHTE NICHT WIRKLICH AUF DIE GESCHICHTE. ICH SAUGE DIE AKTIONEN IN MICH AUF ... DIE GEOMETRIE DER BEWEGUNG DES KÖRPERS. ICH HABE EIN FAIBLE FÜR SO ETWAS.
TAO OF JEET KUNE DO
ICH ABSORBIERE EIN GANZES ARSENAL AN AKTIONEN ...
WENN ICH SIE BRAUCHE ...
... KANN ICH SIE WIEDERHOLEN ...
THAK
KILL U!! DIE
... MIT DER GLEICHEN GENAUIGKEIT.
* TÖTE DICH! STIRB!

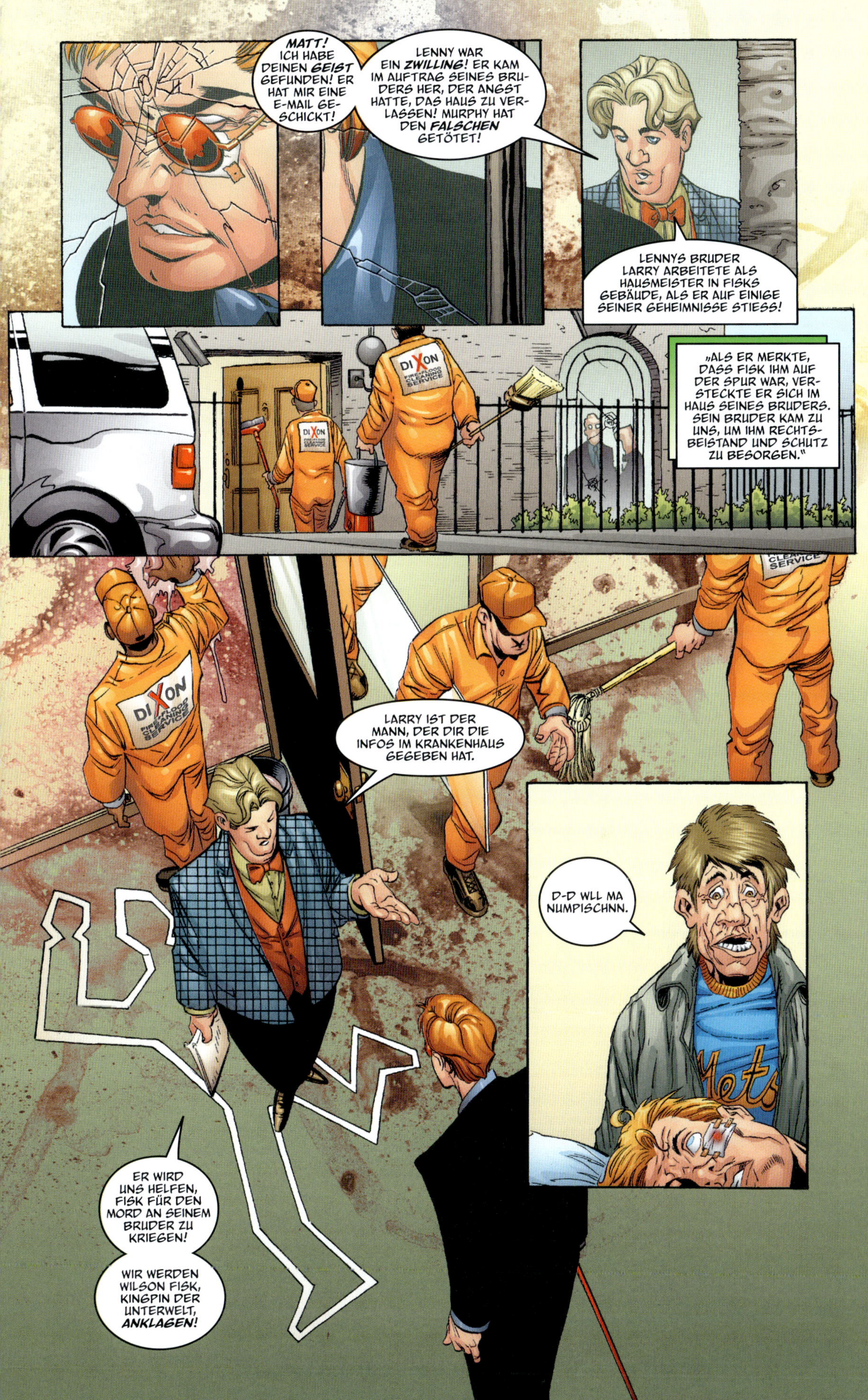
MATT! ICH HABE DEINEN GEIST GEFUNDEN! ER HAT MIR EINE E-MAIL GESCHICKT!
LENNY WAR EIN ZWILLING! ER KAM IM AUFTRAG SEINES BRUDERS HER, DER ANGST HATTE, DAS HAUS ZU VERLASSEN! MURPHY HAT DEN FALSCHEN GETÖTET!
LENNYS BRUDER LARRY ARBEITETE ALS HAUSMEISTER IN FISKS GEBÄUDE, ALS ER AUF EINIGE SEINER GEHEIMNISSE STIESS!
DIXON FIRE/FLOOD CLEANING SERVICE
„ALS ER MERKTE, DASS FISK IHM AUF DER SPUR WAR, VERSTECKTE ER SICH IM HAUS SEINES BRUDERS. SEIN BRUDER KAM ZU UNS, UM IHM RECHTSBEISTAND UND SCHUTZ ZU BESORGEN."
LARRY IST DER MANN, DER DIR DIE INFOS IM KRANKENHAUS GEGEBEN HAT.
D-D WLL MA NUMPISCHNN.
ER WIRD UNS HELFEN, FISK FÜR DEN MORD AN SEINEM BRUDER ZU KRIEGEN!
WIR WERDEN WILSON FISK, KINGPIN DER UNTERWELT, ANKLAGEN!

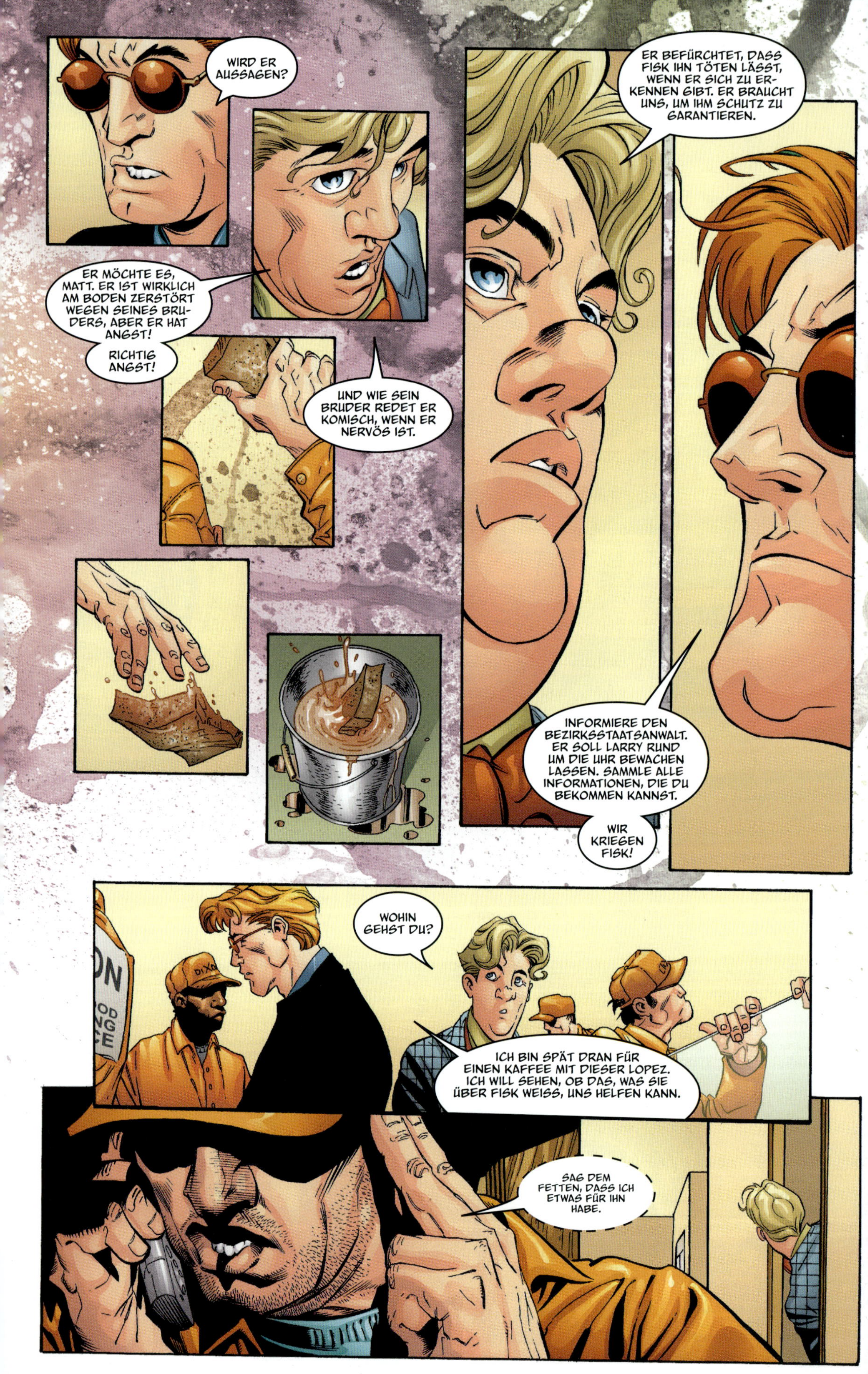
WIRD ER AUSSAGEN?
ER MÖCHTE ES, MATT. ER IST WIRKLICH AM BODEN ZERSTÖRT WEGEN SEINES BRUDERS, ABER ER HAT ANGST!
RICHTIG ANGST!
UND WIE SEIN BRUDER REDET ER KOMISCH, WENN ER NERVÖS IST.
ER BEFÜRCHTET, DASS FISK IHN TÖTEN LÄSST, WENN ER SICH ZU ERKENNEN GIBT. ER BRAUCHT UNS, UM IHM SCHUTZ ZU GARANTIEREN.
INFORMIERE DEN BEZIRKSSTAATSANWALT. ER SOLL LARRY RUND UM DIE UHR BEWACHEN LASSEN. SAMMLE ALLE INFORMATIONEN, DIE DU BEKOMMEN KANNST.
WIR KRIEGEN FISK!
WOHIN GEHST DU?
ICH BIN SPÄT DRAN FÜR EINEN KAFFEE MIT DIESER LOPEZ. ICH WILL SEHEN, OB DAS, WAS SIE ÜBER FISK WEISS, UNS HELFEN KANN.
SAG DEM FETTEN, DASS ICH ETWAS FÜR IHN HABE.

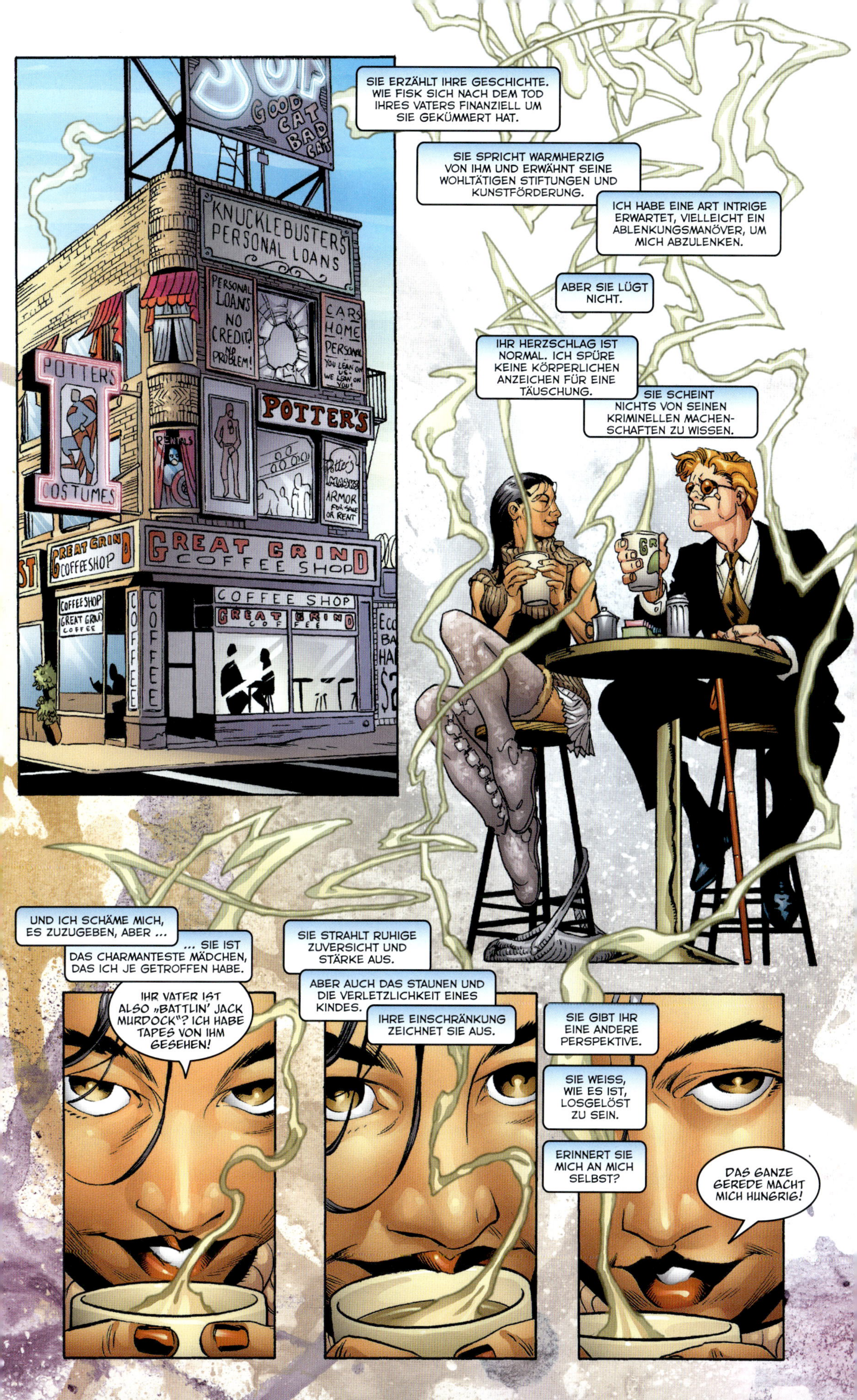
SOP
GOOD CAT BAD CAT
KNUCKLEBUSTERS PERSONAL LOANS
PERSONAL LOANS NO CREDIT? NO PROBLEM!
CARS HOME PERSONAL
YOU LEAN ON US - WE LEAN ON YOU!
POTTER'S COSTUMES
RENTALS
POTTER'S
Potter's MASKS ARMOR FOR SALE OR RENT
GREAT GRIND COFFEE SHOP
COFFEE SHOP
GREAT GRIND COFFEE
COFFEE
SIE ERZÄHLT IHRE GESCHICHTE. WIE FISK SICH NACH DEM TOD IHRES VATERS FINANZIELL UM SIE GEKÜMMERT HAT.
SIE SPRICHT WARMHERZIG VON IHM UND ERWÄHNT SEINE WOHLTÄTIGEN STIFTUNGEN UND KUNSTFÖRDERUNG.
ICH HABE EINE ART INTRIGE ERWARTET, VIELLEICHT EIN ABLENKUNGSMANÖVER, UM MICH ABZULENKEN.
ABER SIE LÜGT NICHT.
IHR HERZSCHLAG IST NORMAL. ICH SPÜRE KEINE KÖRPERLICHEN ANZEICHEN FÜR EINE TÄUSCHUNG.
SIE SCHEINT NICHTS VON SEINEN KRIMINELLEN MACHENSCHAFTEN ZU WISSEN.
UND ICH SCHÄME MICH, ES ZUZUGEBEN, ABER ...
... SIE IST DAS CHARMANTESTE MÄDCHEN, DAS ICH JE GETROFFEN HABE.
IHR VATER IST ALSO „BATTLIN' JACK MURDOCK"? ICH HABE TAPES VON IHM GESEHEN!
SIE STRAHLT RUHIGE ZUVERSICHT UND STÄRKE AUS.
ABER AUCH DAS STAUNEN UND DIE VERLETZLICHKEIT EINES KINDES.
IHRE EINSCHRÄNKUNG ZEICHNET SIE AUS.
SIE GIBT IHR EINE ANDERE PERSPEKTIVE.
SIE WEISS, WIE ES IST, LOSGELÖST ZU SEIN.
ERINNERT SIE MICH AN MICH SELBST?
DAS GANZE GEREDE MACHT MICH HUNGRIG!

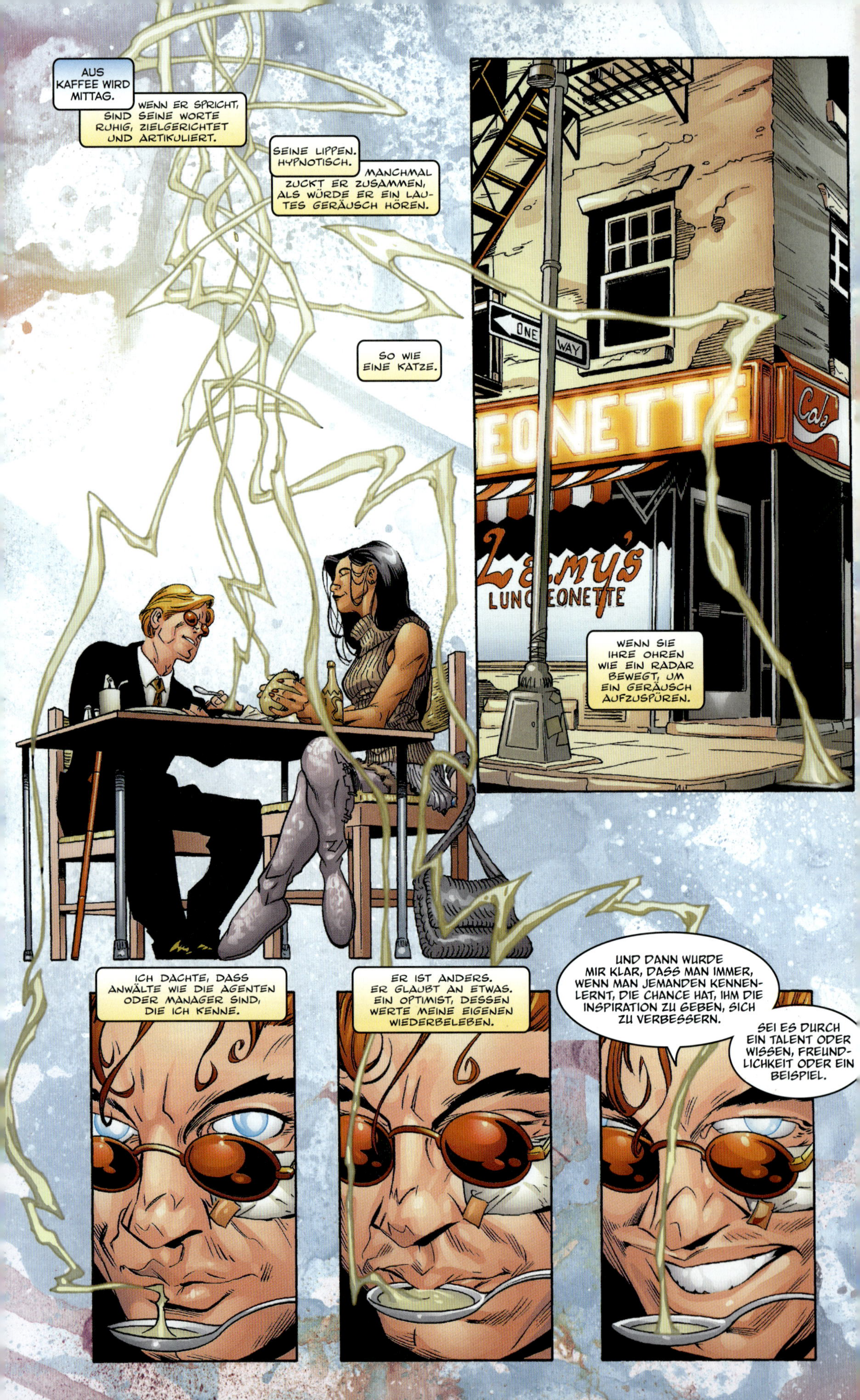
AUS KAFFEE WIRD MITTAG.
WENN ER SPRICHT, SIND SEINE WORTE RUHIG, ZIELGERICHTET UND ARTIKULIERT.
SEINE LIPPEN. HYPNOTISCH.
MANCHMAL ZUCKT ER ZUSAMMEN, ALS WÜRDE ER EIN LAUTES GERÄUSCH HÖREN.
SO WIE EINE KATZE.
ONE WAY
EONETTE
Lamy's
LUNCHEONETTE
WENN SIE IHRE OHREN WIE EIN RADAR BEWEGT, UM EIN GERÄUSCH AUFZUSPÜREN.
ICH DACHTE, DASS ANWÄLTE WIE DIE AGENTEN ODER MANAGER SIND, DIE ICH KENNE.
ER IST ANDERS. ER GLAUBT AN ETWAS. EIN OPTIMIST, DESSEN WERTE MEINE EIGENEN WIEDERBELEBEN.
UND DANN WURDE MIR KLAR, DASS MAN IMMER, WENN MAN JEMANDEN KENNENLERNT, DIE CHANCE HAT, IHM DIE INSPIRATION ZU GEBEN, SICH ZU VERBESSERN.
SEI ES DURCH EIN TALENT ODER WISSEN, FREUNDLICHKEIT ODER EIN BEISPIEL.

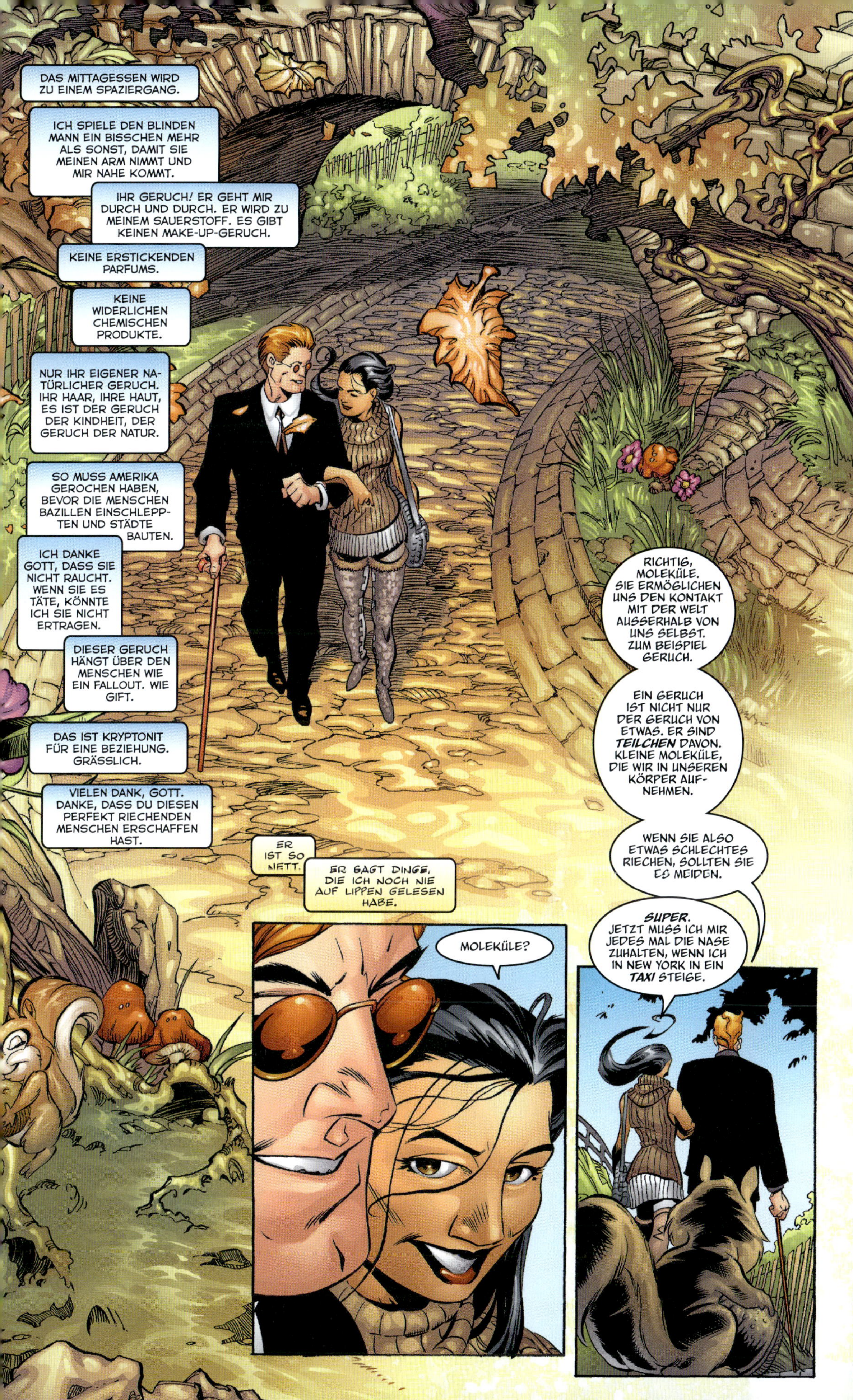
DAS MITTAGESSEN WIRD ZU EINEM SPAZIERGANG.
ICH SPIELE DEN BLINDEN MANN EIN BISSCHEN MEHR ALS SONST, DAMIT SIE MEINEN ARM NIMMT UND MIR NAHE KOMMT.
IHR GERUCH! ER GEHT MIR DURCH UND DURCH. ER WIRD ZU MEINEM SAUERSTOFF. ES GIBT KEINEN MAKE-UP-GERUCH.
KEINE ERSTICKENDEN PARFUMS.
KEINE WIDERLICHEN CHEMISCHEN PRODUKTE.
NUR IHR EIGENER NATÜRLICHER GERUCH. IHR HAAR, IHRE HAUT, ES IST DER GERUCH DER KINDHEIT, DER GERUCH DER NATUR.
SO MUSS AMERIKA GEROCHEN HABEN, BEVOR DIE MENSCHEN BAZILLEN EINSCHLEPPTEN UND STÄDTE BAUTEN.
ICH DANKE GOTT, DASS SIE NICHT RAUCHT. WENN SIE ES TÄTE, KÖNNTE ICH SIE NICHT ERTRAGEN.
DIESER GERUCH HÄNGT ÜBER DEN MENSCHEN WIE EIN FALLOUT. WIE GIFT.
DAS IST KRYPTONIT FÜR EINE BEZIEHUNG. GRÄSSLICH.
VIELEN DANK, GOTT. DANKE, DASS DU DIESEN PERFEKT RIECHENDEN MENSCHEN ERSCHAFFEN HAST.
RICHTIG, MOLEKÜLE. SIE ERMÖGLICHEN UNS DEN KONTAKT MIT DER WELT AUSSERHALB VON UNS SELBST. ZUM BEISPIEL GERUCH.
EIN GERUCH IST NICHT NUR DER GERUCH VON ETWAS. ER SIND *TEILCHEN* DAVON. KLEINE MOLEKÜLE, DIE WIR IN UNSEREN KÖRPER AUFNEHMEN.
WENN SIE ALSO ETWAS SCHLECHTES RIECHEN, SOLLTEN SIE ES MEIDEN.
ER IST SO NETT.
ER SAGT DINGE, DIE ICH NOCH NIE AUF LIPPEN GELESEN HABE.
MOLEKÜLE?
SUPER. JETZT MUSS ICH MIR JEDES MAL DIE NASE ZUHALTEN, WENN ICH IN NEW YORK IN EIN *TAXI* STEIGE.

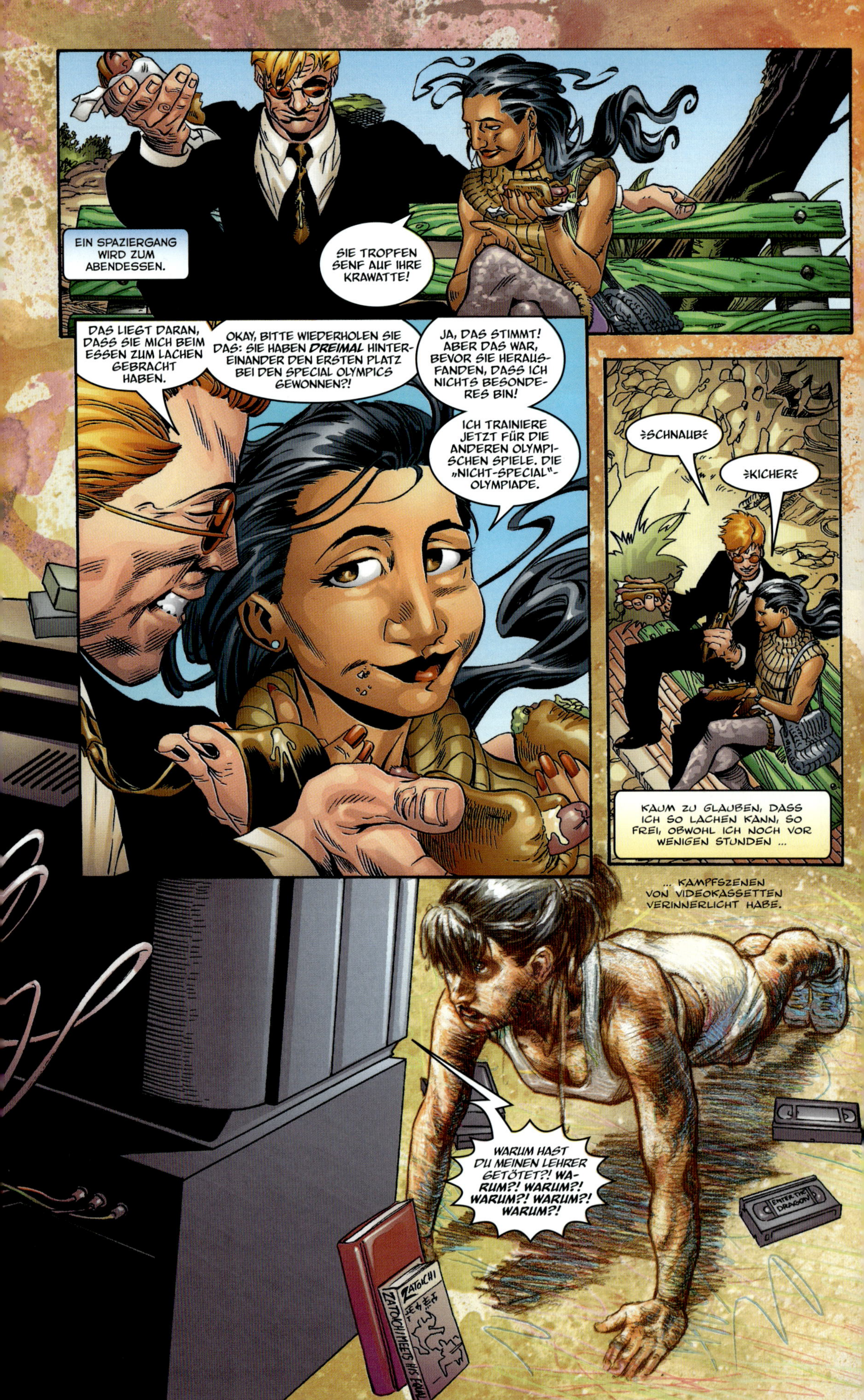

EIN SPAZIERGANG WIRD ZUM ABENDESSEN.
SIE TROPFEN SENF AUF IHRE KRAWATTE!
DAS LIEGT DARAN, DASS SIE MICH BEIM ESSEN ZUM LACHEN GEBRACHT HABEN.
OKAY, BITTE WIEDERHOLEN SIE DAS: SIE HABEN DREIMAL HINTEREINANDER DEN ERSTEN PLATZ BEI DEN SPECIAL OLYMPICS GEWONNEN?!
JA, DAS STIMMT! ABER DAS WAR, BEVOR SIE HERAUSFANDEN, DASS ICH NICHTS BESONDERES BIN!
ICH TRAINIERE JETZT FÜR DIE ANDEREN OLYMPISCHEN SPIELE. DIE „NICHT-SPECIAL"-OLYMPIADE.
SCHNAUB
KICHER
KAUM ZU GLAUBEN, DASS ICH SO LACHEN KANN, SO FREI, OBWOHL ICH NOCH VOR WENIGEN STUNDEN ...
... KAMPFSZENEN VON VIDEOKASSETTEN VERINNERLICHT HABE.
WARUM HAST DU MEINEN LEHRER GETÖTET?! WARUM?! WARUM?! WARUM?! WARUM?! WARUM?!
ENTER THE DRAGON
ZATOICHI
ZATOICHI MEETS HIS EQUAL

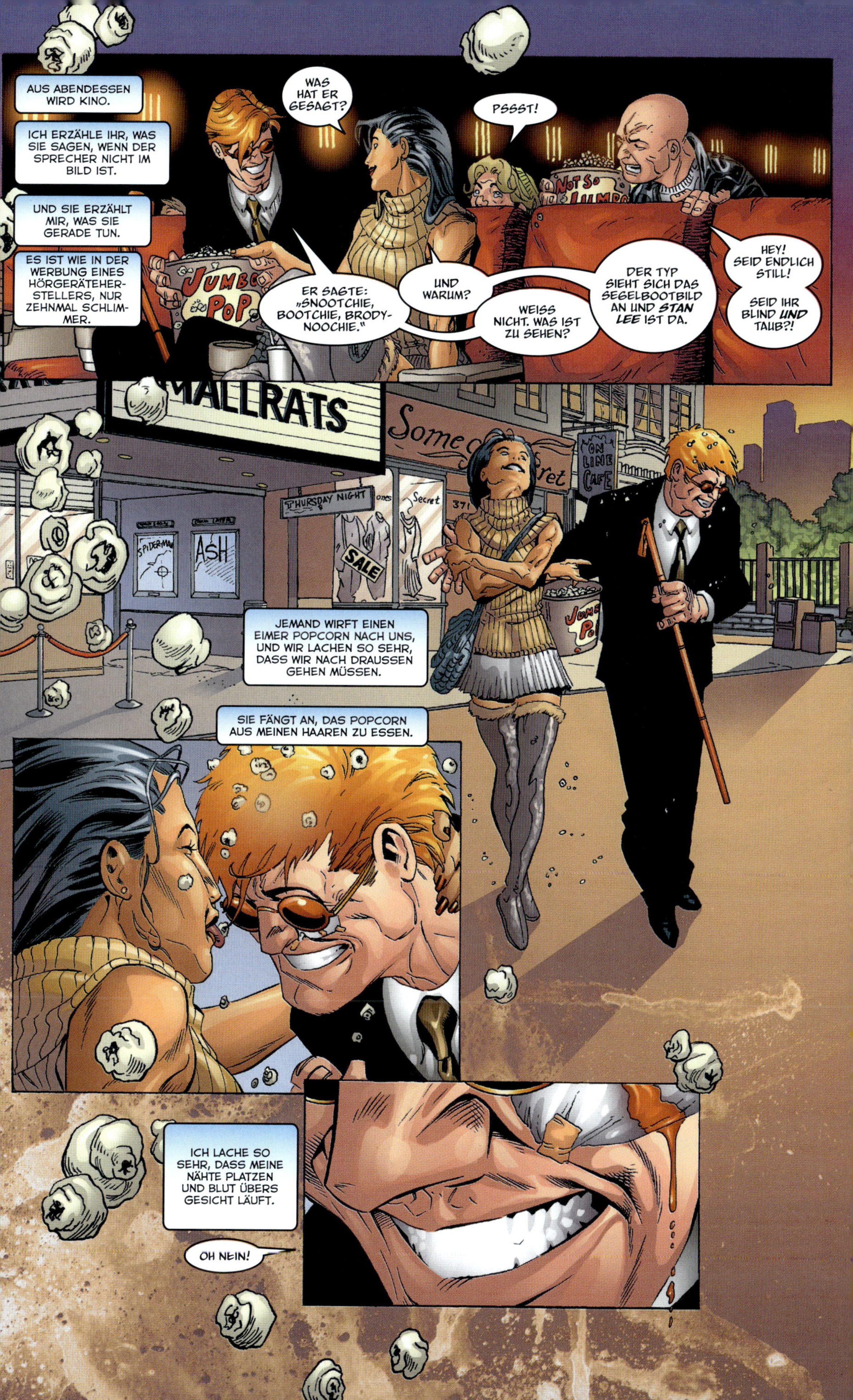
AUS ABENDESSEN WIRD KINO.
ICH ERZÄHLE IHR, WAS SIE SAGEN, WENN DER SPRECHER NICHT IM BILD IST.
UND SIE ERZÄHLT MIR, WAS SIE GERADE TUN.
ES IST WIE IN DER WERBUNG EINES HÖRGERÄTEHER-STELLERS, NUR ZEHNMAL SCHLIM-MER.
WAS HAT ER GESAGT?
ER SAGTE: „SNOOTCHIE, BOOTCHIE, BRODY-NOOCHIE."
PSSST!
UND WARUM?
WEISS NICHT. WAS IST ZU SEHEN?
DER TYP SIEHT SICH DAS SEGELBOOTBILD AN UND STAN LEE IST DA.
HEY! SEID ENDLICH STILL!
SEID IHR BLIND UND TAUB?!
MALLRATS
THURSDAY NIGHT
SALE
JEMAND WIRFT EINEN EIMER POPCORN NACH UNS, UND WIR LACHEN SO SEHR, DASS WIR NACH DRAUSSEN GEHEN MÜSSEN.
SIE FÄNGT AN, DAS POPCORN AUS MEINEN HAAREN ZU ESSEN.
ICH LACHE SO SEHR, DASS MEINE NÄHTE PLATZEN UND BLUT ÜBERS GESICHT LÄUFT.
OH NEIN!

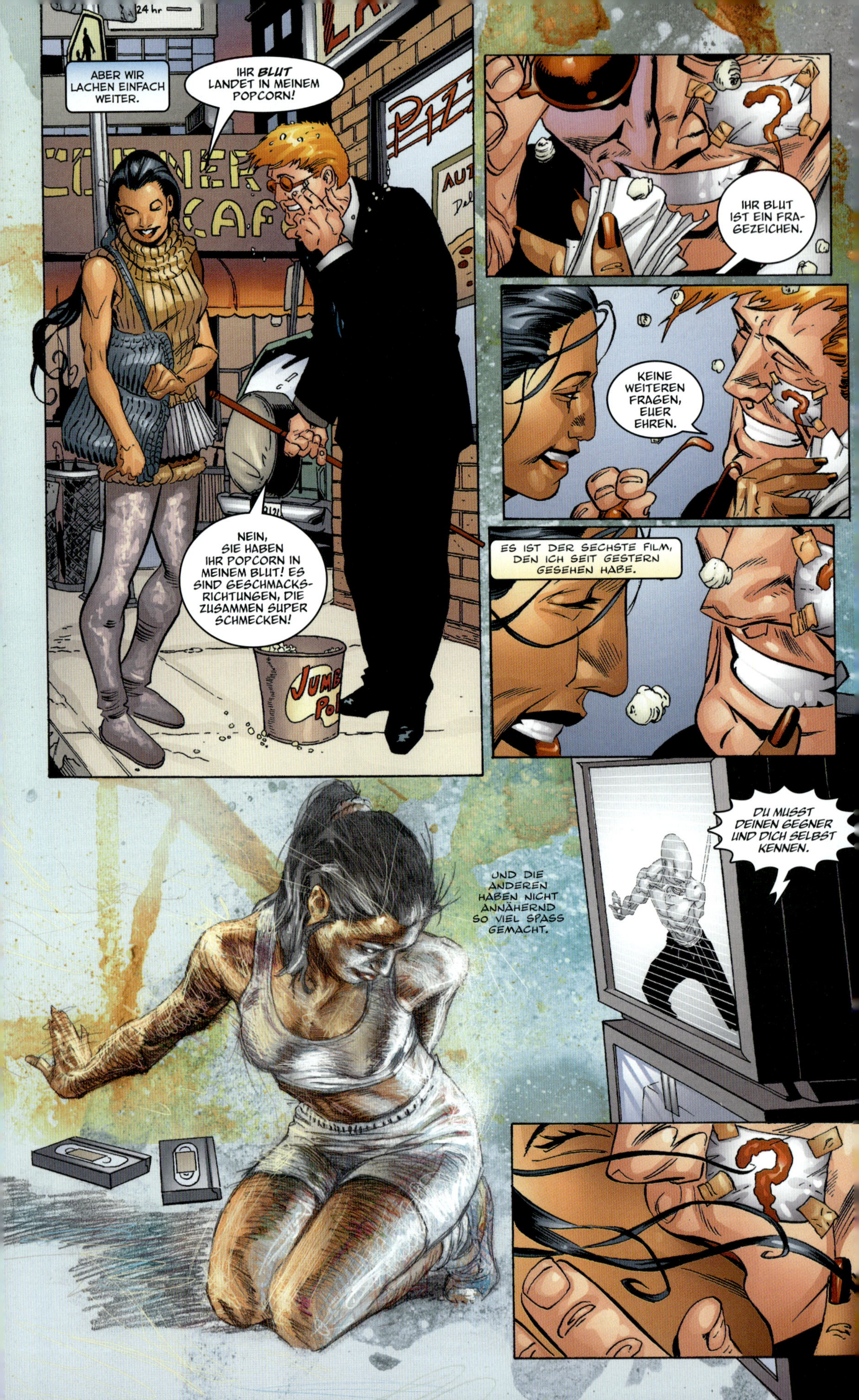
ABER WIR LACHEN EINFACH WEITER.
IHR BLUT LANDET IN MEINEM POPCORN!
NEIN, SIE HABEN IHR POPCORN IN MEINEM BLUT! ES SIND GESCHMACKS-RICHTUNGEN, DIE ZUSAMMEN SUPER SCHMECKEN!
IHR BLUT IST EIN FRAGEZEICHEN.
KEINE WEITEREN FRAGEN, EUER EHREN.
ES IST DER SECHSTE FILM, DEN ICH SEIT GESTERN GESEHEN HABE.
UND DIE ANDEREN HABEN NICHT ANNÄHERND SO VIEL SPASS GEMACHT.
DU MUSST DEINEN GEGNER UND DICH SELBST KENNEN.

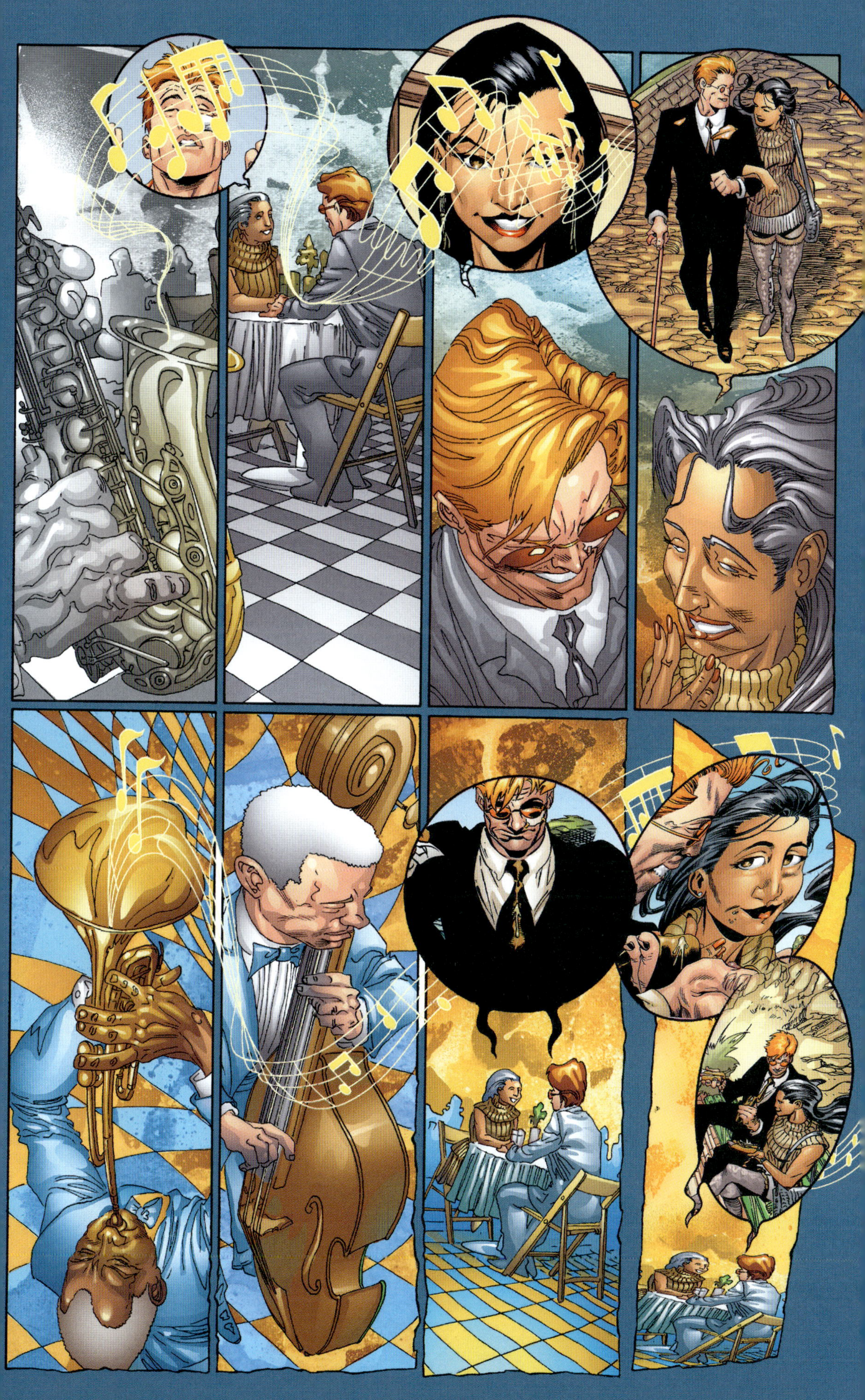

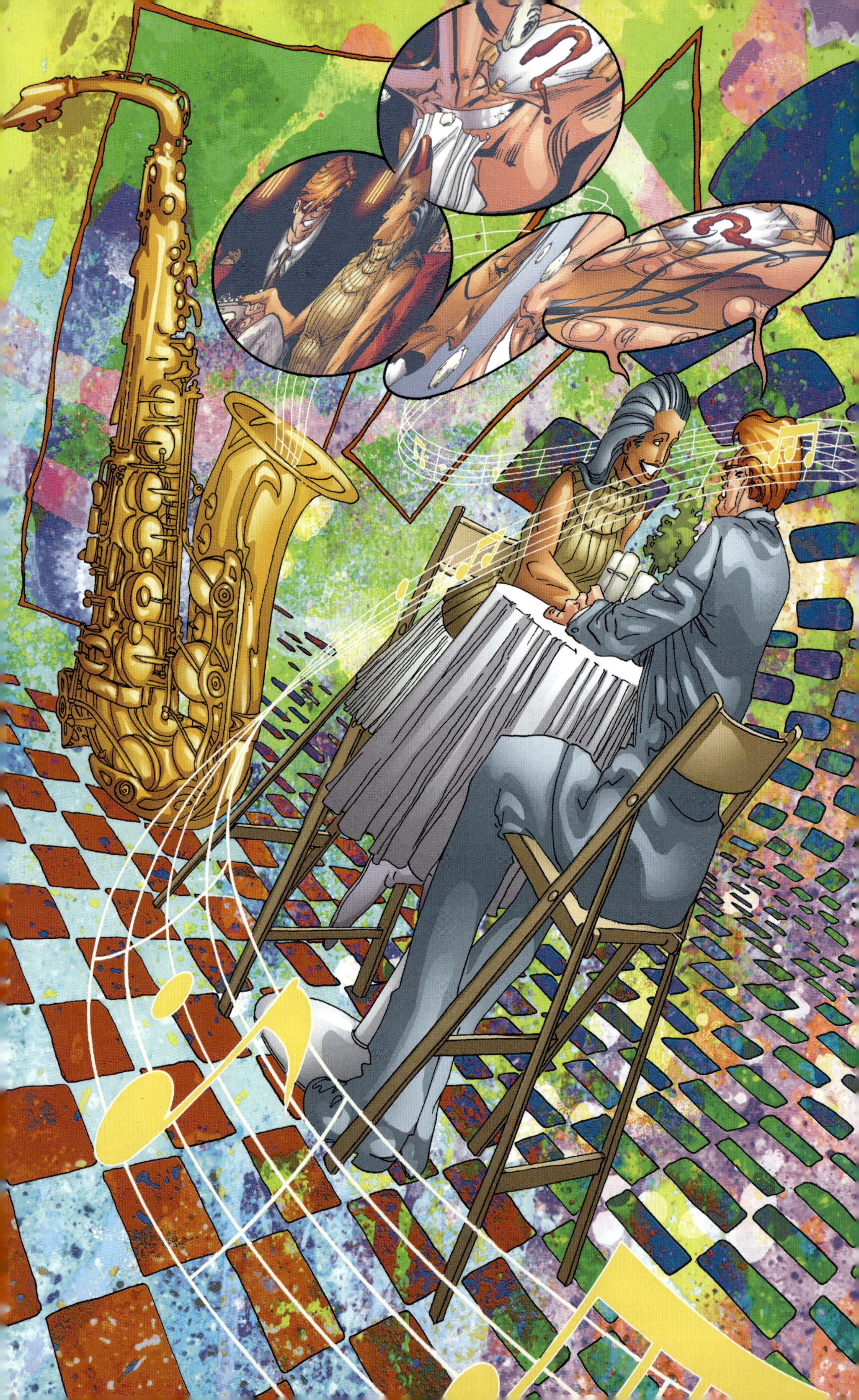

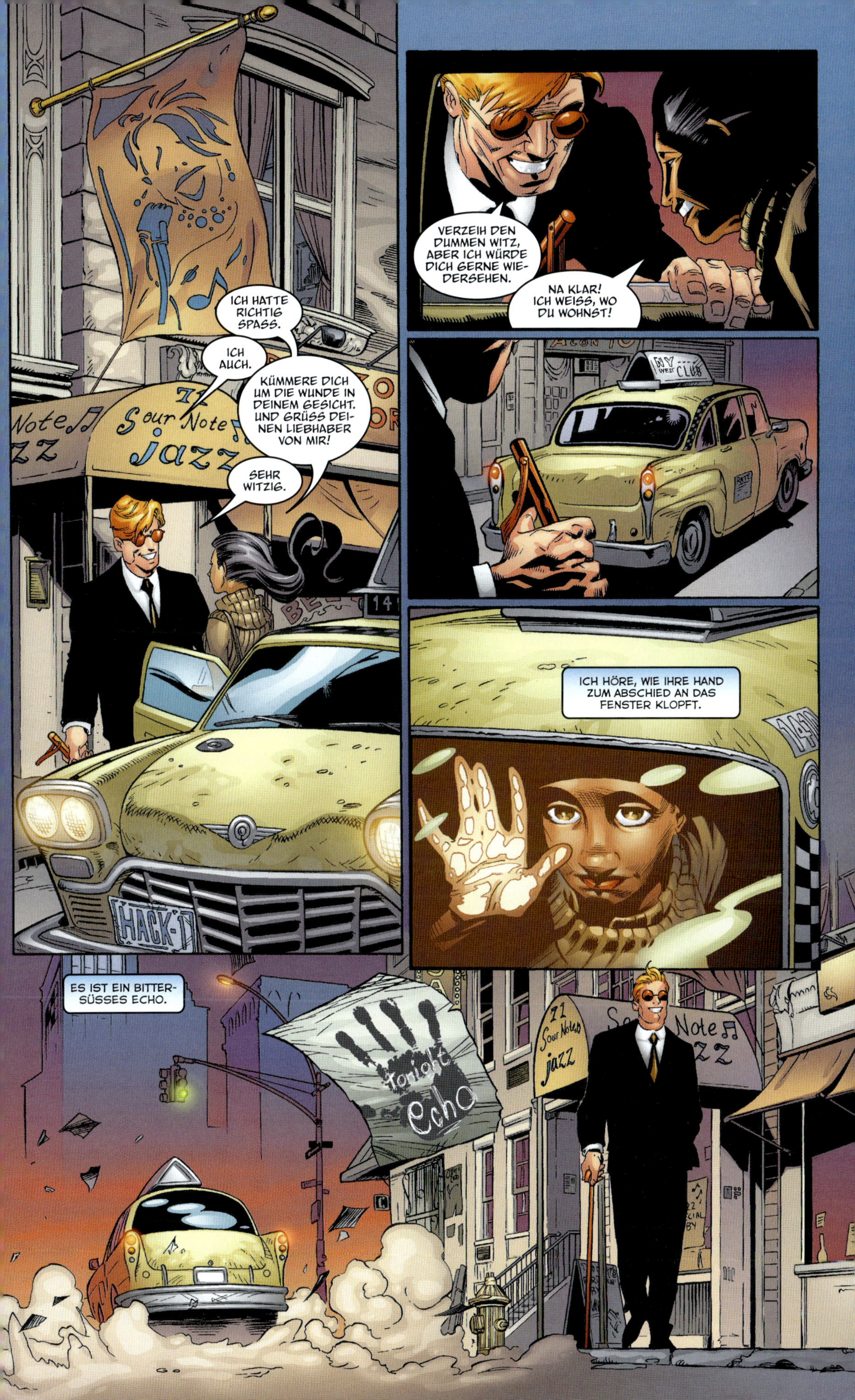
ICH HATTE RICHTIG SPASS.
ICH AUCH.
KÜMMERE DICH UM DIE WUNDE IN DEINEM GESICHT. UND GRÜSS DEINEN LIEBHABER VON MIR!
SEHR WITZIG.
VERZEIH DEN DUMMEN WITZ, ABER ICH WÜRDE DICH GERNE WIEDERSEHEN.
NA KLAR! ICH WEISS, WO DU WOHNST!
ICH HÖRE, WIE IHRE HAND ZUM ABSCHIED AN DAS FENSTER KLOPFT.
ES IST EIN BITTERSÜSSES ECHO.
Sour Note jazz
HACK-1
tonight Echo

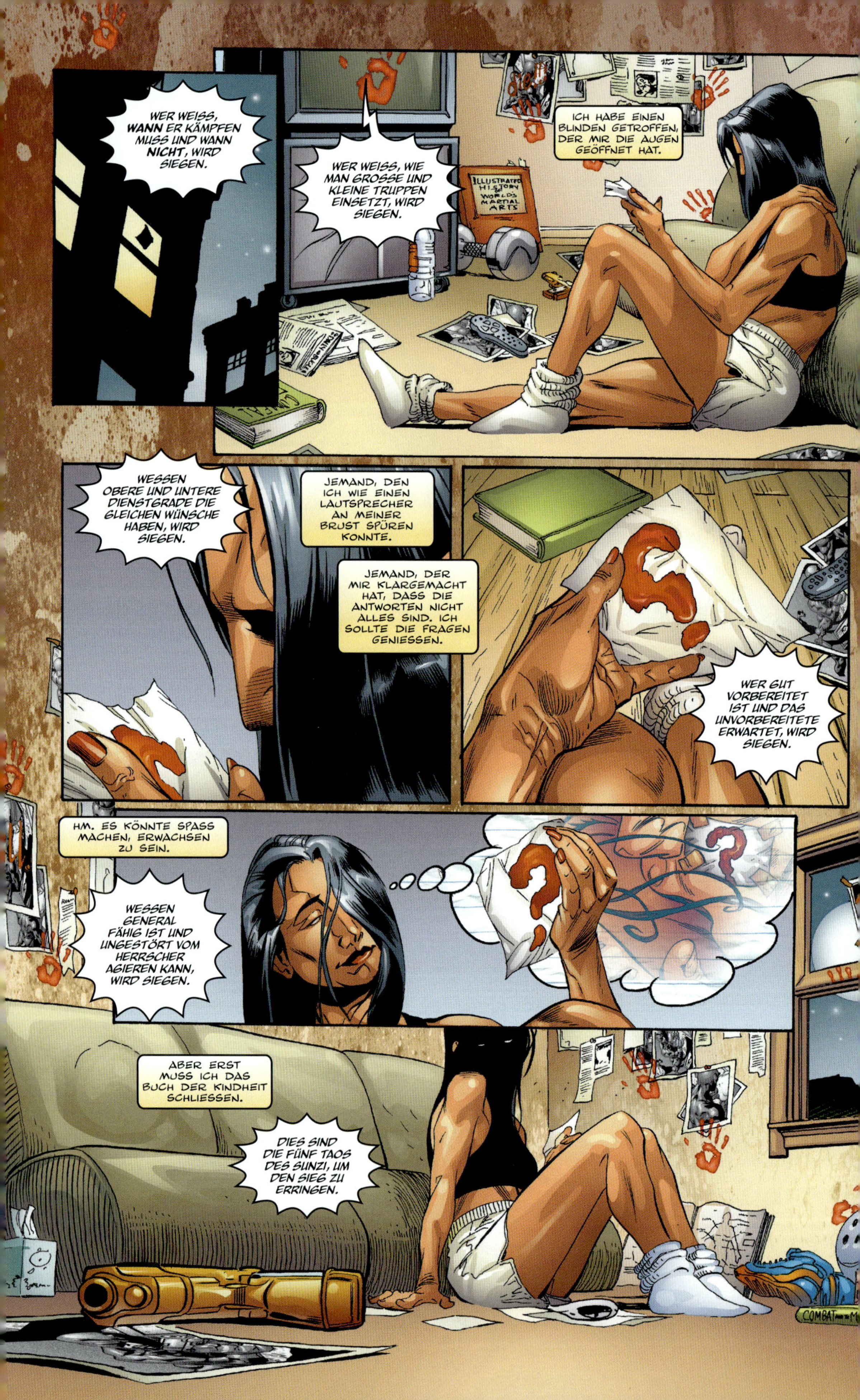

WER WEISS, WANN ER KÄMPFEN MUSS UND WANN NICHT, WIRD SIEGEN.
WER WEISS, WIE MAN GROSSE UND KLEINE TRUPPEN EINSETZT, WIRD SIEGEN.
ICH HABE EINEN BLINDEN GETROFFEN, DER MIR DIE AUGEN GEÖFFNET HAT.
ILLUSTRATED HISTORY OF WORLD'S MARTIAL ARTS
WESSEN OBERE UND UNTERE DIENSTGRADE DIE GLEICHEN WÜNSCHE HABEN, WIRD SIEGEN.
JEMAND, DEN ICH WIE EINEN LAUTSPRECHER AN MEINER BRUST SPÜREN KONNTE.
JEMAND, DER MIR KLARGEMACHT HAT, DASS DIE ANTWORTEN NICHT ALLES SIND. ICH SOLLTE DIE FRAGEN GENIESSEN.
WER GUT VORBEREITET IST UND DAS UNVORBEREITETE ERWARTET, WIRD SIEGEN.
HM. ES KÖNNTE SPASS MACHEN, ERWACHSEN ZU SEIN.
WESSEN GENERAL FÄHIG IST UND UNGESTÖRT VOM HERRSCHER AGIEREN KANN, WIRD SIEGEN.
ABER ERST MUSS ICH DAS BUCH DER KINDHEIT SCHLIESSEN.
DIES SIND DIE FÜNF TAOS DES SUNZI, UM DEN SIEG ZU ERRINGEN.
COMBAT

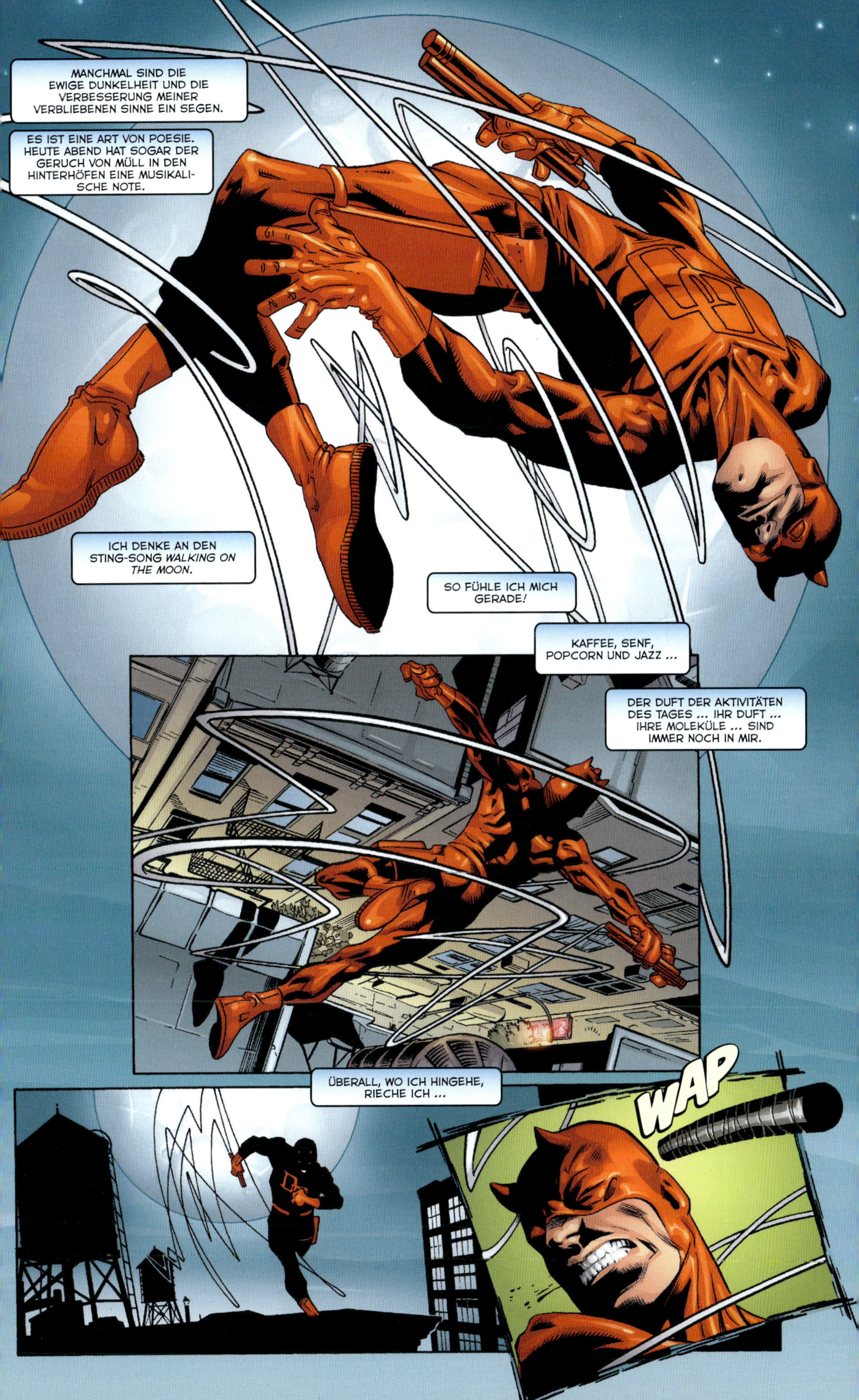
MANCHMAL SIND DIE EWIGE DUNKELHEIT UND DIE VERBESSERUNG MEINER VERBLIEBENEN SINNE EIN SEGEN.
ES IST EINE ART VON POESIE. HEUTE ABEND HAT SOGAR DER GERUCH VON MÜLL IN DEN HINTERHÖFEN EINE MUSIKALISCHE NOTE.
ICH DENKE AN DEN STING-SONG *WALKING ON THE MOON*.
SO FÜHLE ICH MICH GERADE!
KAFFEE, SENF, POPCORN UND JAZZ ...
DER DUFT DER AKTIVITÄTEN DES TAGES ... IHR DUFT ... IHRE MOLEKÜLE ... SIND IMMER NOCH IN MIR.
ÜBERALL, WO ICH HINGEHE, RIECHE ICH ...
WAP

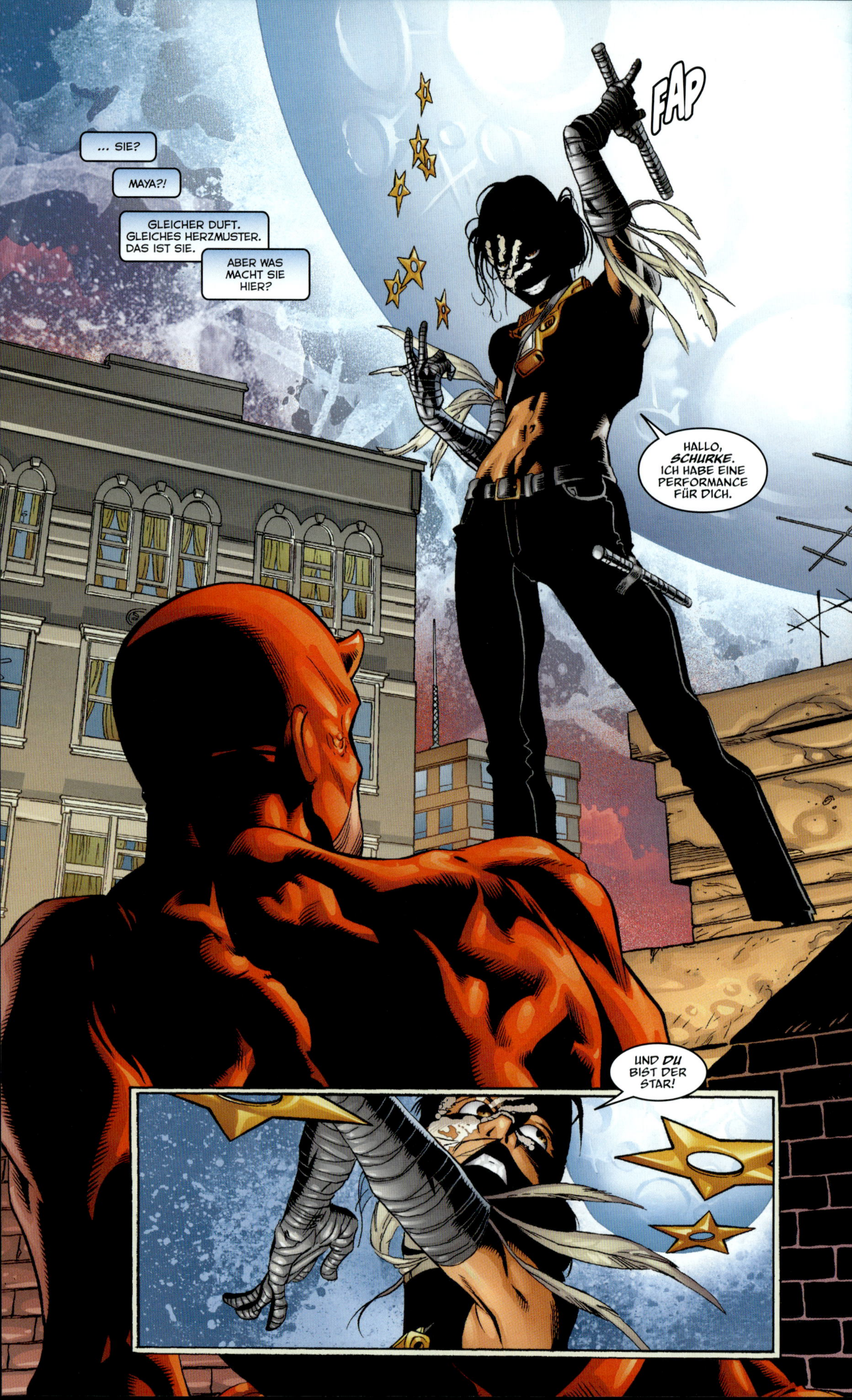
FAP
... SIE?
MAYA?!
GLEICHER DUFT. GLEICHES HERZMUSTER. DAS IST SIE.
ABER WAS MACHT SIE HIER?
HALLO, **SCHURKE**. ICH HABE EINE PERFORMANCE FÜR DICH.
UND **DU** BIST DER STAR!

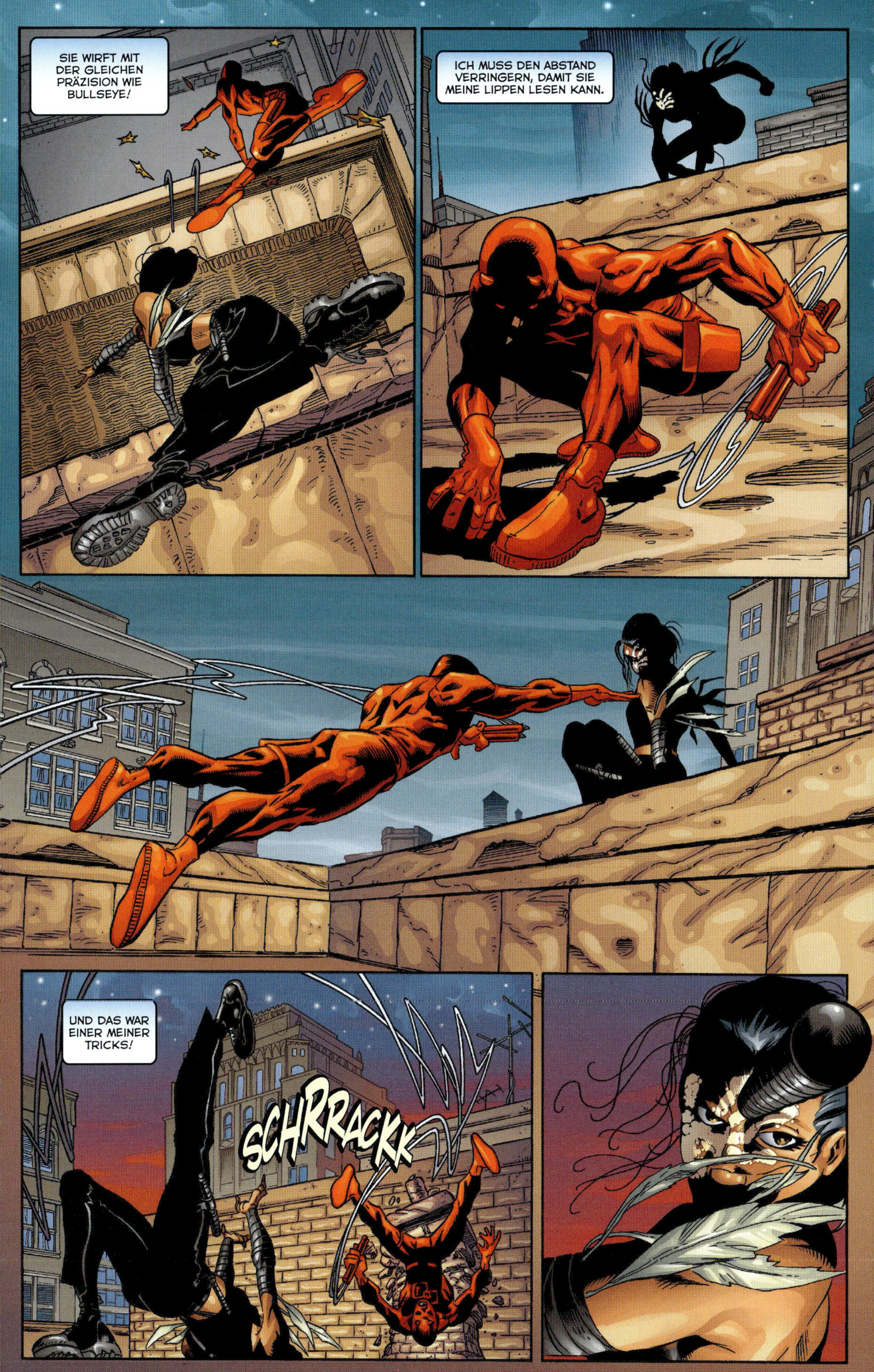
SIE WIRFT MIT DER GLEICHEN PRÄZISION WIE BULLSEYE!
ICH MUSS DEN ABSTAND VERRINGERN, DAMIT SIE MEINE LIPPEN LESEN KANN.
UND DAS WAR EINER MEINER TRICKS!
SCHRRACKK

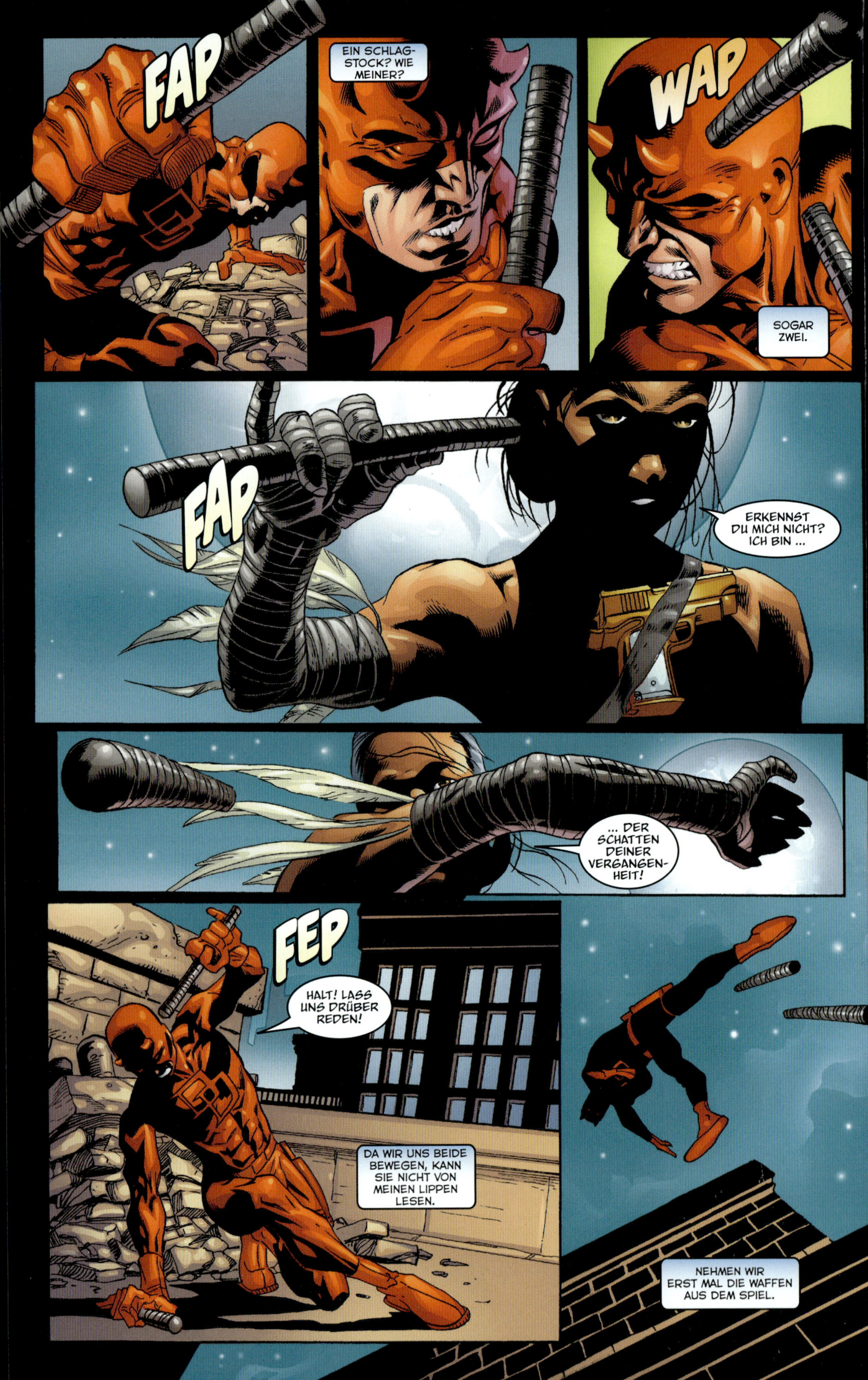
FAP
EIN SCHLAG-STOCK? WIE MEINER?
WAP
SOGAR ZWEI.
FAP
ERKENNST DU MICH NICHT? ICH BIN ...
... DER SCHATTEN DEINER VERGANGEN-HEIT!
FEP
HALT! LASS UNS DRÜBER REDEN!
DA WIR UNS BEIDE BEWEGEN, KANN SIE NICHT VON MEINEN LIPPEN LESEN.
NEHMEN WIR ERST MAL DIE WAFFEN AUS DEM SPIEL.

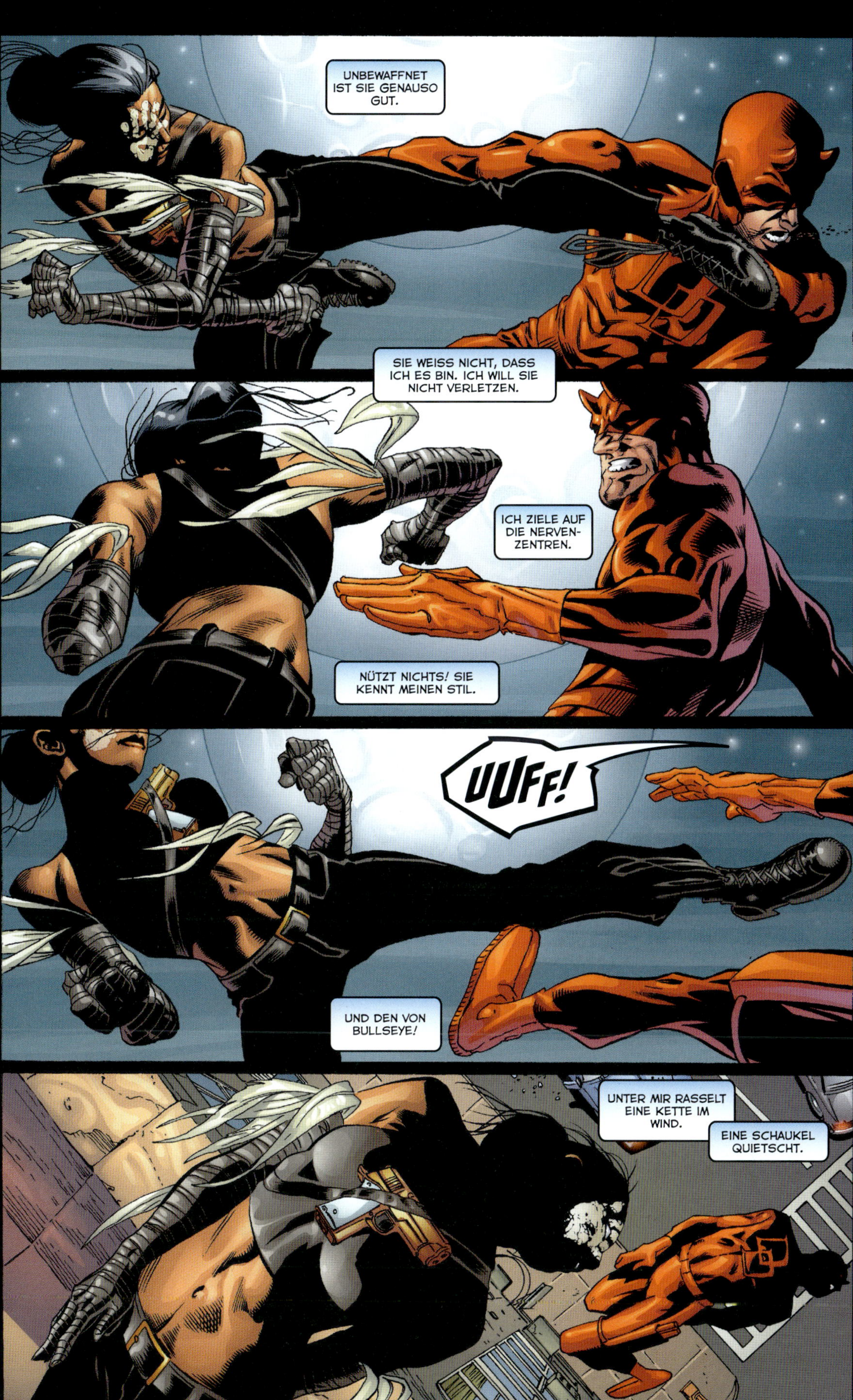
UNBEWAFFNET IST SIE GENAUSO GUT.
SIE WEISS NICHT, DASS ICH ES BIN. ICH WILL SIE NICHT VERLETZEN.
ICH ZIELE AUF DIE NERVEN-ZENTREN.
NÜTZT NICHTS! SIE KENNT MEINEN STIL.
UUFF!
UND DEN VON BULLSEYE!
UNTER MIR RASSELT EINE KETTE IM WIND.
EINE SCHAUKEL QUIETSCHT.

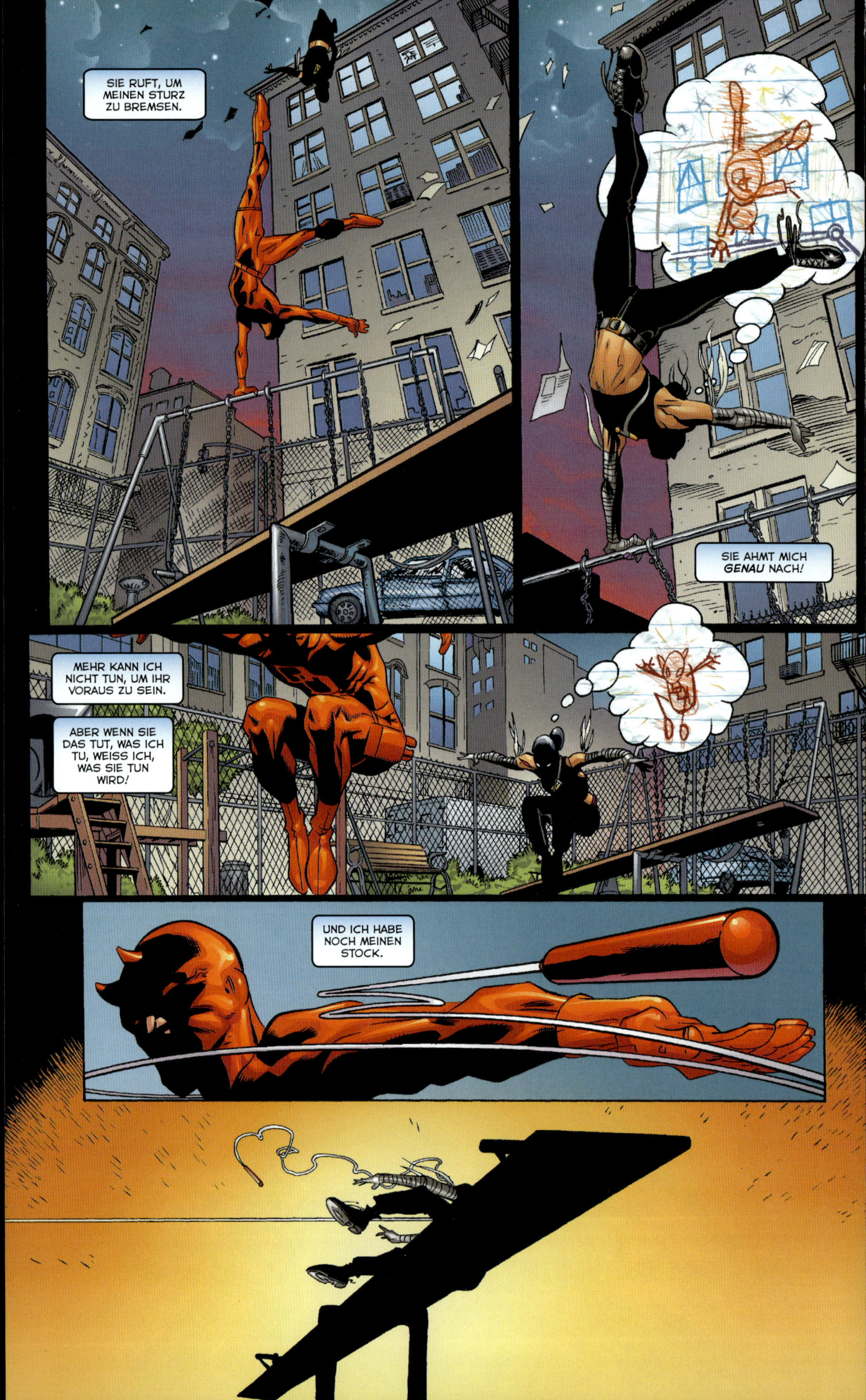
SIE RUFT, UM MEINEN STURZ ZU BREMSEN.
SIE AHMT MICH GENAU NACH!
MEHR KANN ICH NICHT TUN, UM IHR VORAUS ZU SEIN.
ABER WENN SIE DAS TUT, WAS ICH TU, WEISS ICH, WAS SIE TUN WIRD!
UND ICH HABE NOCH MEINEN STOCK.

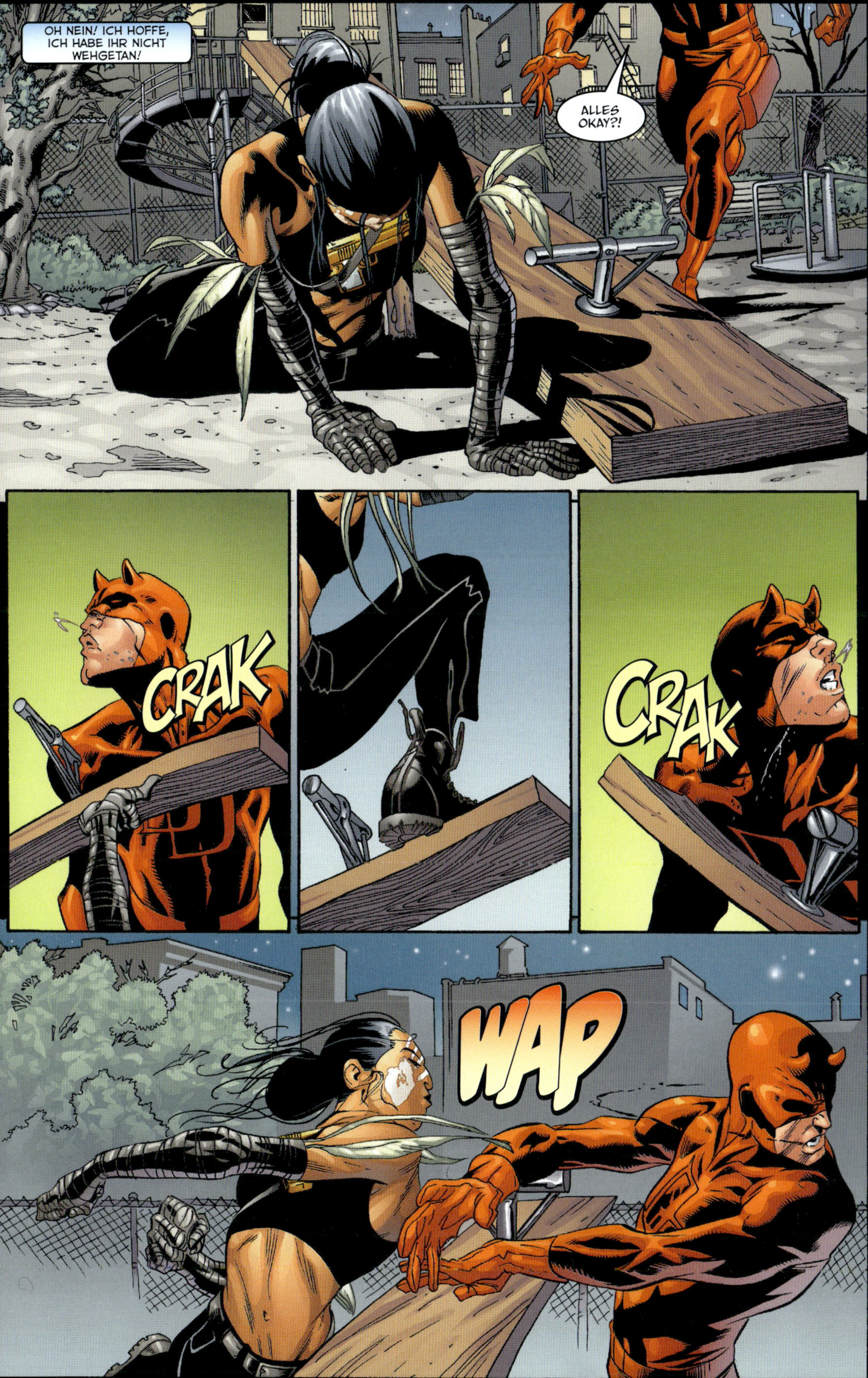

OH NEIN! ICH HOFFE, ICH HABE IHR NICHT WEHGETAN!

ALLES OKAY?!

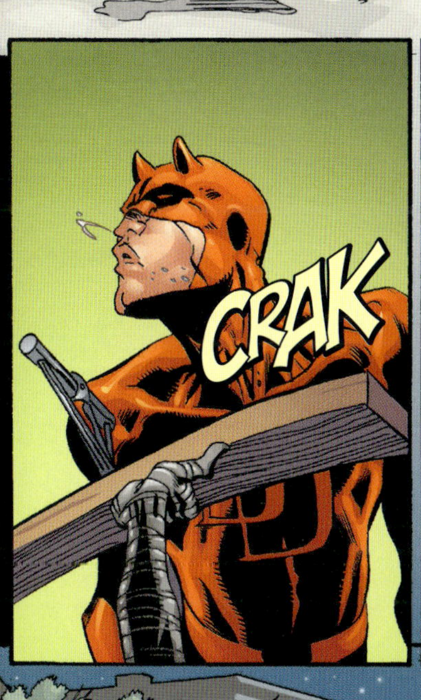

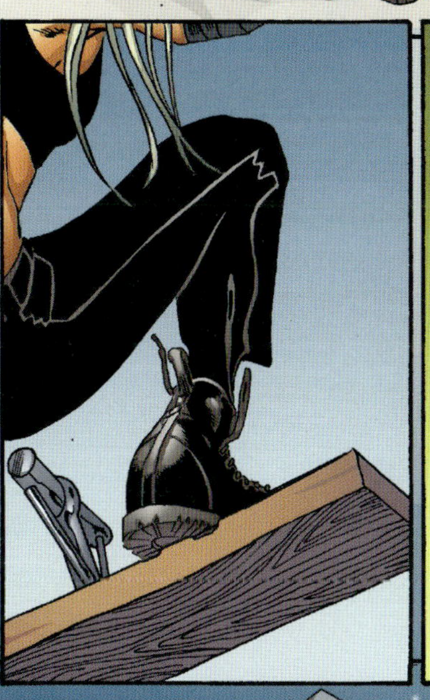

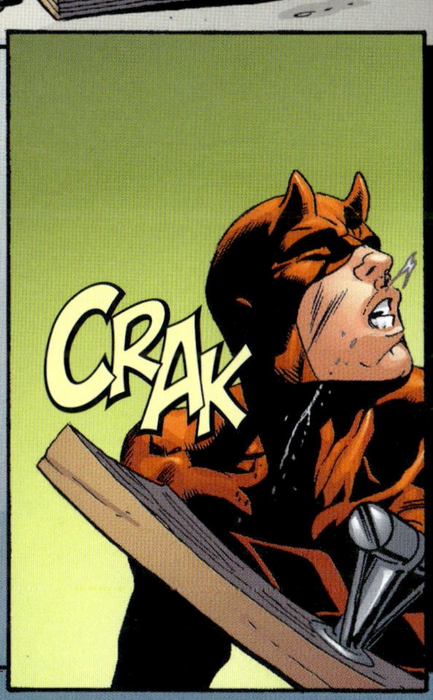

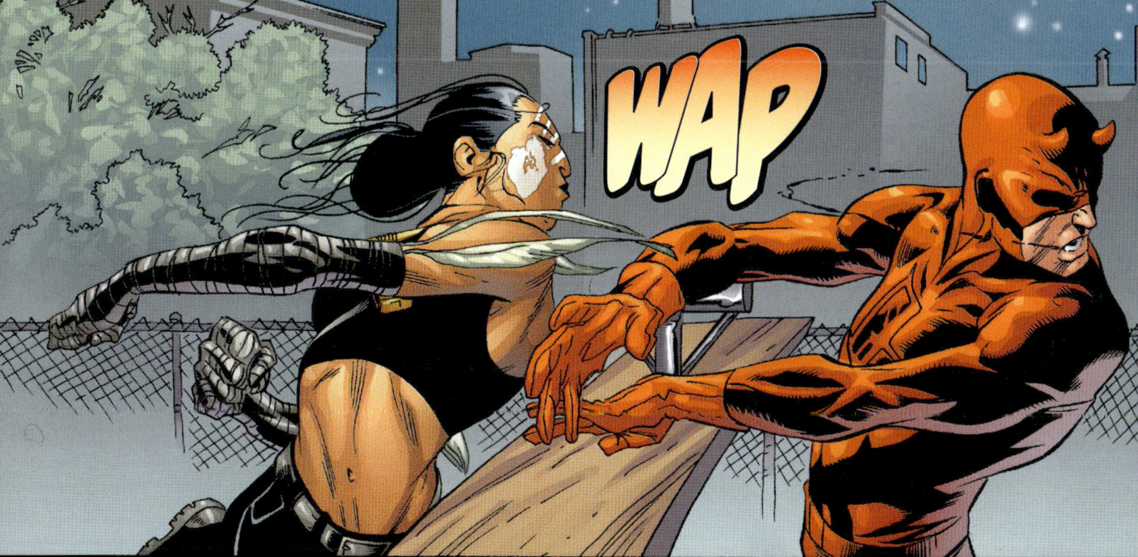

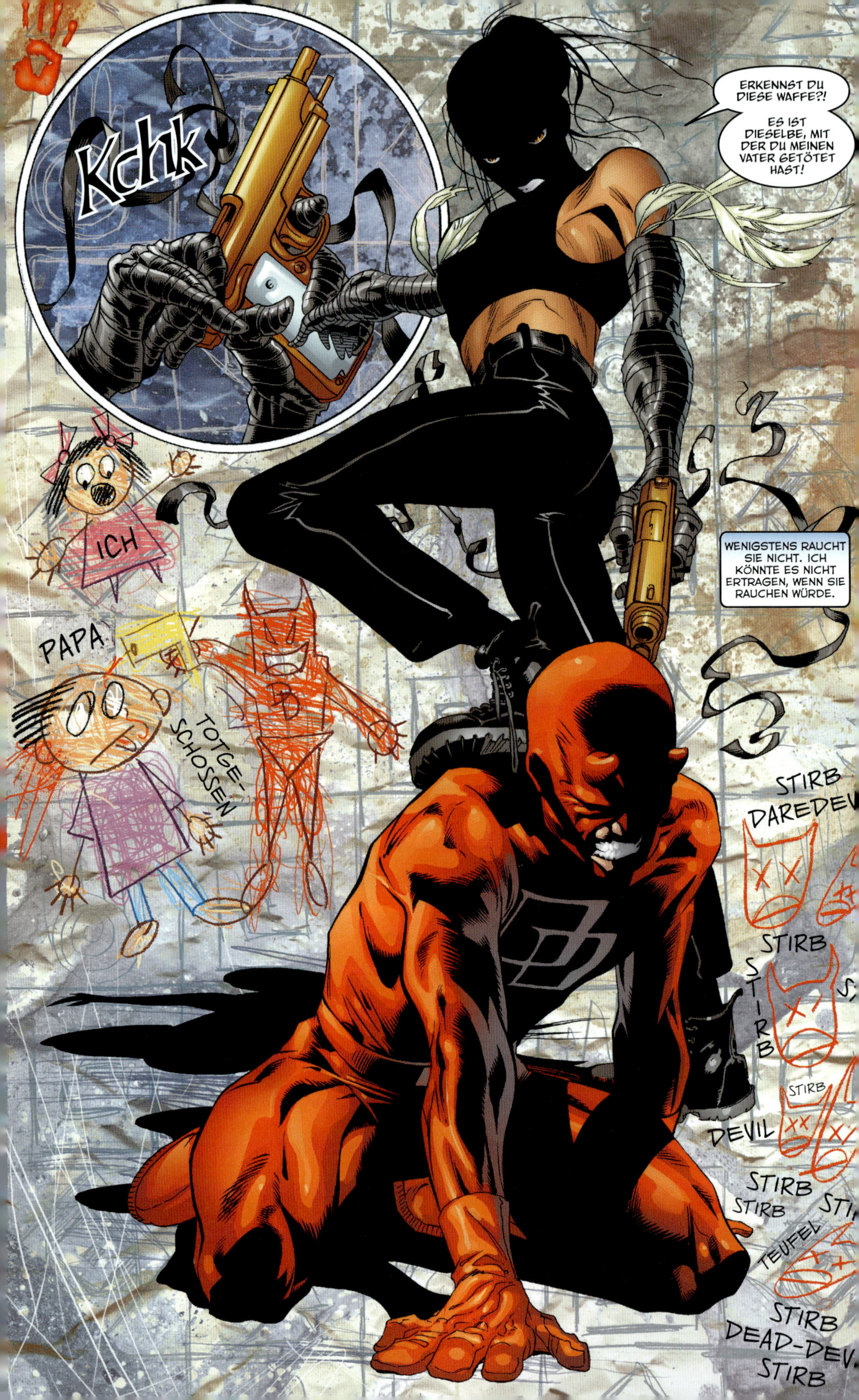
Kchk
ERKENNST DU DIESE WAFFE?!
ES IST DIESELBE, MIT DER DU MEINEN VATER GETÖTET HAST!
WENIGSTENS RAUCHT SIE NICHT. ICH KÖNNTE ES NICHT ERTRAGEN, WENN SIE RAUCHEN WÜRDE.
ICH
PAPA
TOTGE-SCHOSSEN
STIRB
DAREDEV
STIRB
STIRB
STIRB
DEVIL
STIRB
STIRB
TEUFEL
STIRB
DEAD-DEV.
STIRB

TEILE DER LEERE, KAPITEL 4: TRIAL UND ERROR

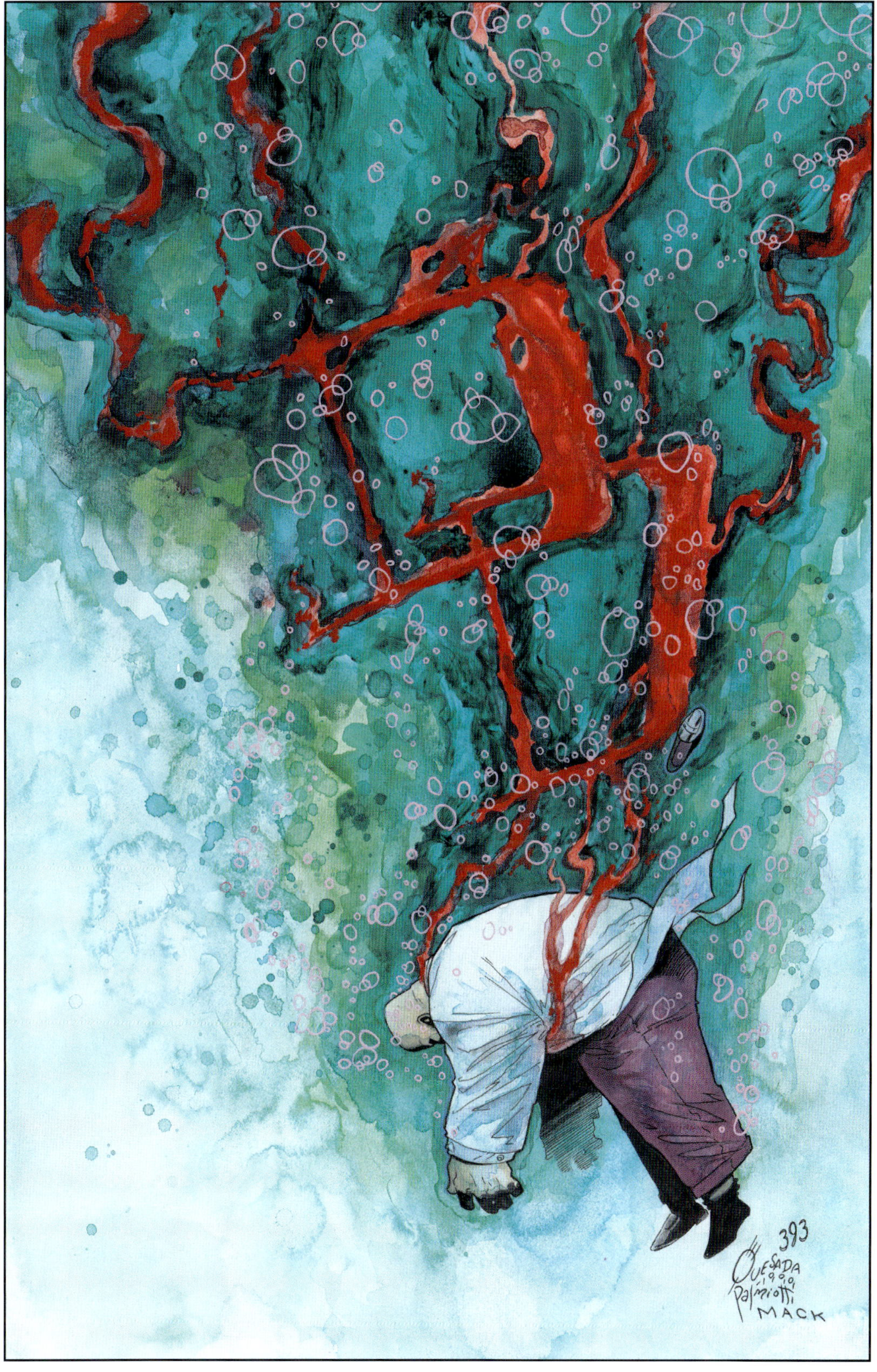

Daredevil (1998) 13

Cover von **JOE QUESADA**, **JIMMY PALMIOTTI** & **DAVID MACK**

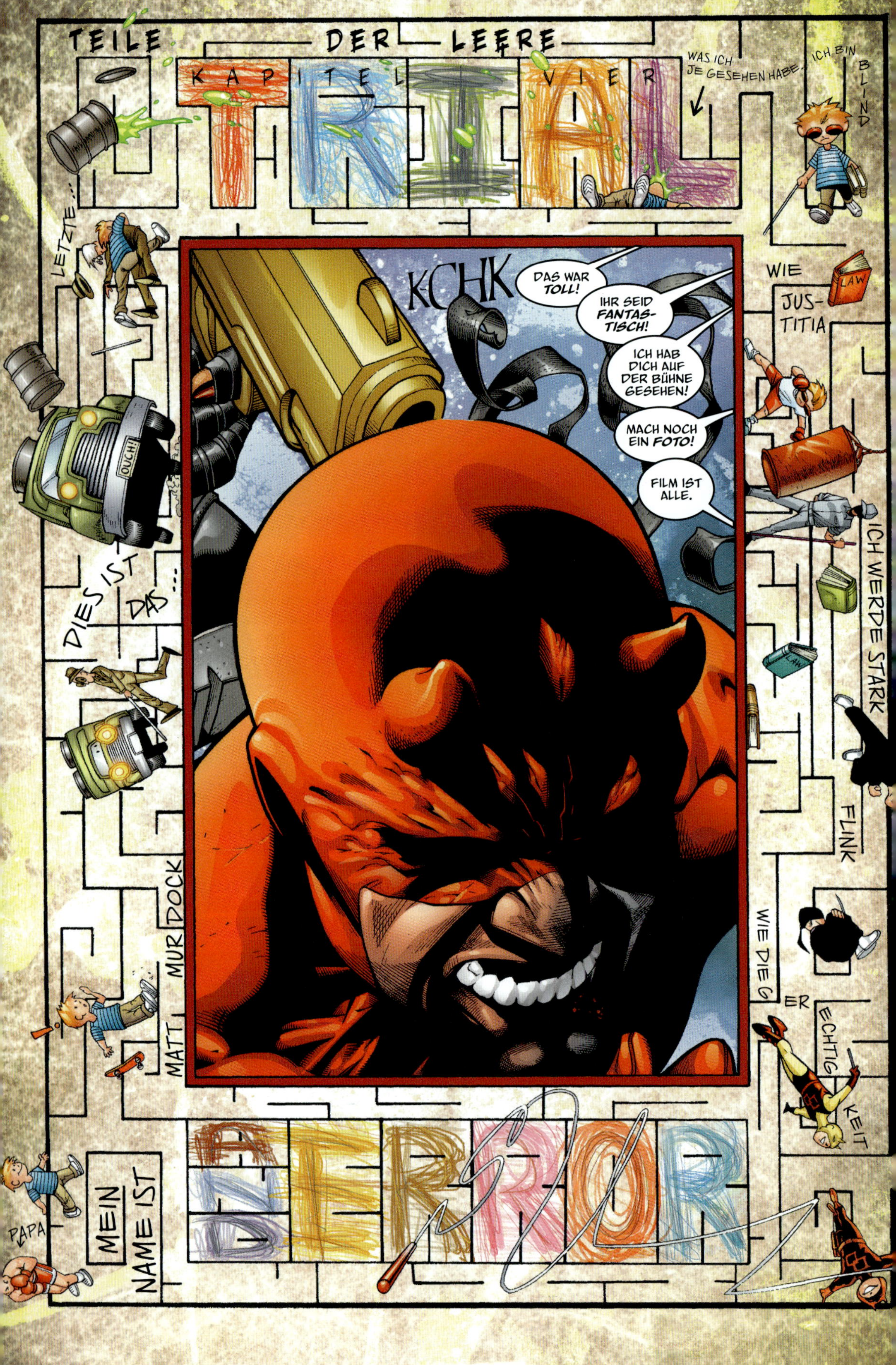

TEILE DER LEERE
KAPITEL VIER
TRIAL
WAS ICH JE GESEHEN HABE,
ICH BIN BLIND
LETZTE...
KCHK
DAS WAR TOLL!
IHR SEID FANTAS-TISCH!
ICH HAB DICH AUF DER BÜHNE GESEHEN!
MACH NOCH EIN FOTO!
FILM IST ALLE.
WIE JUSTITIA
LAW
OUCH!
ICH WERDE STARK
LAW
DIES IST DAS...
FLINK
MATT MURDOCK
WIE DIE GER ECHTIG KEIT
MEIN NAME IST
PAPA
AND
ERROR

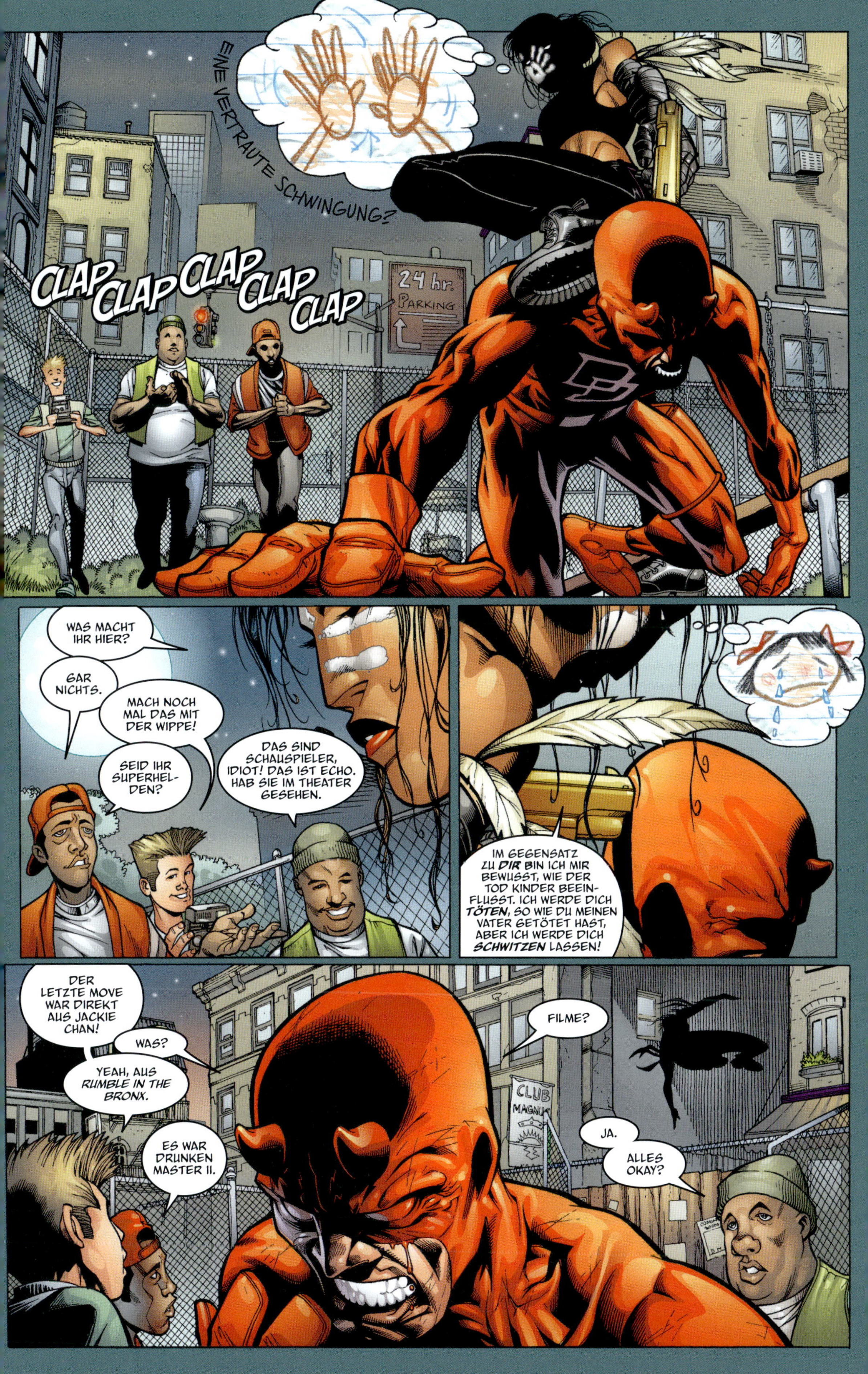
EINE VERTRAUTE SCHWINGUNG?
CLAP CLAP CLAP CLAP CLAP
24 hr. PARKING
WAS MACHT IHR HIER?
GAR NICHTS.
MACH NOCH MAL DAS MIT DER WIPPE!
SEID IHR SUPERHELDEN?
DAS SIND SCHAUSPIELER, IDIOT! DAS IST ECHO. HAB SIE IM THEATER GESEHEN.
IM GEGENSATZ ZU *DIR* BIN ICH MIR BEWUSST, WIE DER TOD KINDER BEEINFLUSST. ICH WERDE DICH *TÖTEN*, SO WIE DU MEINEN VATER GETÖTET HAST, ABER ICH WERDE DICH *SCHWITZEN* LASSEN!
DER LETZTE MOVE WAR DIREKT AUS JACKIE CHAN!
WAS?
YEAH, AUS *RUMBLE IN THE BRONX*.
ES WAR DRUNKEN MASTER II.
FILME?
JA.
ALLES OKAY?
CLUB

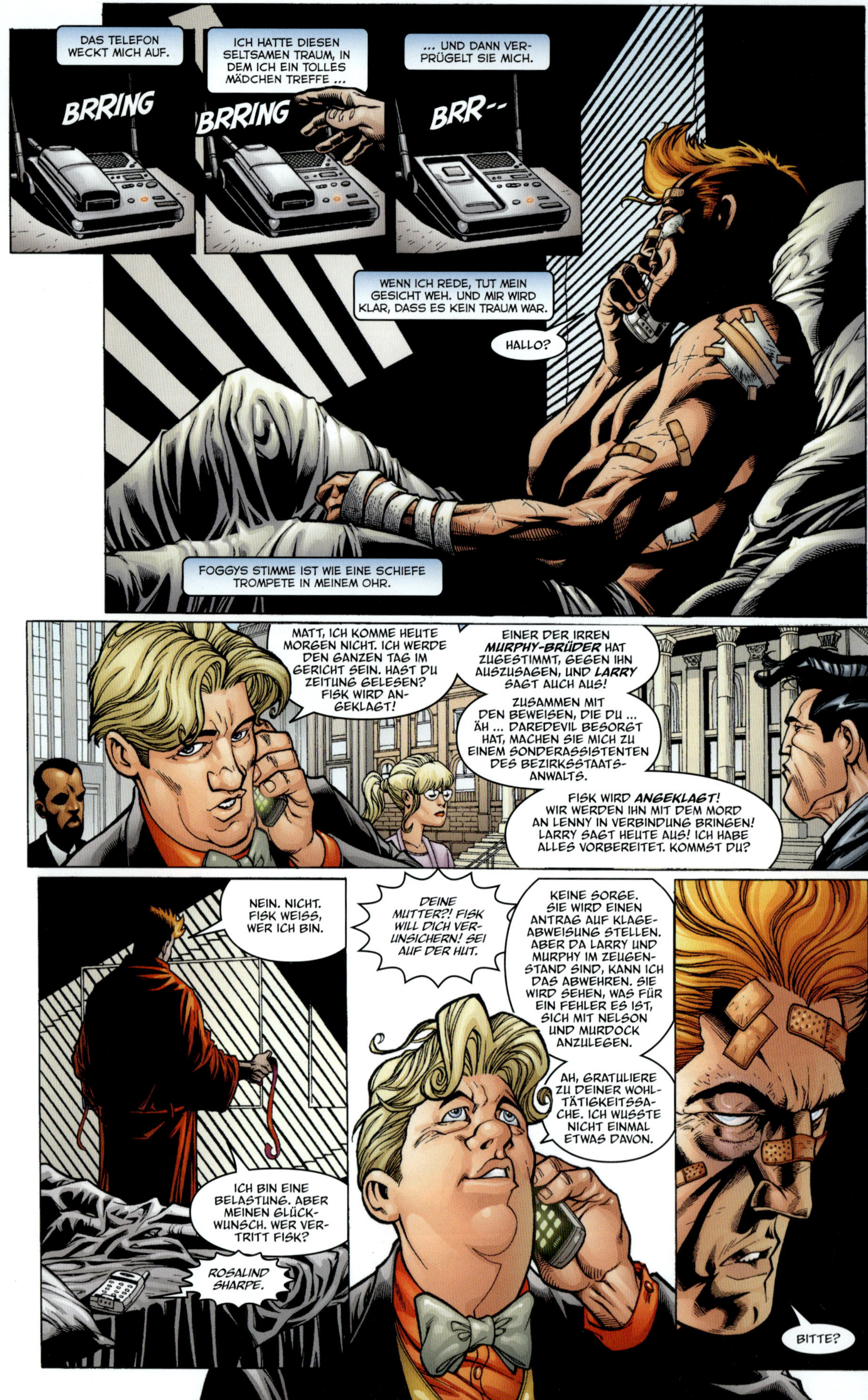
DAS TELEFON WECKT MICH AUF.
BRRING
ICH HATTE DIESEN SELTSAMEN TRAUM, IN DEM ICH EIN TOLLES MÄDCHEN TREFFE ...
BRRING
... UND DANN VERPRÜGELT SIE MICH.
BRR--
WENN ICH REDE, TUT MEIN GESICHT WEH. UND MIR WIRD KLAR, DASS ES KEIN TRAUM WAR.
HALLO?
FOGGYS STIMME IST WIE EINE SCHIEFE TROMPETE IN MEINEM OHR.
MATT, ICH KOMME HEUTE MORGEN NICHT. ICH WERDE DEN GANZEN TAG IM GERICHT SEIN. HAST DU ZEITUNG GELESEN? FISK WIRD ANGEKLAGT!
EINER DER IRREN MURPHY-BRÜDER HAT ZUGESTIMMT, GEGEN IHN AUSZUSAGEN, UND LARRY SAGT AUCH AUS!
ZUSAMMEN MIT DEN BEWEISEN, DIE DU ... ÄH ... DAREDEVIL BESORGT HAT, MACHEN SIE MICH ZU EINEM SONDERASSISTENTEN DES BEZIRKSSTAATSANWALTS.
FISK WIRD ANGEKLAGT! WIR WERDEN IHN MIT DEM MORD AN LENNY IN VERBINDUNG BRINGEN! LARRY SAGT HEUTE AUS! ICH HABE ALLES VORBEREITET. KOMMST DU?
NEIN. NICHT. FISK WEISS, WER ICH BIN.
DEINE MUTTER?! FISK WILL DICH VERUNSICHERN! SEI AUF DER HUT.
KEINE SORGE. SIE WIRD EINEN ANTRAG AUF KLAGEABWEISUNG STELLEN. ABER DA LARRY UND MURPHY IM ZEUGENSTAND SIND, KANN ICH DAS ABWEHREN. SIE WIRD SEHEN, WAS FÜR EIN FEHLER ES IST, SICH MIT NELSON UND MURDOCK ANZULEGEN.
AH, GRATULIERE ZU DEINER WOHLTÄTIGKEITSSACHE. ICH WUSSTE NICHT EINMAL ETWAS DAVON.
ICH BIN EINE BELASTUNG. ABER MEINEN GLÜCKWUNSCH. WER VERTRITT FISK?
ROSALIND SHARPE.
BITTE?

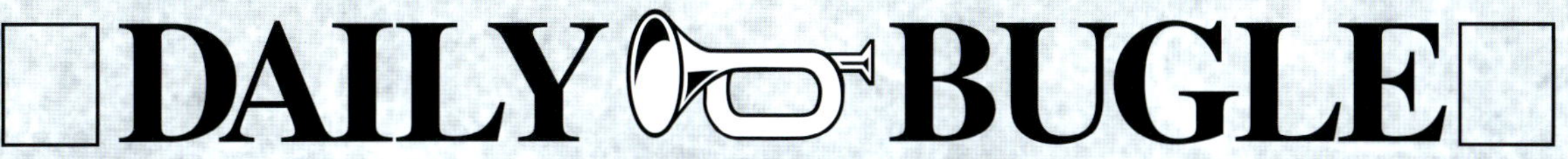

NEW YORKS BESTE TAGESZEITUNG

GEWÜRZHÄNDLER BESCHULDIGT

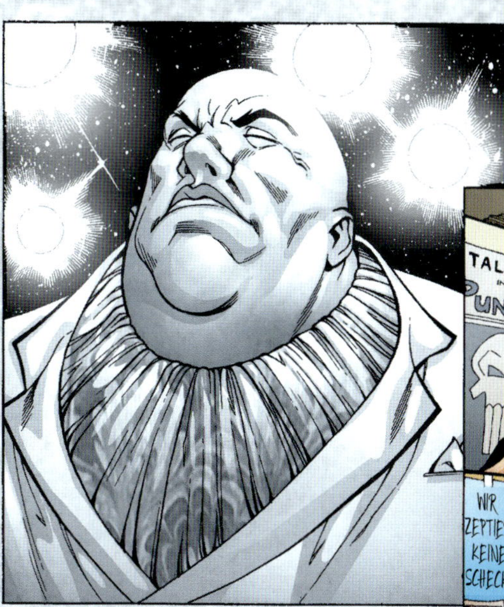

MUTMASSLICHER KINGPIN DER UNTERWELT WEGEN MORD ANGEKLAGT

von Ben Urich

Wilson Fisk, ein internationaler Unternehmer, wird sich vor Gericht verantworten müssen.

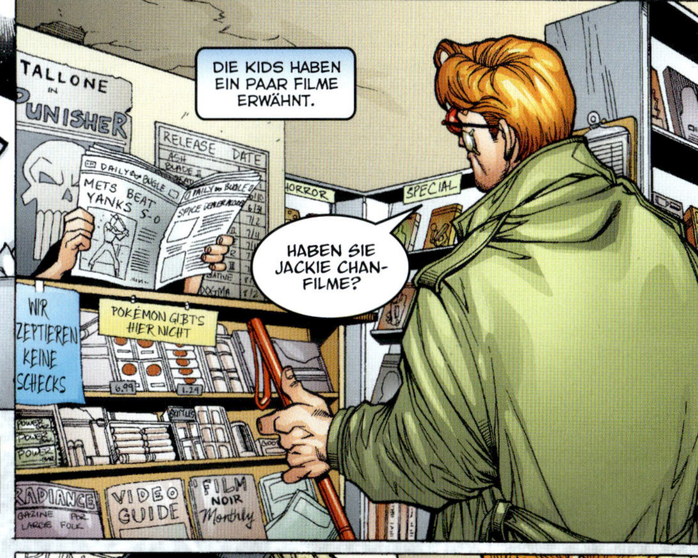

ECHOS AUF DEM SPIELPLATZ!

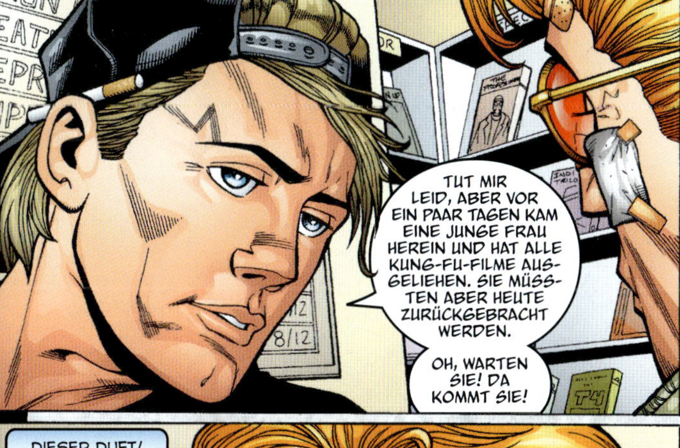

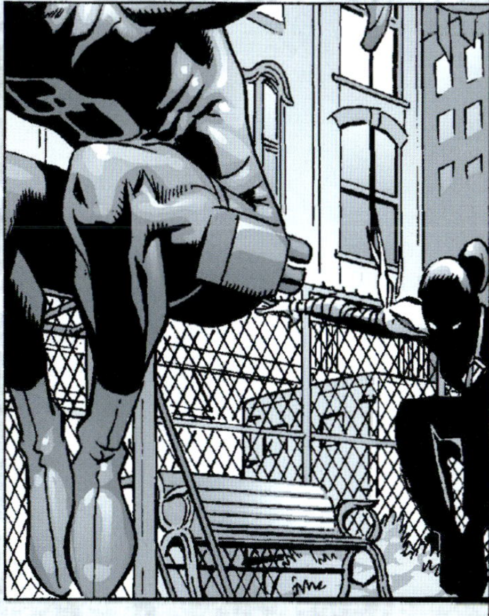

Daredevil schließt sich Echo an, um ihr Stück für Kinder auf einem Spielplatz aufzuführen.

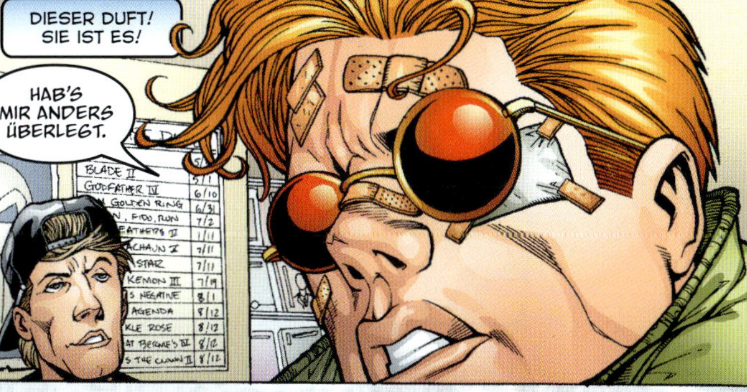

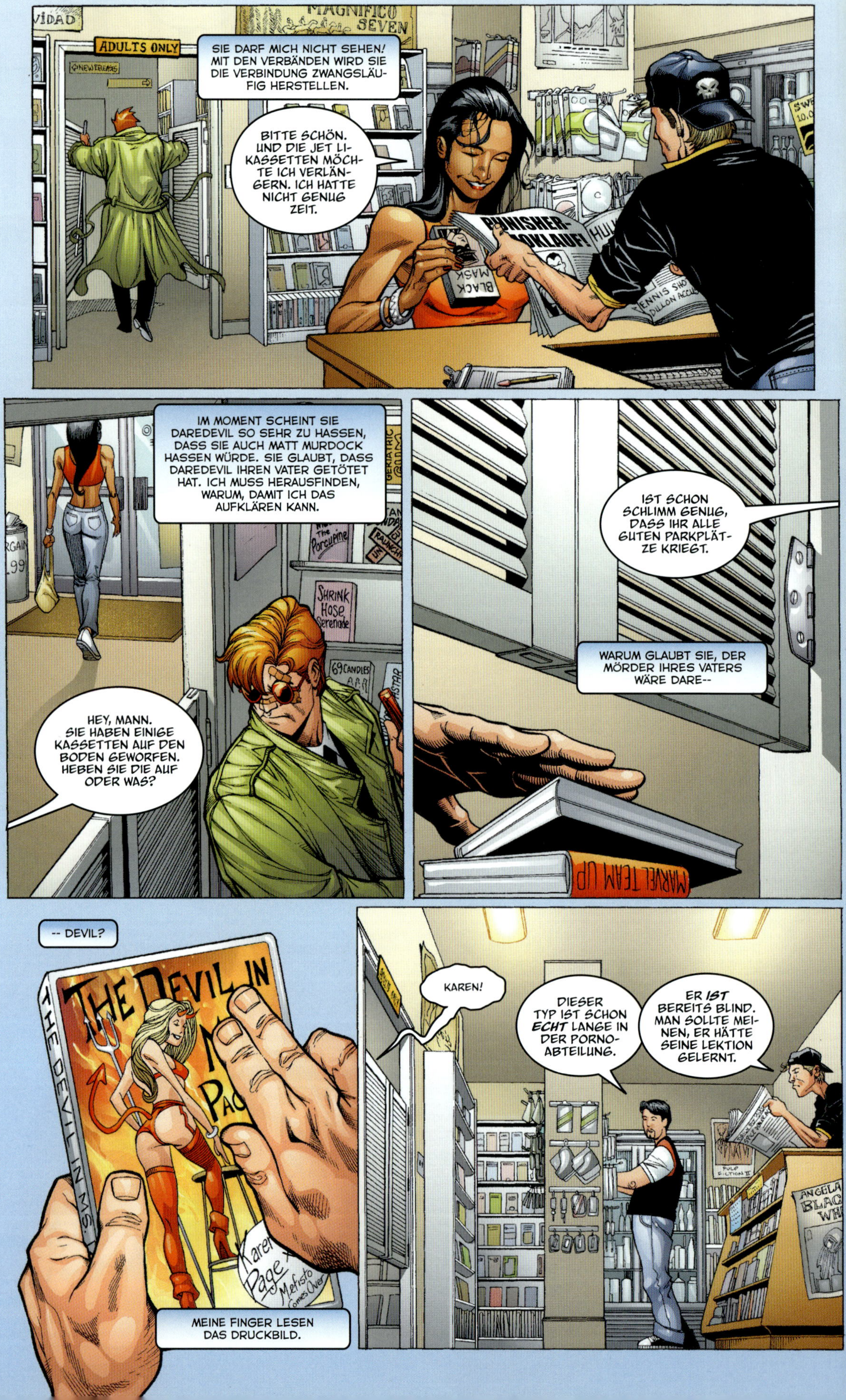

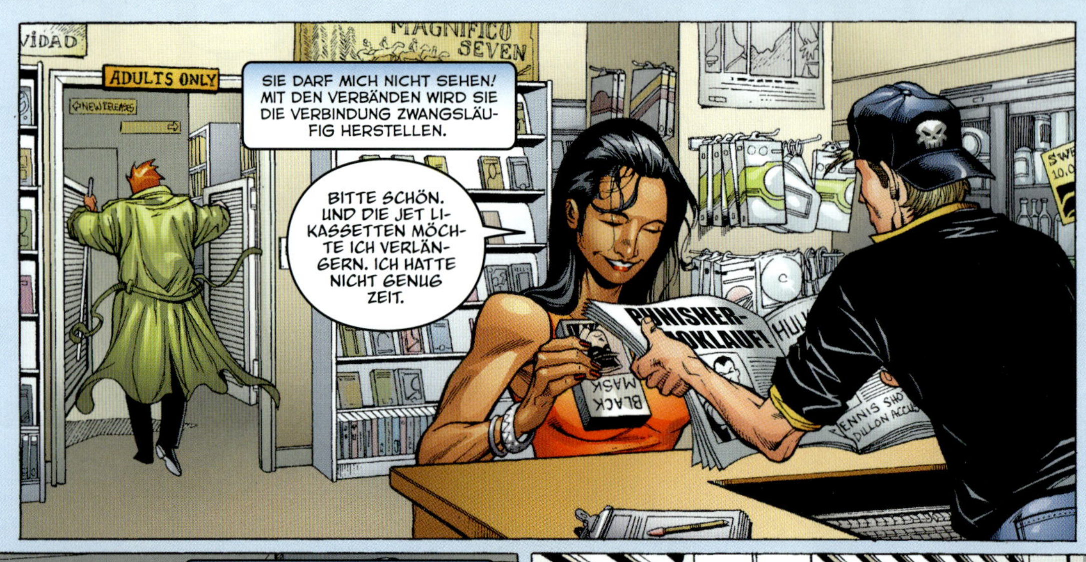

IM MOMENT SCHEINT SIE DAREDEVIL SO SEHR ZU HASSEN, DASS SIE AUCH MATT MURDOCK HASSEN WÜRDE. SIE GLAUBT, DASS DAREDEVIL IHREN VATER GETÖTET HAT. ICH MUSS HERAUSFINDEN, WARUM, DAMIT ICH DAS AUFKLÄREN KANN.

HEY, MANN. SIE HABEN EINIGE KASSETTEN AUF DEN BODEN GEWORFEN. HEBEN SIE DIE AUF ODER WAS?

IST SCHON SCHLIMM GENUG, DASS IHR ALLE GUTEN PARKPLÄTZE KRIEGT.

WARUM GLAUBT SIE, DER MÖRDER IHRES VATERS WÄRE DARE--

MARVEL TEAM UP

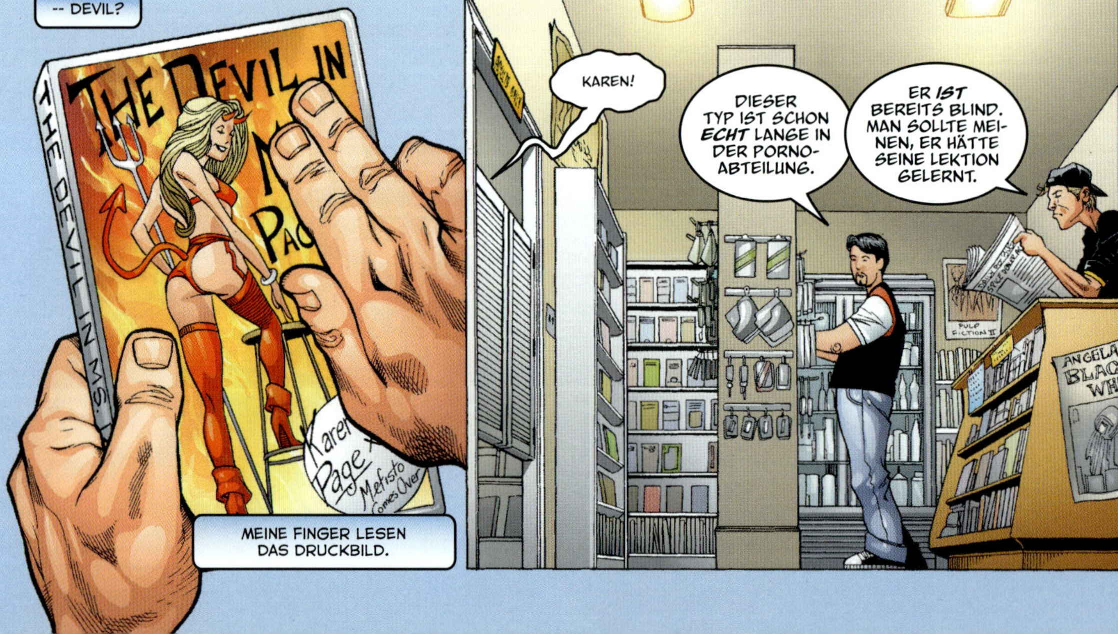

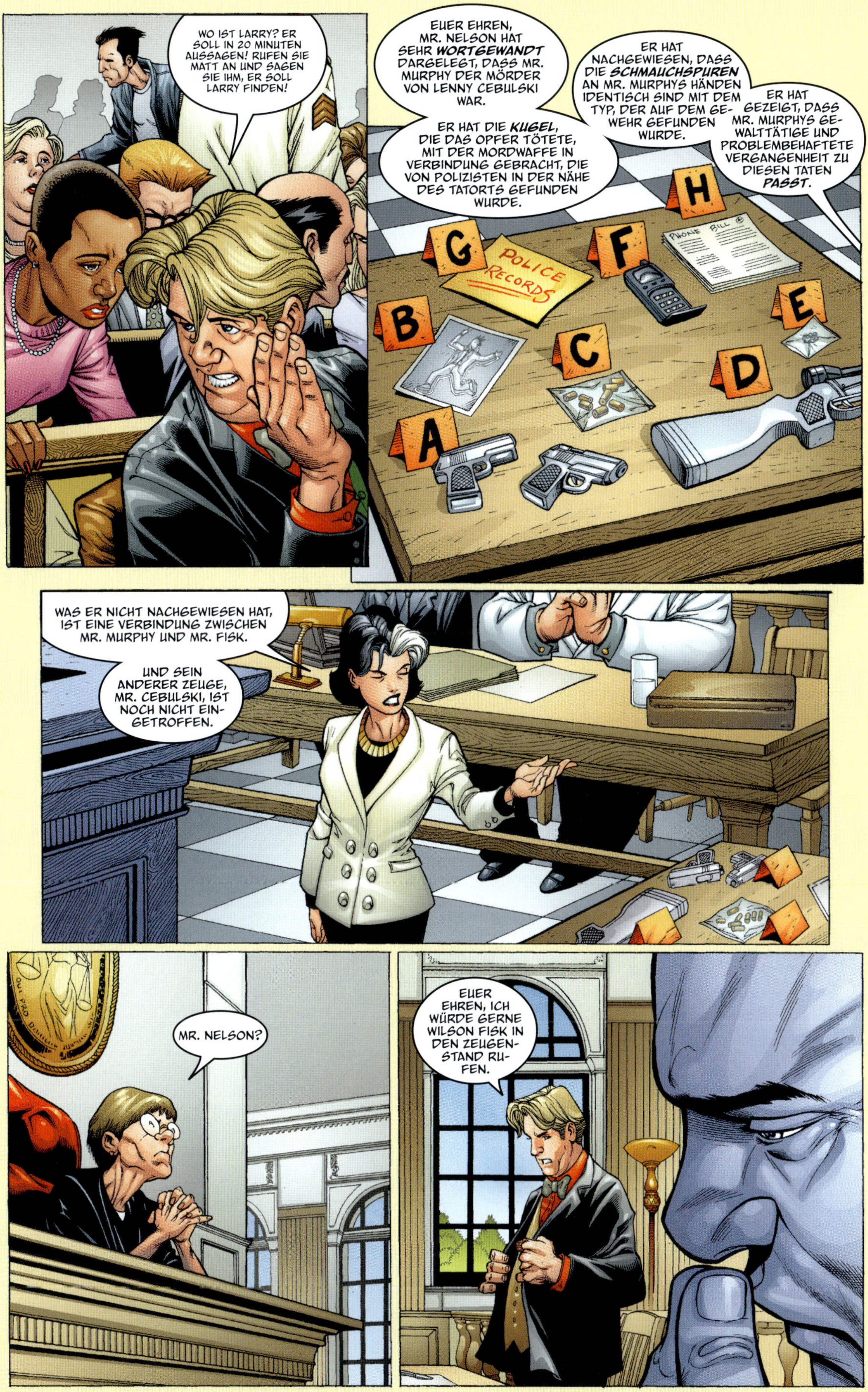

WO IST LARRY? ER SOLL IN 20 MINUTEN AUSSAGEN! RUFEN SIE MATT AN UND SAGEN SIE IHM, ER SOLL LARRY FINDEN!

EUER EHREN, MR. NELSON HAT SEHR **WORTGEWANDT** DARGELEGT, DASS MR. MURPHY DER MÖRDER VON LENNY CEBULSKI WAR.

ER HAT DIE **KUGEL**, DIE DAS OPFER TÖTETE, MIT DER MORDWAFFE IN VERBINDUNG GEBRACHT, DIE VON POLIZISTEN IN DER NÄHE DES TATORTS GEFUNDEN WURDE.

ER HAT NACHGEWIESEN, DASS DIE **SCHMAUCHSPUREN** AN MR. MURPHYS HÄNDEN IDENTISCH SIND MIT DEM TYP, DER AUF DEM GEWEHR GEFUNDEN WURDE.

ER HAT GEZEIGT, DASS MR. MURPHYS GEWALTTÄTIGE UND PROBLEMBEHAFTETE VERGANGENHEIT ZU DIESEN TATEN **PASST**.

POLICE RECORDS

PHONE BILL

WAS ER NICHT NACHGEWIESEN HAT, IST EINE VERBINDUNG ZWISCHEN MR. MURPHY UND MR. FISK.

UND SEIN ANDERER ZEUGE, MR. CEBULSKI, IST NOCH NICHT EINGETROFFEN.

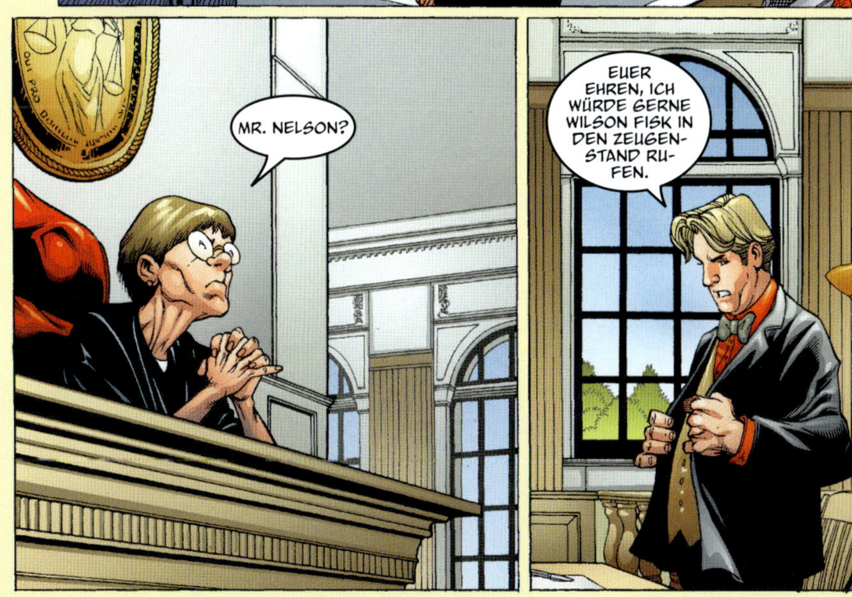

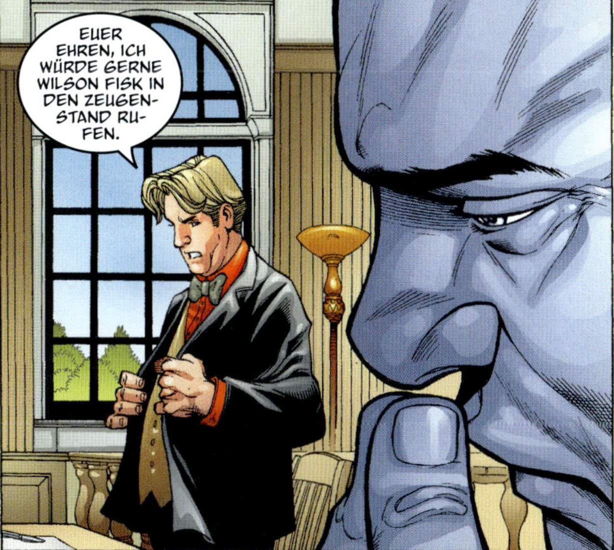

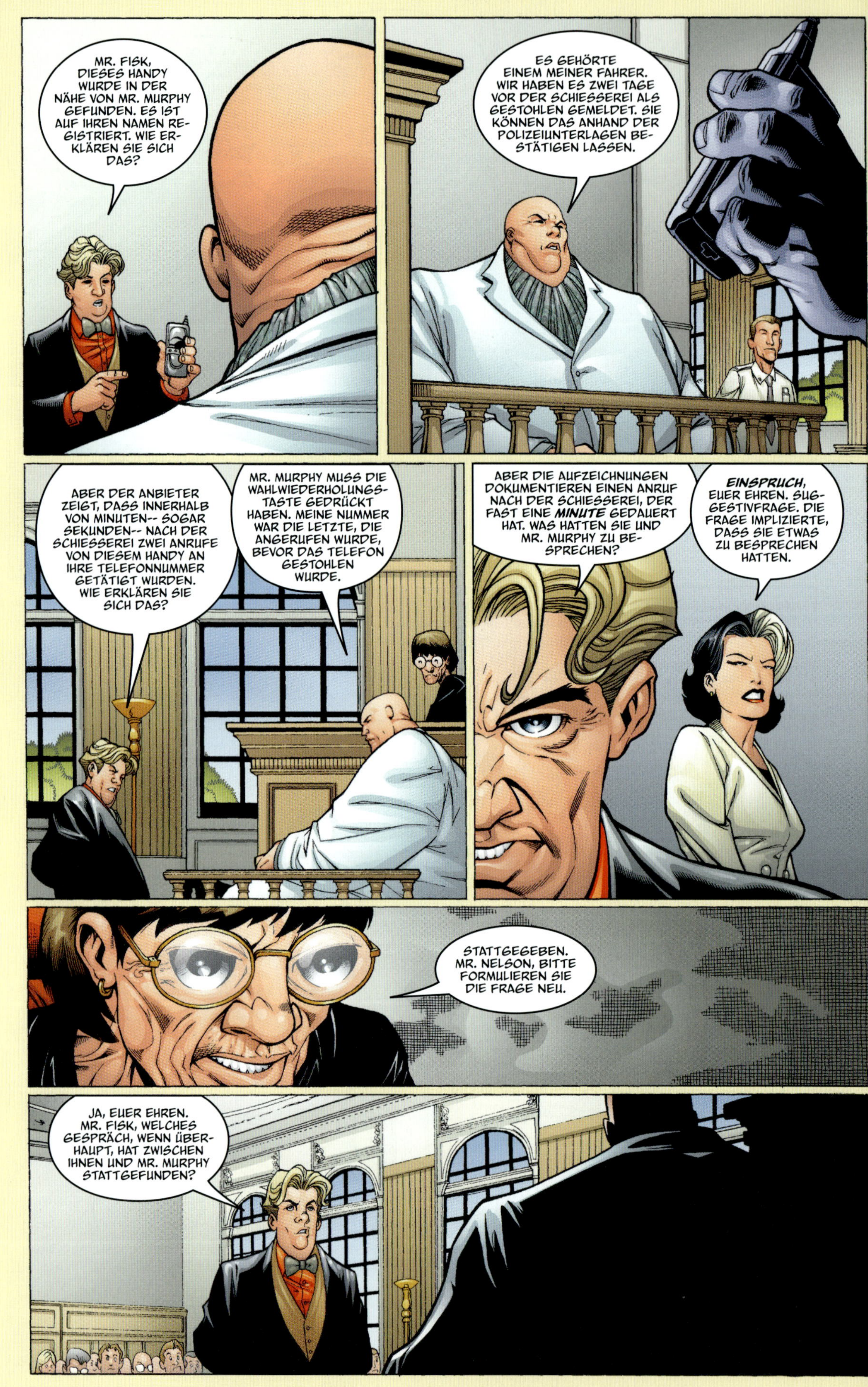
MR. FISK, DIESES HANDY WURDE IN DER NÄHE VON MR. MURPHY GEFUNDEN. ES IST AUF IHREN NAMEN REGISTRIERT. WIE ERKLÄREN SIE SICH DAS?
ES GEHÖRTE EINEM MEINER FAHRER. WIR HABEN ES ZWEI TAGE VOR DER SCHIESSEREI ALS GESTOHLEN GEMELDET. SIE KÖNNEN DAS ANHAND DER POLIZEIUNTERLAGEN BESTÄTIGEN LASSEN.
ABER DER ANBIETER ZEIGT, DASS INNERHALB VON MINUTEN-- SOGAR SEKUNDEN-- NACH DER SCHIESSEREI ZWEI ANRUFE VON DIESEM HANDY AN IHRE TELEFONNUMMER GETÄTIGT WURDEN. WIE ERKLÄREN SIE SICH DAS?
MR. MURPHY MUSS DIE WAHLWIEDERHOLUNGSTASTE GEDRÜCKT HABEN. MEINE NUMMER WAR DIE LETZTE, DIE ANGERUFEN WURDE, BEVOR DAS TELEFON GESTOHLEN WURDE.
ABER DIE AUFZEICHNUNGEN DOKUMENTIEREN EINEN ANRUF NACH DER SCHIESSEREI, DER FAST EINE ***MINUTE*** GEDAUERT HAT. WAS HATTEN SIE UND MR. MURPHY ZU BESPRECHEN?
EINSPRUCH, EUER EHREN. SUGGESTIVFRAGE. DIE FRAGE IMPLIZIERTE, DASS SIE ETWAS ZU BESPRECHEN HATTEN.
STATTGEGEBEN. MR. NELSON, BITTE FORMULIEREN SIE DIE FRAGE NEU.
JA, EUER EHREN. MR. FISK, WELCHES GESPRÄCH, WENN ÜBERHAUPT, HAT ZWISCHEN IHNEN UND MR. MURPHY STATTGEFUNDEN?

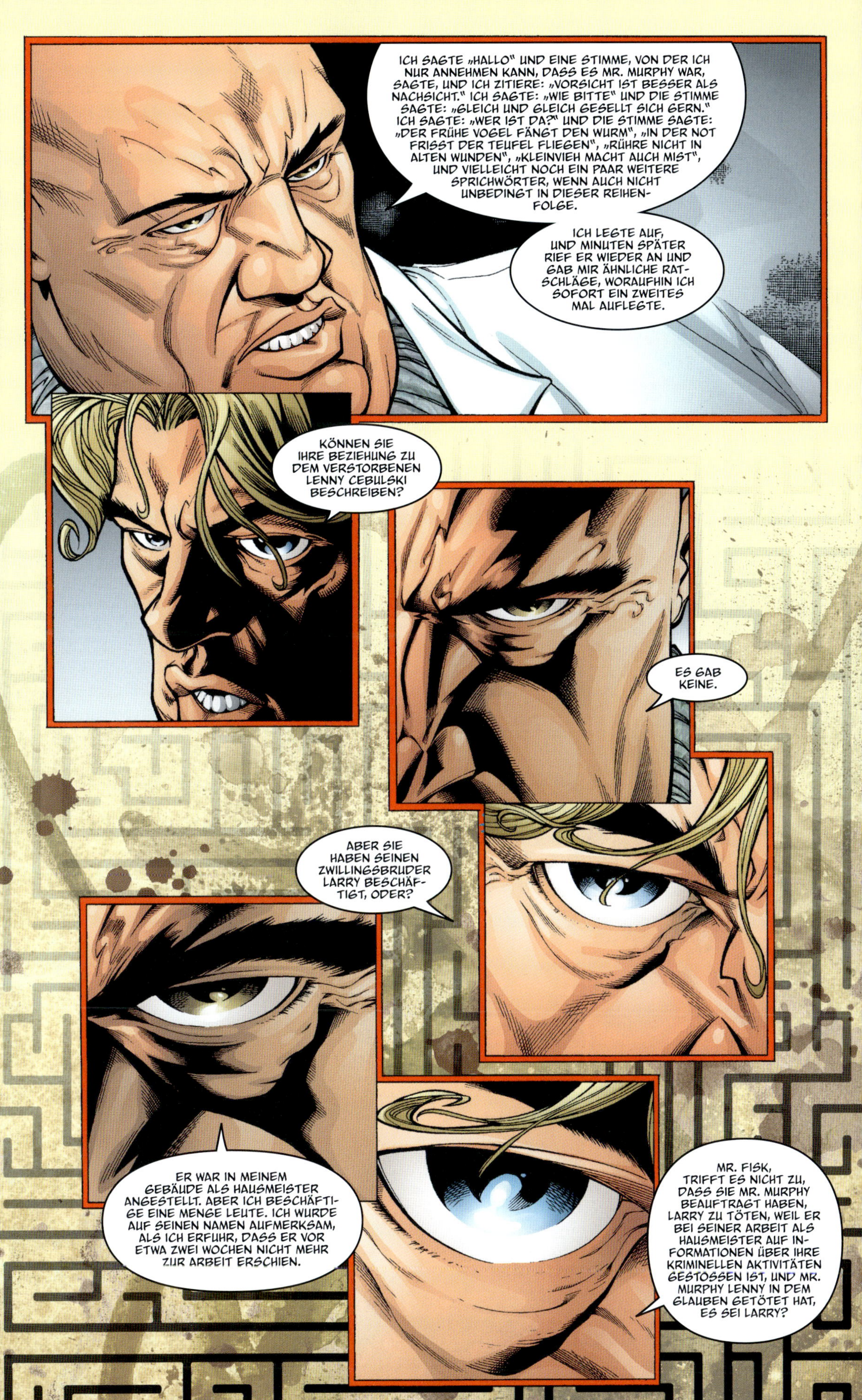
ICH SAGTE „HALLO" UND EINE STIMME, VON DER ICH NUR ANNEHMEN KANN, DASS ES MR. MURPHY WAR, SAGTE, UND ICH ZITIERE: „VORSICHT IST BESSER ALS NACHSICHT." ICH SAGTE: „WIE BITTE" UND DIE STIMME SAGTE: „GLEICH UND GLEICH GESELLT SICH GERN." ICH SAGTE: „WER IST DA?" UND DIE STIMME SAGTE: „DER FRÜHE VOGEL FÄNGT DEN WURM", „IN DER NOT FRISST DER TEUFEL FLIEGEN", „RÜHRE NICHT IN ALTEN WUNDEN", „KLEINVIEH MACHT AUCH MIST", UND VIELLEICHT NOCH EIN PAAR WEITERE SPRICHWÖRTER, WENN AUCH NICHT UNBEDINGT IN DIESER REIHENFOLGE.
ICH LEGTE AUF, UND MINUTEN SPÄTER RIEF ER WIEDER AN UND GAB MIR ÄHNLICHE RATSCHLÄGE, WORAUFHIN ICH SOFORT EIN ZWEITES MAL AUFLEGTE.
KÖNNEN SIE IHRE BEZIEHUNG ZU DEM VERSTORBENEN LENNY CEBULSKI BESCHREIBEN?
ES GAB KEINE.
ABER SIE HABEN SEINEN ZWILLINGSBRUDER LARRY BESCHÄFTIGT, ODER?
ER WAR IN MEINEM GEBÄUDE ALS HAUSMEISTER ANGESTELLT. ABER ICH BESCHÄFTIGE EINE MENGE LEUTE. ICH WURDE AUF SEINEN NAMEN AUFMERKSAM, ALS ICH ERFUHR, DASS ER VOR ETWA ZWEI WOCHEN NICHT MEHR ZUR ARBEIT ERSCHIEN.
MR. FISK, TRIFFT ES NICHT ZU, DASS SIE MR. MURPHY BEAUFTRAGT HABEN, LARRY ZU TÖTEN, WEIL ER BEI SEINER ARBEIT ALS HAUSMEISTER AUF INFORMATIONEN ÜBER IHRE KRIMINELLEN AKTIVITÄTEN GESTOSSEN IST, UND MR. MURPHY LENNY IN DEM GLAUBEN GETÖTET HAT, ES SEI LARRY?

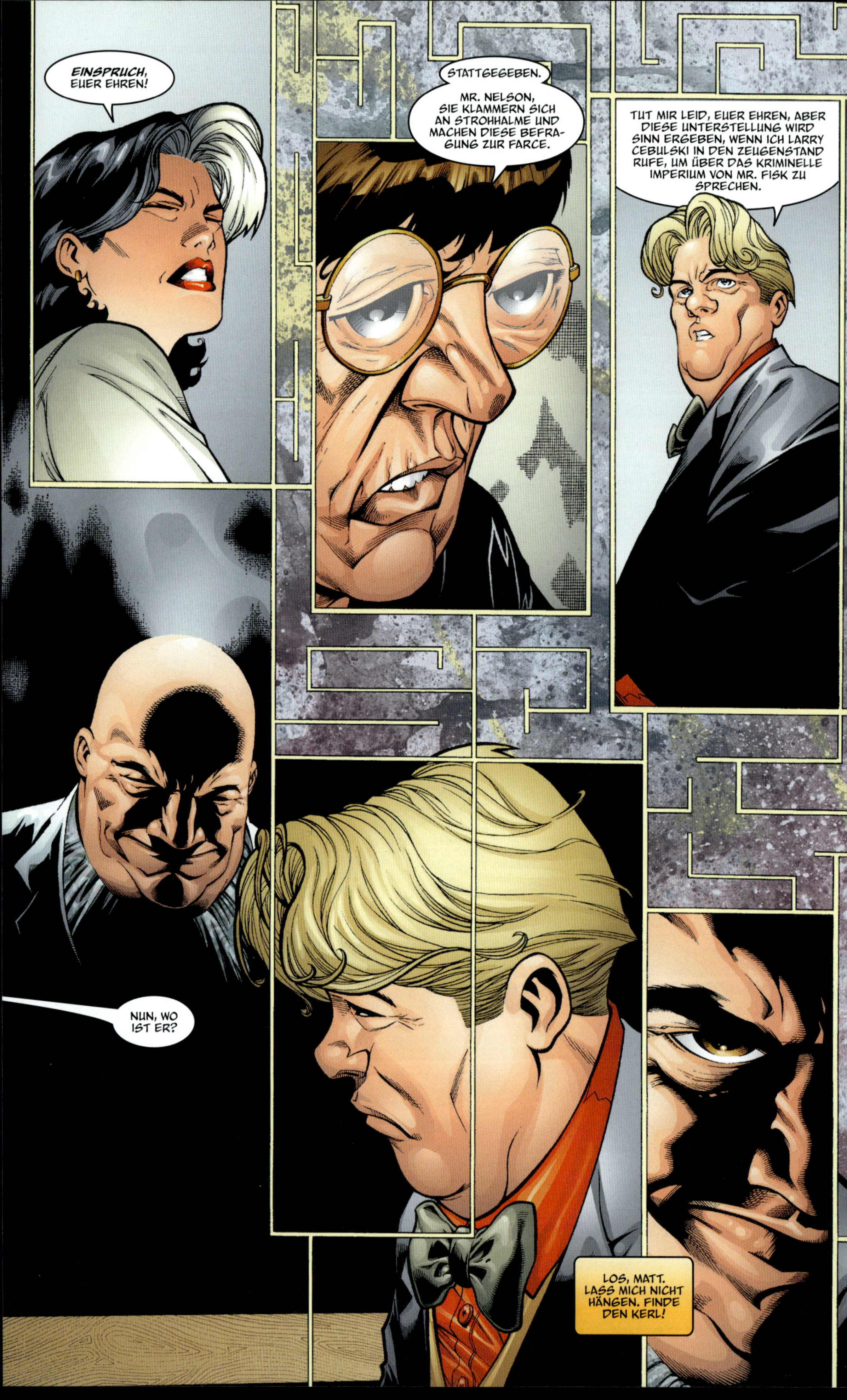
EINSPRUCH, EUER EHREN!
STATTGEGEBEN.
MR. NELSON, SIE KLAMMERN SICH AN STROHHALME UND MACHEN DIESE BEFRAGUNG ZUR FARCE.
TUT MIR LEID, EUER EHREN, ABER DIESE UNTERSTELLUNG WIRD SINN ERGEBEN, WENN ICH LARRY CEBULSKI IN DEN ZEUGENSTAND RUFE, UM ÜBER DAS KRIMINELLE IMPERIUM VON MR. FISK ZU SPRECHEN.
NUN, WO IST ER?
LOS, MATT. LASS MICH NICHT HÄNGEN. FINDE DEN KERL!

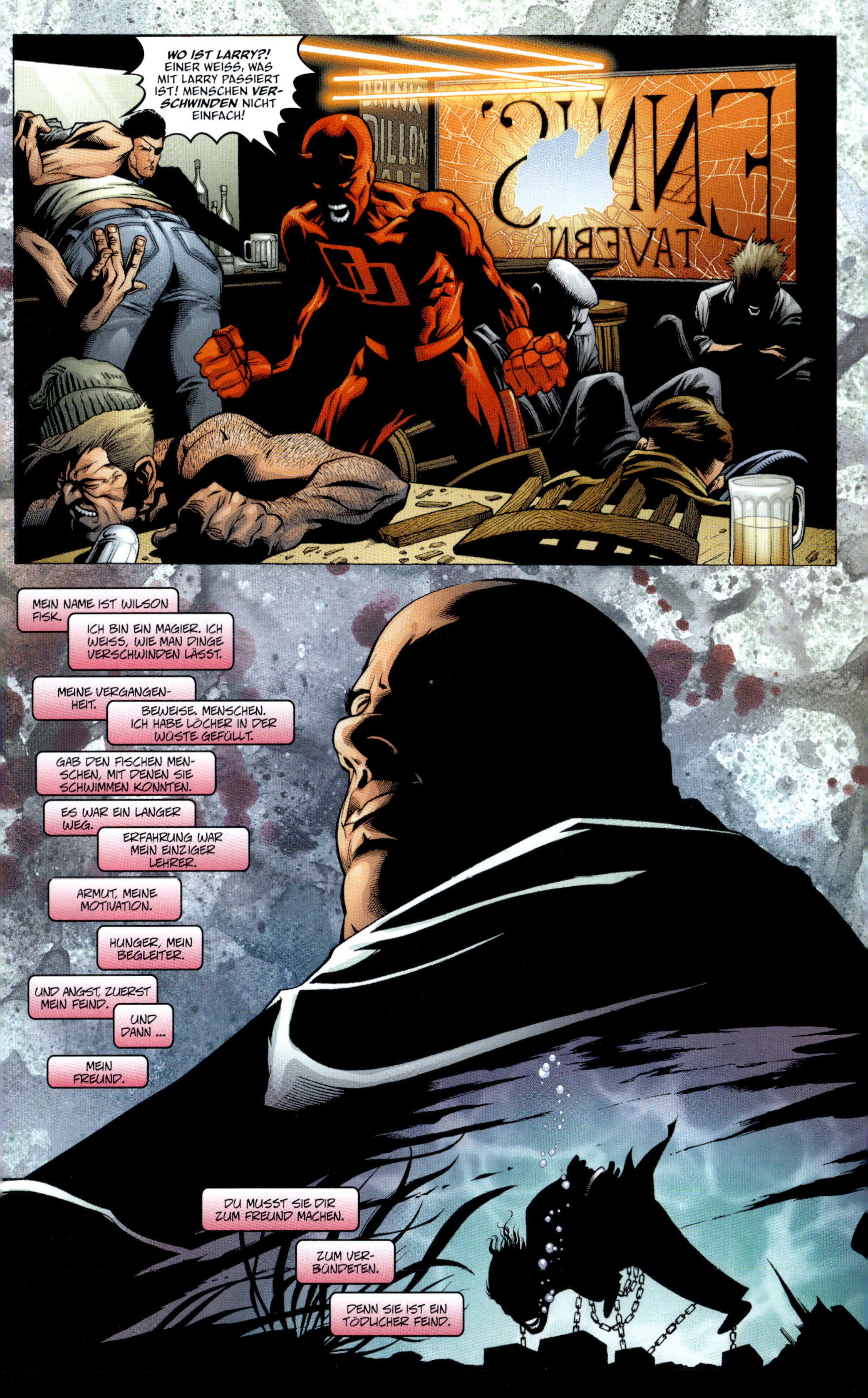
WO IST LARRY?! EINER WEISS, WAS MIT LARRY PASSIERT IST! MENSCHEN VERSCHWINDEN NICHT EINFACH!
ENNIS'
TAVERN
MEIN NAME IST WILSON FISK.
ICH BIN EIN MAGIER. ICH WEISS, WIE MAN DINGE VERSCHWINDEN LÄSST.
MEINE VERGANGENHEIT.
BEWEISE. MENSCHEN. ICH HABE LÖCHER IN DER WÜSTE GEFÜLLT.
GAB DEN FISCHEN MENSCHEN, MIT DENEN SIE SCHWIMMEN KONNTEN.
ES WAR EIN LANGER WEG.
ERFAHRUNG WAR MEIN EINZIGER LEHRER.
ARMUT, MEINE MOTIVATION.
HUNGER, MEIN BEGLEITER.
UND ANGST, ZUERST MEIN FEIND.
UND DANN ...
MEIN FREUND.
DU MUSST SIE DIR ZUM FREUND MACHEN.
ZUM VERBÜNDETEN.
DENN SIE IST EIN TÖDLICHER FEIND.

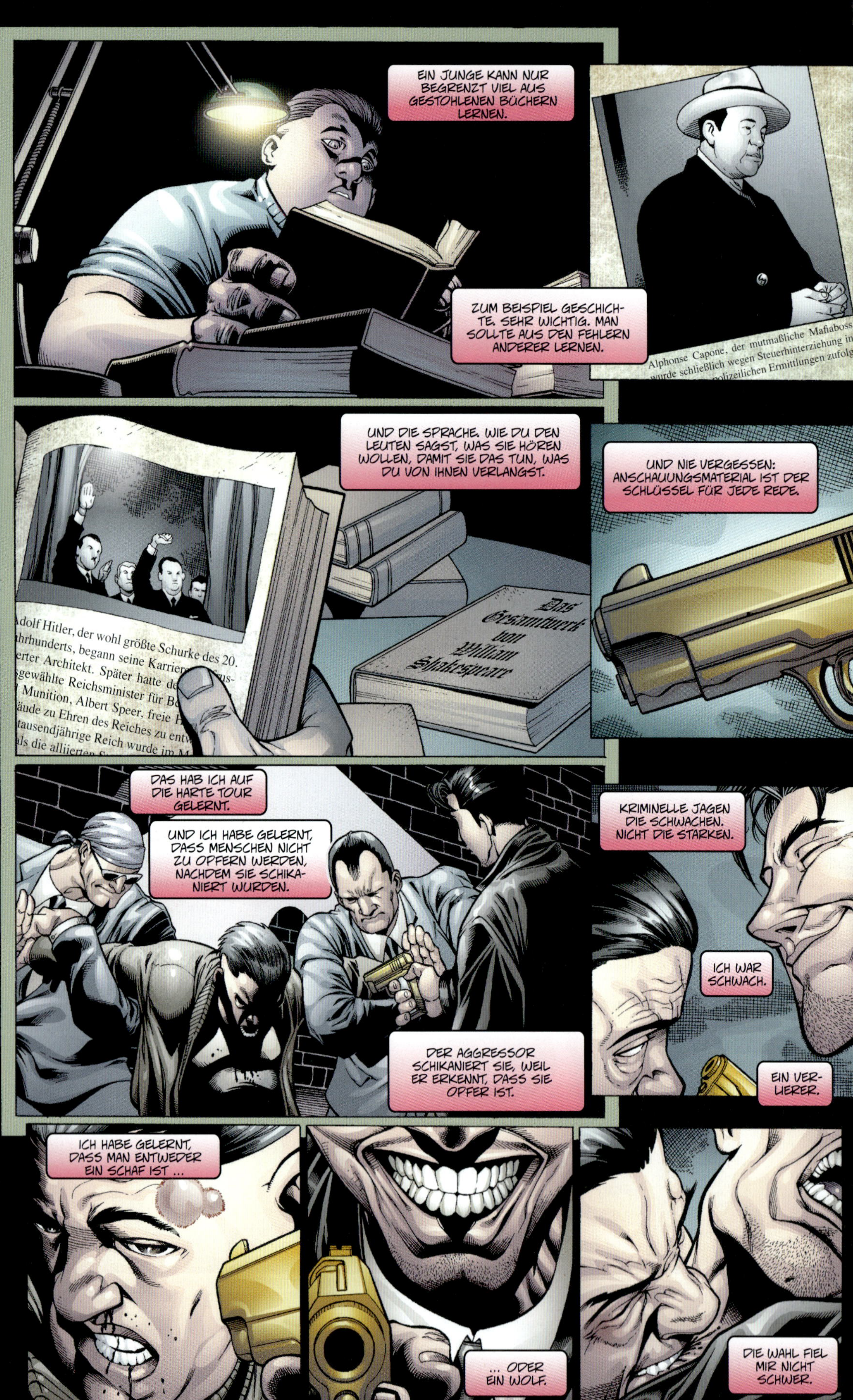
EIN JUNGE KANN NUR BEGRENZT VIEL AUS GESTOHLENEN BÜCHERN LERNEN.
ZUM BEISPIEL GESCHICHTE. SEHR WICHTIG. MAN SOLLTE AUS DEN FEHLERN ANDERER LERNEN.
UND DIE SPRACHE. WIE DU DEN LEUTEN SAGST, WAS SIE HÖREN WOLLEN, DAMIT SIE DAS TUN, WAS DU VON IHNEN VERLANGST.
Das Gesamtwerk von William Shakespeare
UND NIE VERGESSEN: ANSCHAUUNGSMATERIAL IST DER SCHLÜSSEL FÜR JEDE REDE.
DAS HAB ICH AUF DIE HARTE TOUR GELERNT.
UND ICH HABE GELERNT, DASS MENSCHEN NICHT ZU OPFERN WERDEN, NACHDEM SIE SCHIKANIERT WURDEN.
DER AGGRESSOR SCHIKANIERT SIE, WEIL ER ERKENNT, DASS SIE OPFER IST.
KRIMINELLE JAGEN DIE SCHWACHEN. NICHT DIE STARKEN.
ICH WAR SCHWACH.
EIN VERLIERER.
ICH HABE GELERNT, DASS MAN ENTWEDER EIN SCHAF IST ...
... ODER EIN WOLF.
DIE WAHL FIEL MIR NICHT SCHWER.

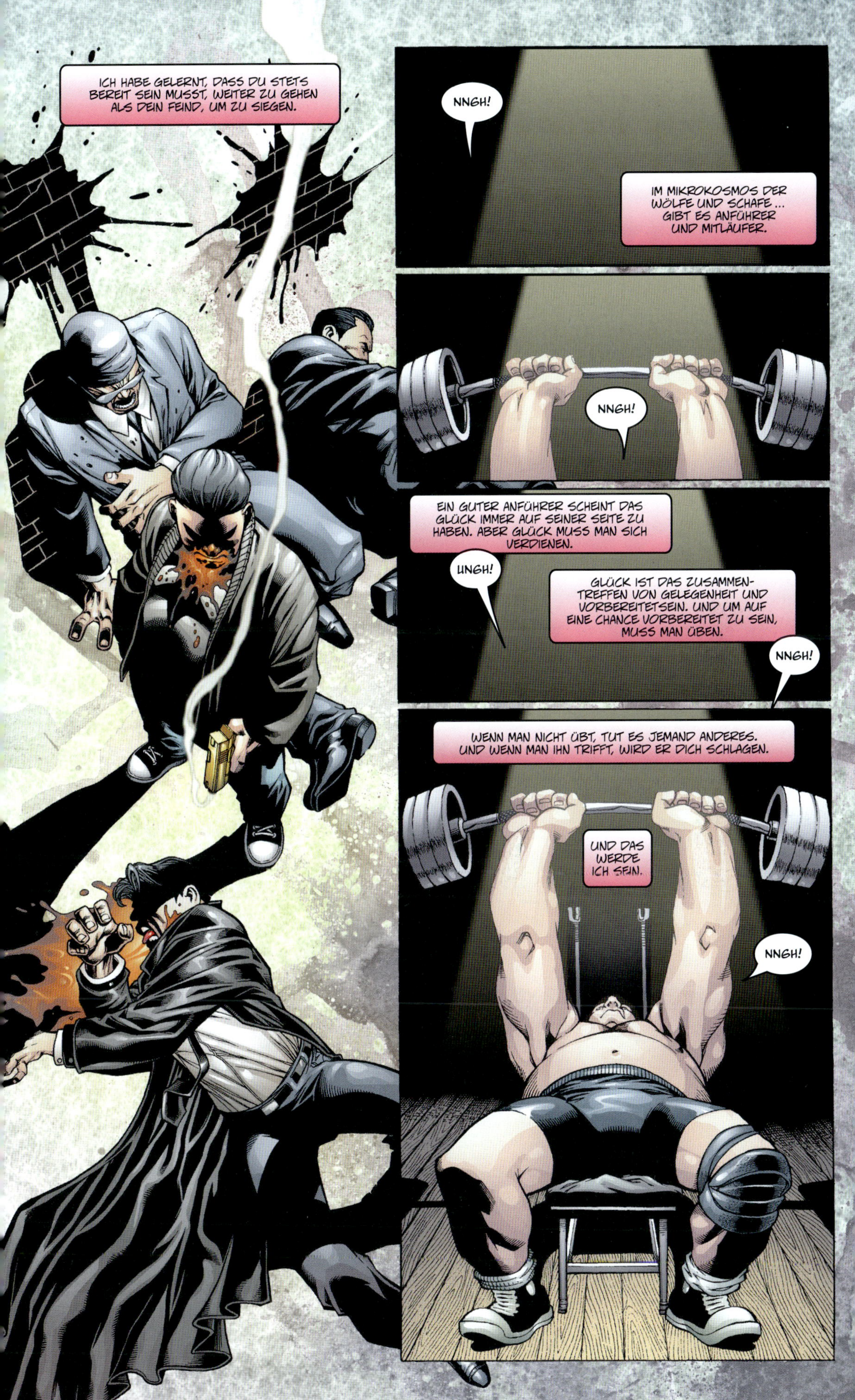
ICH HABE GELERNT, DASS DU STETS BEREIT SEIN MUSST, WEITER ZU GEHEN ALS DEIN FEIND, UM ZU SIEGEN.
NNGH!
IM MIKROKOSMOS DER WÖLFE UND SCHAFE ... GIBT ES ANFÜHRER UND MITLÄUFER.
NNGH!
EIN GUTER ANFÜHRER SCHEINT DAS GLÜCK IMMER AUF SEINER SEITE ZU HABEN. ABER GLÜCK MUSS MAN SICH VERDIENEN.
UNGH!
GLÜCK IST DAS ZUSAMMEN-TREFFEN VON GELEGENHEIT UND VORBEREITETSEIN. UND UM AUF EINE CHANCE VORBEREITET ZU SEIN, MUSS MAN ÜBEN.
NNGH!
WENN MAN NICHT ÜBT, TUT ES JEMAND ANDERES. UND WENN MAN IHN TRIFFT, WIRD ER DICH SCHLAGEN.
UND DAS WERDE ICH SEIN.
NNGH!

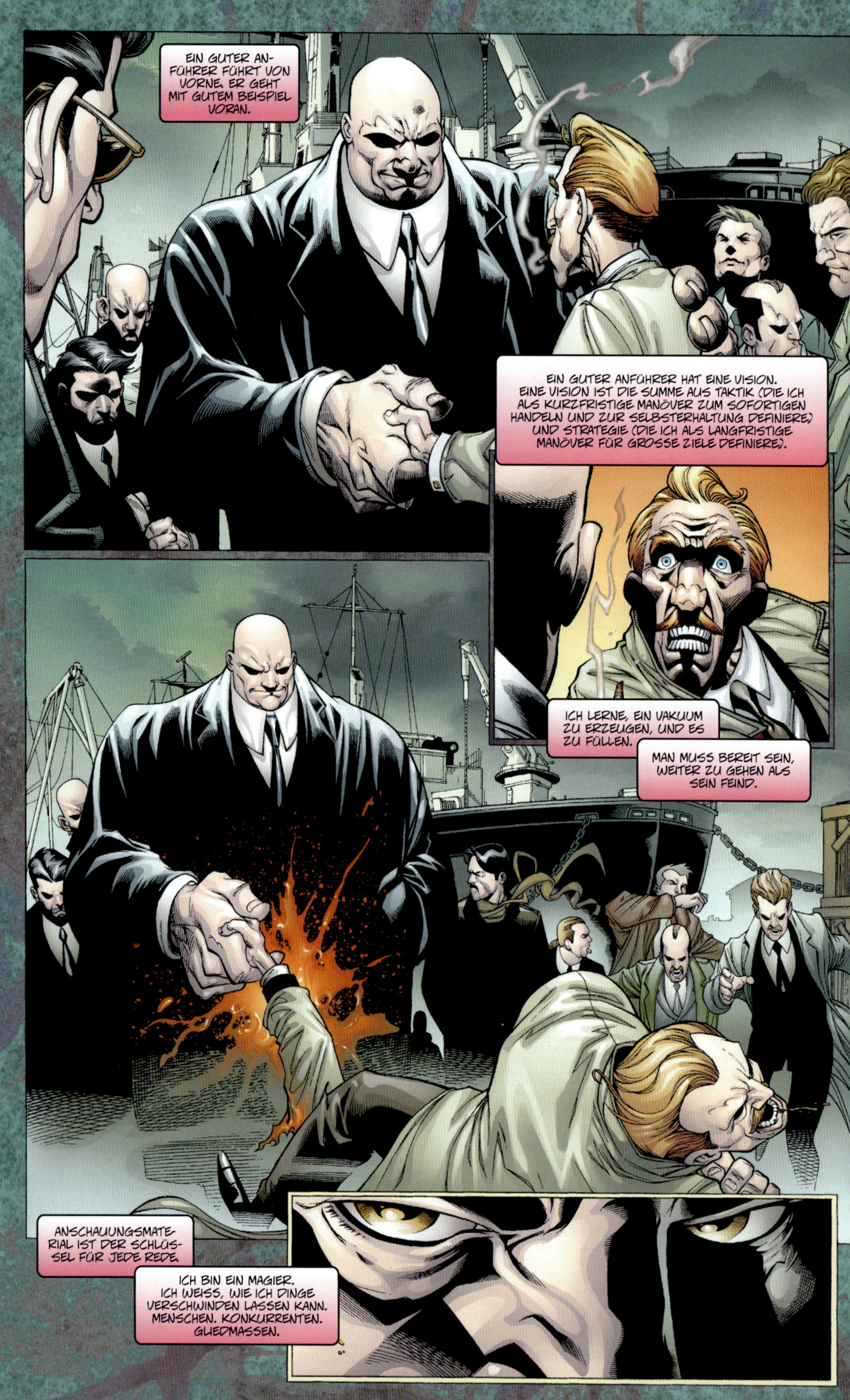
EIN GUTER AN-
FÜHRER FÜHRT VON
VORNE. ER GEHT
MIT GUTEM BEISPIEL
VORAN.
EIN GUTER ANFÜHRER HAT EINE VISION.
EINE VISION IST DIE SUMME AUS TAKTIK (DIE ICH
ALS KURZFRISTIGE MANÖVER ZUM SOFORTIGEN
HANDELN UND ZUR SELBSTERHALTUNG DEFINIERE)
UND STRATEGIE (DIE ICH ALS LANGFRISTIGE
MANÖVER FÜR GROSSE ZIELE DEFINIERE).
ICH LERNE, EIN VAKUUM
ZU ERZEUGEN, UND ES
ZU FÜLLEN.
MAN MUSS BEREIT SEIN,
WEITER ZU GEHEN ALS
SEIN FEIND.
ANSCHAUUNGSMATE-
RIAL IST DER SCHLÜS-
SEL FÜR JEDE REDE.
ICH BIN EIN MAGIER.
ICH WEISS, WIE ICH DINGE
VERSCHWINDEN LASSEN KANN.
MENSCHEN. KONKURRENTEN.
GLIEDMASSEN.

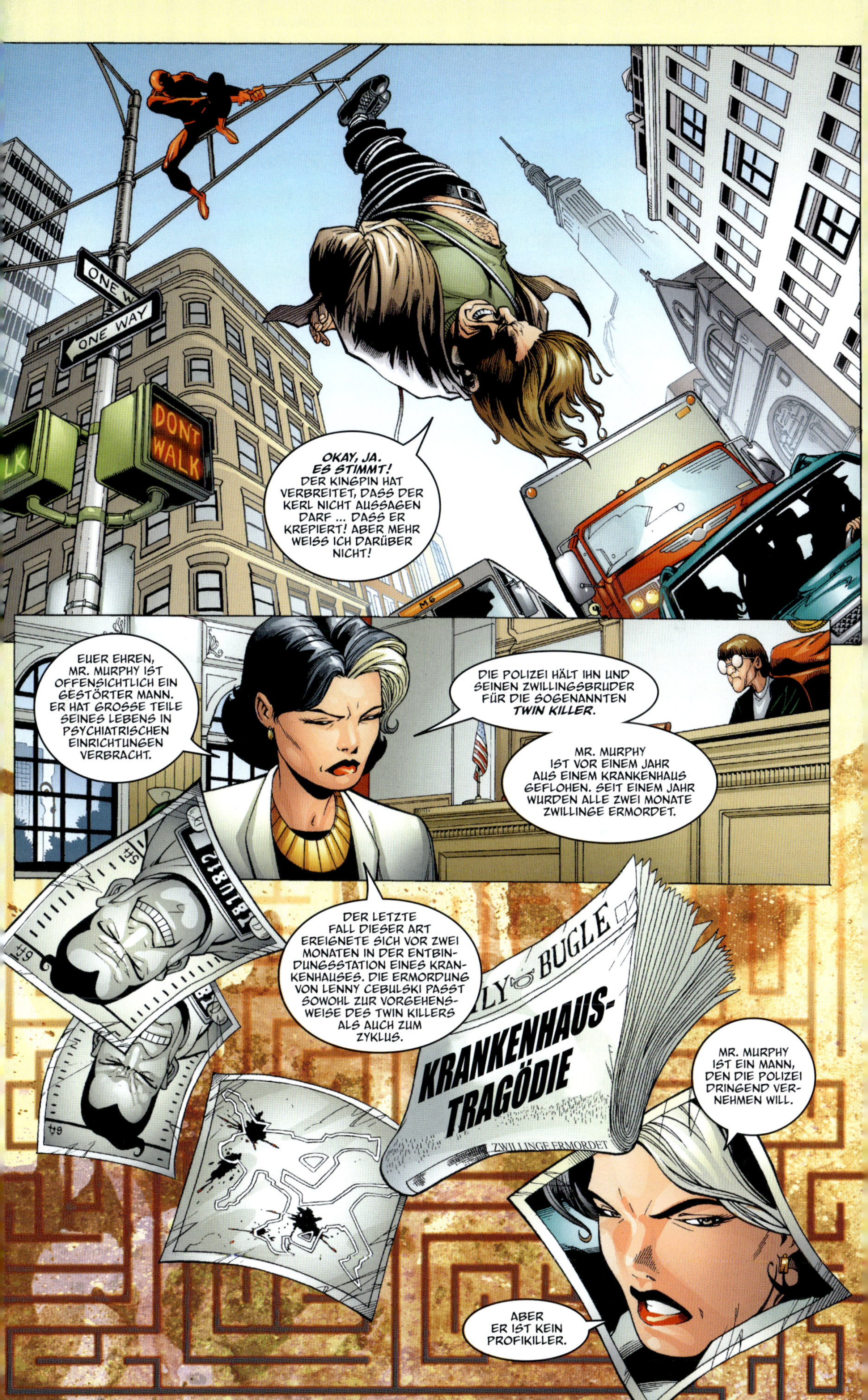
ONE WAY
ONE WAY
DON'T WALK
OKAY, JA. ES STIMMT! DER KINGPIN HAT VERBREITET, DASS DER KERL NICHT AUSSAGEN DARF ... DASS ER KREPIERT! ABER MEHR WEISS ICH DARÜBER NICHT!
EUER EHREN, MR. MURPHY IST OFFENSICHTLICH EIN GESTÖRTER MANN. ER HAT GROSSE TEILE SEINES LEBENS IN PSYCHIATRISCHEN EINRICHTUNGEN VERBRACHT.
DIE POLIZEI HÄLT IHN UND SEINEN ZWILLINGSBRUDER FÜR DIE SOGENANNTEN TWIN KILLER.
MR. MURPHY IST VOR EINEM JAHR AUS EINEM KRANKENHAUS GEFLOHEN. SEIT EINEM JAHR WURDEN ALLE ZWEI MONATE ZWILLINGE ERMORDET.
DER LETZTE FALL DIESER ART EREIGNETE SICH VOR ZWEI MONATEN IN DER ENTBINDUNGSSTATION EINES KRANKENHAUSES. DIE ERMORDUNG VON LENNY CEBULSKI PASST SOWOHL ZUR VORGEHENSWEISE DES TWIN KILLERS ALS AUCH ZUM ZYKLUS.
BUGLE
KRANKENHAUS-TRAGÖDIE
ZWILLINGE ERMORDET
MR. MURPHY IST EIN MANN, DEN DIE POLIZEI DRINGEND VERNEHMEN WILL.
ABER ER IST KEIN PROFIKILLER.

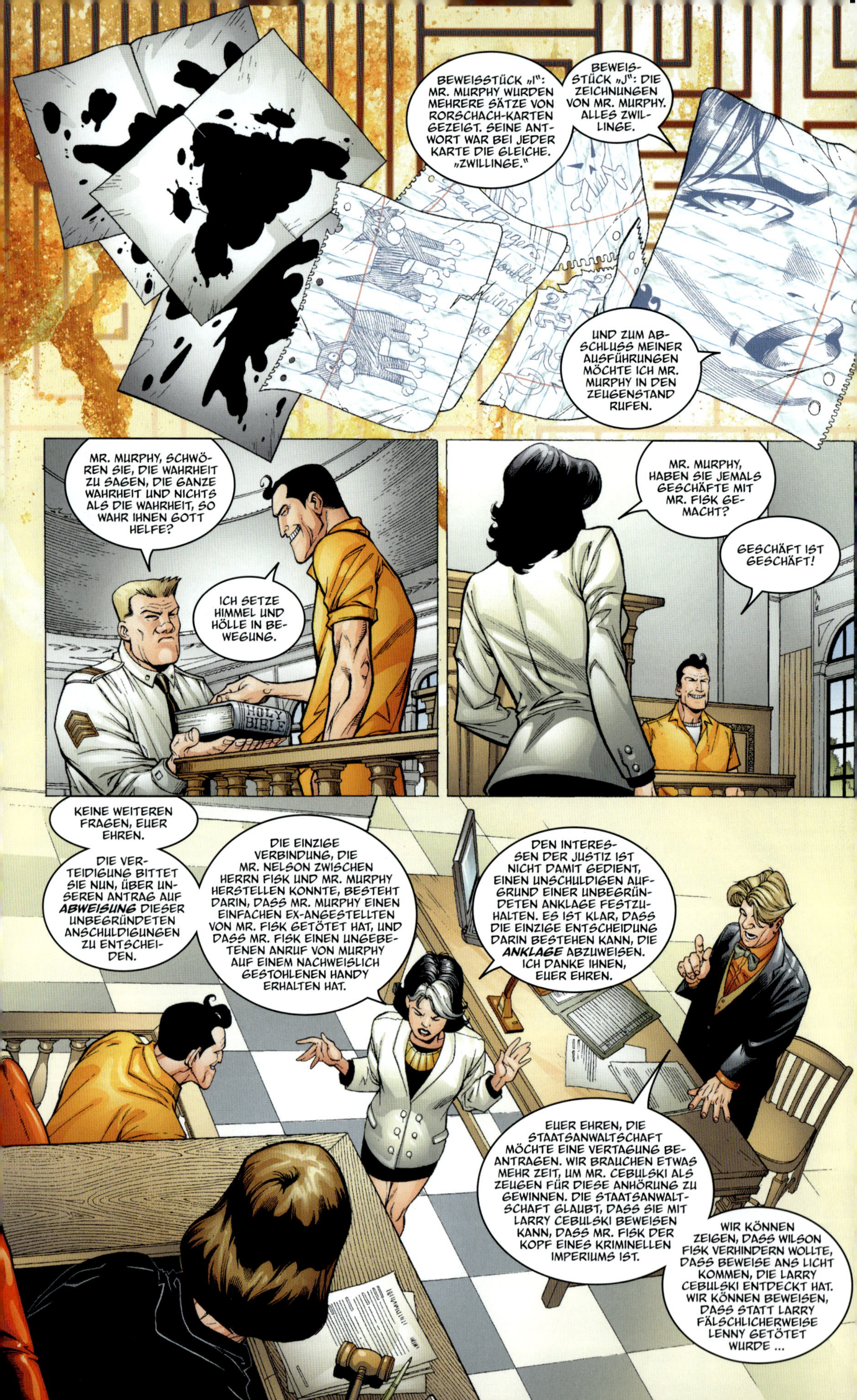
BEWEISSTÜCK „I“: MR. MURPHY WURDEN MEHRERE SÄTZE VON RORSCHACH-KARTEN GEZEIGT. SEINE ANTWORT WAR BEI JEDER KARTE DIE GLEICHE. „ZWILLINGE.“
BEWEISSTÜCK „J“: DIE ZEICHNUNGEN VON MR. MURPHY. ALLES ZWILLINGE.
UND ZUM ABSCHLUSS MEINER AUSFÜHRUNGEN MÖCHTE ICH MR. MURPHY IN DEN ZEUGENSTAND RUFEN.
MR. MURPHY, SCHWÖREN SIE, DIE WAHRHEIT ZU SAGEN, DIE GANZE WAHRHEIT UND NICHTS ALS DIE WAHRHEIT, SO WAHR IHNEN GOTT HELFE?
ICH SETZE HIMMEL UND HÖLLE IN BEWEGUNG.
HOLY BIBLE
MR. MURPHY, HABEN SIE JEMALS GESCHÄFTE MIT MR. FISK GEMACHT?
GESCHÄFT IST GESCHÄFT!
KEINE WEITEREN FRAGEN, EUER EHREN.
DIE VERTEIDIGUNG BITTET SIE NUN, ÜBER UNSEREN ANTRAG AUF ABWEISUNG DIESER UNBEGRÜNDETEN ANSCHULDIGUNGEN ZU ENTSCHEIDEN.
DIE EINZIGE VERBINDUNG, DIE MR. NELSON ZWISCHEN HERRN FISK UND MR. MURPHY HERSTELLEN KONNTE, BESTEHT DARIN, DASS MR. MURPHY EINEN EINFACHEN EX-ANGESTELLTEN VON MR. FISK GETÖTET HAT, UND DASS MR. FISK EINEN UNGEBETENEN ANRUF VON MURPHY AUF EINEM NACHWEISLICH GESTOHLENEN HANDY ERHALTEN HAT.
DEN INTERESSEN DER JUSTIZ IST NICHT DAMIT GEDIENT, EINEN UNSCHULDIGEN AUFGRUND EINER UNBEGRÜNDETEN ANKLAGE FESTZUHALTEN. ES IST KLAR, DASS DIE EINZIGE ENTSCHEIDUNG DARIN BESTEHEN KANN, DIE ANKLAGE ABZUWEISEN. ICH DANKE IHNEN, EUER EHREN.
EUER EHREN, DIE STAATSANWALTSCHAFT MÖCHTE EINE VERTAGUNG BEANTRAGEN. WIR BRAUCHEN ETWAS MEHR ZEIT, UM MR. CEBULSKI ALS ZEUGEN FÜR DIESE ANHÖRUNG ZU GEWINNEN. DIE STAATSANWALTSCHAFT GLAUBT, DASS SIE MIT LARRY CEBULSKI BEWEISEN KANN, DASS MR. FISK DER KOPF EINES KRIMINELLEN IMPERIUMS IST.
WIR KÖNNEN ZEIGEN, DASS WILSON FISK VERHINDERN WOLLTE, DASS BEWEISE ANS LICHT KOMMEN, DIE LARRY CEBULSKI ENTDECKT HAT. WIR KÖNNEN BEWEISEN, DASS STATT LARRY FÄLSCHLICHERWEISE LENNY GETÖTET WURDE ...

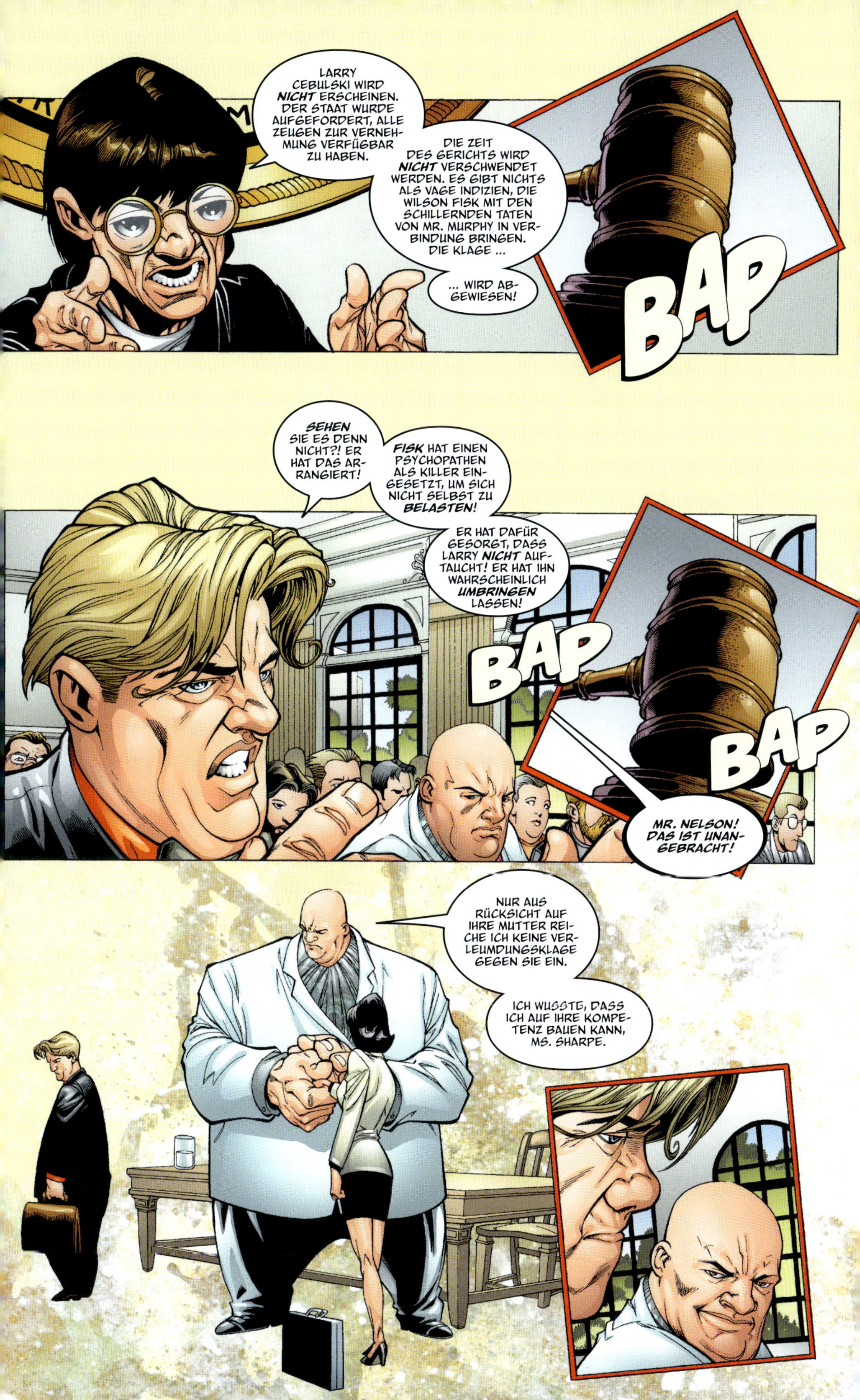
LARRY CEBULSKI WIRD NICHT ERSCHEINEN. DER STAAT WURDE AUFGEFORDERT, ALLE ZEUGEN ZUR VERNEHMUNG VERFÜGBAR ZU HABEN.
DIE ZEIT DES GERICHTS WIRD NICHT VERSCHWENDET WERDEN. ES GIBT NICHTS ALS VAGE INDIZIEN, DIE WILSON FISK MIT DEN SCHILLERNDEN TATEN VON MR. MURPHY IN VERBINDUNG BRINGEN. DIE KLAGE ...
... WIRD ABGEWIESEN!
BAP
SEHEN SIE ES DENN NICHT?! ER HAT DAS ARRANGIERT!
FISK HAT EINEN PSYCHOPATHEN ALS KILLER EINGESETZT, UM SICH NICHT SELBST ZU BELASTEN!
ER HAT DAFÜR GESORGT, DASS LARRY NICHT AUFTAUCHT! ER HAT IHN WAHRSCHEINLICH UMBRINGEN LASSEN!
BAP
BAP
MR. NELSON! DAS IST UNANGEBRACHT!
NUR AUS RÜCKSICHT AUF IHRE MUTTER REICHE ICH KEINE VERLEUMDUNGSKLAGE GEGEN SIE EIN.
ICH WUSSTE, DASS ICH AUF IHRE KOMPETENZ BAUEN KANN, MS. SHARPE.

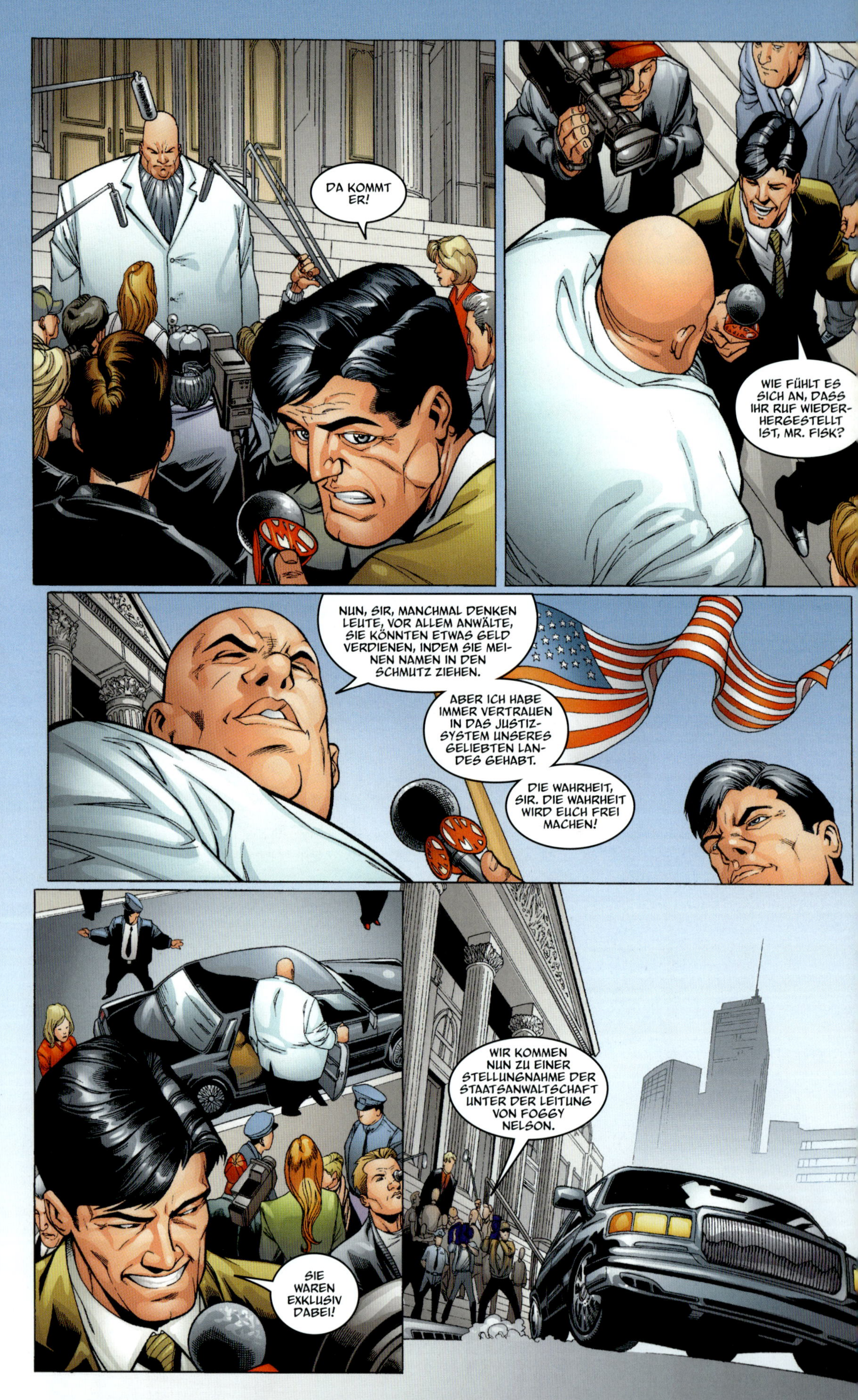
DA KOMMT ER!
WIE FÜHLT ES SICH AN, DASS IHR RUF WIEDERHERGESTELLT IST, MR. FISK?
NUN, SIR, MANCHMAL DENKEN LEUTE, VOR ALLEM ANWÄLTE, SIE KÖNNTEN ETWAS GELD VERDIENEN, INDEM SIE MEINEN NAMEN IN DEN SCHMUTZ ZIEHEN.
ABER ICH HABE IMMER VERTRAUEN IN DAS JUSTIZSYSTEM UNSERES GELIEBTEN LANDES GEHABT.
DIE WAHRHEIT, SIR. DIE WAHRHEIT WIRD EUCH FREI MACHEN!
SIE WAREN EXKLUSIV DABEI!
WIR KOMMEN NUN ZU EINER STELLUNGNAHME DER STAATSANWALTSCHAFT UNTER DER LEITUNG VON FOGGY NELSON.

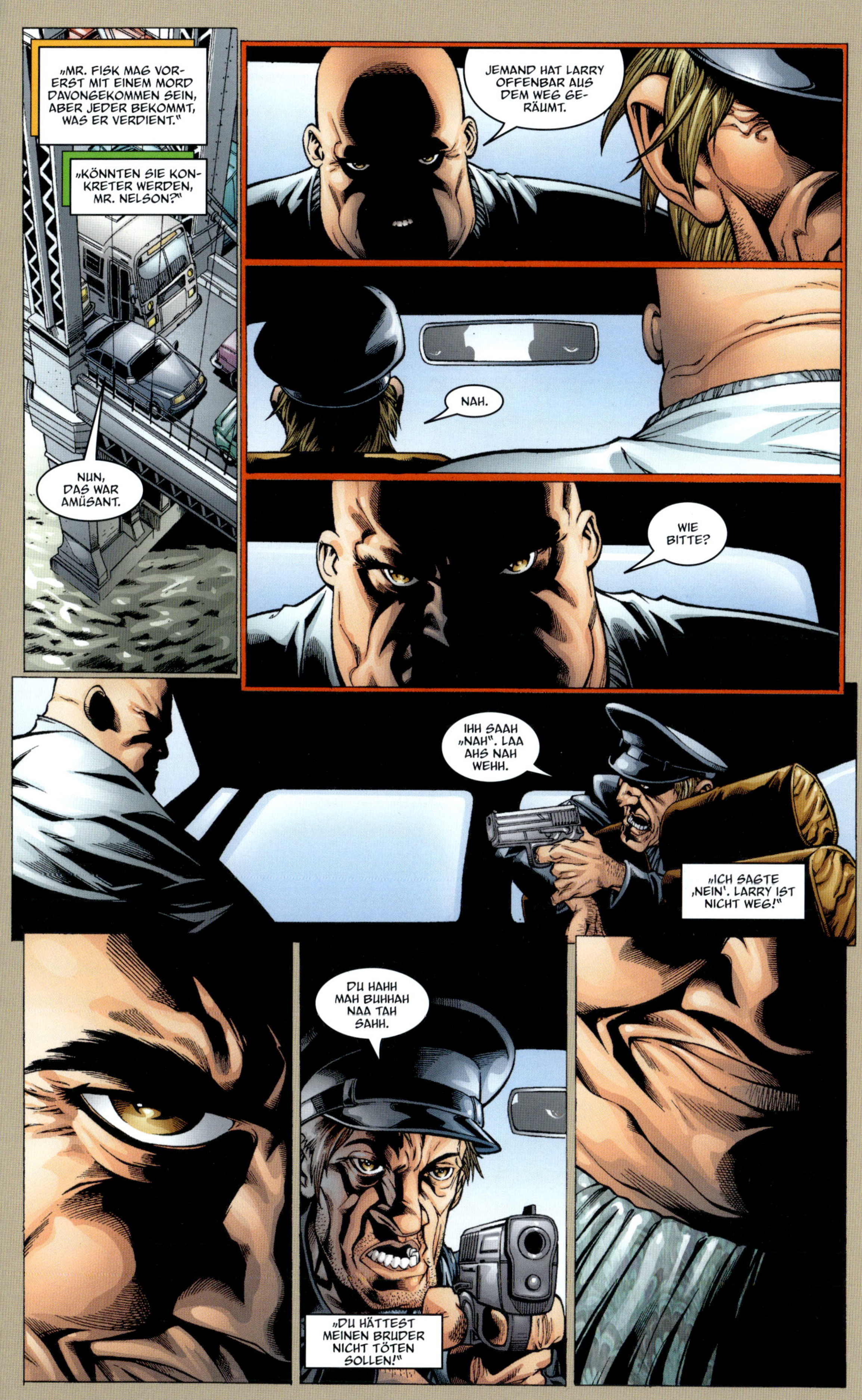
„MR. FISK MAG VORERST MIT EINEM MORD DAVONGEKOMMEN SEIN, ABER JEDER BEKOMMT, WAS ER VERDIENT."
„KÖNNTEN SIE KONKRETER WERDEN, MR. NELSON?"
NUN, DAS WAR AMÜSANT.
JEMAND HAT LARRY OFFENBAR AUS DEM WEG GERÄUMT.
NAH.
WIE BITTE?
IHH SAAH „NAH". LAA AHS NAH WEHH.
„ICH SAGTE ‚NEIN'. LARRY IST NICHT WEG!"
DU HAHH MAH BUHHAH NAA TAH SAHH.
„DU HÄTTEST MEINEN BRUDER NICHT TÖTEN SOLLEN!"

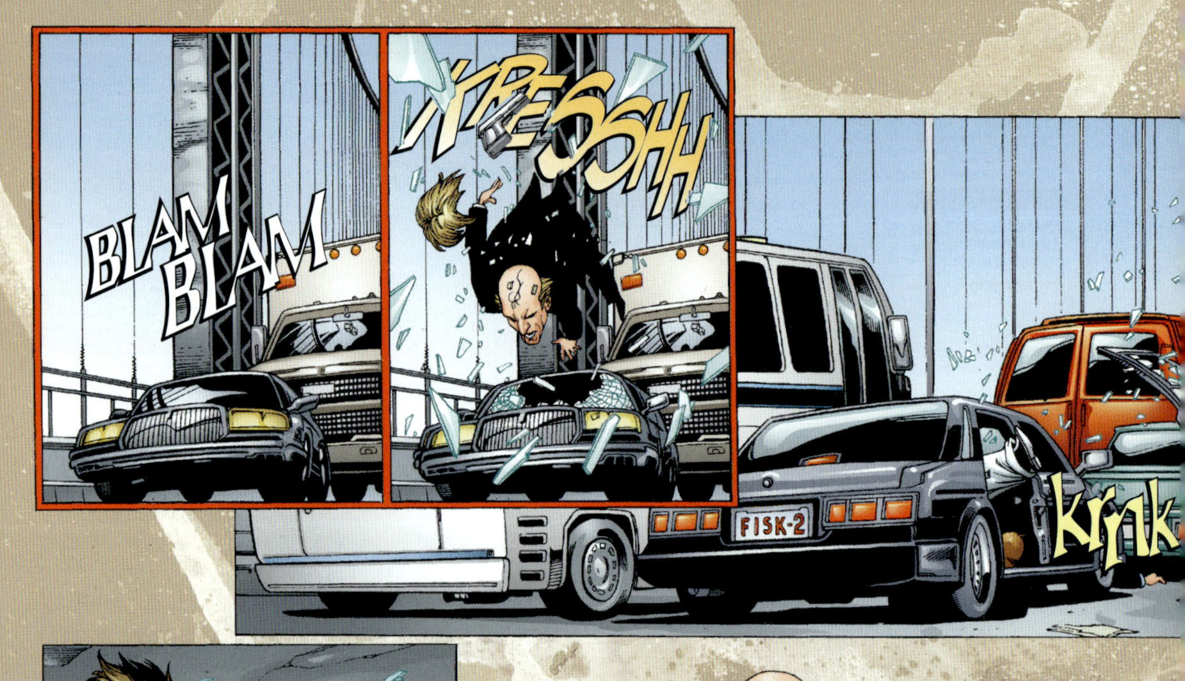
BLAM
BLAM
KRESSHH
FISK-2
KRNK

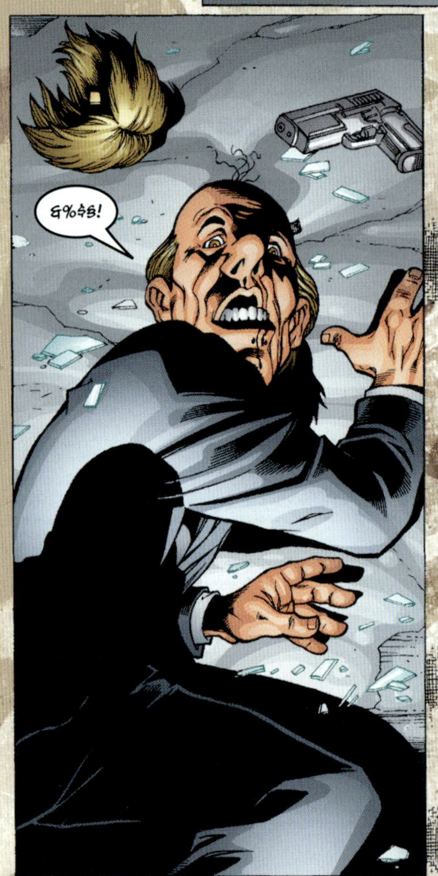
&%$$!

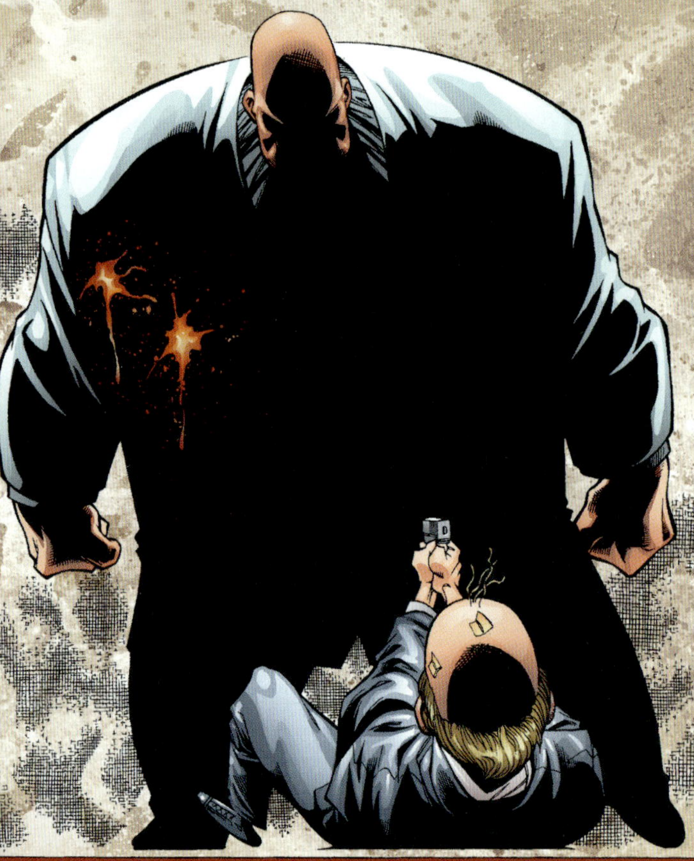

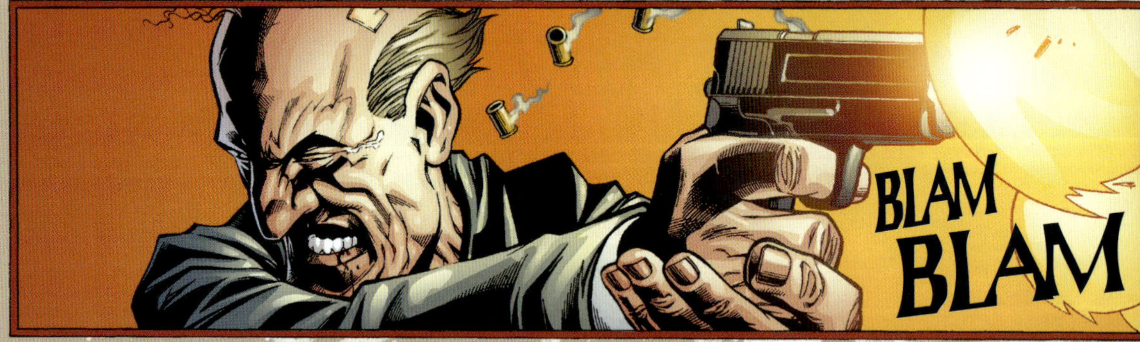
BLAM
BLAM

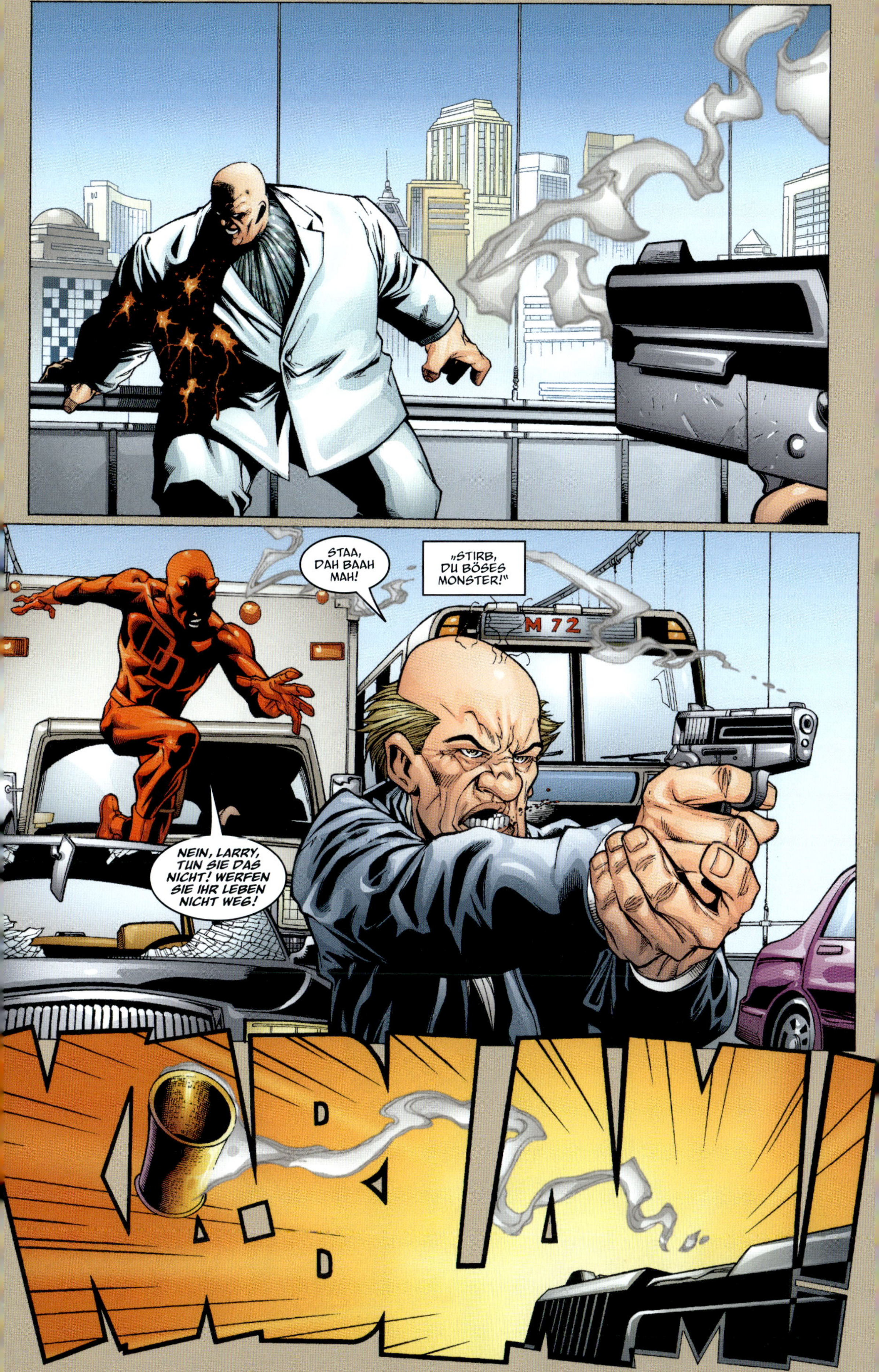

STAA, DAH BAAH MAH!

„STIRB, DU BÖSES MONSTER!“

NEIN, LARRY, TUN SIE DAS NICHT! WERFEN SIE IHR LEBEN NICHT WEG!

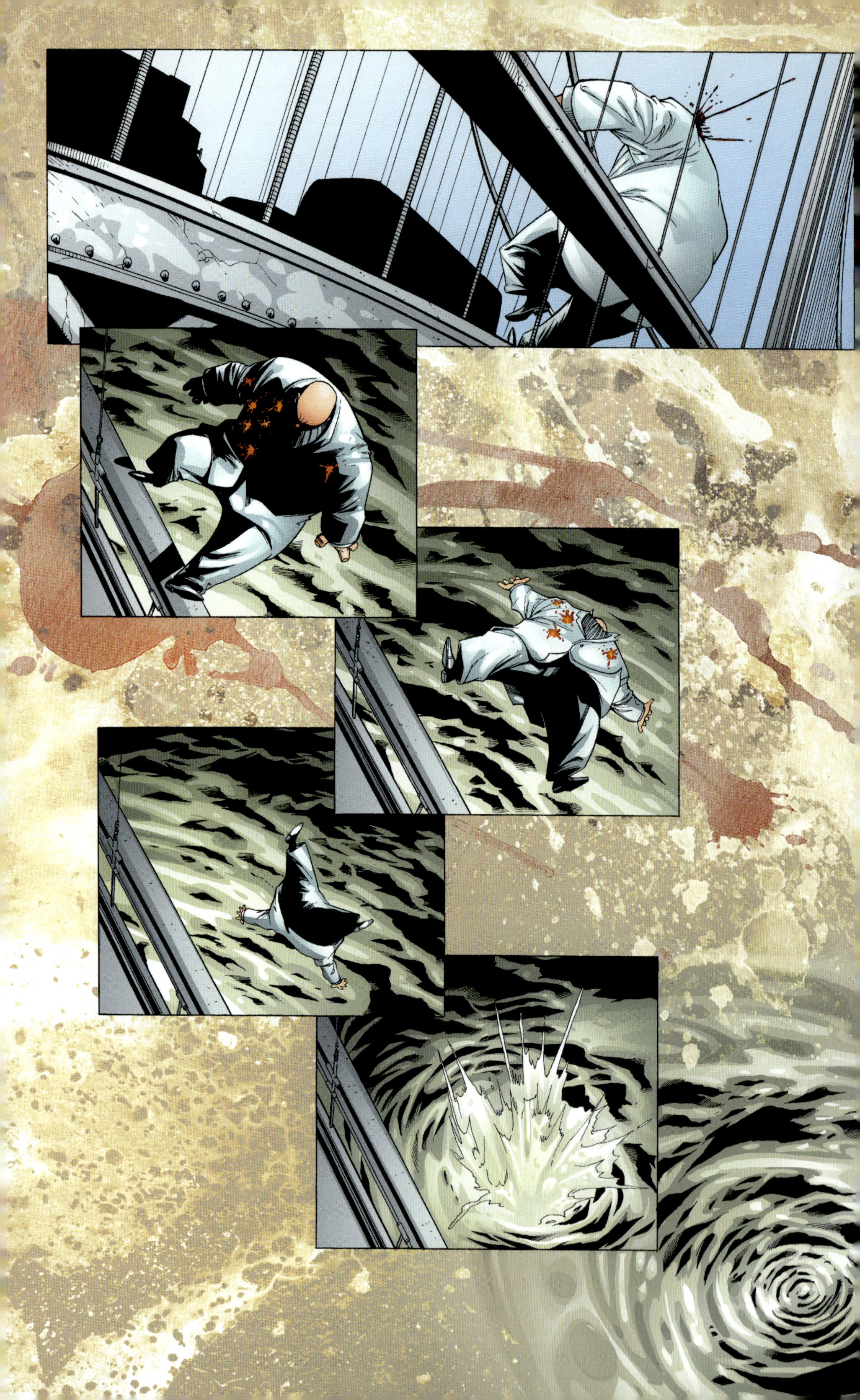

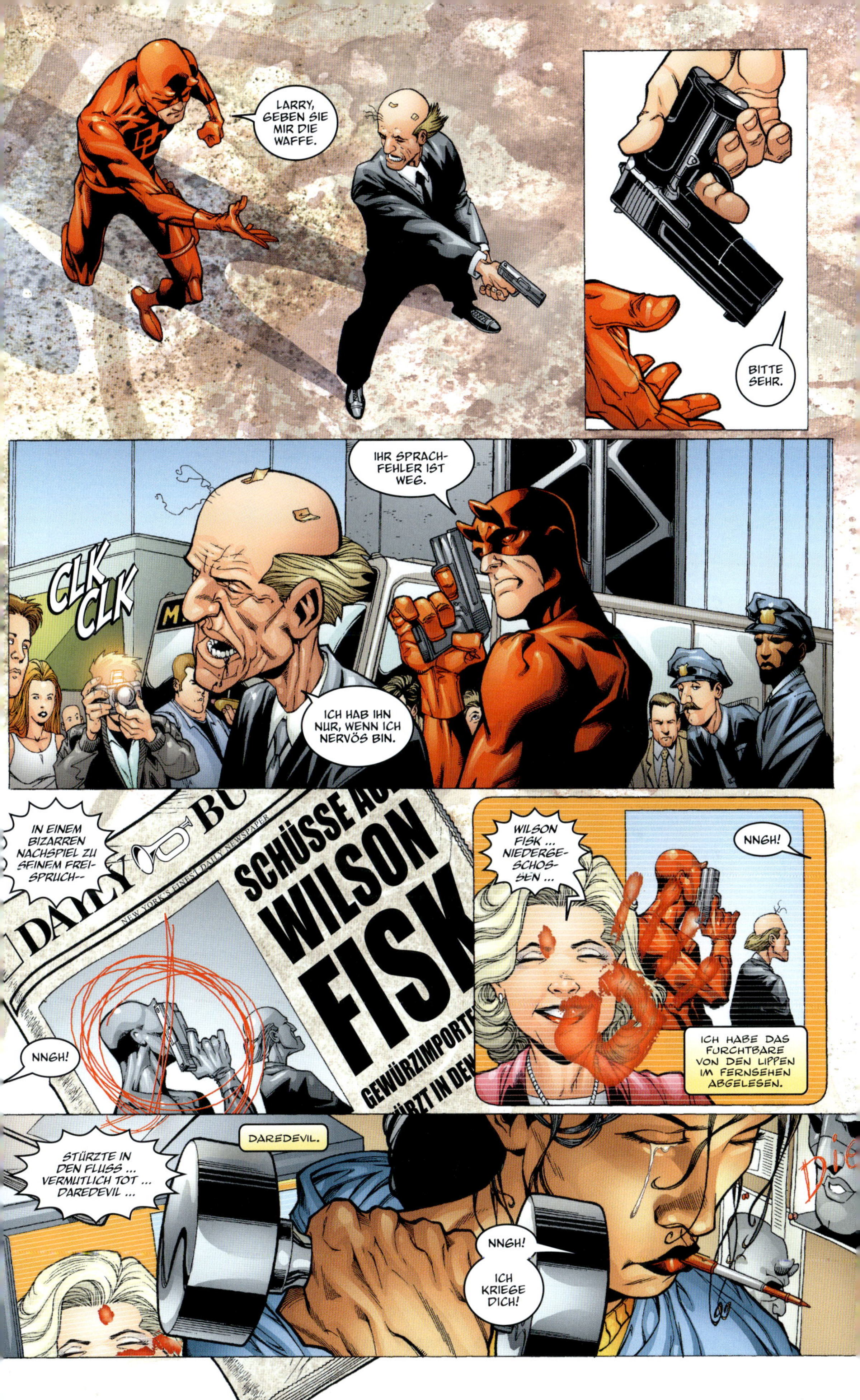
LARRY, GEBEN SIE MIR DIE WAFFE.
BITTE SEHR.
IHR SPRACH-FEHLER IST WEG.
CLK CLK
ICH HAB IHN NUR, WENN ICH NERVÖS BIN.
IN EINEM BIZARREN NACHSPIEL ZU SEINEM FREI-SPRUCH--
DAILY BU
SCHÜSSE AU
WILSON FISK
GEWÜRZIMPORTE
NNGH!
WILSON FISK ... NIEDERGE-SCHOS-SEN ...
NNGH!
ICH HABE DAS FURCHTBARE VON DEN LIPPEN IM FERNSEHEN ABGELESEN.
STÜRZTE IN DEN FLUSS ... VERMUTLICH TOT ... DAREDEVIL ...
DAREDEVIL.
NNGH!
ICH KRIEGE DICH!

TEILE DER LEERE, KAPITEL 5: EIN IN BEWEGUNG BEFINDLICHER KÖRPER

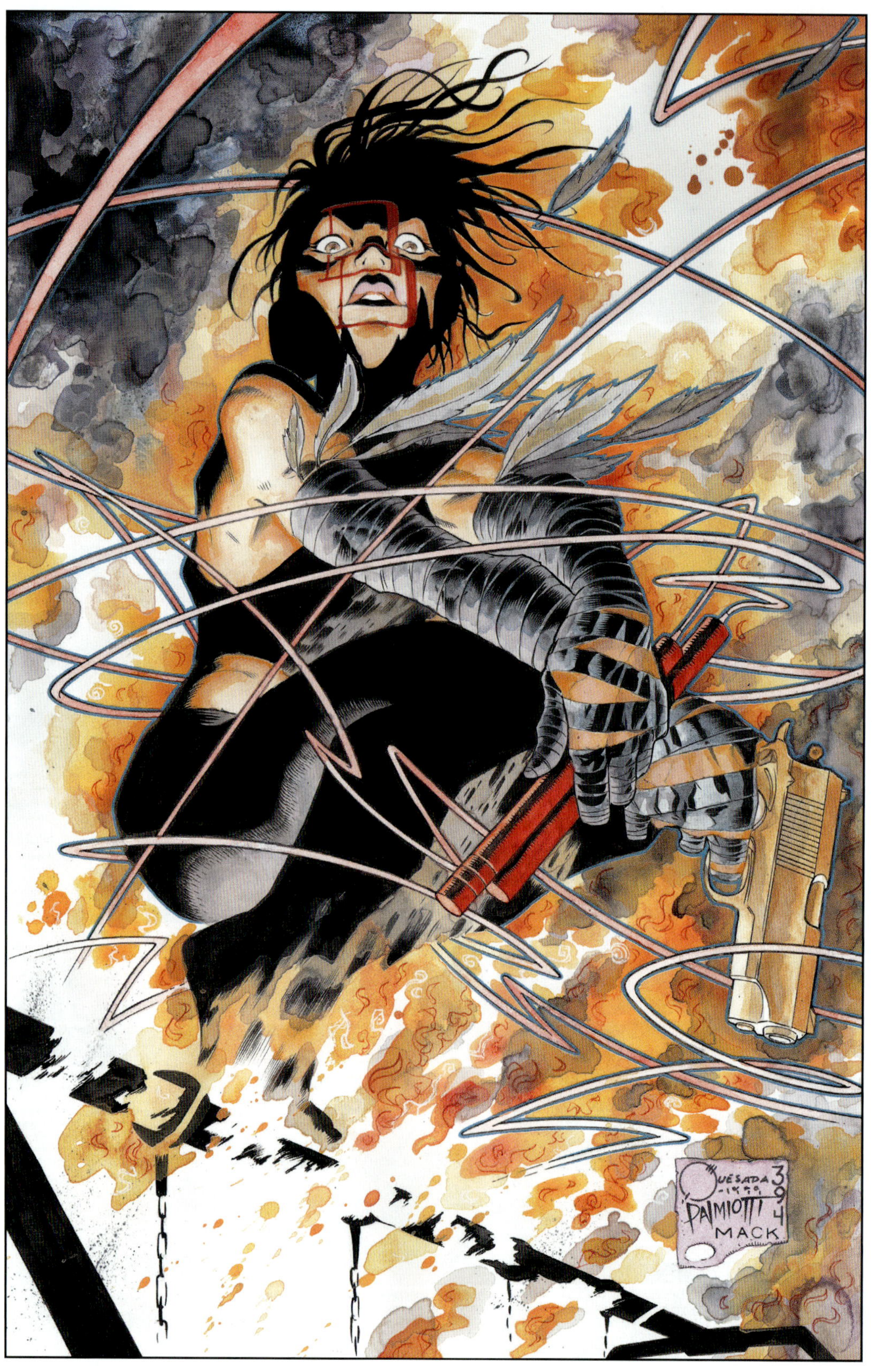

Daredevil (1998) 14

Cover von **JOE QUESADA**, **JIMMY PALMIOTTI** & **DAVID MACK**

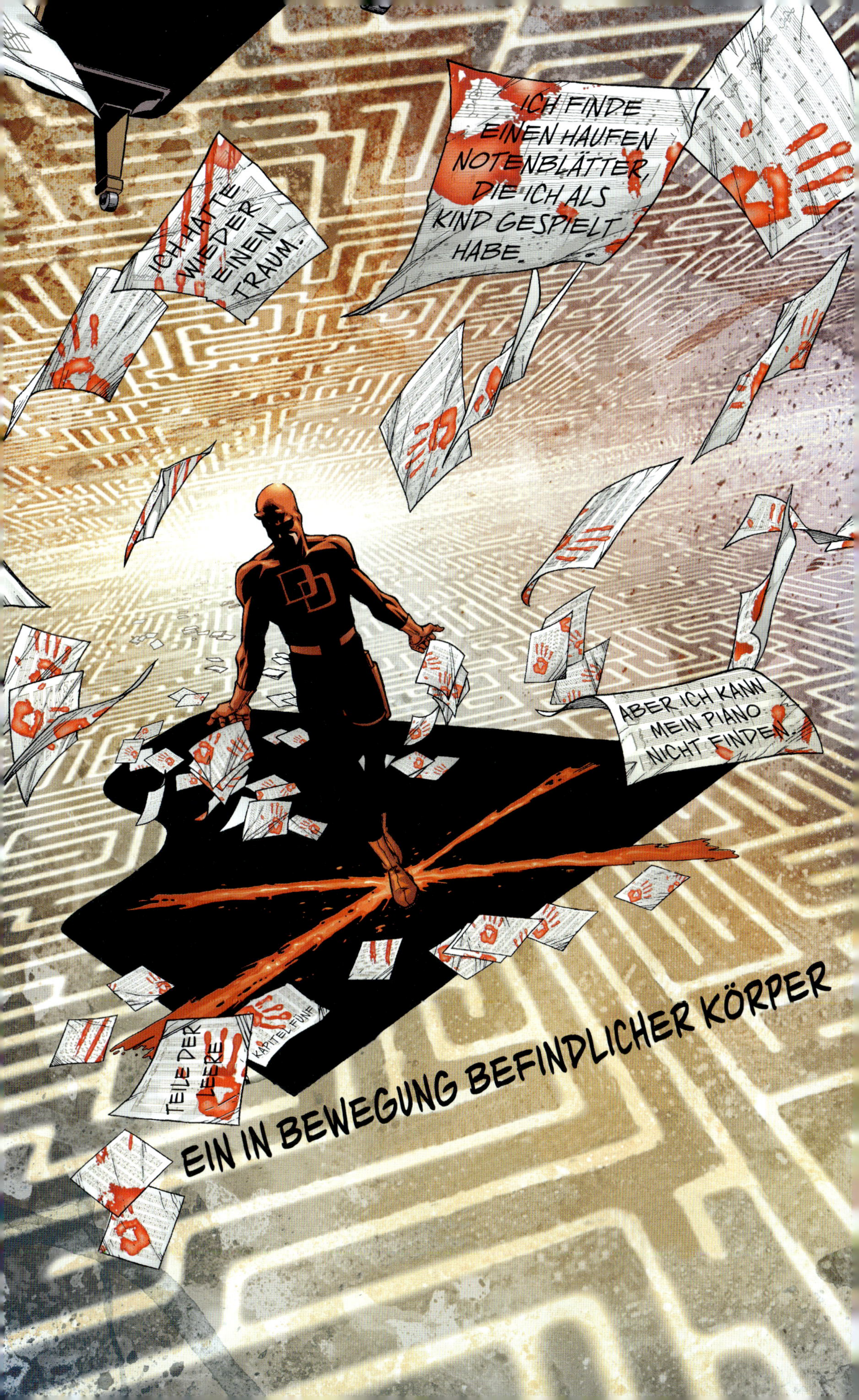
ICH HATTE WIEDER EINEN TRAUM.
ICH FINDE EINEN HAUFEN NOTENBLÄTTER, DIE ICH ALS KIND GESPIELT HABE.
ABER ICH KANN MEIN PIANO NICHT FINDEN.
TEILE DER LEERE
KAPITEL FÜNF
EIN IN BEWEGUNG BEFINDLICHER KÖRPER

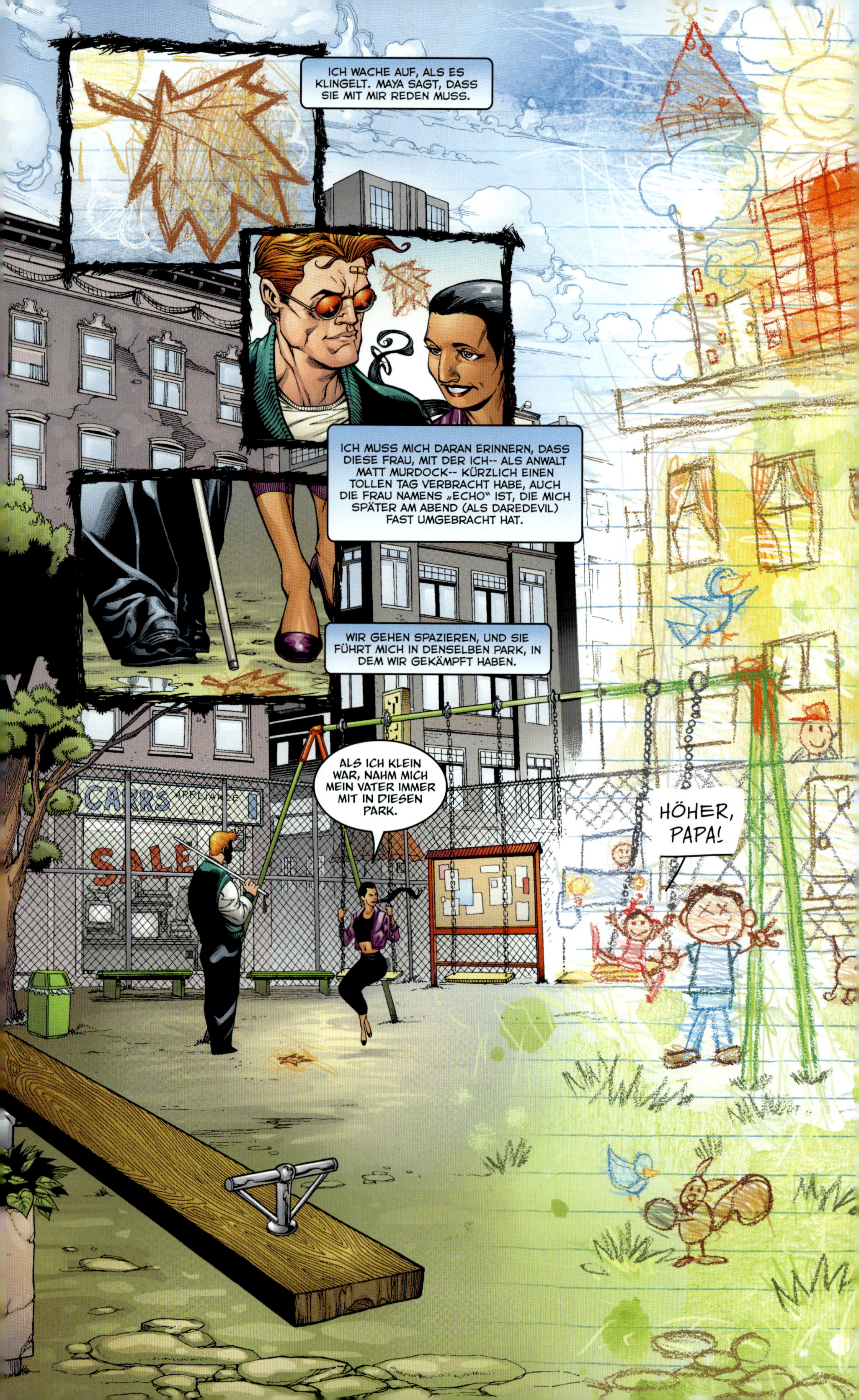
ICH WACHE AUF, ALS ES KLINGELT. MAYA SAGT, DASS SIE MIT MIR REDEN MUSS.
ICH MUSS MICH DARAN ERINNERN, DASS DIESE FRAU, MIT DER ICH-- ALS ANWALT MATT MURDOCK-- KÜRZLICH EINEN TOLLEN TAG VERBRACHT HABE, AUCH DIE FRAU NAMENS „ECHO" IST, DIE MICH SPÄTER AM ABEND (ALS DAREDEVIL) FAST UMGEBRACHT HAT.
WIR GEHEN SPAZIEREN, UND SIE FÜHRT MICH IN DENSELBEN PARK, IN DEM WIR GEKÄMPFT HABEN.
ALS ICH KLEIN WAR, NAHM MICH MEIN VATER IMMER MIT IN DIESEN PARK.
HÖHER, PAPA!
CARRS
SALE

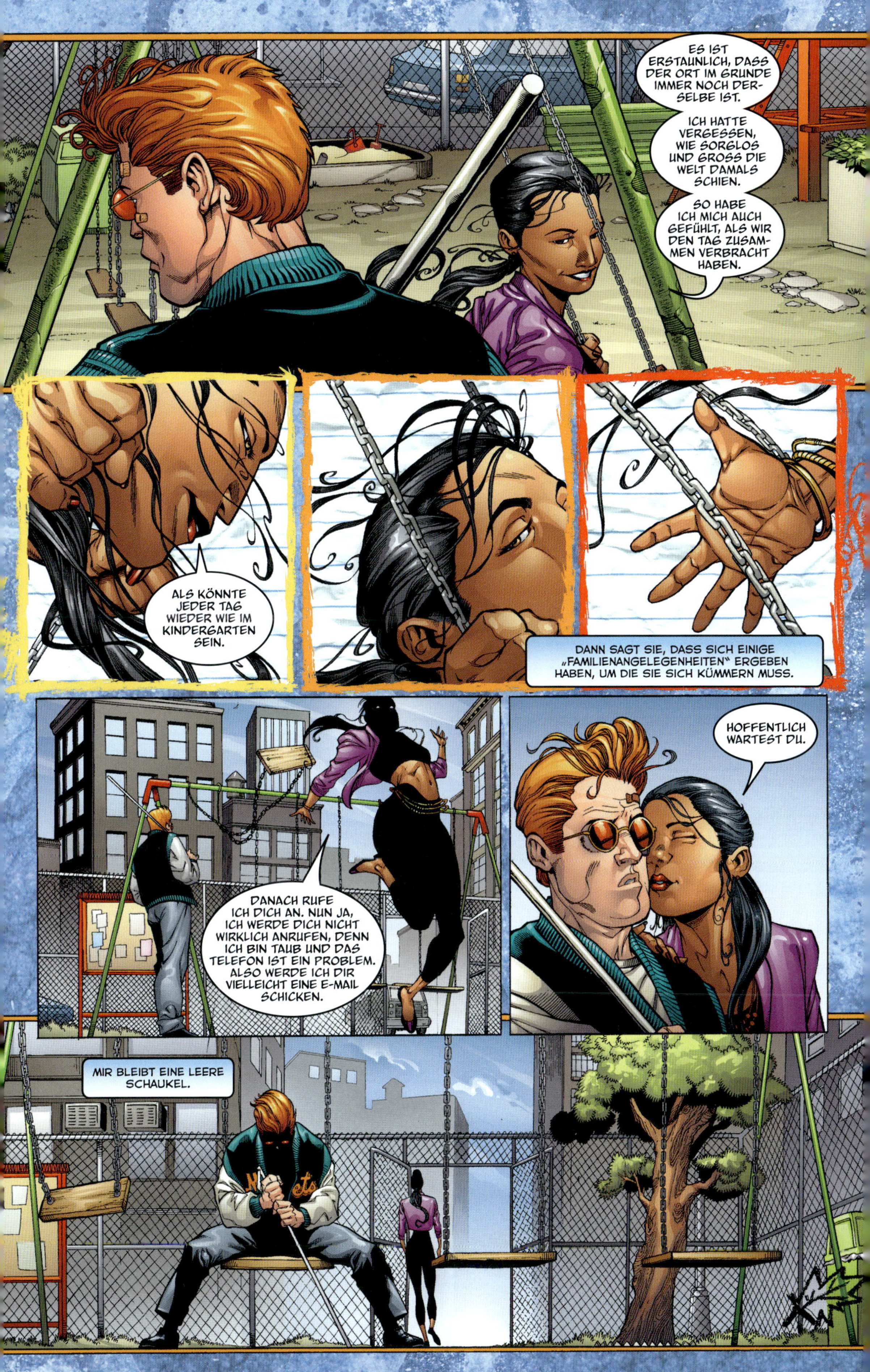
ES IST ERSTAUNLICH, DASS DER ORT IM GRUNDE IMMER NOCH DERSELBE IST.
ICH HATTE VERGESSEN, WIE SORGLOS UND GROSS DIE WELT DAMALS SCHIEN.
SO HABE ICH MICH AUCH GEFÜHLT, ALS WIR DEN TAG ZUSAMMEN VERBRACHT HABEN.
ALS KÖNNTE JEDER TAG WIEDER WIE IM KINDERGARTEN SEIN.
DANN SAGT SIE, DASS SICH EINIGE „FAMILIENANGELEGENHEITEN" ERGEBEN HABEN, UM DIE SIE SICH KÜMMERN MUSS.
DANACH RUFE ICH DICH AN. NUN JA, ICH WERDE DICH NICHT WIRKLICH ANRUFEN, DENN ICH BIN TAUB UND DAS TELEFON IST EIN PROBLEM. ALSO WERDE ICH DIR VIELLEICHT EINE E-MAIL SCHICKEN.
HOFFENTLICH WARTEST DU.
MIR BLEIBT EINE LEERE SCHAUKEL.

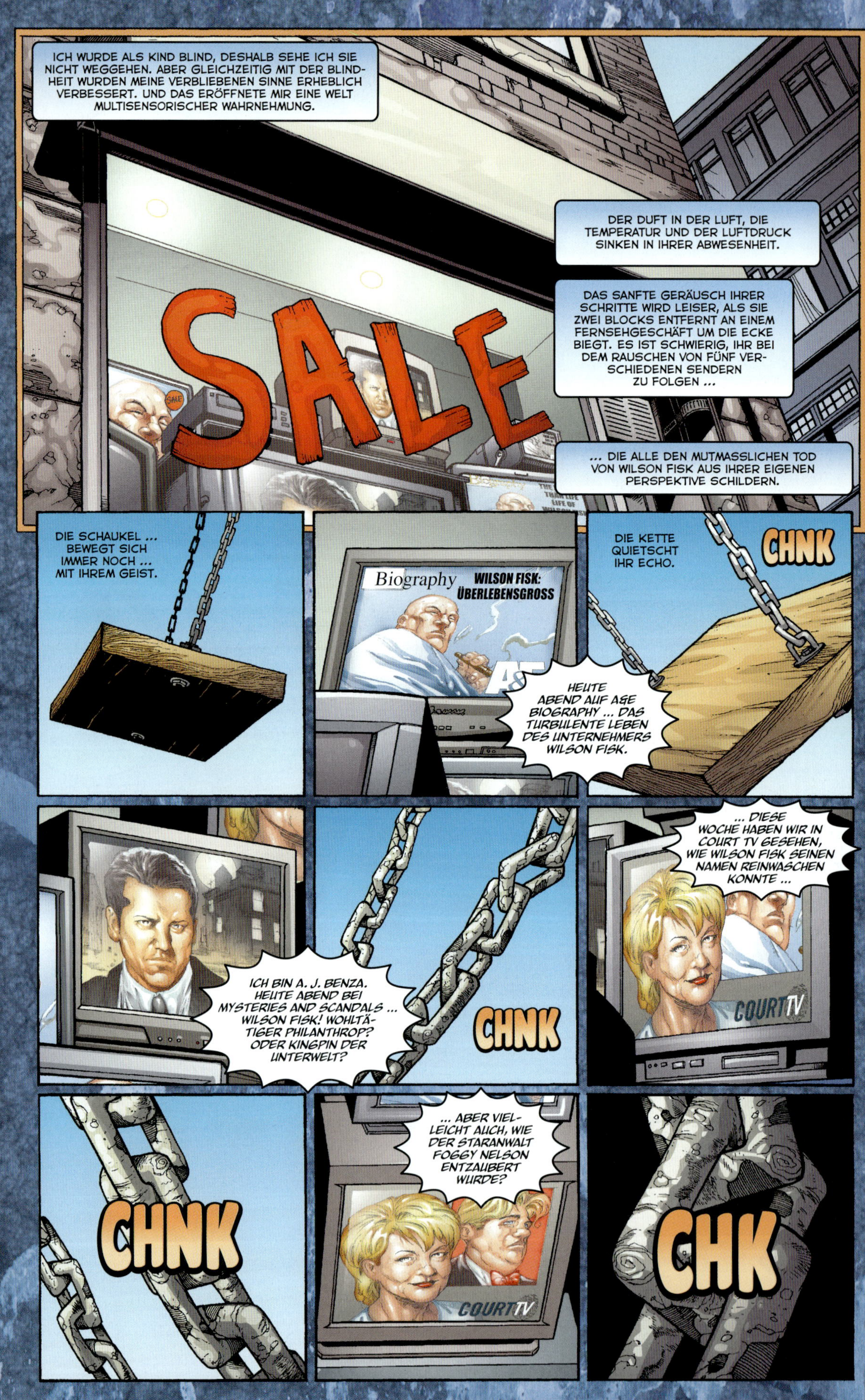

ICH WURDE ALS KIND BLIND, DESHALB SEHE ICH SIE NICHT WEGGEHEN. ABER GLEICHZEITIG MIT DER BLINDHEIT WURDEN MEINE VERBLIEBENEN SINNE ERHEBLICH VERBESSERT. UND DAS ERÖFFNETE MIR EINE WELT MULTISENSORISCHER WAHRNEHMUNG.
SALE
DER DUFT IN DER LUFT, DIE TEMPERATUR UND DER LUFTDRUCK SINKEN IN IHRER ABWESENHEIT.
DAS SANFTE GERÄUSCH IHRER SCHRITTE WIRD LEISER, ALS SIE ZWEI BLOCKS ENTFERNT AN EINEM FERNSEHGESCHÄFT UM DIE ECKE BIEGT. ES IST SCHWIERIG, IHR BEI DEM RAUSCHEN VON FÜNF VERSCHIEDENEN SENDERN ZU FOLGEN ...
... DIE ALLE DEN MUTMASSLICHEN TOD VON WILSON FISK AUS IHRER EIGENEN PERSPEKTIVE SCHILDERN.
DIE SCHAUKEL ... BEWEGT SICH IMMER NOCH ... MIT IHREM GEIST.
Biography
WILSON FISK: ÜBERLEBENSGROSS
HEUTE ABEND AUF A&E BIOGRAPHY ... DAS TURBULENTE LEBEN DES UNTERNEHMERS WILSON FISK.
DIE KETTE QUIETSCHT IHR ECHO.
CHNK
ICH BIN A. J. BENZA. HEUTE ABEND BEI MYSTERIES AND SCANDALS ... WILSON FISK! WOHLTÄTIGER PHILANTHROP? ODER KINGPIN DER UNTERWELT?
CHNK
... DIESE WOCHE HABEN WIR IN COURT TV GESEHEN, WIE WILSON FISK SEINEN NAMEN REINWASCHEN KONNTE ...
COURT TV
CHNK
... ABER VIELLEICHT AUCH, WIE DER STARANWALT FOGGY NELSON ENTZAUBERT WURDE?
COURT TV
CHK

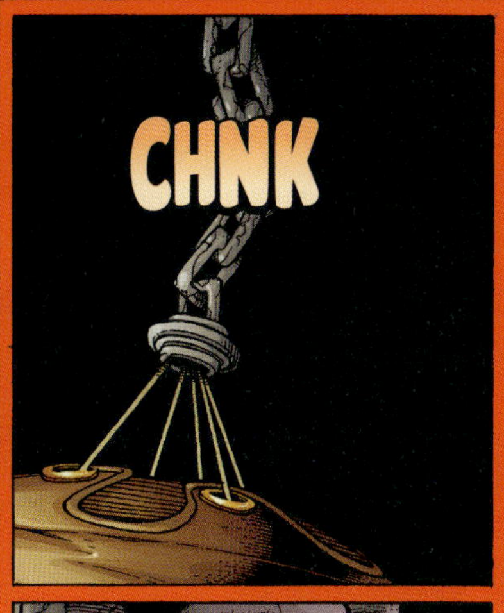

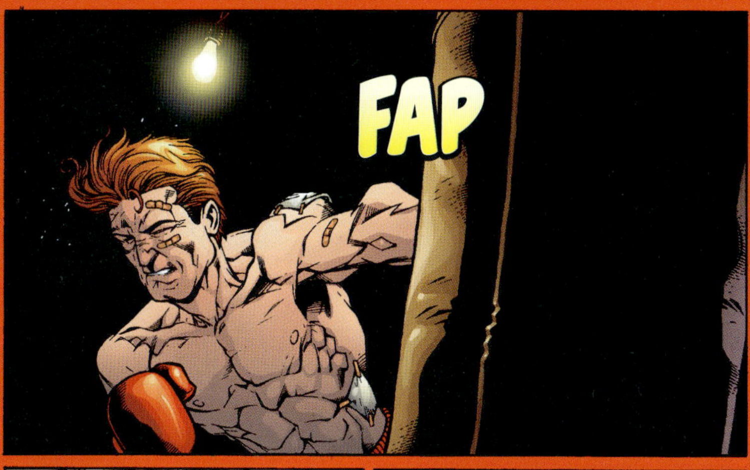

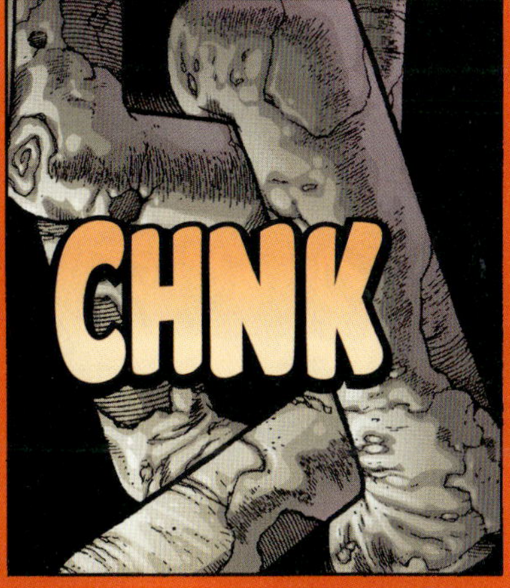

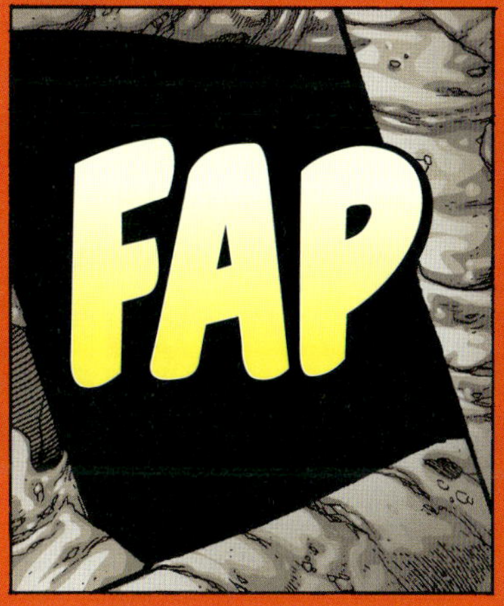

WENN KINGPIN WEG IST, WERDEN DIE ANDEREN GANGSTERFAMILIEN DAS VAKUUM FÜLLEN WOLLEN.

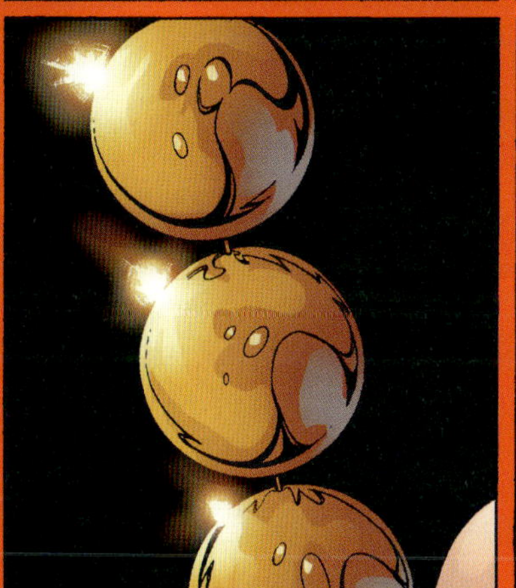

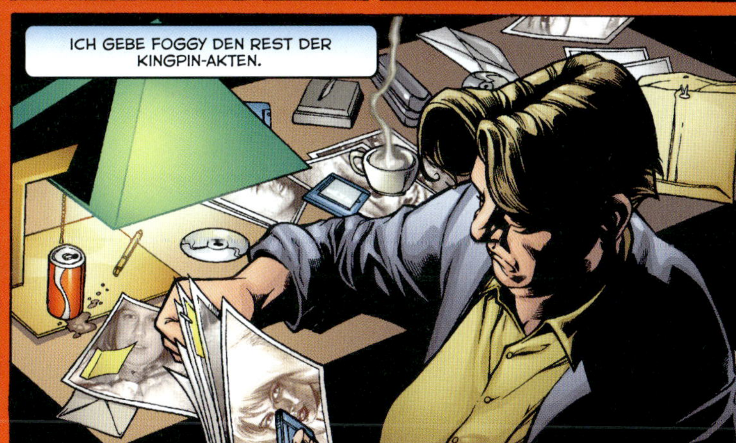

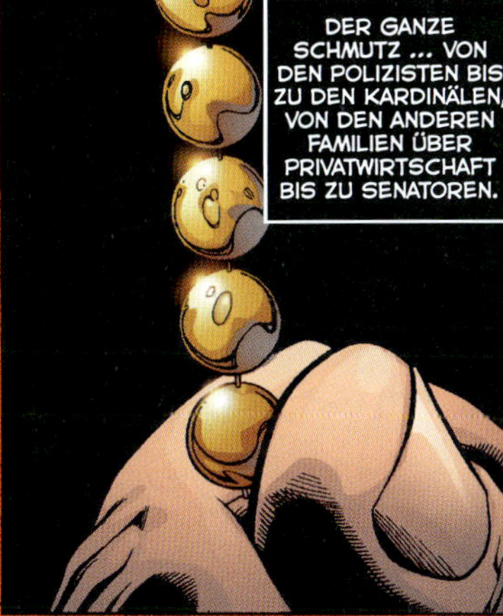

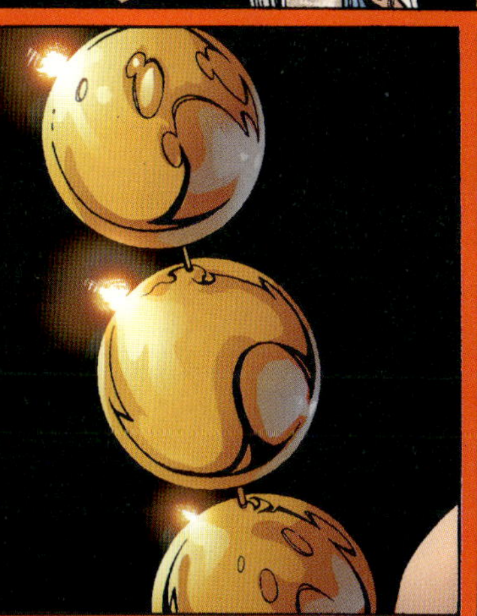

SONDERBEZIRKS-STAATSANWALT FOGGY NELSON BRINGT ES VOR GERICHT.

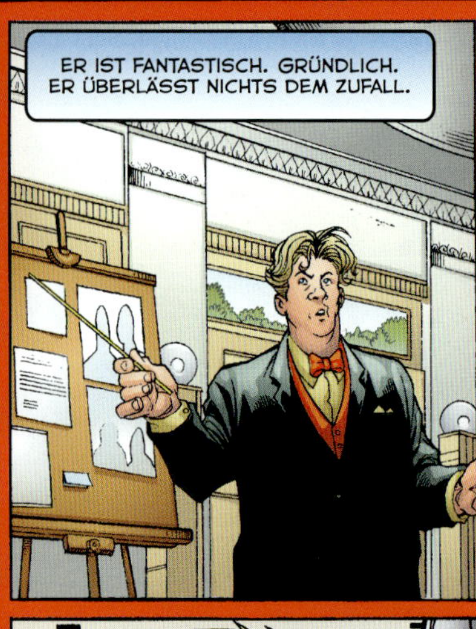
ER IST FANTASTISCH. GRÜNDLICH.
ER ÜBERLÄSST NICHTS DEM ZUFALL.

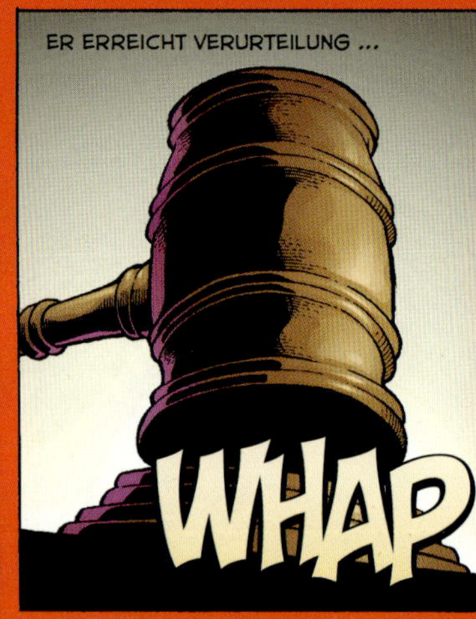
ER ERREICHT VERURTEILUNG ...
WHAP

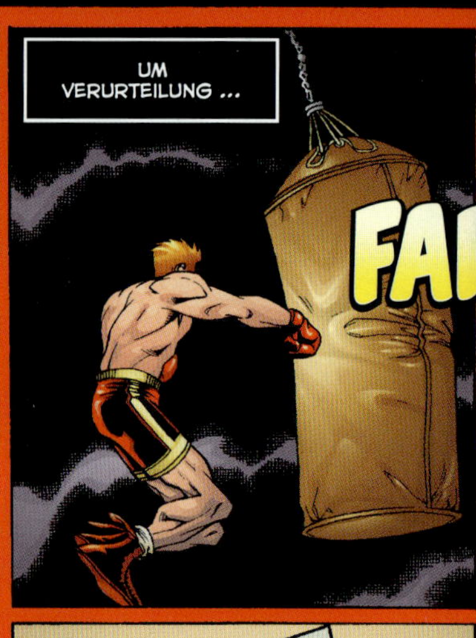
UM VERURTEILUNG ...
FAP

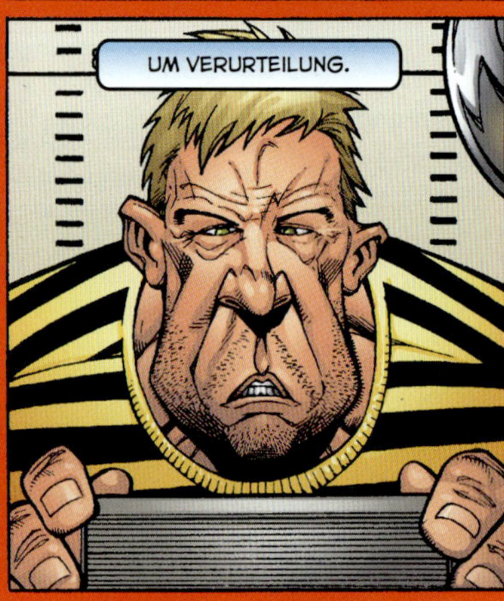
UM VERURTEILUNG.

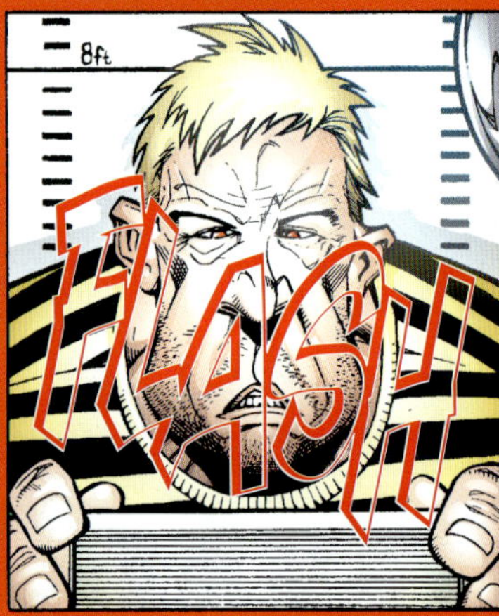
FLASH

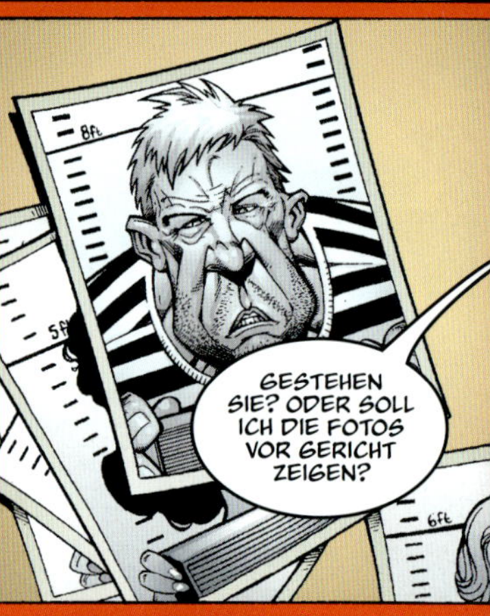
GESTEHEN SIE? ODER SOLL ICH DIE FOTOS VOR GERICHT ZEIGEN?

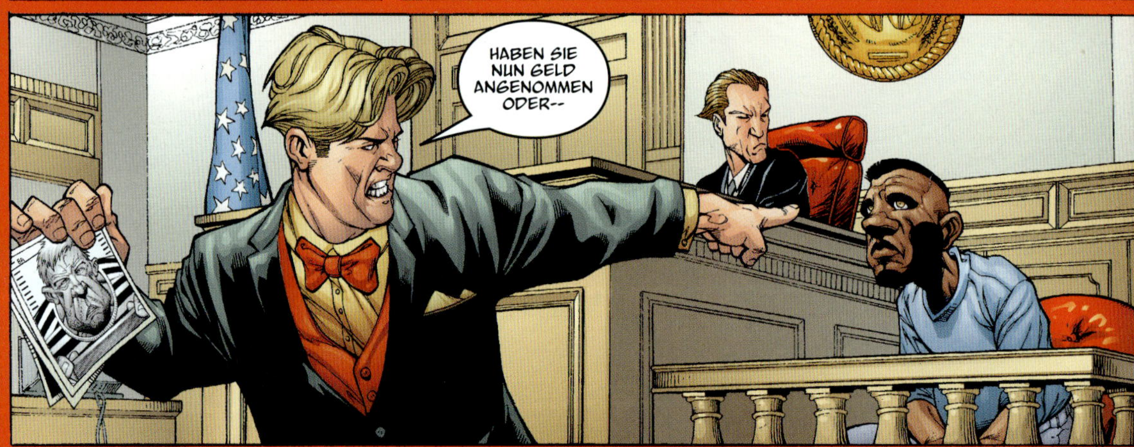
HABEN SIE NUN GELD ANGENOMMEN ODER--

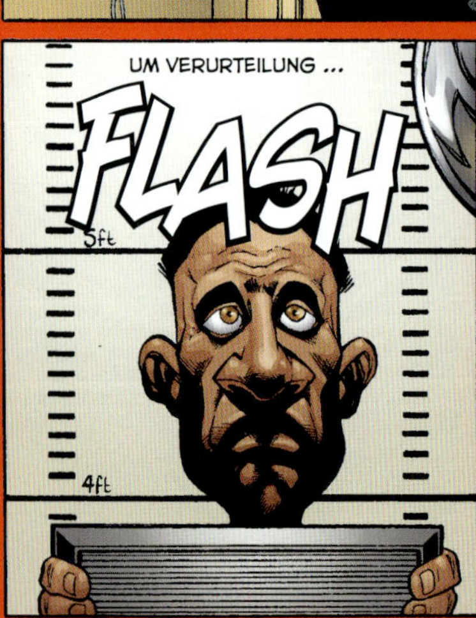
UM VERURTEILUNG ...
FLASH

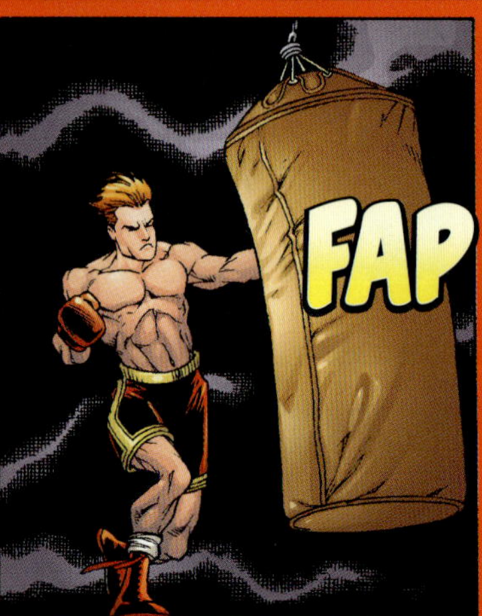
FAP

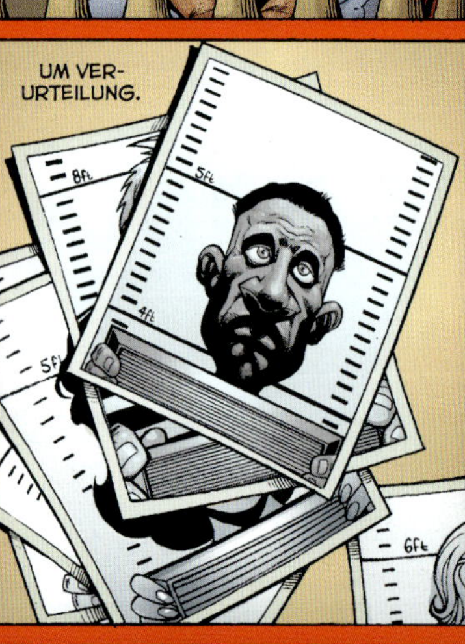
UM VER-
URTEILUNG.

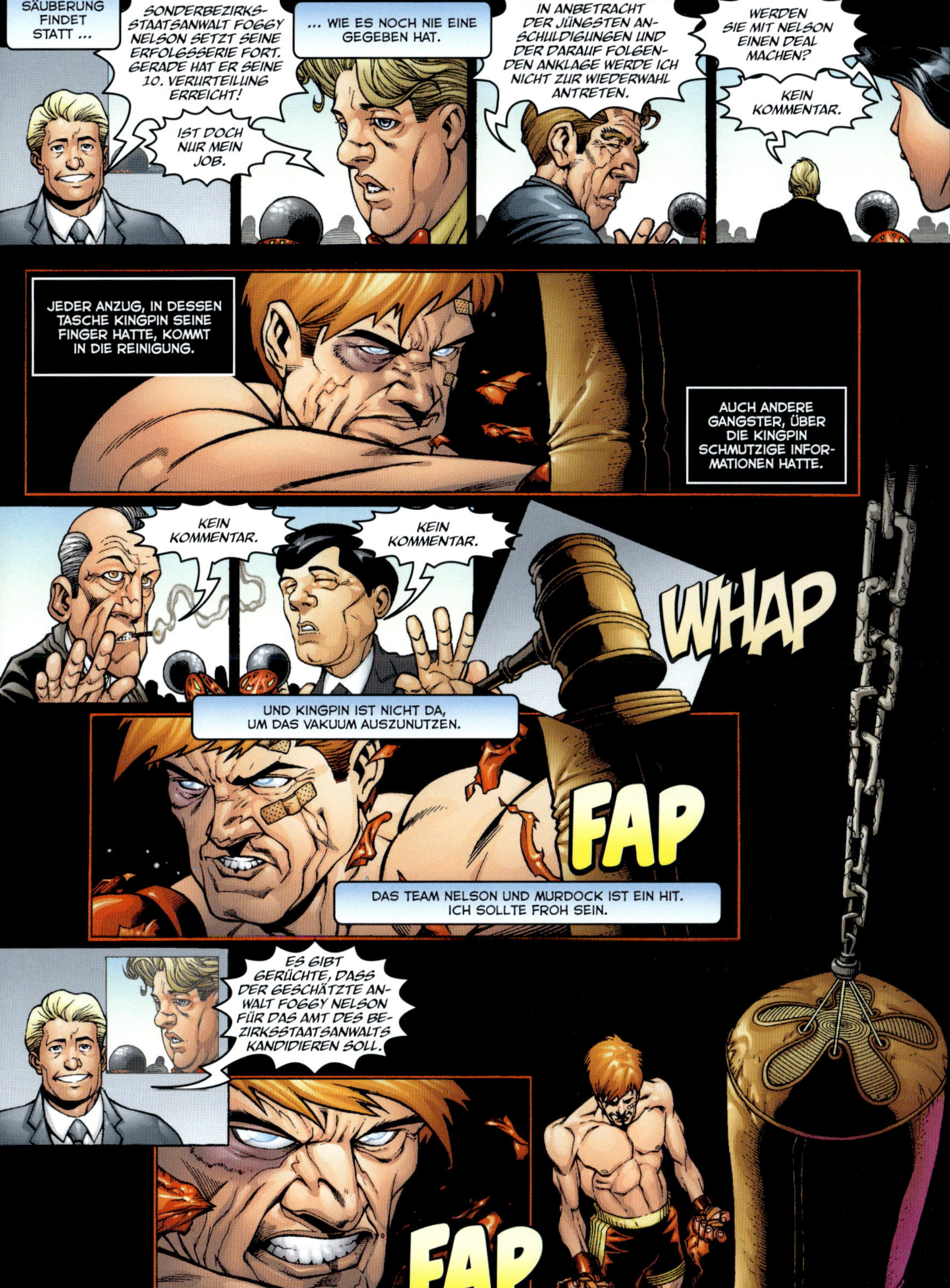
EINE GROSSE SÄUBERUNG FINDET STATT ...
SONDERBEZIRKS-STAATSANWALT FOGGY NELSON SETZT SEINE ERFOLGSSERIE FORT. GERADE HAT ER SEINE 10. VERURTEILUNG ERREICHT!
IST DOCH NUR MEIN JOB.
... WIE ES NOCH NIE EINE GEGEBEN HAT.
IN ANBETRACHT DER JÜNGSTEN ANSCHULDIGUNGEN UND DER DARAUF FOLGENDEN ANKLAGE WERDE ICH NICHT ZUR WIEDERWAHL ANTRETEN.
WERDEN SIE MIT NELSON EINEN DEAL MACHEN?
KEIN KOMMENTAR.
JEDER ANZUG, IN DESSEN TASCHE KINGPIN SEINE FINGER HATTE, KOMMT IN DIE REINIGUNG.
AUCH ANDERE GANGSTER, ÜBER DIE KINGPIN SCHMUTZIGE INFORMATIONEN HATTE.
KEIN KOMMENTAR.
KEIN KOMMENTAR.
WHAP
UND KINGPIN IST NICHT DA, UM DAS VAKUUM AUSZUNUTZEN.
FAP
DAS TEAM NELSON UND MURDOCK IST EIN HIT. ICH SOLLTE FROH SEIN.
ES GIBT GERÜCHTE, DASS DER GESCHÄTZTE ANWALT FOGGY NELSON FÜR DAS AMT DES BEZIRKSSTAATSANWALTS KANDIDIEREN SOLL.
FAP

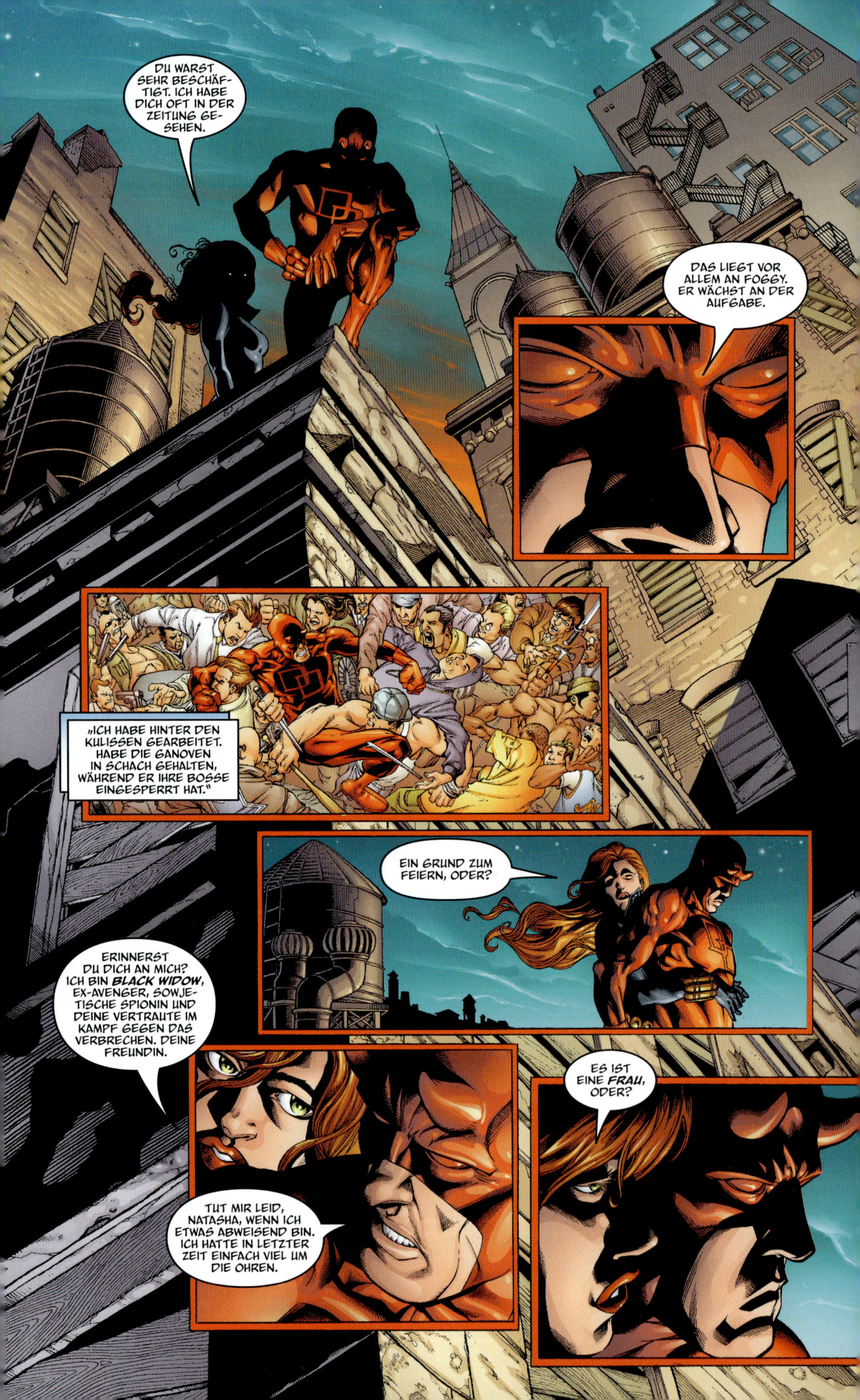
DU WARST SEHR BESCHÄFTIGT. ICH HABE DICH OFT IN DER ZEITUNG GESEHEN.
DAS LIEGT VOR ALLEM AN FOGGY. ER WÄCHST AN DER AUFGABE.
„ICH HABE HINTER DEN KULISSEN GEARBEITET. HABE DIE GANOVEN IN SCHACH GEHALTEN, WÄHREND ER IHRE BOSSE EINGESPERRT HAT."
EIN GRUND ZUM FEIERN, ODER?
ERINNERST DU DICH AN MICH? ICH BIN **BLACK WIDOW**, EX-AVENGER, SOWJETISCHE SPIONIN UND DEINE VERTRAUTE IM KAMPF GEGEN DAS VERBRECHEN. DEINE FREUNDIN.
TUT MIR LEID, NATASHA, WENN ICH ETWAS ABWEISEND BIN. ICH HATTE IN LETZTER ZEIT EINFACH VIEL UM DIE OHREN.
ES IST EINE **FRAU**, ODER?

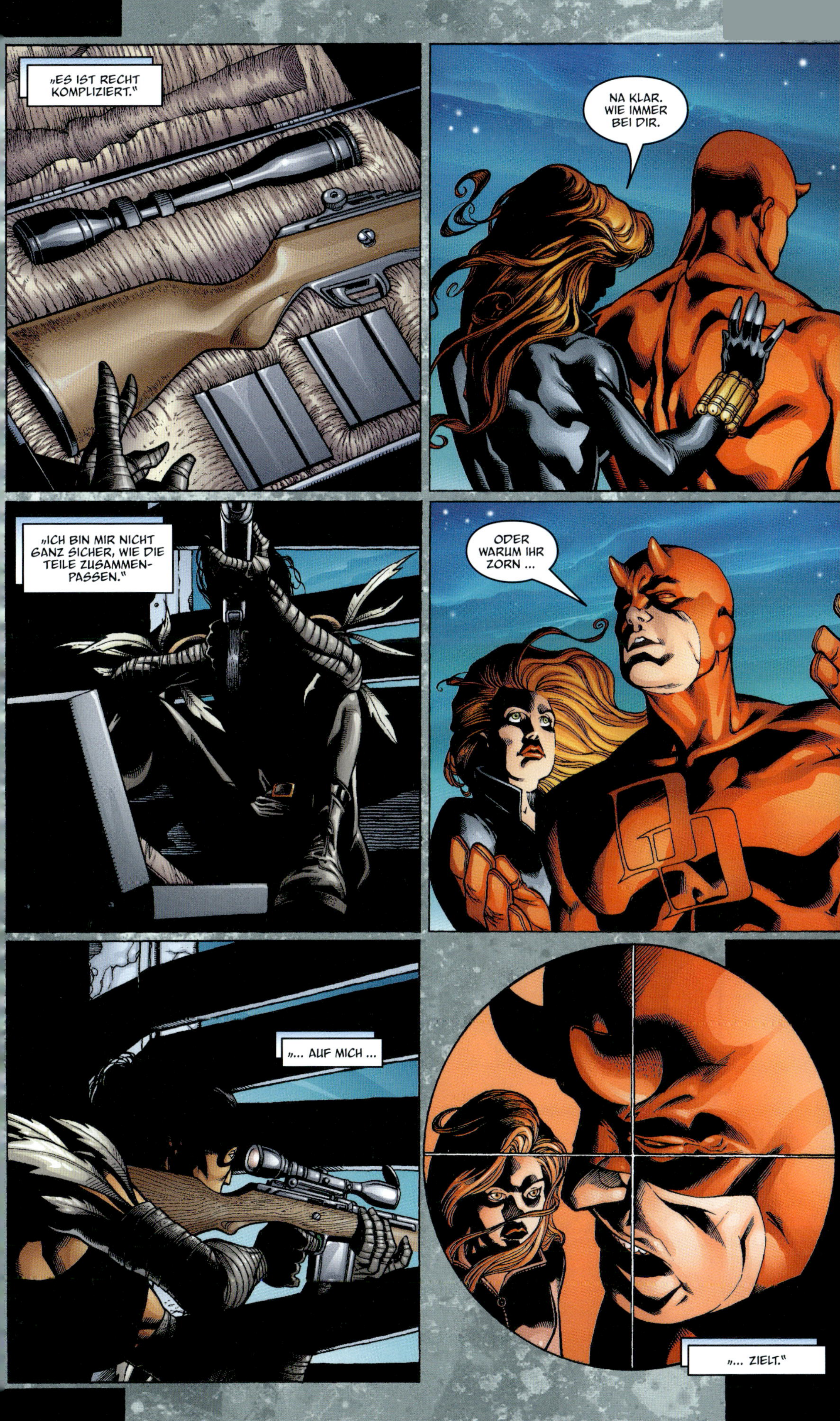
„ES IST RECHT KOMPLIZIERT."
NA KLAR. WIE IMMER BEI DIR.
„ICH BIN MIR NICHT GANZ SICHER, WIE DIE TEILE ZUSAMMEN-PASSEN."
ODER WARUM IHR ZORN ...
„... AUF MICH ...
„... ZIELT."

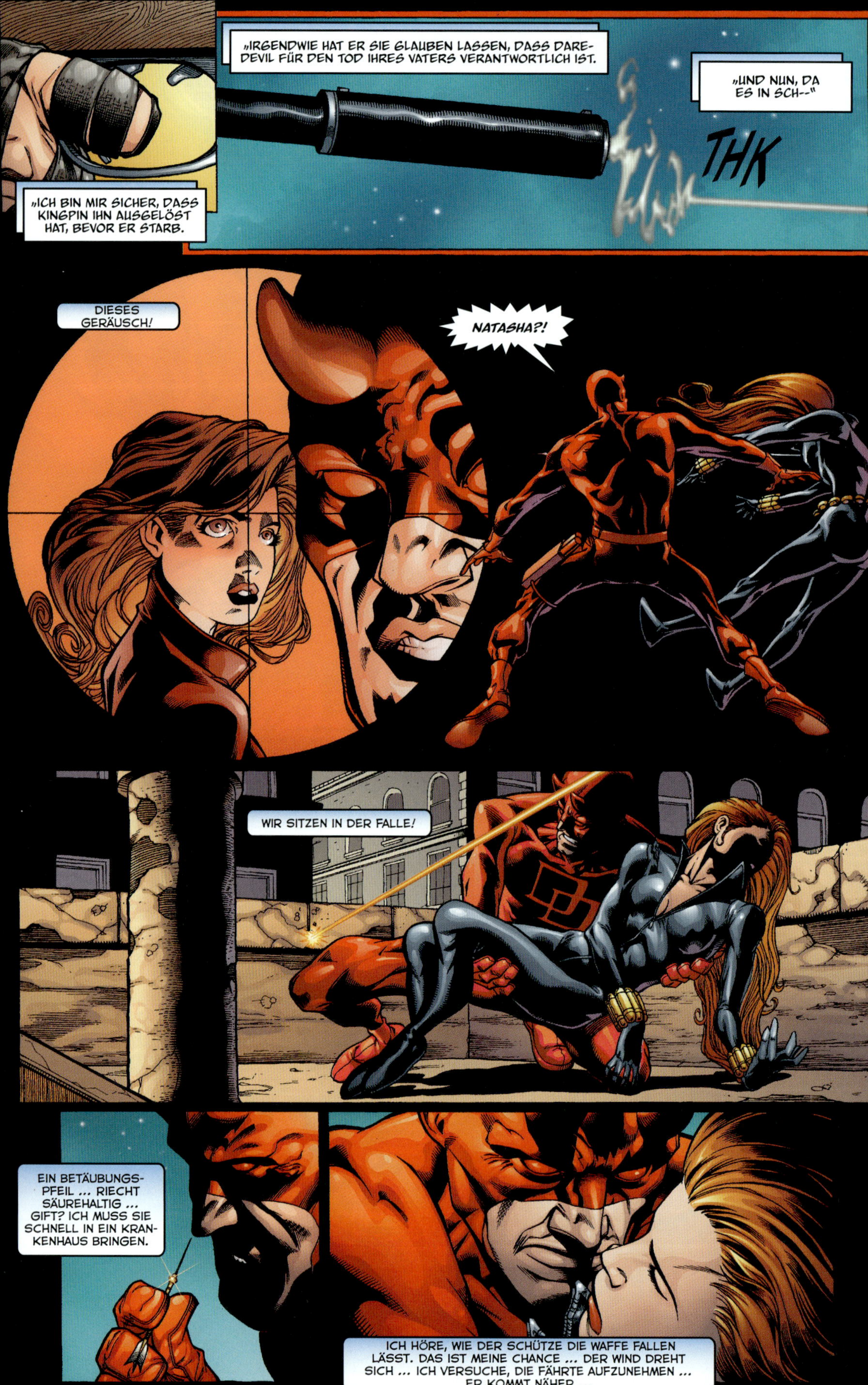
„IRGENDWIE HAT ER SIE GLAUBEN LASSEN, DASS DAREDEVIL FÜR DEN TOD IHRES VATERS VERANTWORTLICH IST.
„ICH BIN MIR SICHER, DASS KINGPIN IHN AUSGELÖST HAT, BEVOR ER STARB.
„UND NUN, DA ES IN SCH--"
THK
DIESES GERÄUSCH!
NATASHA?!
WIR SITZEN IN DER FALLE!
EIN BETÄUBUNGSPFEIL ... RIECHT SÄUREHALTIG ... GIFT? ICH MUSS SIE SCHNELL IN EIN KRANKENHAUS BRINGEN.
ICH HÖRE, WIE DER SCHÜTZE DIE WAFFE FALLEN LÄSST. DAS IST MEINE CHANCE ... DER WIND DREHT SICH ... ICH VERSUCHE, DIE FÄHRTE AUFZUNEHMEN ... ER KOMMT NÄHER ...

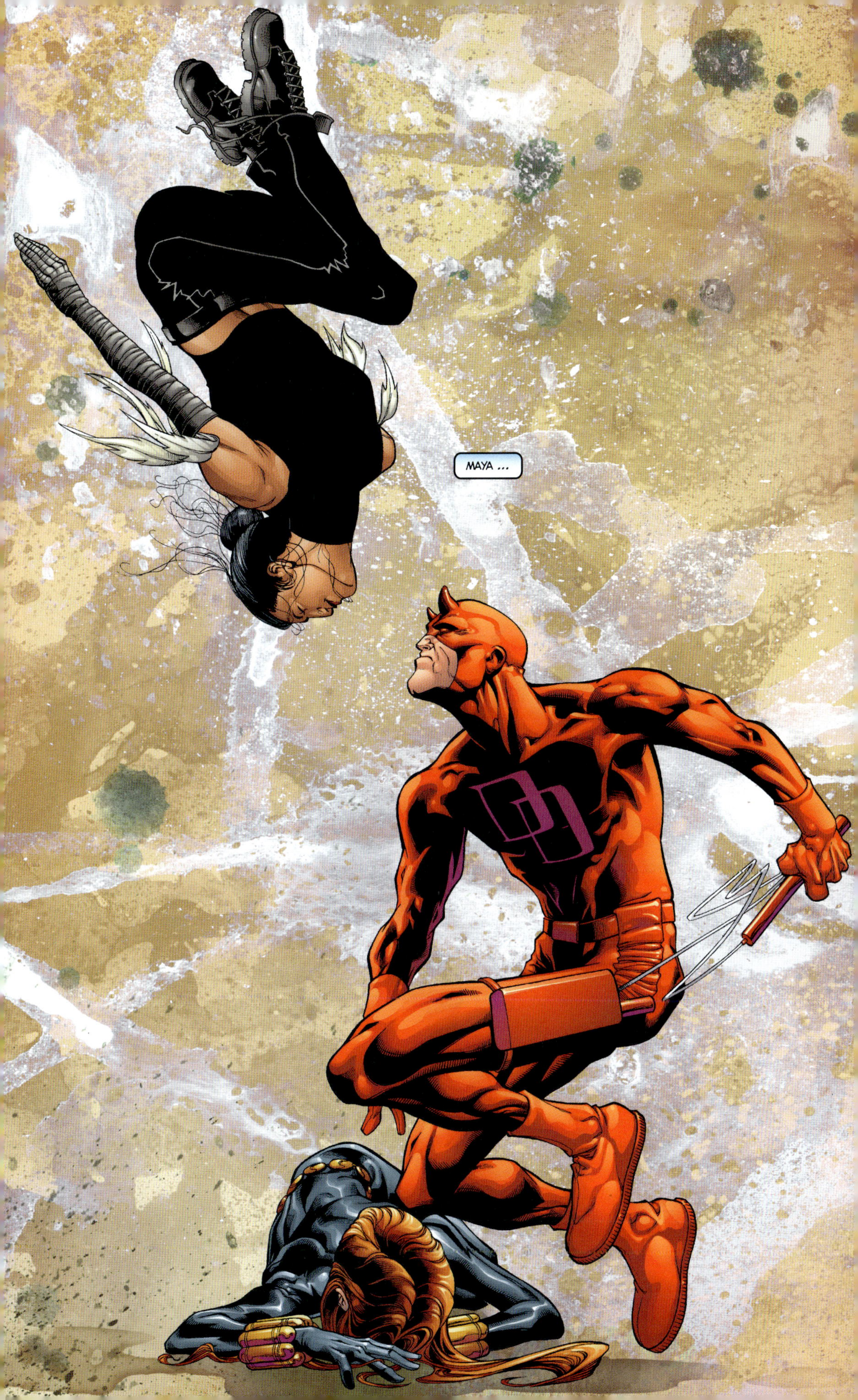
MAYA ...

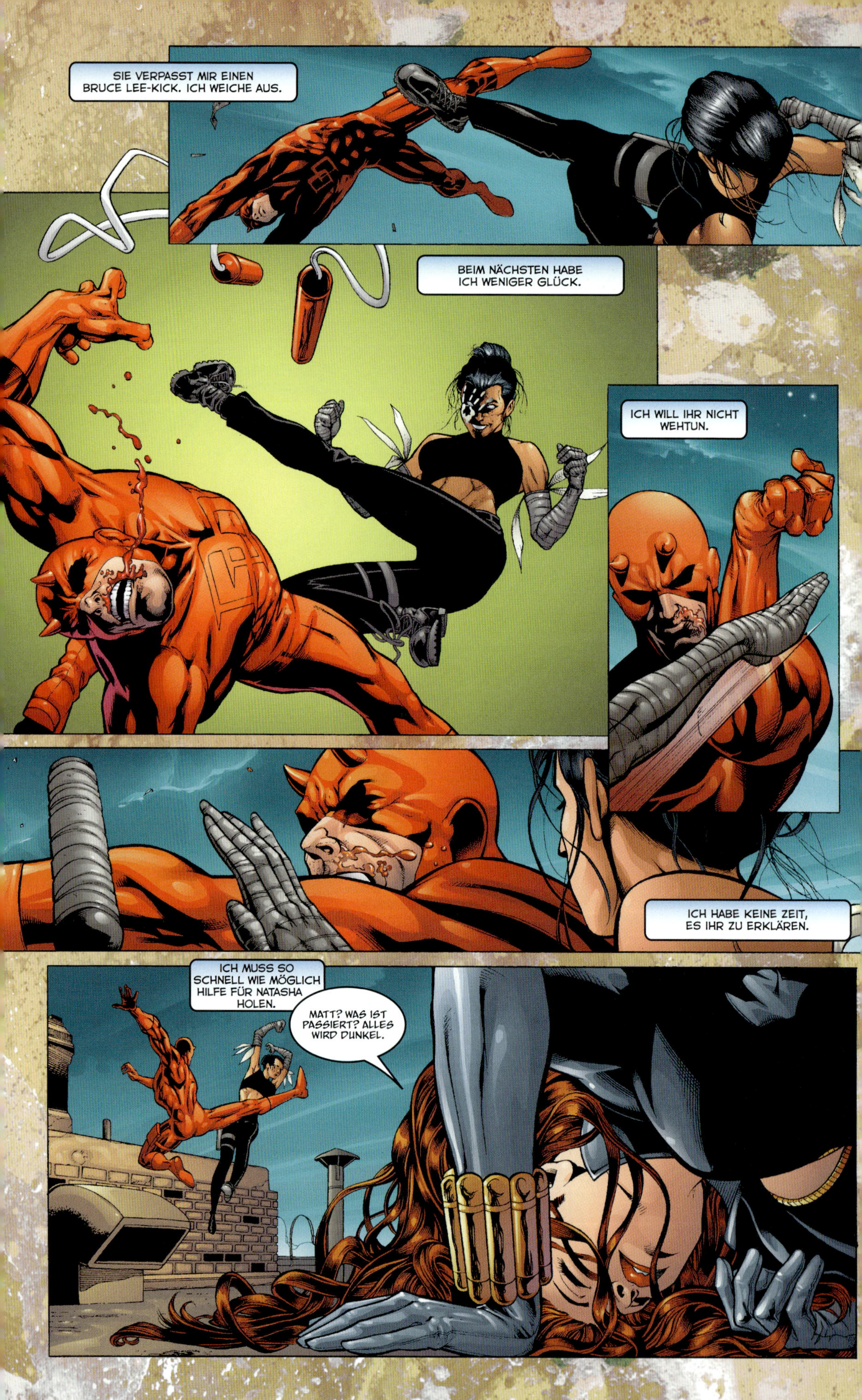
SIE VERPASST MIR EINEN BRUCE LEE-KICK. ICH WEICHE AUS.
BEIM NÄCHSTEN HABE ICH WENIGER GLÜCK.
ICH WILL IHR NICHT WEHTUN.
ICH HABE KEINE ZEIT, ES IHR ZU ERKLÄREN.
ICH MUSS SO SCHNELL WIE MÖGLICH HILFE FÜR NATASHA HOLEN.
MATT? WAS IST PASSIERT? ALLES WIRD DUNKEL.

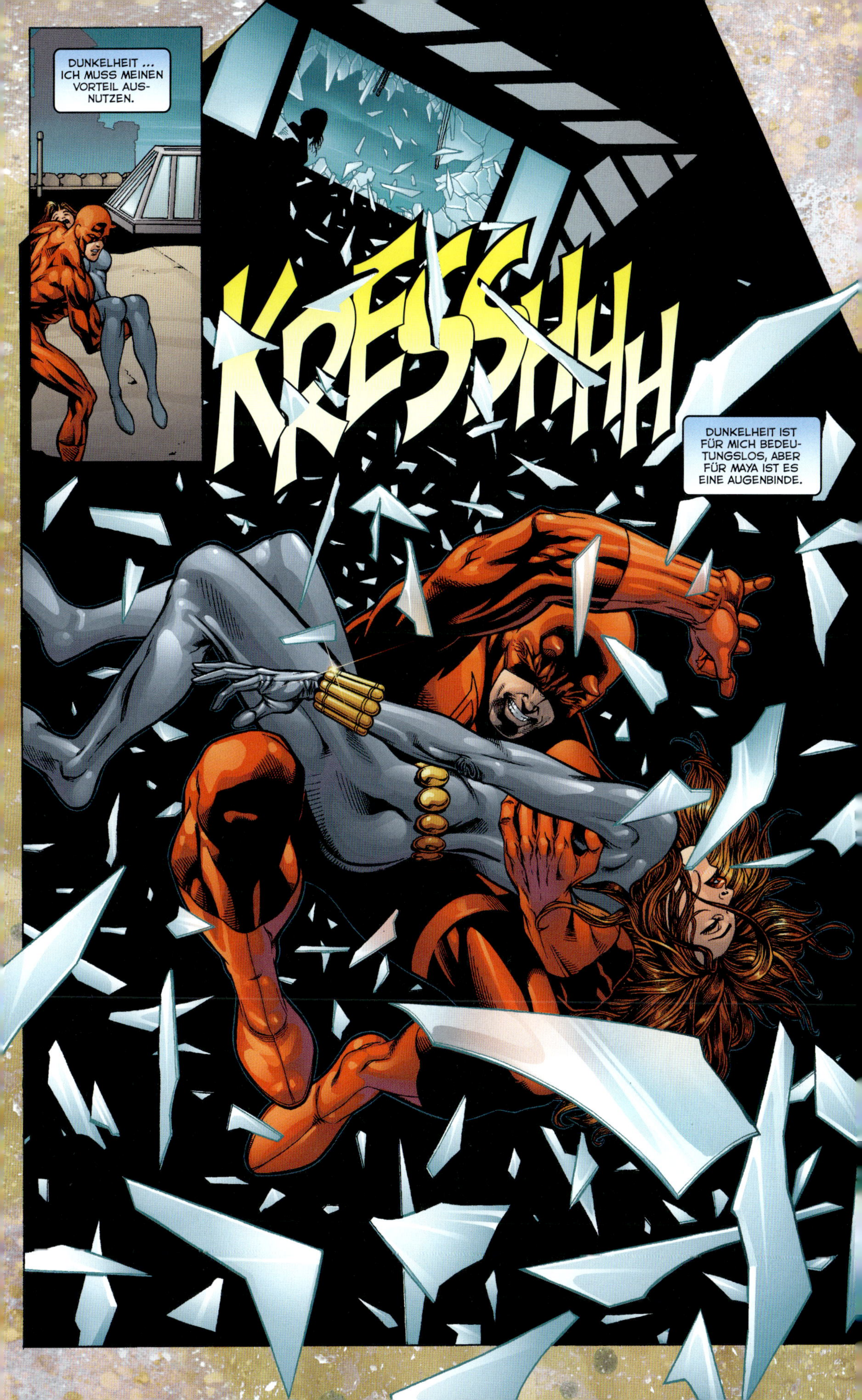
DUNKELHEIT ... ICH MUSS MEINEN VORTEIL AUS-NUTZEN.
KRESSHHH
DUNKELHEIT IST FÜR MICH BEDEU-TUNGSLOS, ABER FÜR MAYA IST ES EINE AUGENBINDE.

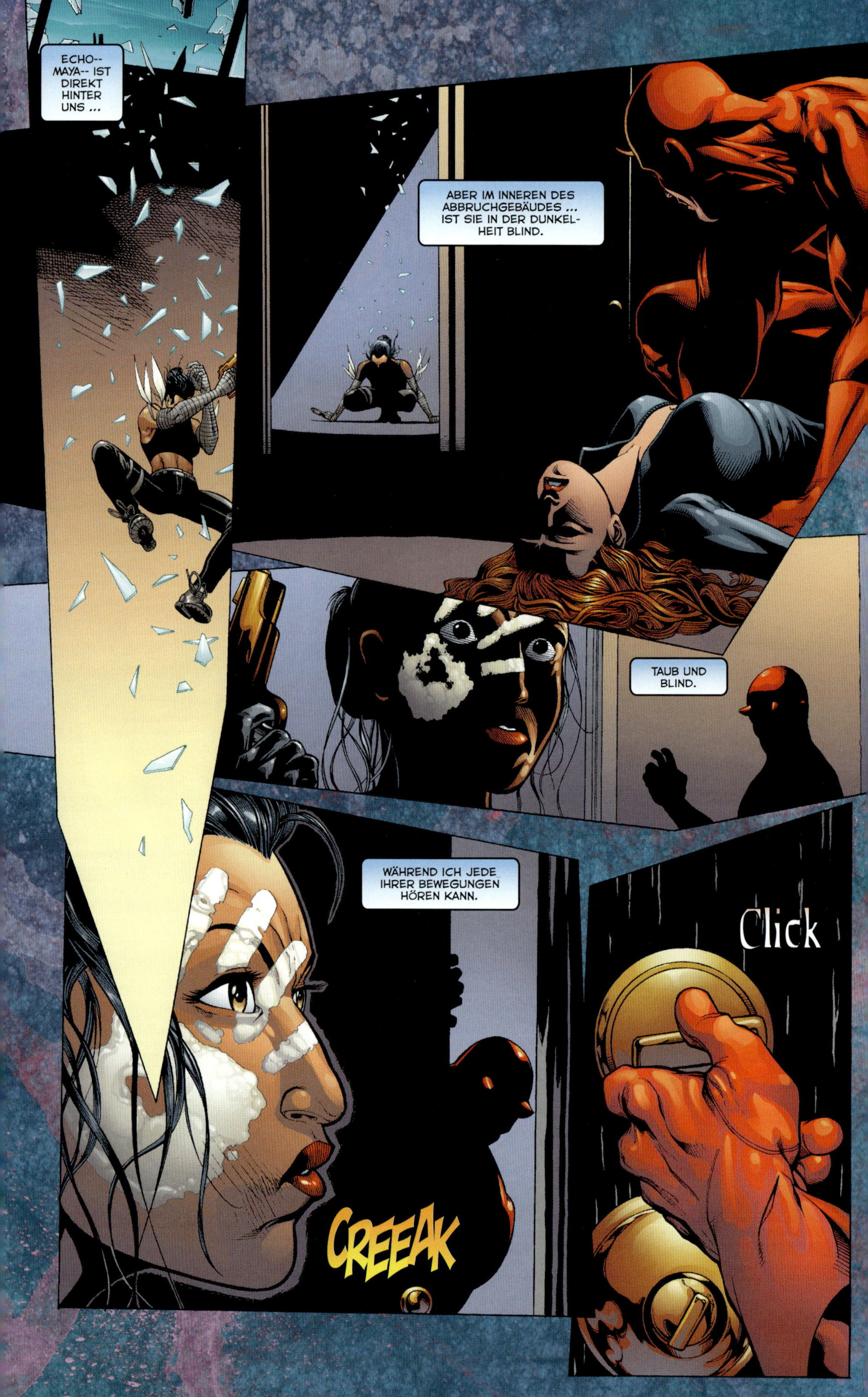
ECHO-- MAYA-- IST DIREKT HINTER UNS ...
ABER IM INNEREN DES ABBRUCHGEBÄUDES ... IST SIE IN DER DUNKEL-HEIT BLIND.
TAUB UND BLIND.
WÄHREND ICH JEDE IHRER BEWEGUNGEN HÖREN KANN.
Click
CREEAK

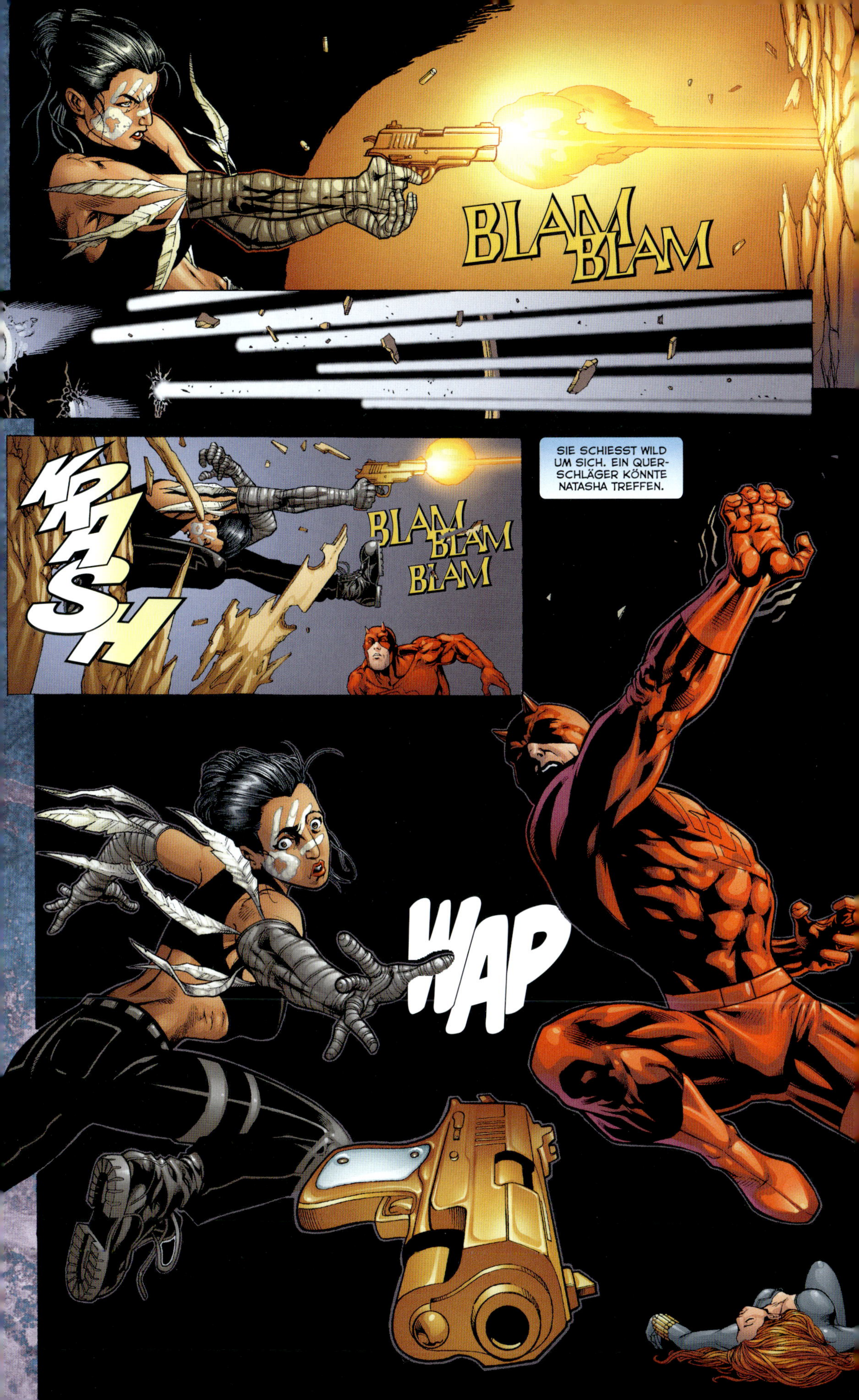
BLAM BLAM
KRASH
BLAM BLAM BLAM
SIE SCHIESST WILD UM SICH. EIN QUERSCHLÄGER KÖNNTE NATASHA TREFFEN.
WAP

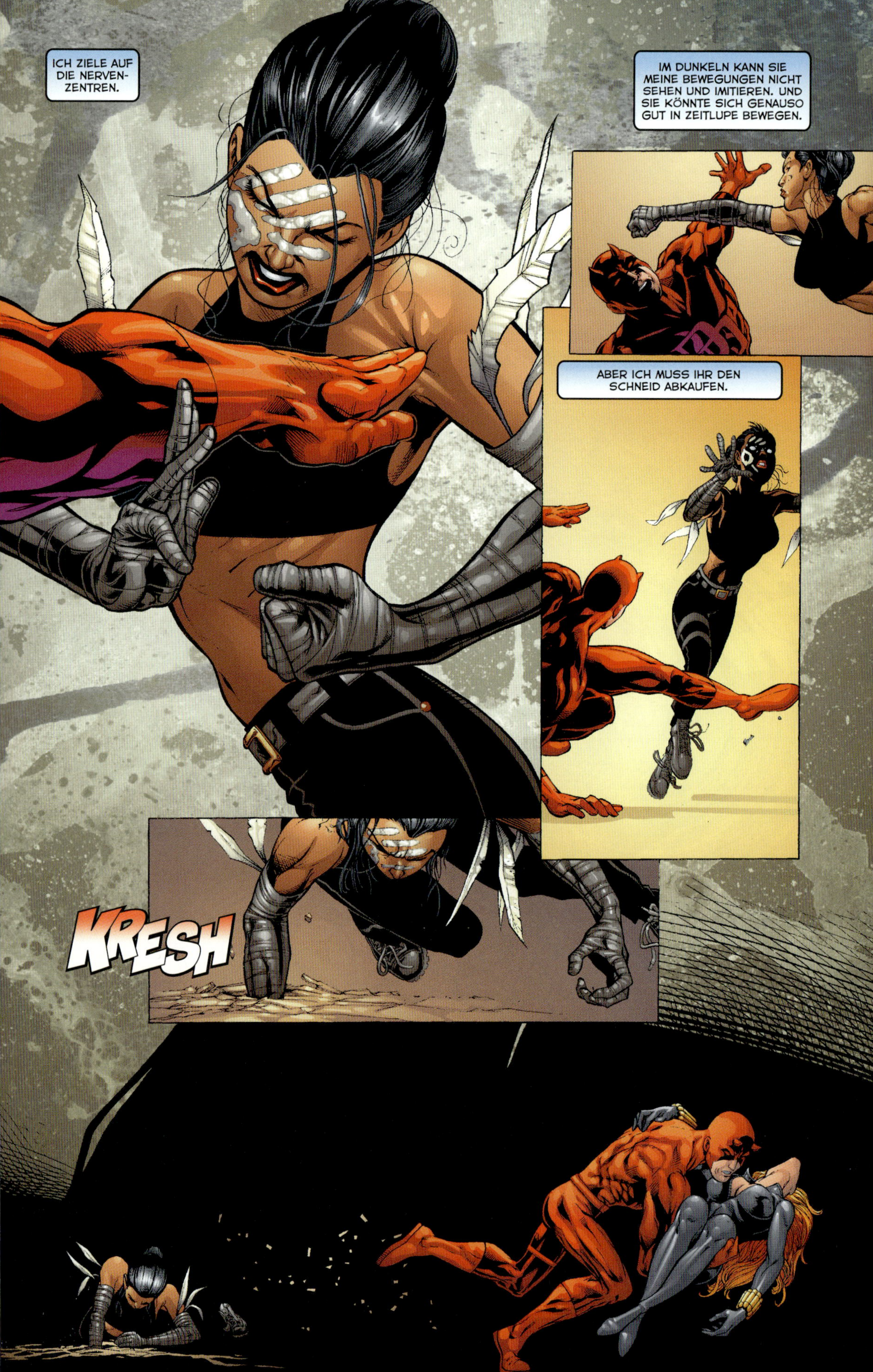
ICH ZIELE AUF DIE NERVEN-ZENTREN.
IM DUNKELN KANN SIE MEINE BEWEGUNGEN NICHT SEHEN UND IMITIEREN. UND SIE KÖNNTE SICH GENAUSO GUT IN ZEITLUPE BEWEGEN.
ABER ICH MUSS IHR DEN SCHNEID ABKAUFEN.
KRESH

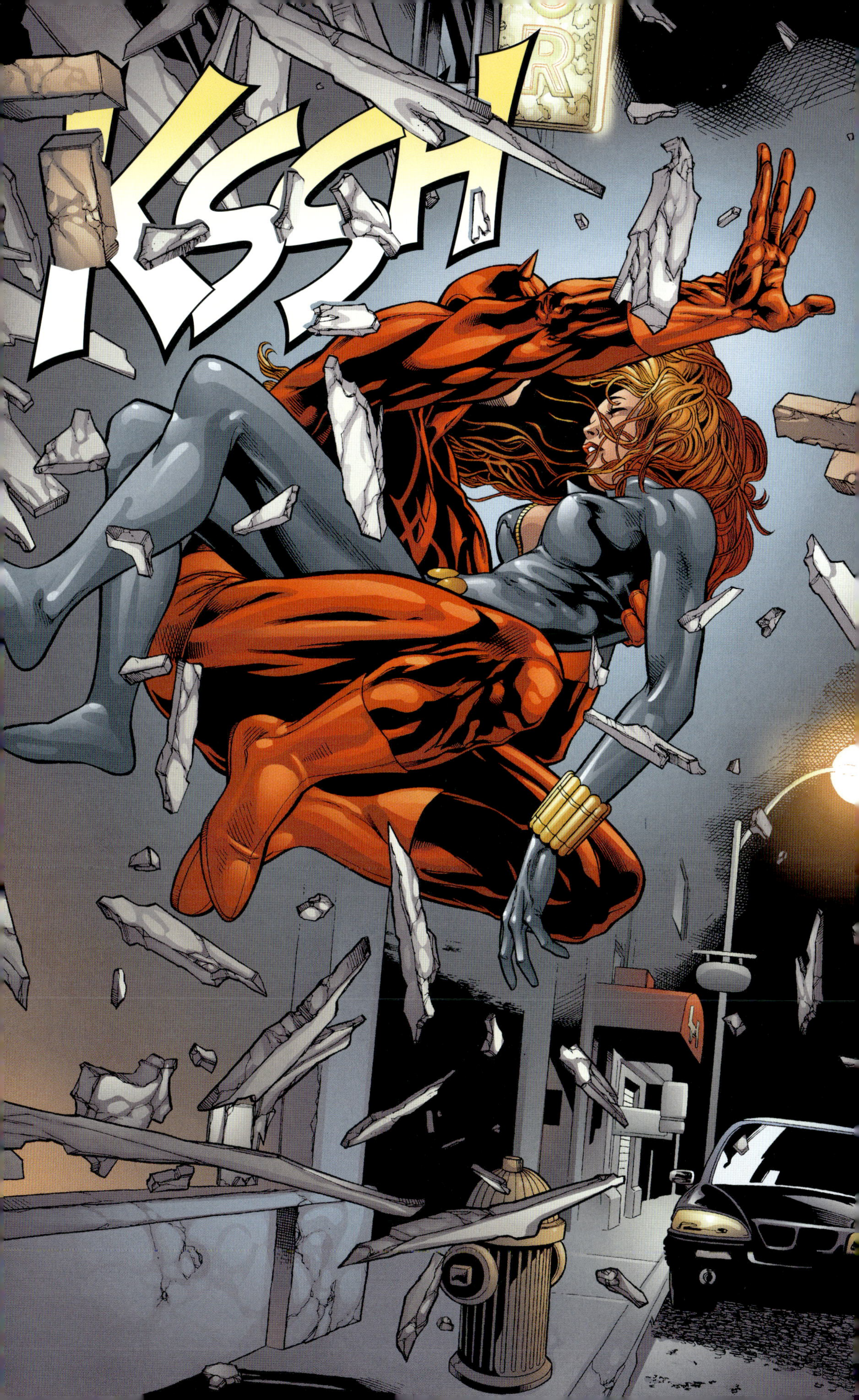
KSSH

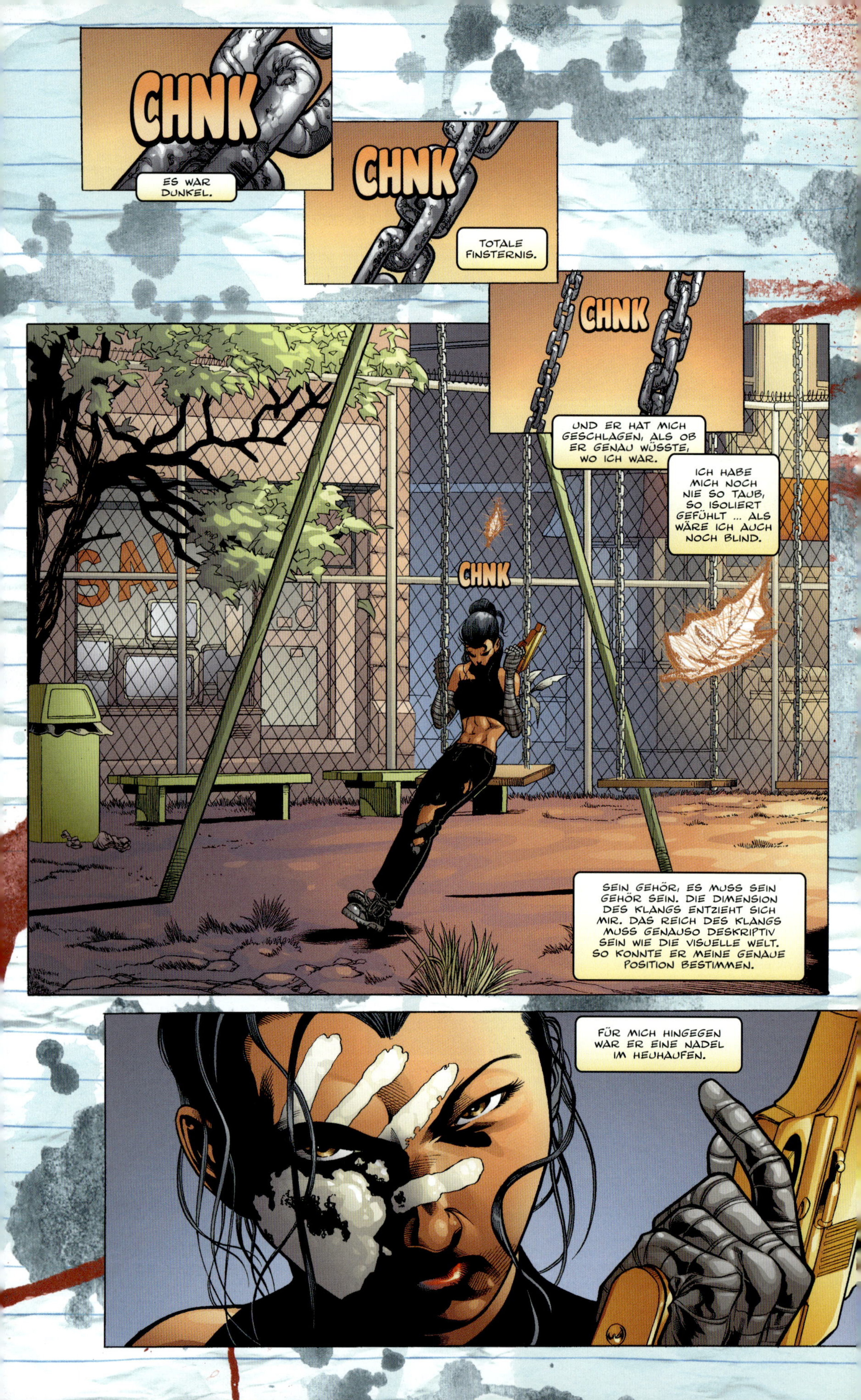
CHNK
ES WAR DUNKEL.
CHNK
TOTALE FINSTERNIS.
CHNK
UND ER HAT MICH GESCHLAGEN, ALS OB ER GENAU WÜSSTE, WO ICH WAR.
ICH HABE MICH NOCH NIE SO TAUB, SO ISOLIERT GEFÜHLT ... ALS WÄRE ICH AUCH NOCH BLIND.
CHNK
SEIN GEHÖR, ES MUSS SEIN GEHÖR SEIN. DIE DIMENSION DES KLANGS ENTZIEHT SICH MIR. DAS REICH DES KLANGS MUSS GENAUSO DESKRIPTIV SEIN WIE DIE VISUELLE WELT. SO KONNTE ER MEINE GENAUE POSITION BESTIMMEN.
FÜR MICH HINGEGEN WAR ER EINE NADEL IM HEUHAUFEN.

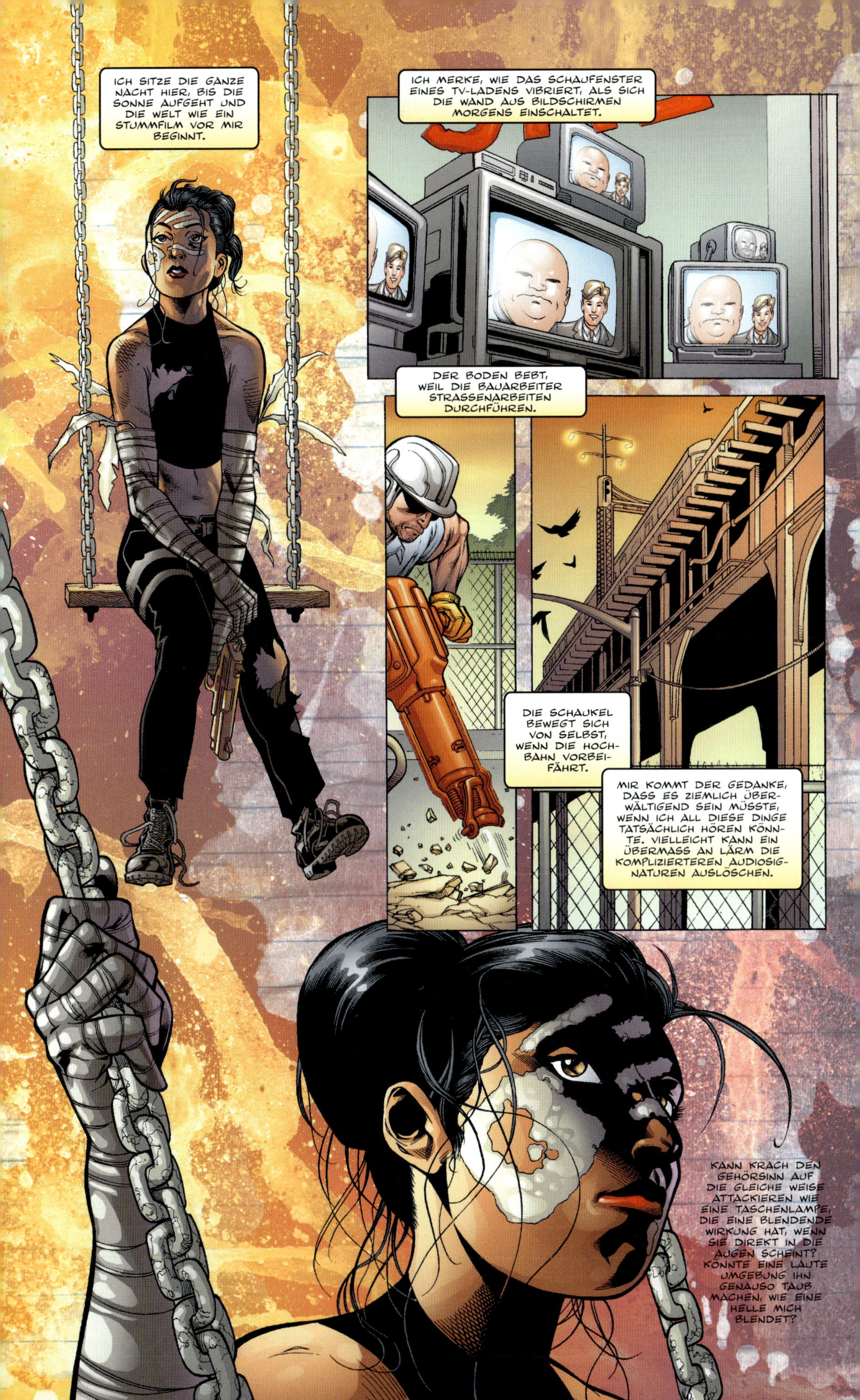

ICH SITZE DIE GANZE NACHT HIER, BIS DIE SONNE AUFGEHT UND DIE WELT WIE EIN STUMMFILM VOR MIR BEGINNT.
ICH MERKE, WIE DAS SCHAUFENSTER EINES TV-LADENS VIBRIERT, ALS SICH DIE WAND AUS BILDSCHIRMEN MORGENS EINSCHALTET.
DER BODEN BEBT, WEIL DIE BAUARBEITER STRASSENARBEITEN DURCHFÜHREN.
DIE SCHAUKEL BEWEGT SICH VON SELBST, WENN DIE HOCHBAHN VORBEIFÄHRT.
MIR KOMMT DER GEDANKE, DASS ES ZIEMLICH ÜBERWÄLTIGEND SEIN MÜSSTE, WENN ICH ALL DIESE DINGE TATSÄCHLICH HÖREN KÖNNTE. VIELLEICHT KANN EIN ÜBERMASS AN LÄRM DIE KOMPLIZIERTEREN AUDIOSIGNATUREN AUSLÖSCHEN.
KANN KRACH DEN GEHÖRSINN AUF DIE GLEICHE WEISE ATTACKIEREN WIE EINE TASCHENLAMPE, DIE EINE BLENDENDE WIRKUNG HAT, WENN SIE DIREKT IN DIE AUGEN SCHEINT? KÖNNTE EINE LAUTE UMGEBUNG IHN GENAUSO TAUB MACHEN, WIE EINE HELLE MICH BLENDET?

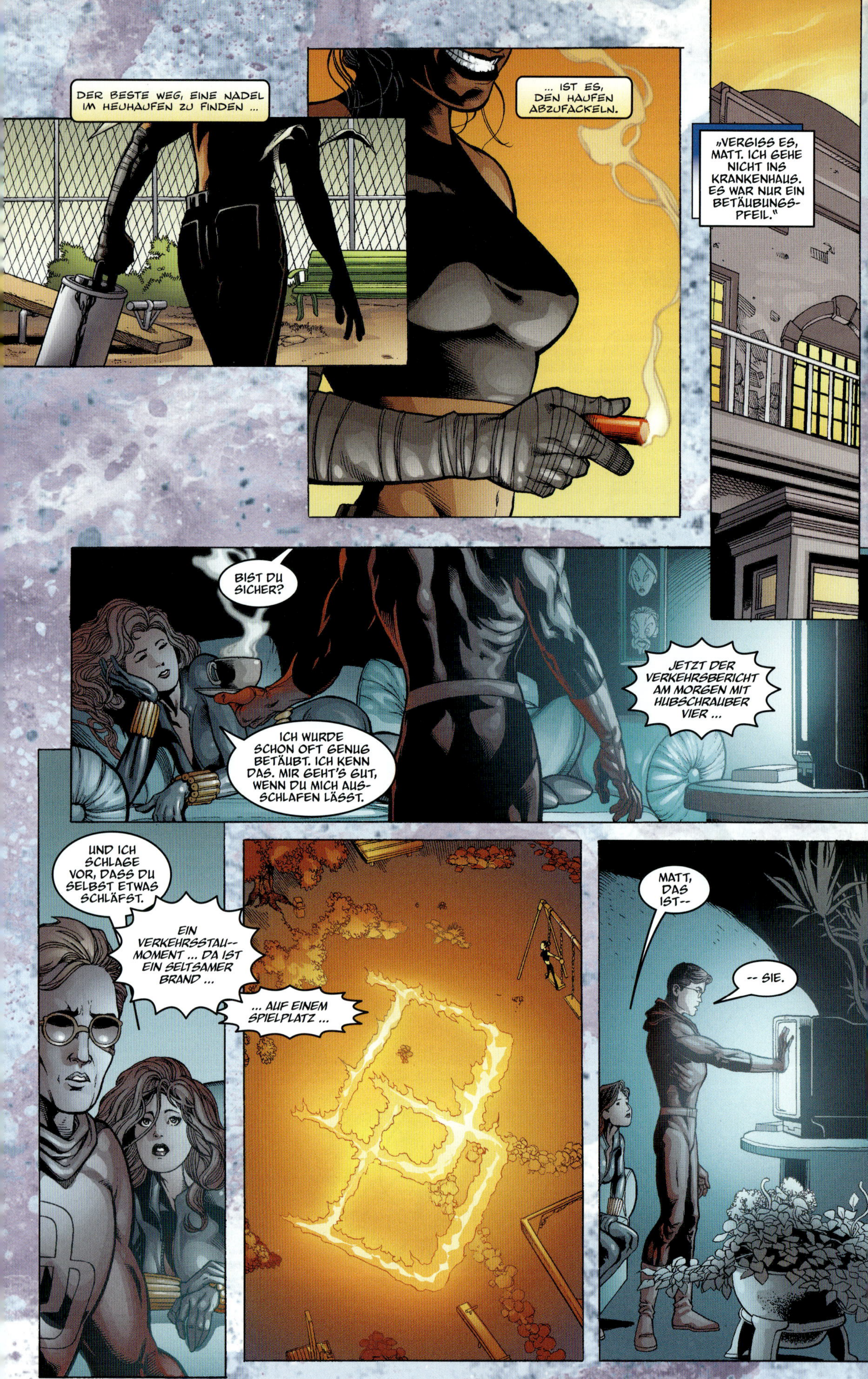
DER BESTE WEG, EINE NADEL IM HEUHAUFEN ZU FINDEN ...
... IST ES, DEN HAUFEN ABZUFACKELN.
„VERGISS ES, MATT. ICH GEHE NICHT INS KRANKENHAUS. ES WAR NUR EIN BETÄUBUNGS-PFEIL."
BIST DU SICHER?
ICH WURDE SCHON OFT GENUG BETÄUBT. ICH KENN DAS. MIR GEHT'S GUT, WENN DU MICH AUS-SCHLAFEN LÄSST.
JETZT DER VERKEHRSBERICHT AM MORGEN MIT HUBSCHRAUBER VIER ...
UND ICH SCHLAGE VOR, DASS DU SELBST ETWAS SCHLÄFST.
EIN VERKEHRSSTAU-MOMENT ... DA IST EIN SELTSAMER BRAND ...
... AUF EINEM SPIELPLATZ ...
MATT, DAS IST--
-- SIE.

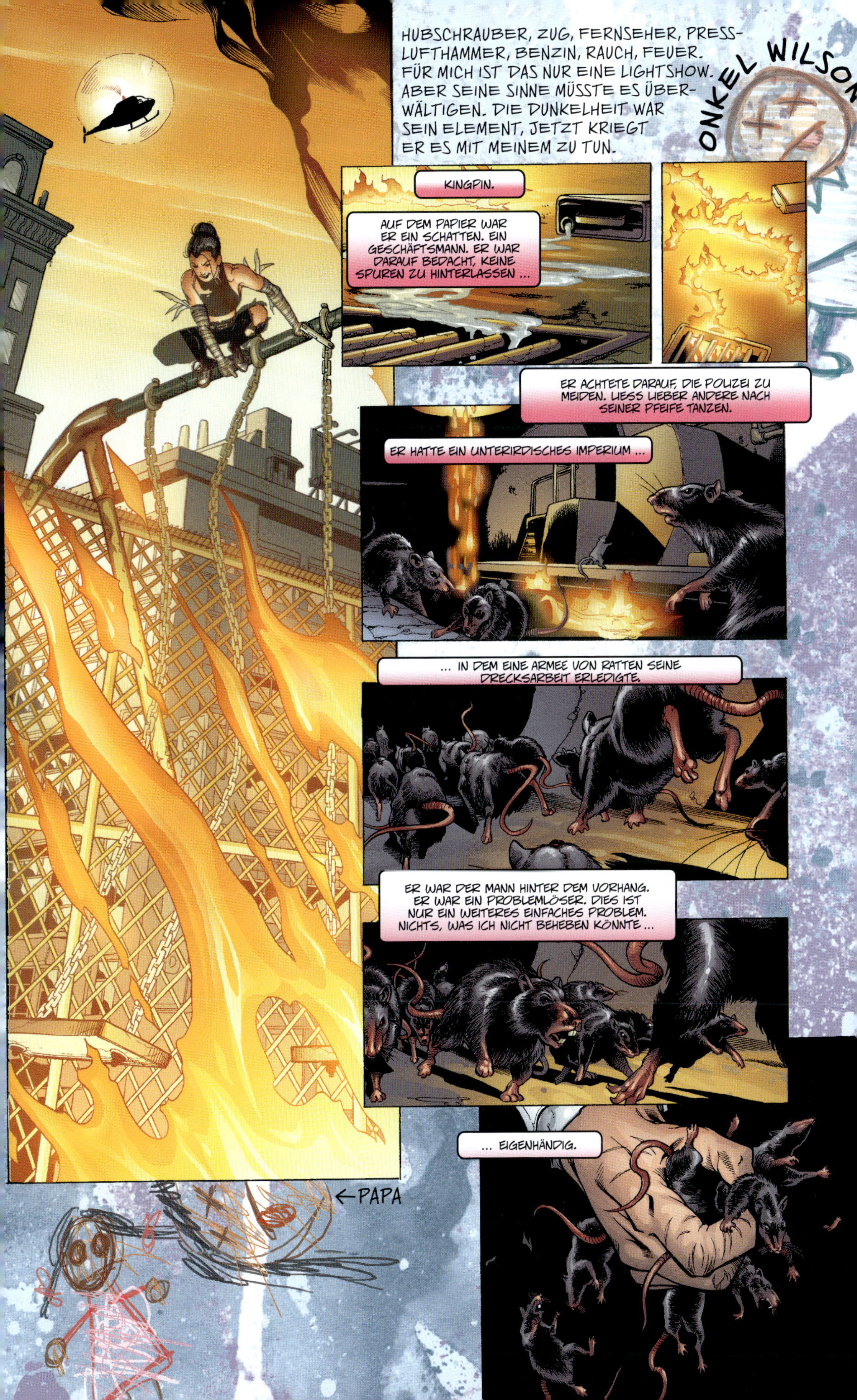
HUBSCHRAUBER, ZUG, FERNSEHER, PRESSLUFTHAMMER, BENZIN, RAUCH, FEUER. FÜR MICH IST DAS NUR EINE LIGHTSHOW. ABER SEINE SINNE MÜSSTE ES ÜBERWÄLTIGEN. DIE DUNKELHEIT WAR SEIN ELEMENT, JETZT KRIEGT ER ES MIT MEINEM ZU TUN.
ONKEL WILSON
KINGPIN.
AUF DEM PAPIER WAR ER EIN SCHATTEN. EIN GESCHÄFTSMANN. ER WAR DARAUF BEDACHT, KEINE SPUREN ZU HINTERLASSEN ...
ER ACHTETE DARAUF, DIE POLIZEI ZU MEIDEN. LIESS LIEBER ANDERE NACH SEINER PFEIFE TANZEN.
ER HATTE EIN UNTERIRDISCHES IMPERIUM ...
... IN DEM EINE ARMEE VON RATTEN SEINE DRECKSARBEIT ERLEDIGTE.
ER WAR DER MANN HINTER DEM VORHANG. ER WAR EIN PROBLEMLÖSER. DIES IST NUR EIN WEITERES EINFACHES PROBLEM. NICHTS, WAS ICH NICHT BEHEBEN KÖNNTE ...
... EIGENHÄNDIG.
←PAPA

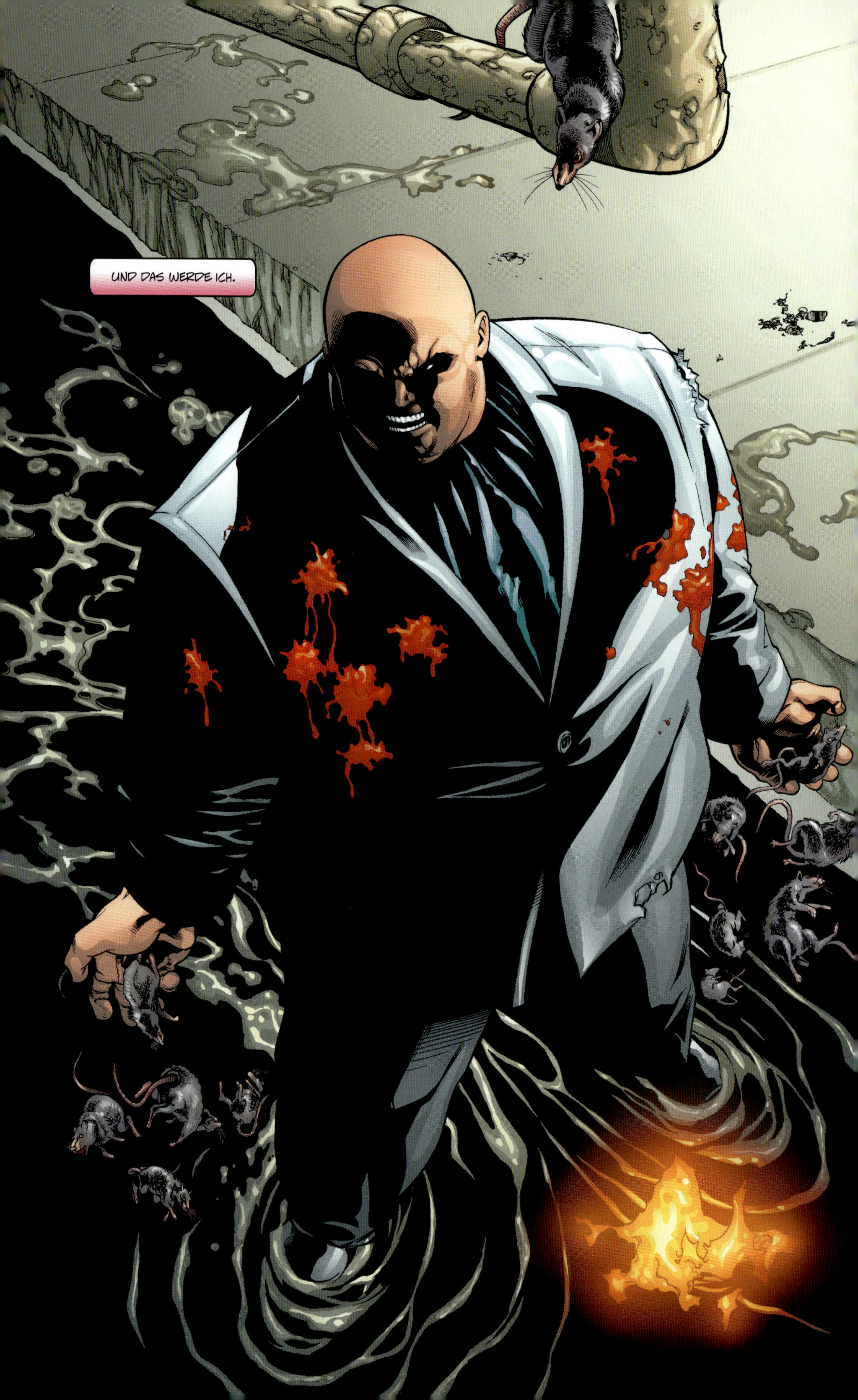
UND DAS WERDE ICH.

TEILE DER LEERE, FINALE: VISION

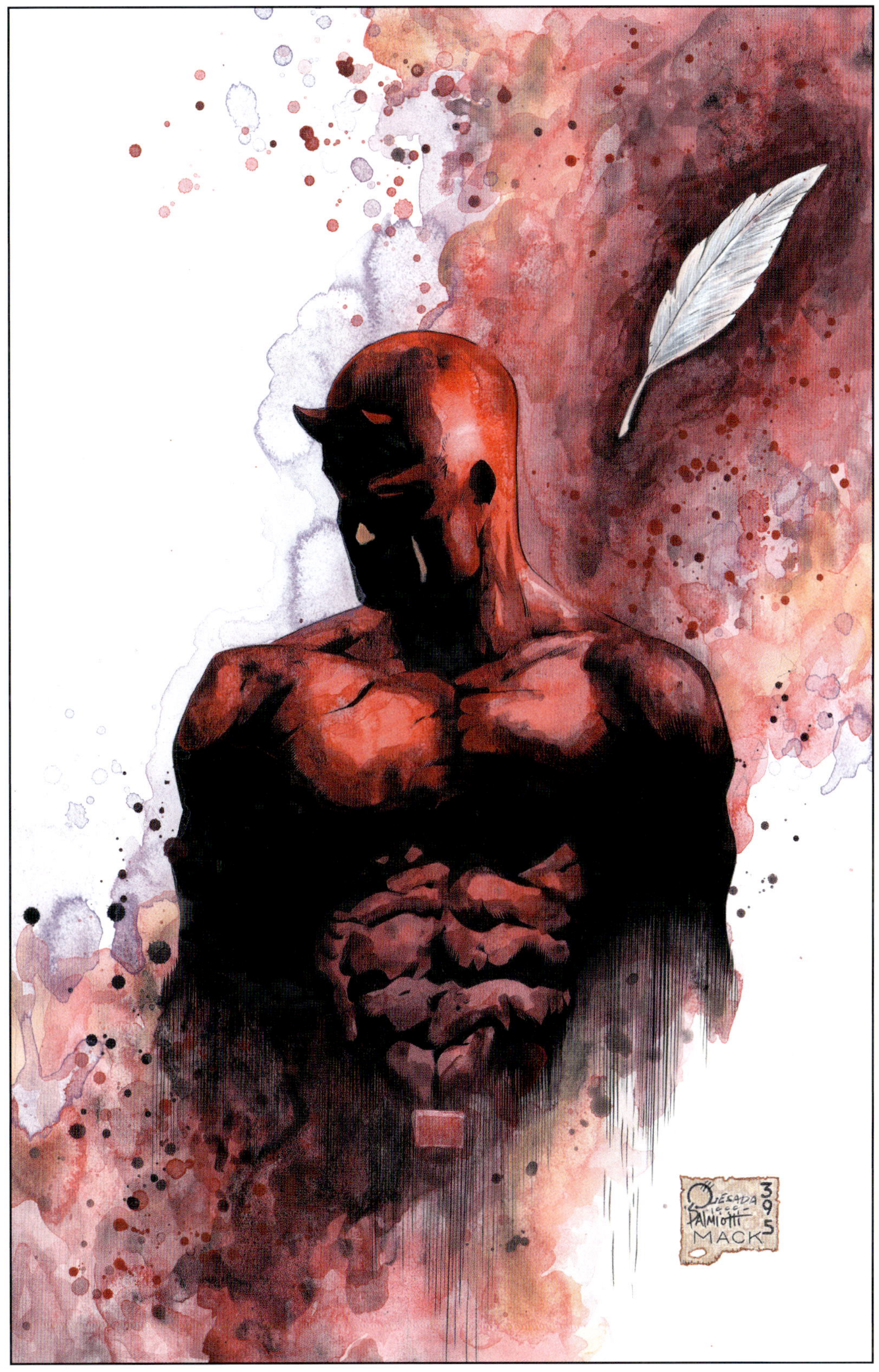

Daredevil (1998) 15

Cover von **JOE QUESADA**, **JIMMY PALMIOTTI** & **DAVID MACK**

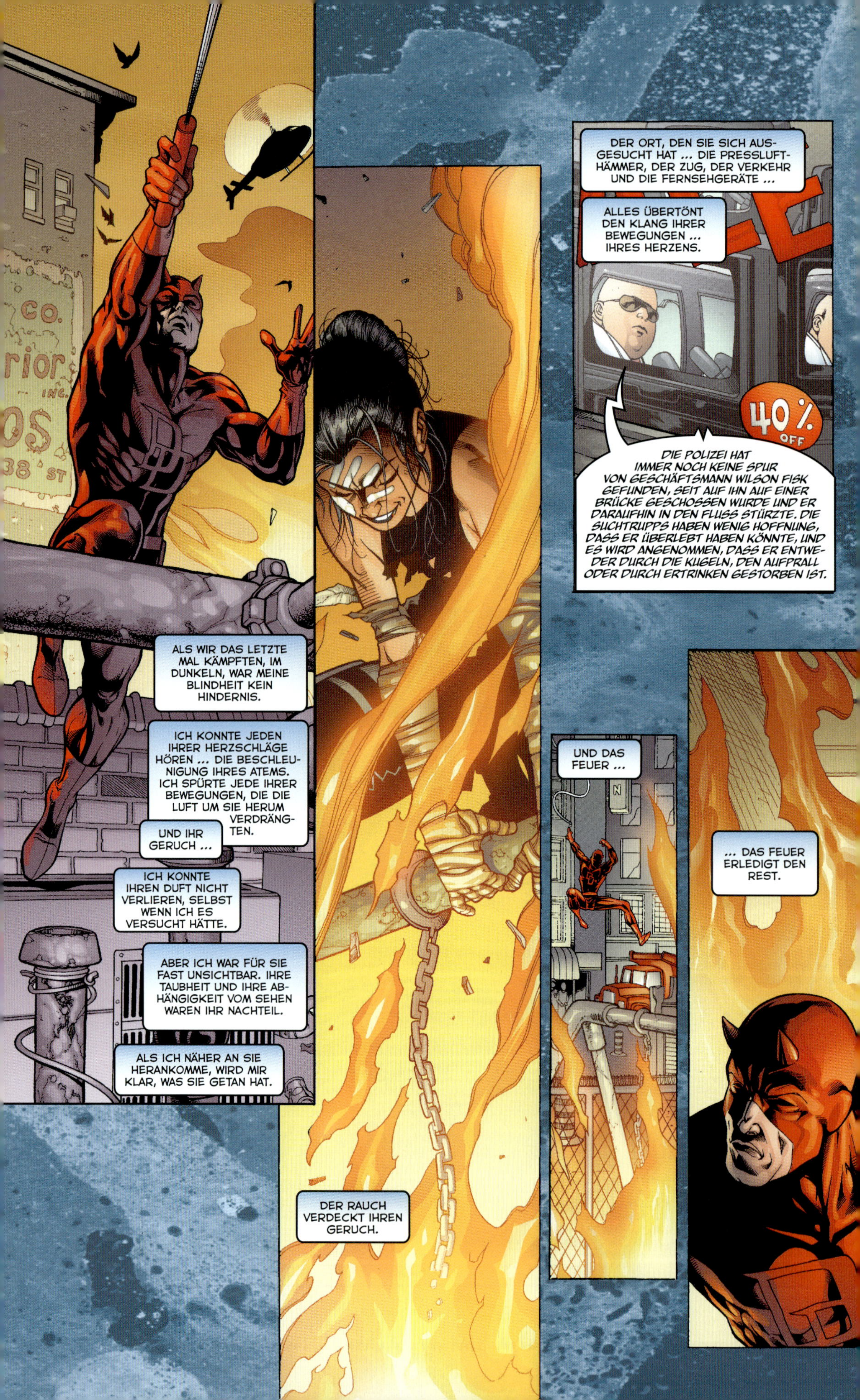
CO.
rior
INC.
OS
38 ST
ALS WIR DAS LETZTE MAL KÄMPFTEN, IM DUNKELN, WAR MEINE BLINDHEIT KEIN HINDERNIS.
ICH KONNTE JEDEN IHRER HERZSCHLÄGE HÖREN ... DIE BESCHLEUNIGUNG IHRES ATEMS. ICH SPÜRTE JEDE IHRER BEWEGUNGEN, DIE DIE LUFT UM SIE HERUM VERDRÄNGTEN.
UND IHR GERUCH ...
ICH KONNTE IHREN DUFT NICHT VERLIEREN, SELBST WENN ICH ES VERSUCHT HÄTTE.
ABER ICH WAR FÜR SIE FAST UNSICHTBAR. IHRE TAUBHEIT UND IHRE ABHÄNGIGKEIT VOM SEHEN WAREN IHR NACHTEIL.
ALS ICH NÄHER AN SIE HERANKOMME, WIRD MIR KLAR, WAS SIE GETAN HAT.
DER RAUCH VERDECKT IHREN GERUCH.
DER ORT, DEN SIE SICH AUSGESUCHT HAT ... DIE PRESSLUFTHÄMMER, DER ZUG, DER VERKEHR UND DIE FERNSEHGERÄTE ...
ALLES ÜBERTÖNT DEN KLANG IHRER BEWEGUNGEN ... IHRES HERZENS.
40% OFF
DIE POLIZEI HAT IMMER NOCH KEINE SPUR VON GESCHÄFTSMANN WILSON FISK GEFUNDEN, SEIT AUF IHN AUF EINER BRÜCKE GESCHOSSEN WURDE UND ER DARAUFHIN IN DEN FLUSS STÜRZTE. DIE SUCHTRUPPS HABEN WENIG HOFFNUNG, DASS ER ÜBERLEBT HABEN KÖNNTE, UND ES WIRD ANGENOMMEN, DASS ER ENTWEDER DURCH DIE KUGELN, DEN AUFPRALL ODER DURCH ERTRINKEN GESTORBEN IST.
UND DAS FEUER ...
... DAS FEUER ERLEDIGT DEN REST.

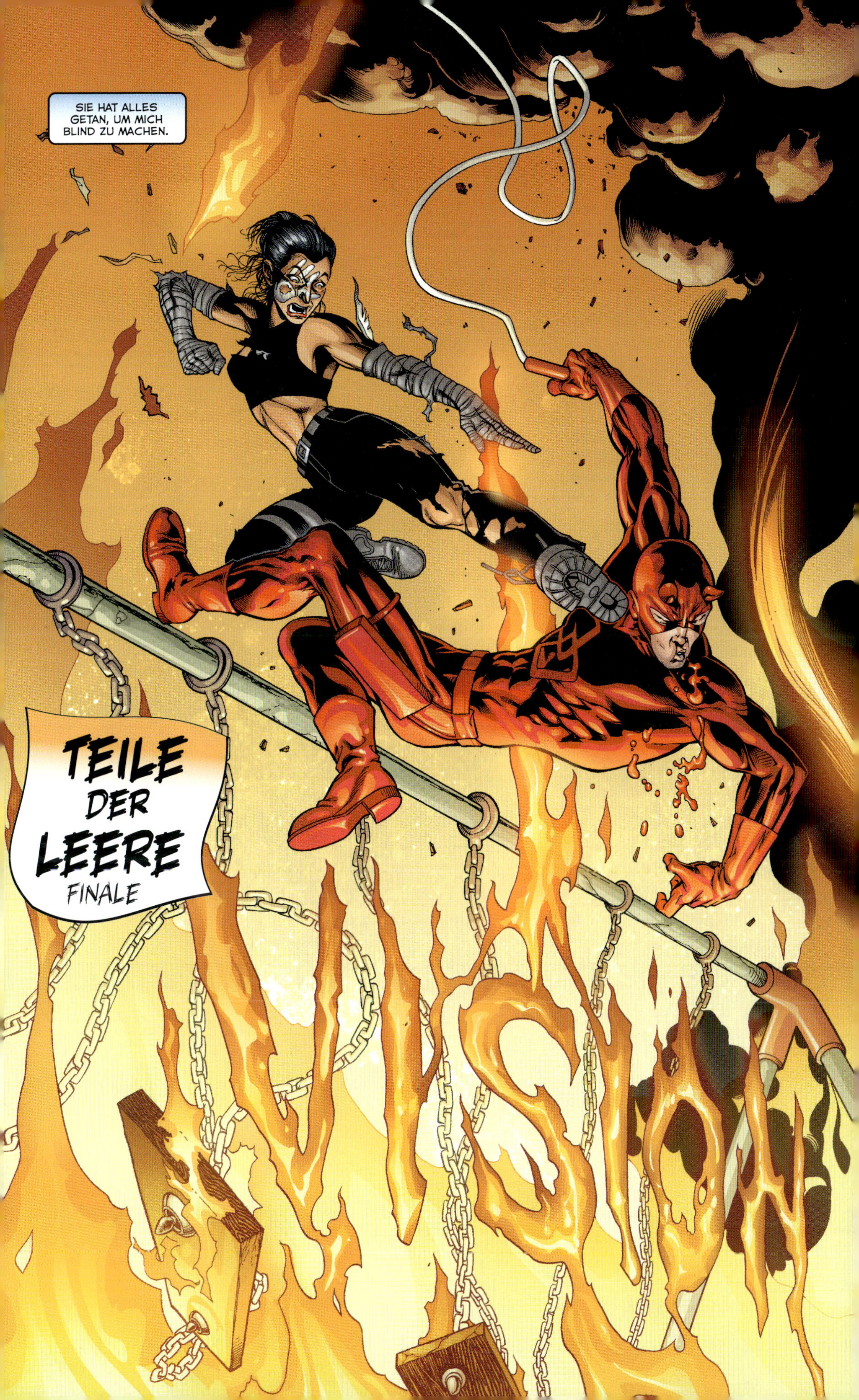
SIE HAT ALLES GETAN, UM MICH BLIND ZU MACHEN.
TEILE DER LEERE
FINALE

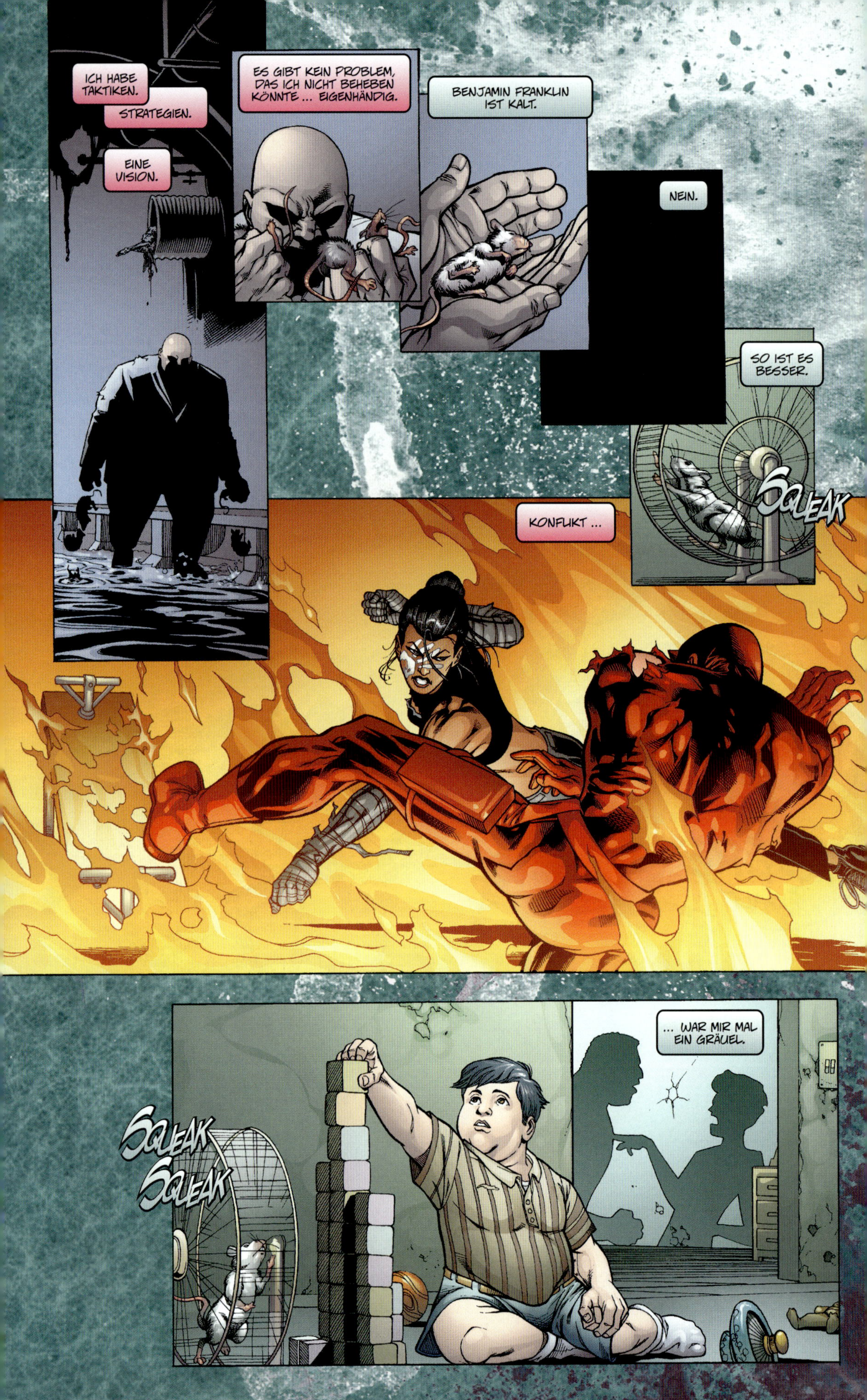
ICH HABE TAKTIKEN.
STRATEGIEN.
EINE VISION.
ES GIBT KEIN PROBLEM, DAS ICH NICHT BEHEBEN KÖNNTE ... EIGENHÄNDIG.
BENJAMIN FRANKLIN IST KALT.
NEIN.
SO IST ES BESSER.
SQUEAK
KONFLIKT ...
... WAR MIR MAL EIN GRÄUEL.
SQUEAK
SQUEAK

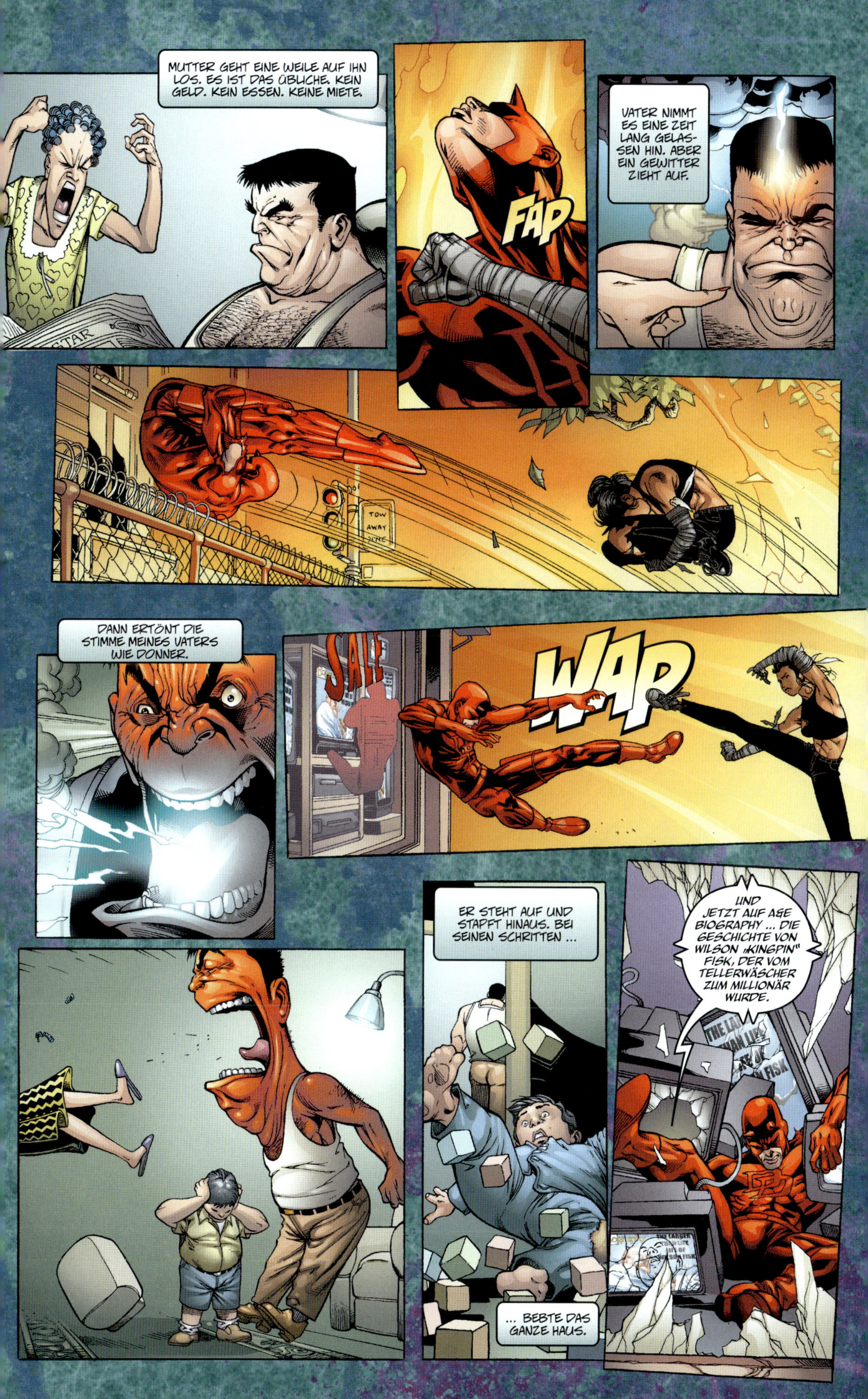
MUTTER GEHT EINE WEILE AUF IHN LOS. ES IST DAS ÜBLICHE. KEIN GELD. KEIN ESSEN. KEINE MIETE.
FAP
VATER NIMMT ES EINE ZEIT LANG GELASSEN HIN. ABER EIN GEWITTER ZIEHT AUF.
TOW AWAY ZONE
DANN ERTÖNT DIE STIMME MEINES VATERS WIE DONNER.
SALE
WAP
ER STEHT AUF UND STAPFT HINAUS. BEI SEINEN SCHRITTEN ...
... BEBTE DAS GANZE HAUS.
UND JETZT AUF A&E BIOGRAPHY ... DIE GESCHICHTE VON WILSON „KINGPIN" FISK, DER VOM TELLERWÄSCHER ZUM MILLIONÄR WURDE.

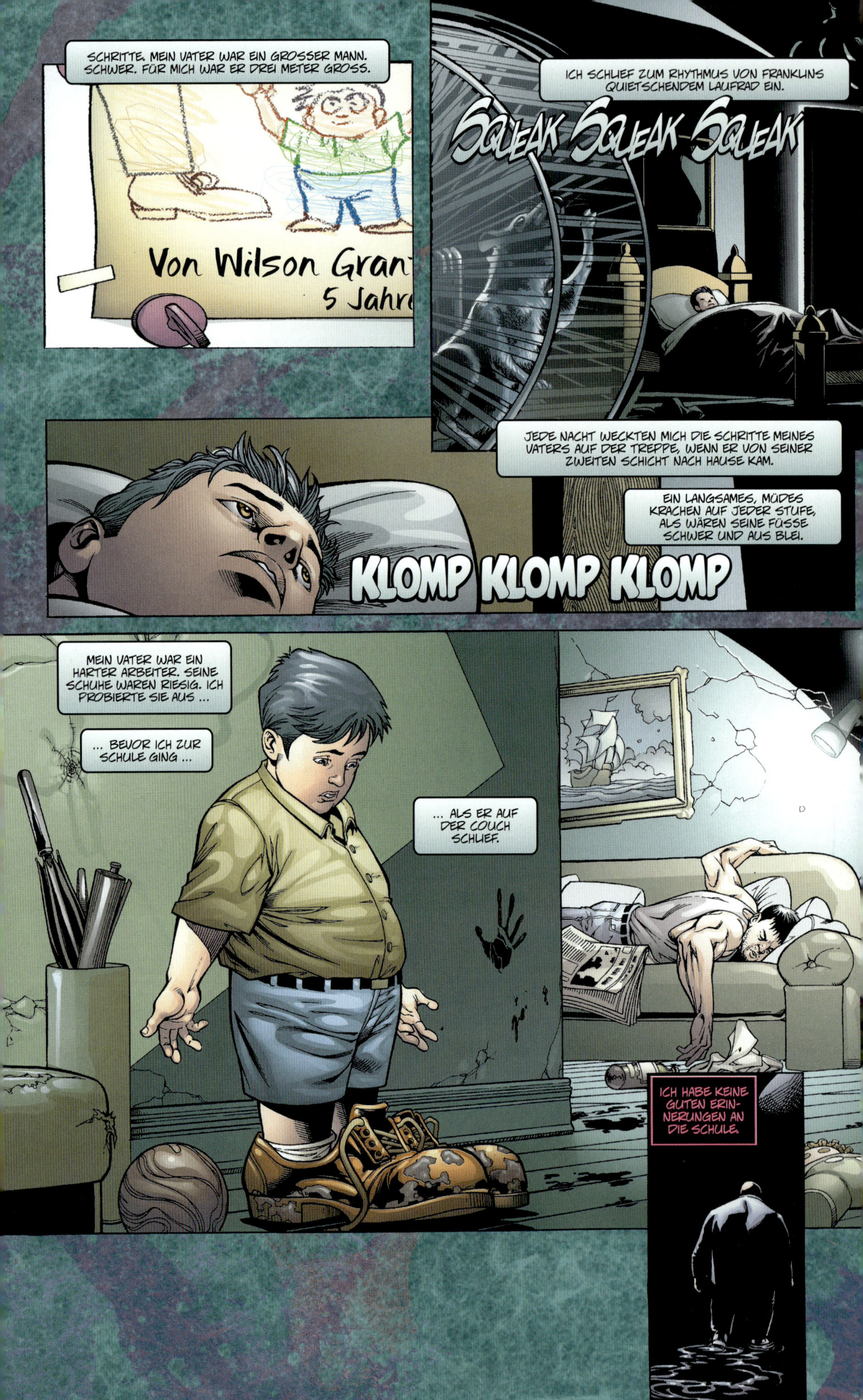
SCHRITTE. MEIN VATER WAR EIN GROSSER MANN. SCHWER. FÜR MICH WAR ER DREI METER GROSS.
Von Wilson Gran
5 Jahr
ICH SCHLIEF ZUM RHYTHMUS VON FRANKLINS QUIETSCHENDEM LAUFRAD EIN.
SQUEAK SQUEAK SQUEAK
JEDE NACHT WECKTEN MICH DIE SCHRITTE MEINES VATERS AUF DER TREPPE, WENN ER VON SEINER ZWEITEN SCHICHT NACH HAUSE KAM.
EIN LANGSAMES, MÜDES KRACHEN AUF JEDER STUFE, ALS WÄREN SEINE FÜSSE SCHWER UND AUS BLEI.
KLOMP KLOMP KLOMP
MEIN VATER WAR EIN HARTER ARBEITER. SEINE SCHUHE WAREN RIESIG. ICH PROBIERTE SIE AUS ...
... BEVOR ICH ZUR SCHULE GING ...
... ALS ER AUF DER COUCH SCHLIEF.
ICH HABE KEINE GUTEN ERIN-NERUNGEN AN DIE SCHULE.

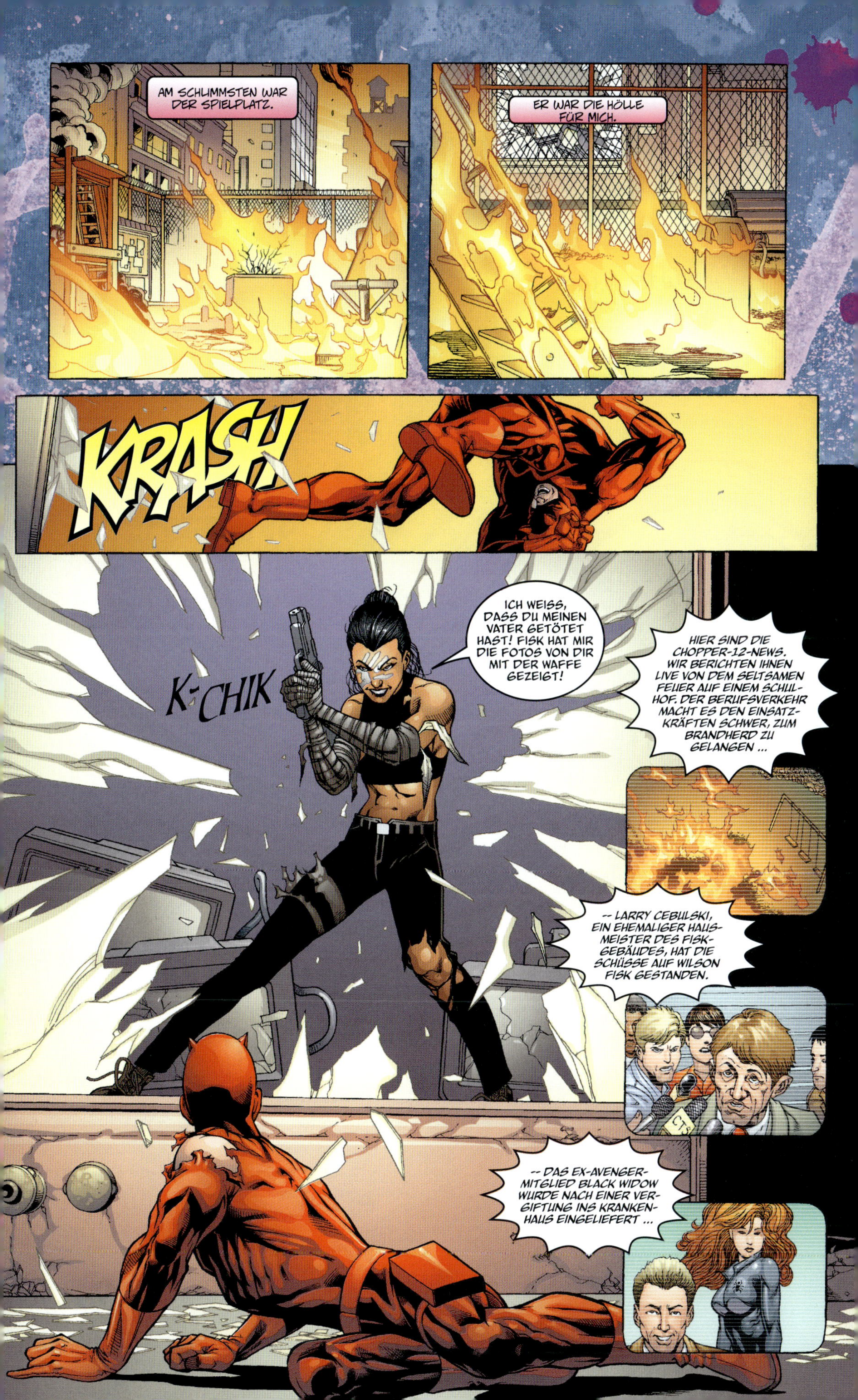
AM SCHLIMMSTEN WAR DER SPIELPLATZ.
ER WAR DIE HÖLLE FÜR MICH.
KRASH
K-CHIK
ICH WEISS, DASS DU MEINEN VATER GETÖTET HAST! FISK HAT MIR DIE FOTOS VON DIR MIT DER WAFFE GEZEIGT!
HIER SIND DIE CHOPPER-12-NEWS. WIR BERICHTEN IHNEN LIVE VON DEM SELTSAMEN FEUER AUF EINEM SCHULHOF. DER BERUFSVERKEHR MACHT ES DEN EINSATZKRÄFTEN SCHWER, ZUM BRANDHERD ZU GELANGEN ...
-- LARRY CEBULSKI, EIN EHEMALIGER HAUSMEISTER DES FISK-GEBÄUDES, HAT DIE SCHÜSSE AUF WILSON FISK GESTANDEN.
-- DAS EX-AVENGER-MITGLIED BLACK WIDOW WURDE NACH EINER VERGIFTUNG INS KRANKENHAUS EINGELIEFERT ...

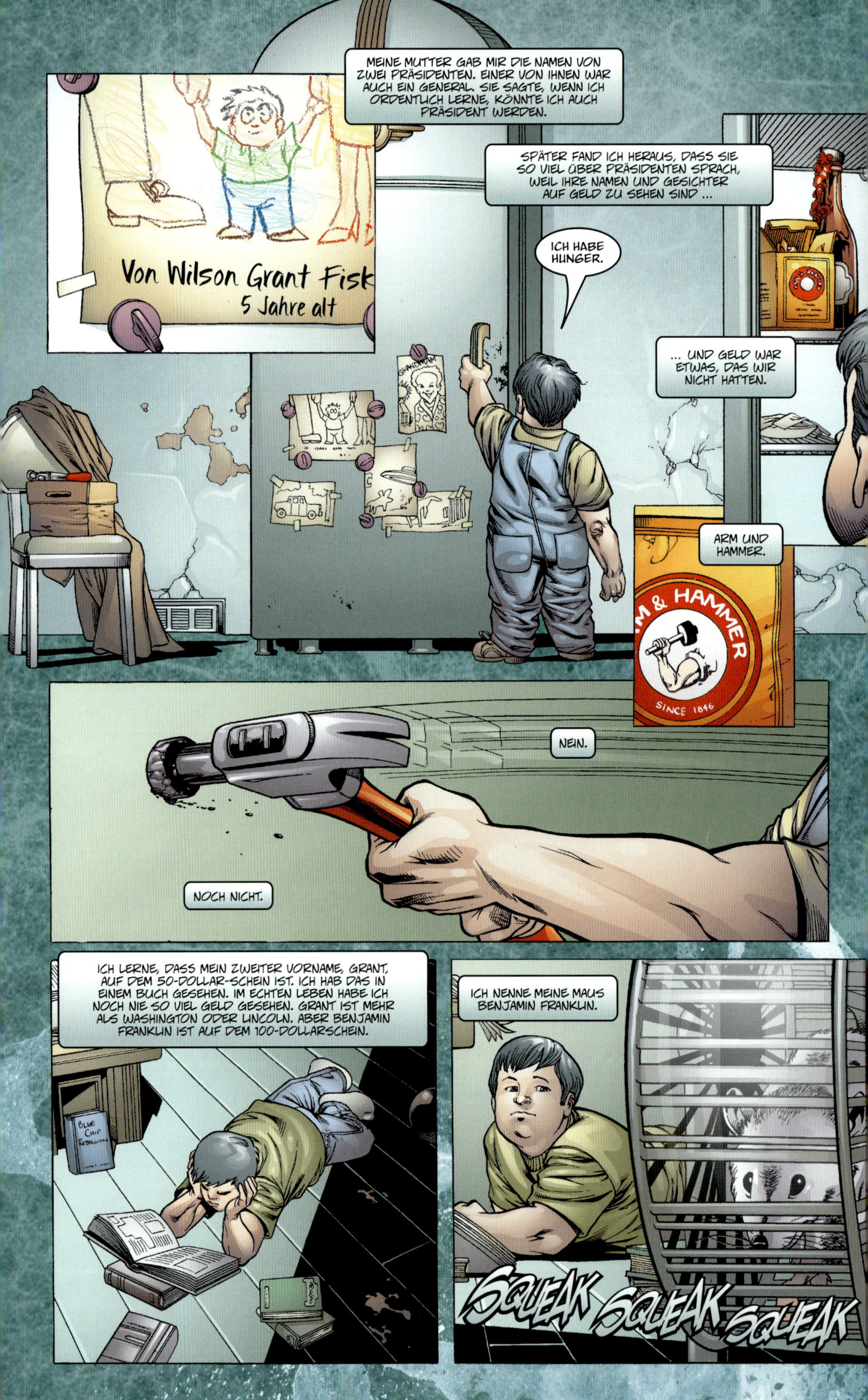
Von Wilson Grant Fisk
5 Jahre alt
MEINE MUTTER GAB MIR DIE NAMEN VON ZWEI PRÄSIDENTEN. EINER VON IHNEN WAR AUCH EIN GENERAL. SIE SAGTE, WENN ICH ORDENTLICH LERNE, KÖNNTE ICH AUCH PRÄSIDENT WERDEN.
SPÄTER FAND ICH HERAUS, DASS SIE SO VIEL ÜBER PRÄSIDENTEN SPRACH, WEIL IHRE NAMEN UND GESICHTER AUF GELD ZU SEHEN SIND ...
ICH HABE HUNGER.
... UND GELD WAR ETWAS, DAS WIR NICHT HATTEN.
ARM UND HAMMER.
M & HAMMER
SINCE 1846
NEIN.
NOCH NICHT.
ICH LERNE, DASS MEIN ZWEITER VORNAME, GRANT, AUF DEM 50-DOLLAR-SCHEIN IST. ICH HAB DAS IN EINEM BUCH GESEHEN. IM ECHTEN LEBEN HABE ICH NOCH NIE SO VIEL GELD GESEHEN. GRANT IST MEHR ALS WASHINGTON ODER LINCOLN. ABER BENJAMIN FRANKLIN IST AUF DEM 100-DOLLARSCHEIN.
BLUE CHIP REBELLION
ICH NENNE MEINE MAUS BENJAMIN FRANKLIN.
SQUEAK SQUEAK SQUEAK

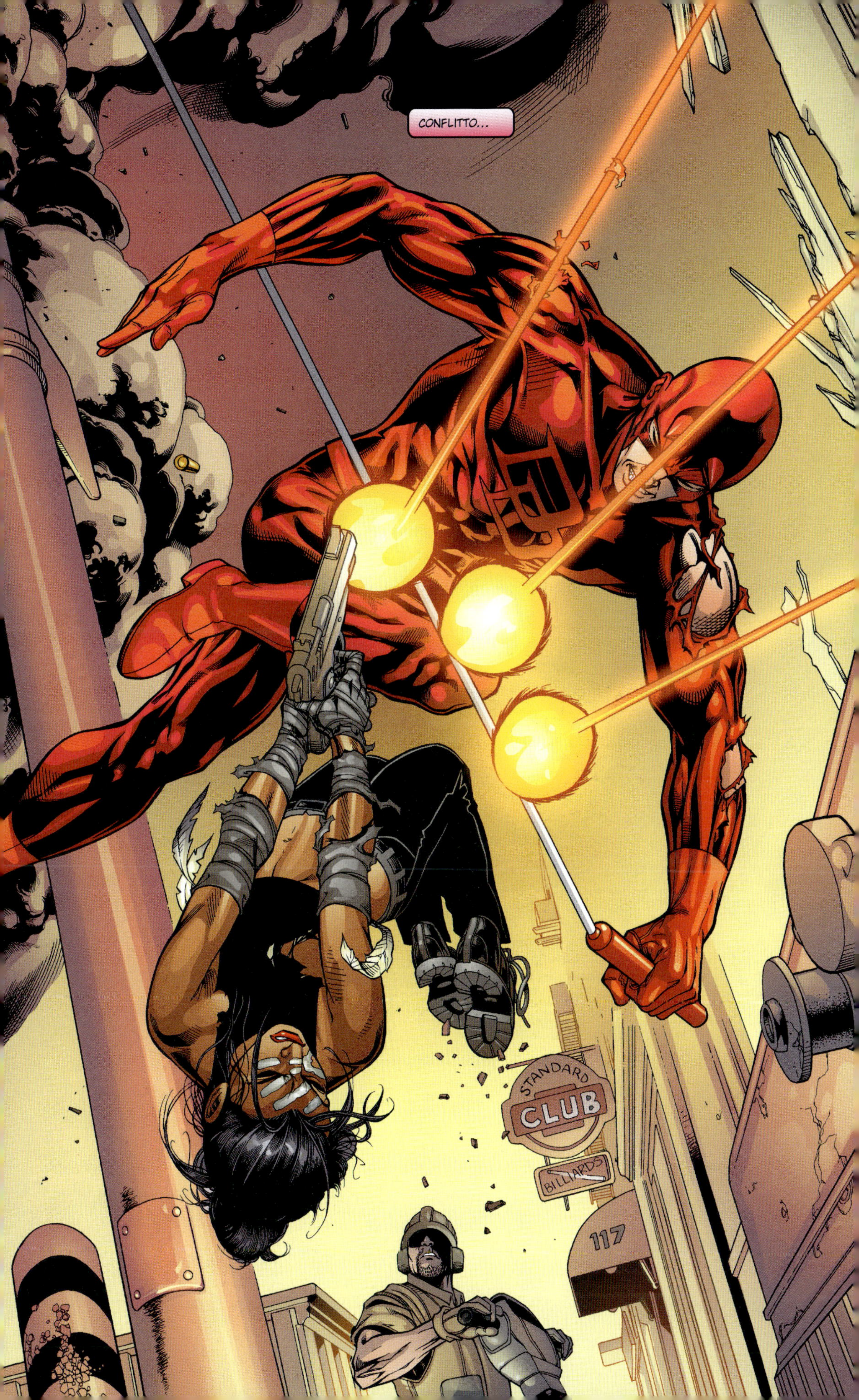
CONFLITTO...
STANDARD
CLUB
BILLIARDS
117

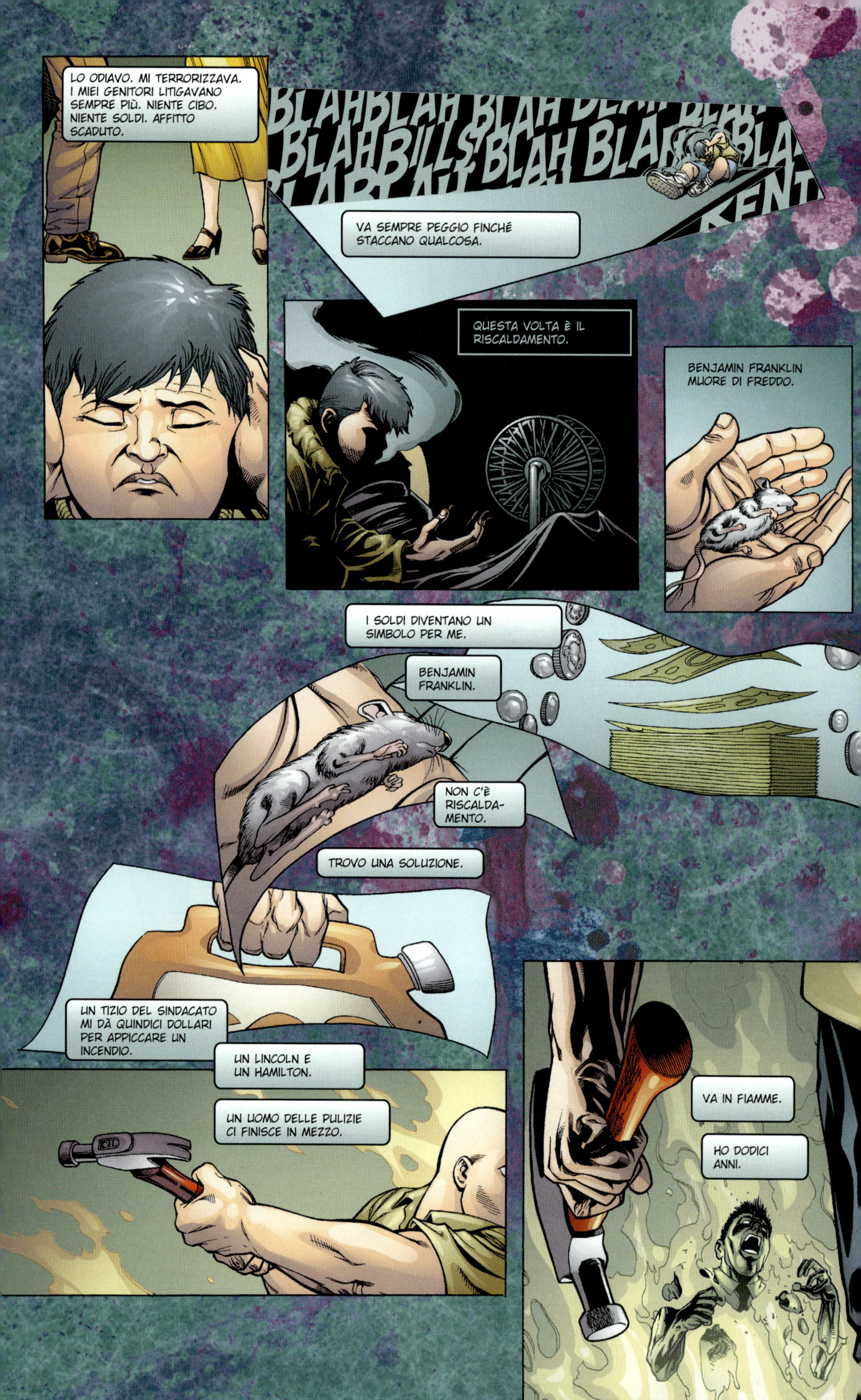
LO ODIAVO. MI TERRORIZZAVA. I MIEI GENITORI LITIGAVANO SEMPRE PIÙ. NIENTE CIBO. NIENTE SOLDI. AFFITTO SCADUTO.
BLAH BLAH BLAH BLAH BILLS BLAH BLAH BLAH
KENT
VA SEMPRE PEGGIO FINCHÉ STACCANO QUALCOSA.
QUESTA VOLTA È IL RISCALDAMENTO.
BENJAMIN FRANKLIN MUORE DI FREDDO.
I SOLDI DIVENTANO UN SIMBOLO PER ME.
BENJAMIN FRANKLIN.
NON C'È RISCALDA-MENTO.
TROVO UNA SOLUZIONE.
UN TIZIO DEL SINDACATO MI DÀ QUINDICI DOLLARI PER APPICCARE UN INCENDIO.
UN LINCOLN E UN HAMILTON.
UN UOMO DELLE PULIZIE CI FINISCE IN MEZZO.
VA IN FIAMME.
HO DODICI ANNI.

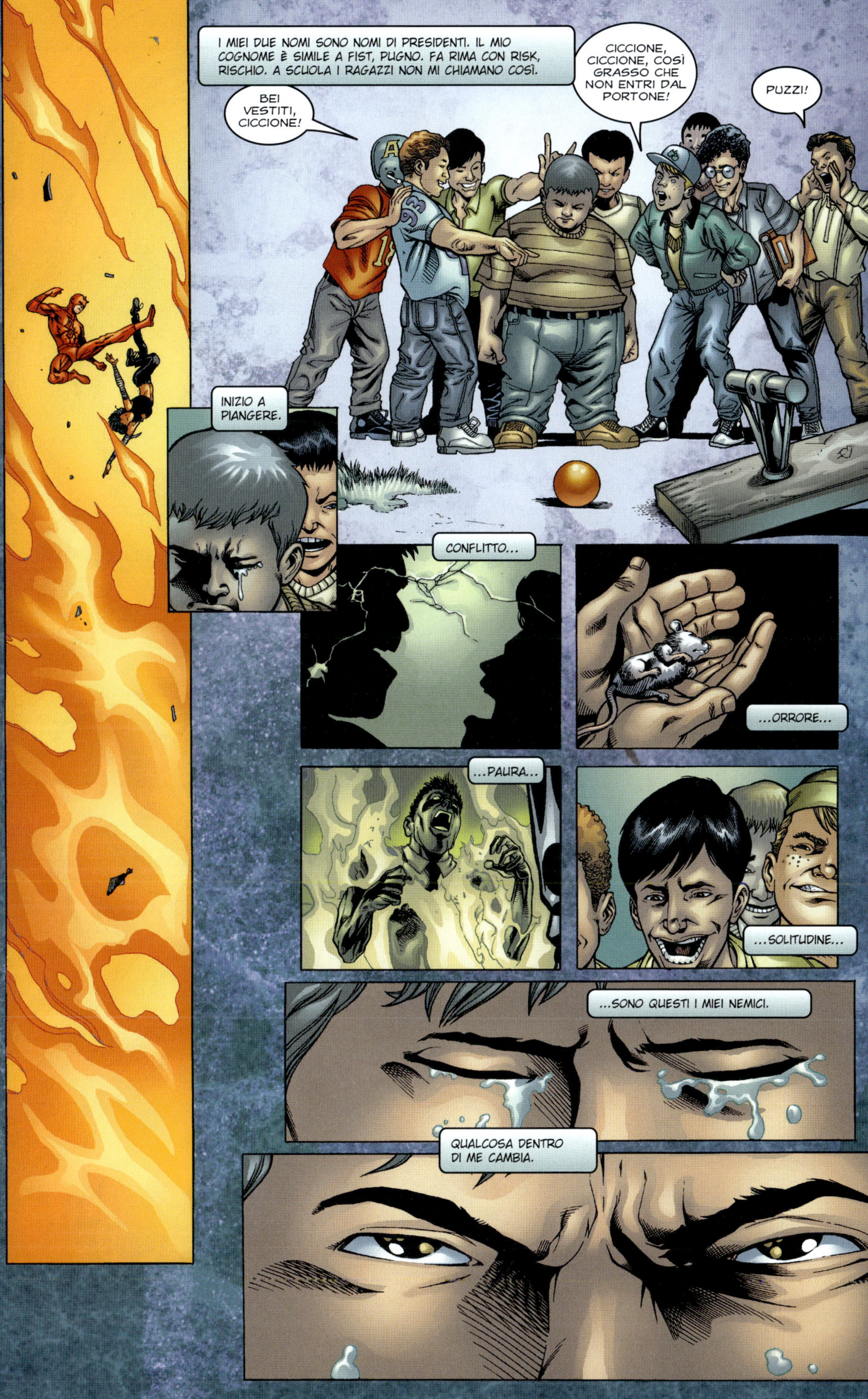
I MIEI DUE NOMI SONO NOMI DI PRESIDENTI. IL MIO COGNOME È SIMILE A FIST, PUGNO. FA RIMA CON RISK, RISCHIO. A SCUOLA I RAGAZZI NON MI CHIAMANO COSÌ.
BEI VESTITI, CICCIONE!
CICCIONE, CICCIONE, COSÌ GRASSO CHE NON ENTRI DAL PORTONE!
PUZZI!
INIZIO A PIANGERE.
CONFLITTO...
...ORRORE...
...PAURA...
...SOLITUDINE...
...SONO QUESTI I MIEI NEMICI.
QUALCOSA DENTRO DI ME CAMBIA.

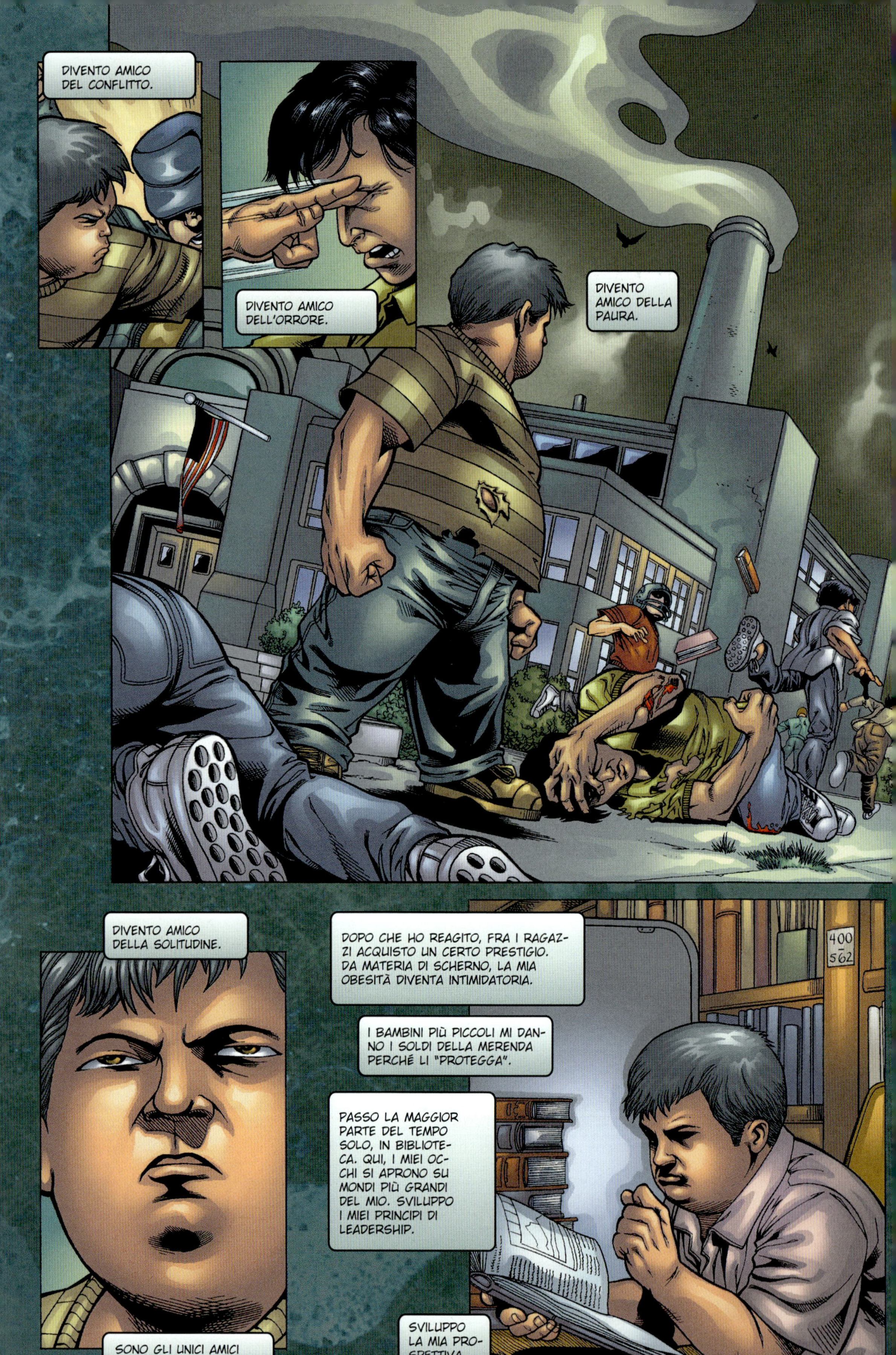
DIVENTO AMICO DEL CONFLITTO.
DIVENTO AMICO DELL'ORRORE.
DIVENTO AMICO DELLA PAURA.
DIVENTO AMICO DELLA SOLITUDINE.
SONO GLI UNICI AMICI CHE HO.
DOPO CHE HO REAGITO, FRA I RAGAZZI ACQUISTO UN CERTO PRESTIGIO. DA MATERIA DI SCHERNO, LA MIA OBESITÀ DIVENTA INTIMIDATORIA.
400
562
I BAMBINI PIÙ PICCOLI MI DANNO I SOLDI DELLA MERENDA PERCHÉ LI "PROTEGGA".
PASSO LA MAGGIOR PARTE DEL TEMPO SOLO, IN BIBLIOTECA. QUI, I MIEI OCCHI SI APRONO SU MONDI PIÙ GRANDI DEL MIO. SVILUPPO I MIEI PRINCIPI DI LEADERSHIP.
SVILUPPO LA MIA PROSPETTIVA.

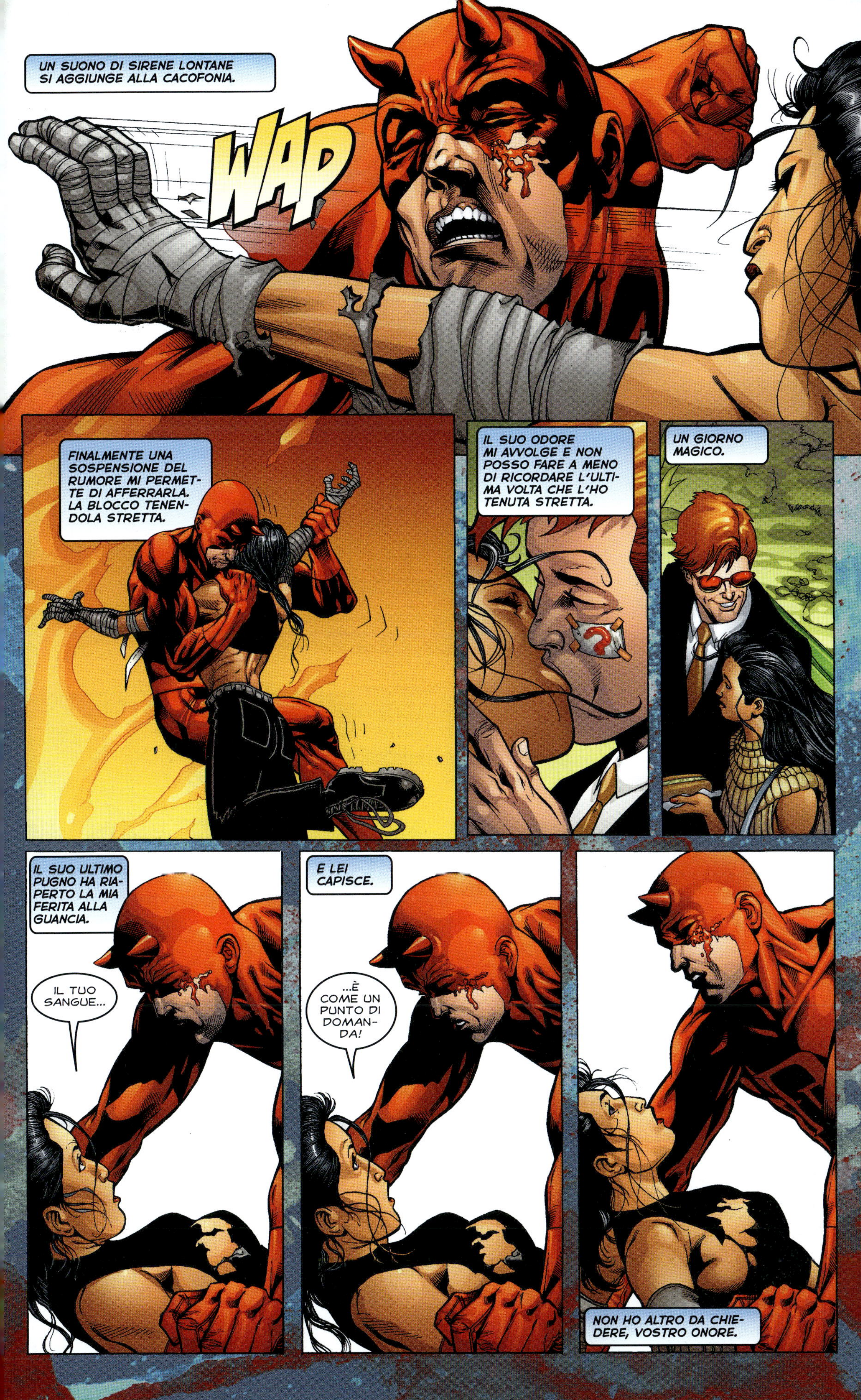
UN SUONO DI SIRENE LONTANE SI AGGIUNGE ALLA CACOFONIA.
WAP
FINALMENTE UNA SOSPENSIONE DEL RUMORE MI PERMETTE DI AFFERRARLA. LA BLOCCO TENENDOLA STRETTA.
IL SUO ODORE MI AVVOLGE E NON POSSO FARE A MENO DI RICORDARE L'ULTIMA VOLTA CHE L'HO TENUTA STRETTA.
UN GIORNO MAGICO.
IL SUO ULTIMO PUGNO HA RIAPERTO LA MIA FERITA ALLA GUANCIA.
IL TUO SANGUE...
E LEI CAPISCE.
...È COME UN PUNTO DI DOMANDA!
NON HO ALTRO DA CHIEDERE, VOSTRO ONORE.

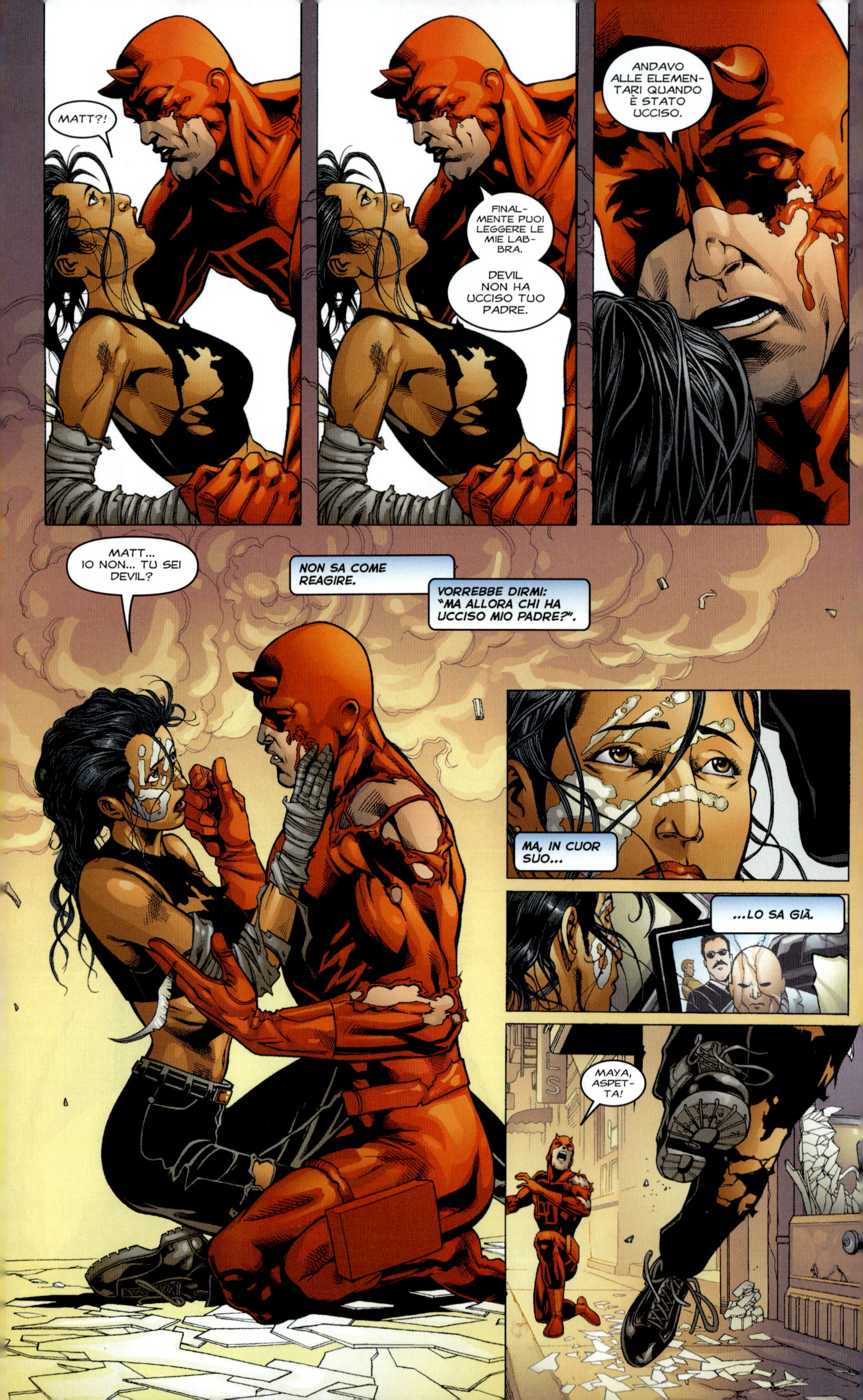
MATT?!
FINAL-MENTE PUOI LEGGERE LE MIE LAB-BRA.
DEVIL NON HA UCCISO TUO PADRE.
ANDAVO ALLE ELEMEN-TARI QUANDO È STATO UCCISO.
MATT... IO NON... TU SEI DEVIL?
NON SA COME REAGIRE.
VORREBBE DIRMI: "MA ALLORA CHI HA UCCISO MIO PADRE?".
MA, IN CUOR SUO...
...LO SA GIÀ.
MAYA, ASPET-TA!

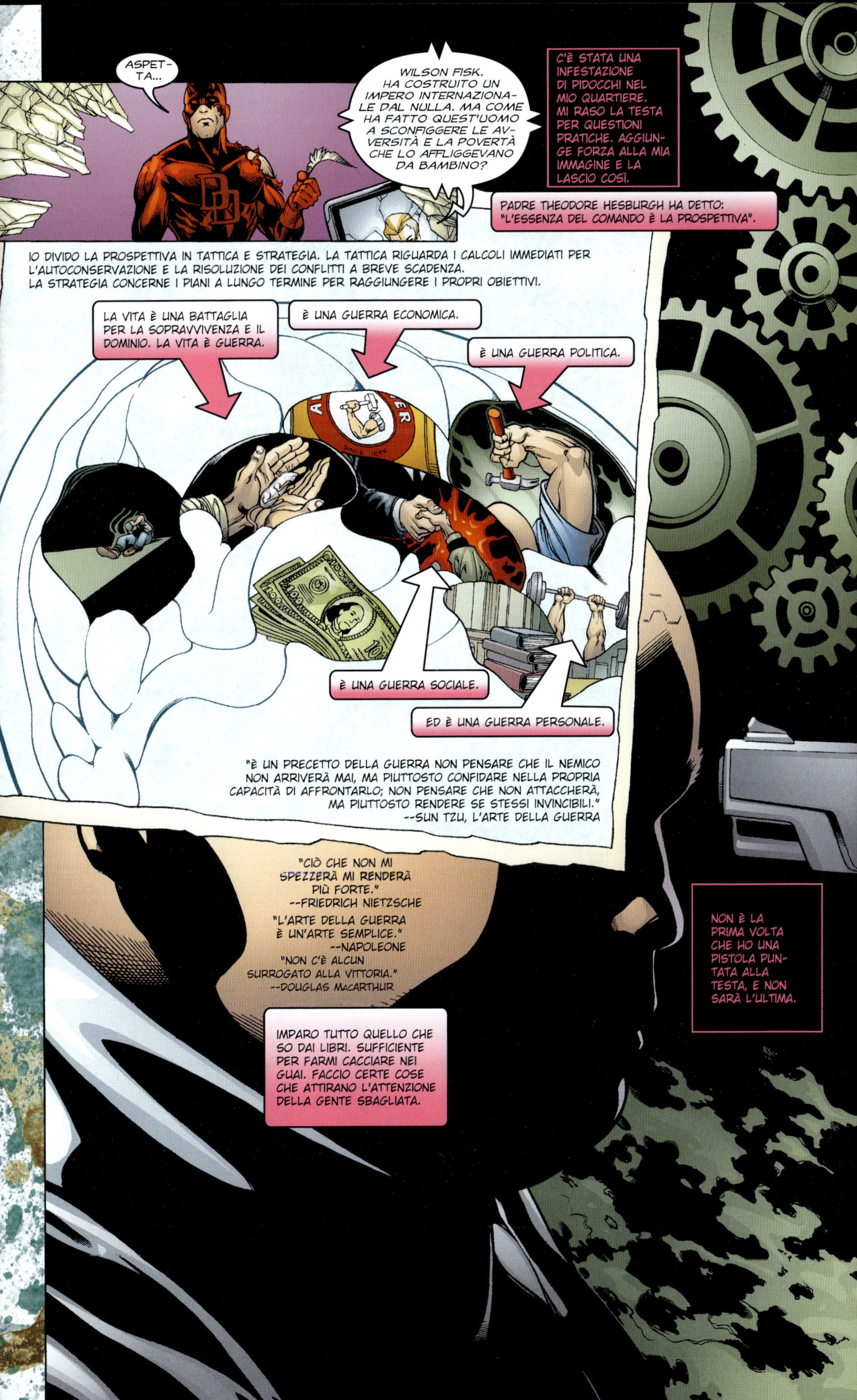
ASPETTA...
WILSON FISK. HA COSTRUITO UN IMPERO INTERNAZIONALE DAL NULLA. MA COME HA FATTO QUEST'UOMO A SCONFIGGERE LE AVVERSITÀ E LA POVERTÀ CHE LO AFFLIGGEVANO DA BAMBINO?
C'È STATA UNA INFESTAZIONE DI PIDOCCHI NEL MIO QUARTIERE. MI RASO LA TESTA PER QUESTIONI PRATICHE. AGGIUNGE FORZA ALLA MIA IMMAGINE E LA LASCIO COSÌ.
PADRE THEODORE HESBURGH HA DETTO: "L'ESSENZA DEL COMANDO È LA PROSPETTIVA".
IO DIVIDO LA PROSPETTIVA IN TATTICA E STRATEGIA. LA TATTICA RIGUARDA I CALCOLI IMMEDIATI PER L'AUTOCONSERVAZIONE E LA RISOLUZIONE DEI CONFLITTI A BREVE SCADENZA.
LA STRATEGIA CONCERNE I PIANI A LUNGO TERMINE PER RAGGIUNGERE I PROPRI OBIETTIVI.
LA VITA È UNA BATTAGLIA PER LA SOPRAVVIVENZA E IL DOMINIO. LA VITA È GUERRA.
È UNA GUERRA ECONOMICA.
È UNA GUERRA POLITICA.
SINCE 1844
È UNA GUERRA SOCIALE.
ED È UNA GUERRA PERSONALE.
"È UN PRECETTO DELLA GUERRA NON PENSARE CHE IL NEMICO NON ARRIVERÀ MAI, MA PIUTTOSTO CONFIDARE NELLA PROPRIA CAPACITÀ DI AFFRONTARLO; NON PENSARE CHE NON ATTACCHERÀ, MA PIUTTOSTO RENDERE SE STESSI INVINCIBILI."
--SUN TZU, L'ARTE DELLA GUERRA
"CIÒ CHE NON MI SPEZZERÀ MI RENDERÀ PIÙ FORTE."
--FRIEDRICH NIETZSCHE
"L'ARTE DELLA GUERRA È UN'ARTE SEMPLICE."
--NAPOLEONE
"NON C'È ALCUN SURROGATO ALLA VITTORIA."
--DOUGLAS MACARTHUR
NON È LA PRIMA VOLTA CHE HO UNA PISTOLA PUNTATA ALLA TESTA, E NON SARÀ L'ULTIMA.
IMPARO TUTTO QUELLO CHE SO DAI LIBRI. SUFFICIENTE PER FARMI CACCIARE NEI GUAI. FACCIO CERTE COSE CHE ATTIRANO L'ATTENZIONE DELLA GENTE SBAGLIATA.

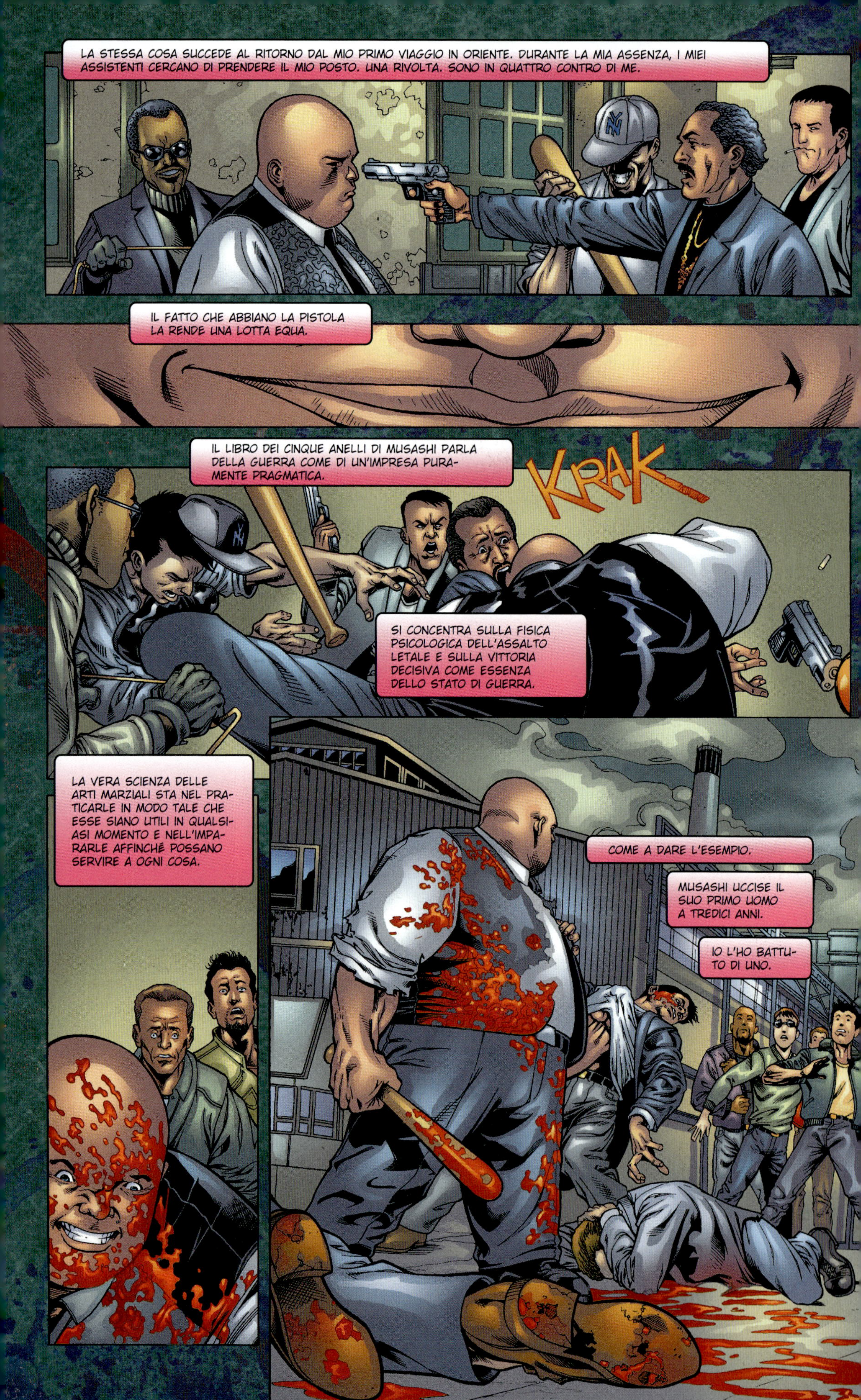
LA STESSA COSA SUCCEDE AL RITORNO DAL MIO PRIMO VIAGGIO IN ORIENTE. DURANTE LA MIA ASSENZA, I MIEI ASSISTENTI CERCANO DI PRENDERE IL MIO POSTO. UNA RIVOLTA. SONO IN QUATTRO CONTRO DI ME.
NY
IL FATTO CHE ABBIANO LA PISTOLA LA RENDE UNA LOTTA EQUA.
IL LIBRO DEI CINQUE ANELLI DI MUSASHI PARLA DELLA GUERRA COME DI UN'IMPRESA PURAMENTE PRAGMATICA.
KRAK
SI CONCENTRA SULLA FISICA PSICOLOGICA DELL'ASSALTO LETALE E SULLA VITTORIA DECISIVA COME ESSENZA DELLO STATO DI GUERRA.
LA VERA SCIENZA DELLE ARTI MARZIALI STA NEL PRATICARLE IN MODO TALE CHE ESSE SIANO UTILI IN QUALSIASI MOMENTO E NELL'IMPARARLE AFFINCHÉ POSSANO SERVIRE A OGNI COSA.
COME A DARE L'ESEMPIO.
MUSASHI UCCISE IL SUO PRIMO UOMO A TREDICI ANNI.
IO L'HO BATTUTO DI UNO.

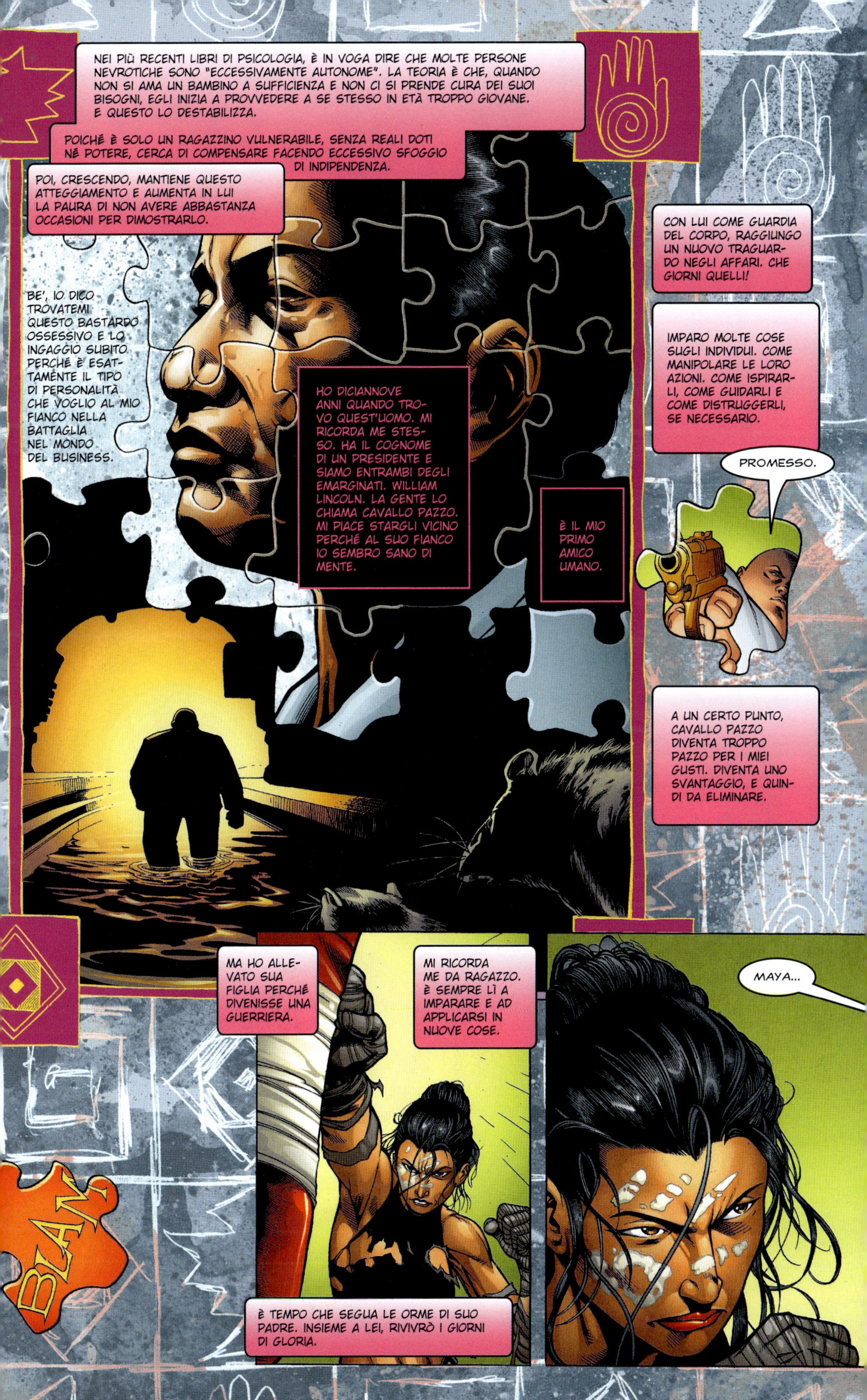
NEI PIÙ RECENTI LIBRI DI PSICOLOGIA, È IN VOGA DIRE CHE MOLTE PERSONE NEVROTICHE SONO "ECCESSIVAMENTE AUTONOME". LA TEORIA È CHE, QUANDO NON SI AMA UN BAMBINO A SUFFICIENZA E NON CI SI PRENDE CURA DEI SUOI BISOGNI, EGLI INIZIA A PROVVEDERE A SE STESSO IN ETÀ TROPPO GIOVANE. E QUESTO LO DESTABILIZZA.
POICHÉ È SOLO UN RAGAZZINO VULNERABILE, SENZA REALI DOTI NÉ POTERE, CERCA DI COMPENSARE FACENDO ECCESSIVO SFOGGIO DI INDIPENDENZA.
POI, CRESCENDO, MANTIENE QUESTO ATTEGGIAMENTO E AUMENTA IN LUI LA PAURA DI NON AVERE ABBASTANZA OCCASIONI PER DIMOSTRARLO.
BE', IO DICO TROVATEMI QUESTO BASTARDO OSSESSIVO E LO INGAGGIO SUBITO PERCHÉ È ESATTAMENTE IL TIPO DI PERSONALITÀ CHE VOGLIO AL MIO FIANCO NELLA BATTAGLIA NEL MONDO DEL BUSINESS.
HO DICIANNOVE ANNI QUANDO TROVO QUEST'UOMO. MI RICORDA ME STESSO. HA IL COGNOME DI UN PRESIDENTE E SIAMO ENTRAMBI DEGLI EMARGINATI. WILLIAM LINCOLN. LA GENTE LO CHIAMA CAVALLO PAZZO. MI PIACE STARGLI VICINO PERCHÉ AL SUO FIANCO IO SEMBRO SANO DI MENTE.
È IL MIO PRIMO AMICO UMANO.
CON LUI COME GUARDIA DEL CORPO, RAGGIUNGO UN NUOVO TRAGUARDO NEGLI AFFARI. CHE GIORNI QUELLI!
IMPARO MOLTE COSE SUGLI INDIVIDUI. COME MANIPOLARE LE LORO AZIONI. COME ISPIRARLI, COME GUIDARLI E COME DISTRUGGERLI, SE NECESSARIO.
PROMESSO.
A UN CERTO PUNTO, CAVALLO PAZZO DIVENTA TROPPO PAZZO PER I MIEI GUSTI. DIVENTA UNO SVANTAGGIO, E QUINDI DA ELIMINARE.
BLAM
MA HO ALLEVATO SUA FIGLIA PERCHÉ DIVENISSE UNA GUERRIERA.
MI RICORDA ME DA RAGAZZO. È SEMPRE LÌ A IMPARARE E AD APPLICARSI IN NUOVE COSE.
È TEMPO CHE SEGUA LE ORME DI SUO PADRE. INSIEME A LEI, RIVIVRÒ I GIORNI DI GLORIA.
MAYA...

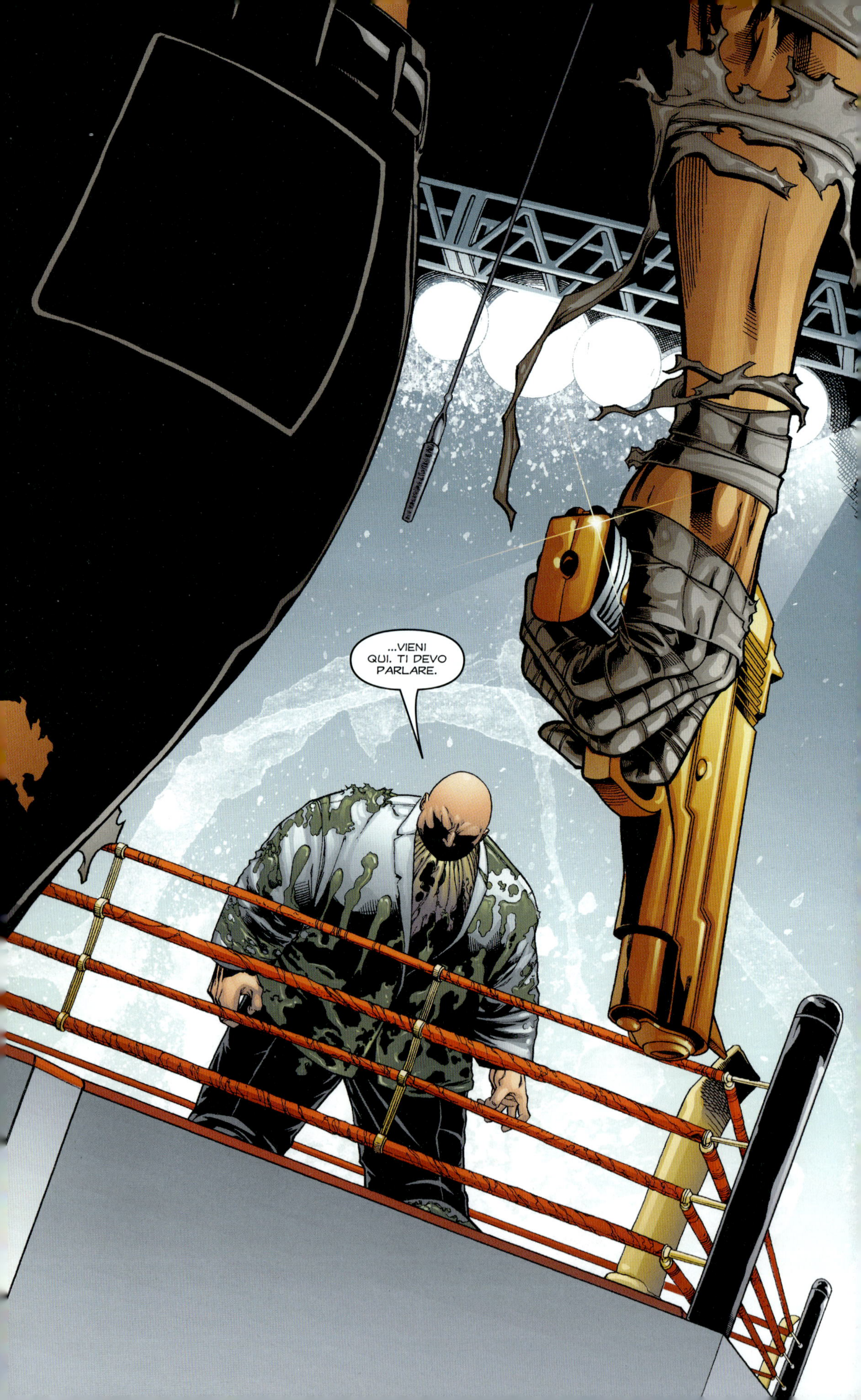
...VIENI QUI. TI DEVO PARLARE.

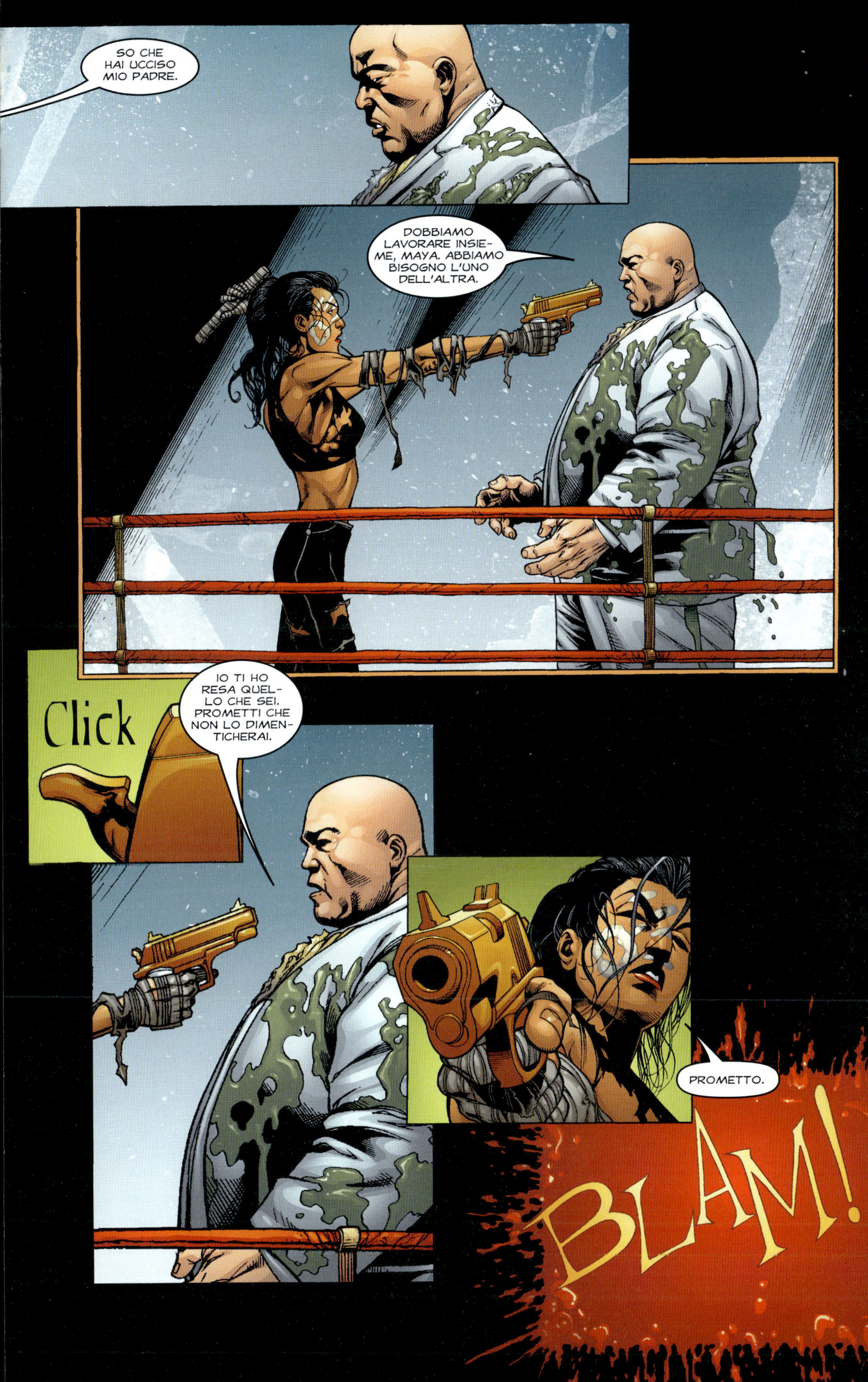
SO CHE HAI UCCISO MIO PADRE.
DOBBIAMO LAVORARE INSIEME, MAYA. ABBIAMO BISOGNO L'UNO DELL'ALTRA.
Click
IO TI HO RESA QUELLO CHE SEI. PROMETTI CHE NON LO DIMENTICHERAI.
PROMETTO.
BLAM!

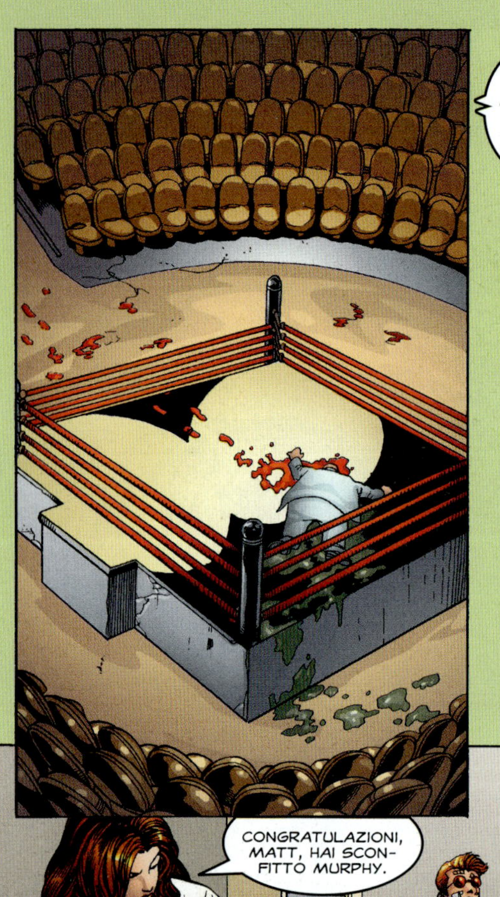

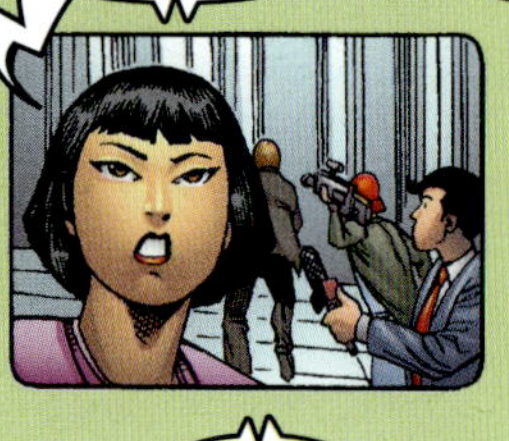
SIAMO DAVANTI AL TRIBUNALE DOVE IL PRESTIGIOSO AVVOCATO FOGGY NELSON HA OTTENUTO LA CONDANNA A VITA PER MURPHY, "L'ASSASSINO DEL GEMELLO"--
--SENZA LA POSSIBILITÀ CHE VENGA CONCESSA LA LIBERTÀ SU CAUZIONE PER L'OMICIDIO DI LENNY CEBULSKI.
MR. MURPHY, HA QUALCHE COMMENTO DA FARE SUL VERDETTO?

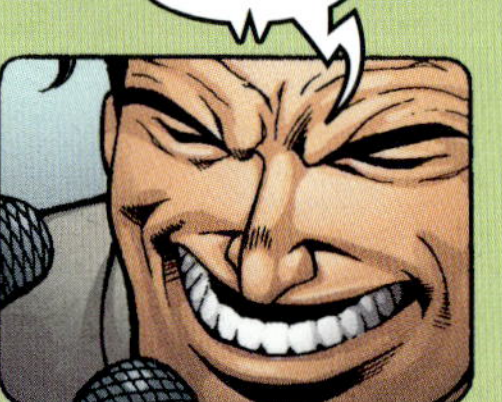
SI FA SEMPRE DEL MALE A CHI SI AMA.

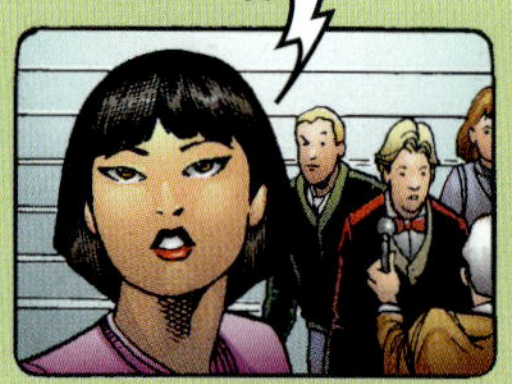
E QUESTO È TUTTO QUELLO CHE HA DETTO. ORA ARRIVA MR. NELSON.

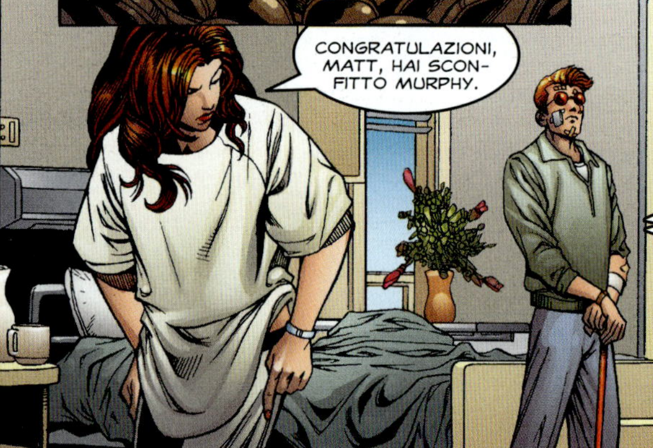
CONGRATULAZIONI, MATT, HAI SCONFITTO MURPHY.
QUALCHE COMMENTO SUL RISULTATO, MR. NELSON?
SOLO CHE GIUSTIZIA È STATA FATTA. E NON AVREI POTUTO FARCELA SENZA IL MIO SOCIO, MATT MURDOCK.

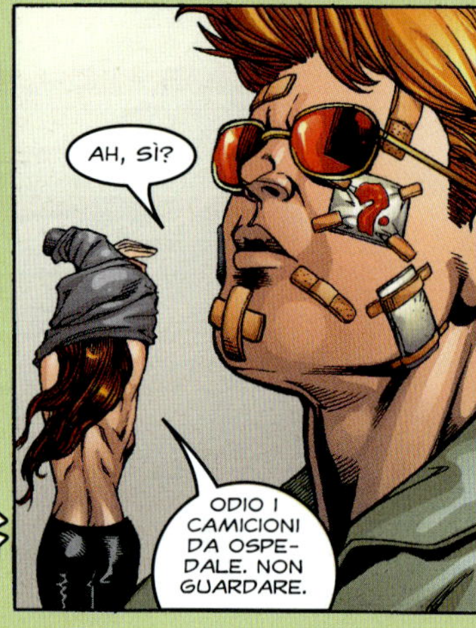
AH, SÌ?
ODIO I CAMICIONI DA OSPEDALE. NON GUARDARE.

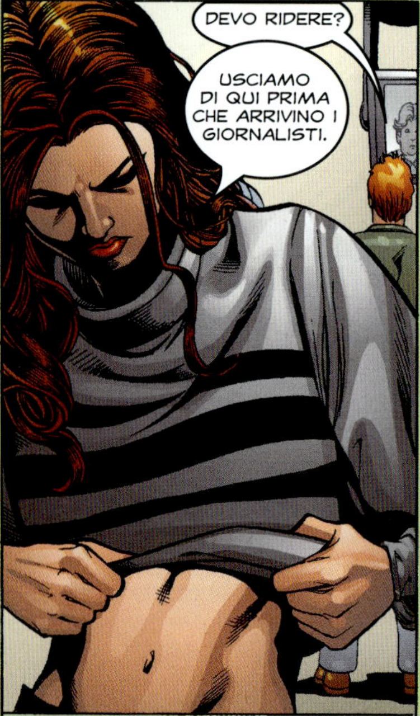
DEVO RIDERE?
USCIAMO DI QUI PRIMA CHE ARRIVINO I GIORNALISTI.

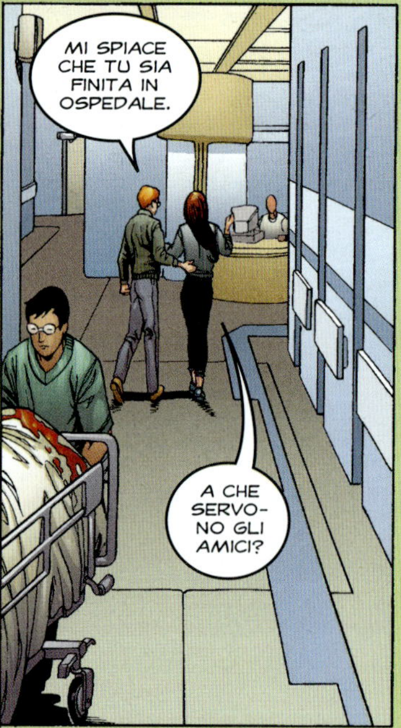
MI SPIACE CHE TU SIA FINITA IN OSPEDALE.
A CHE SERVONO GLI AMICI?

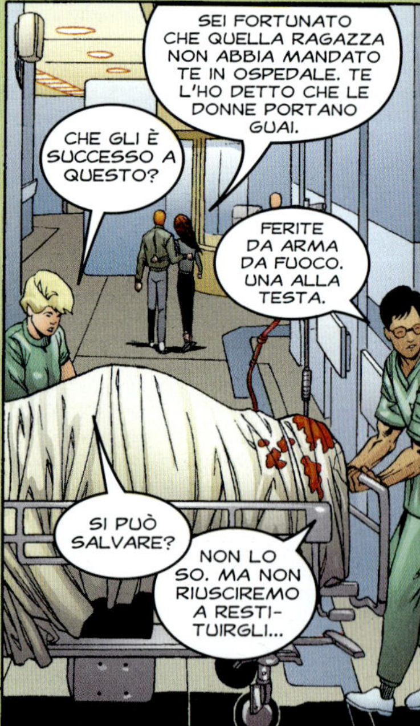
SEI FORTUNATO CHE QUELLA RAGAZZA NON ABBIA MANDATO TE IN OSPEDALE. TE L'HO DETTO CHE LE DONNE PORTANO GUAI.
CHE GLI È SUCCESSO A QUESTO?
FERITE DA ARMA DA FUOCO. UNA ALLA TESTA.
SI PUÒ SALVARE?
NON LO SO. MA NON RIUSCIREMO A RESTITUIRGLI...

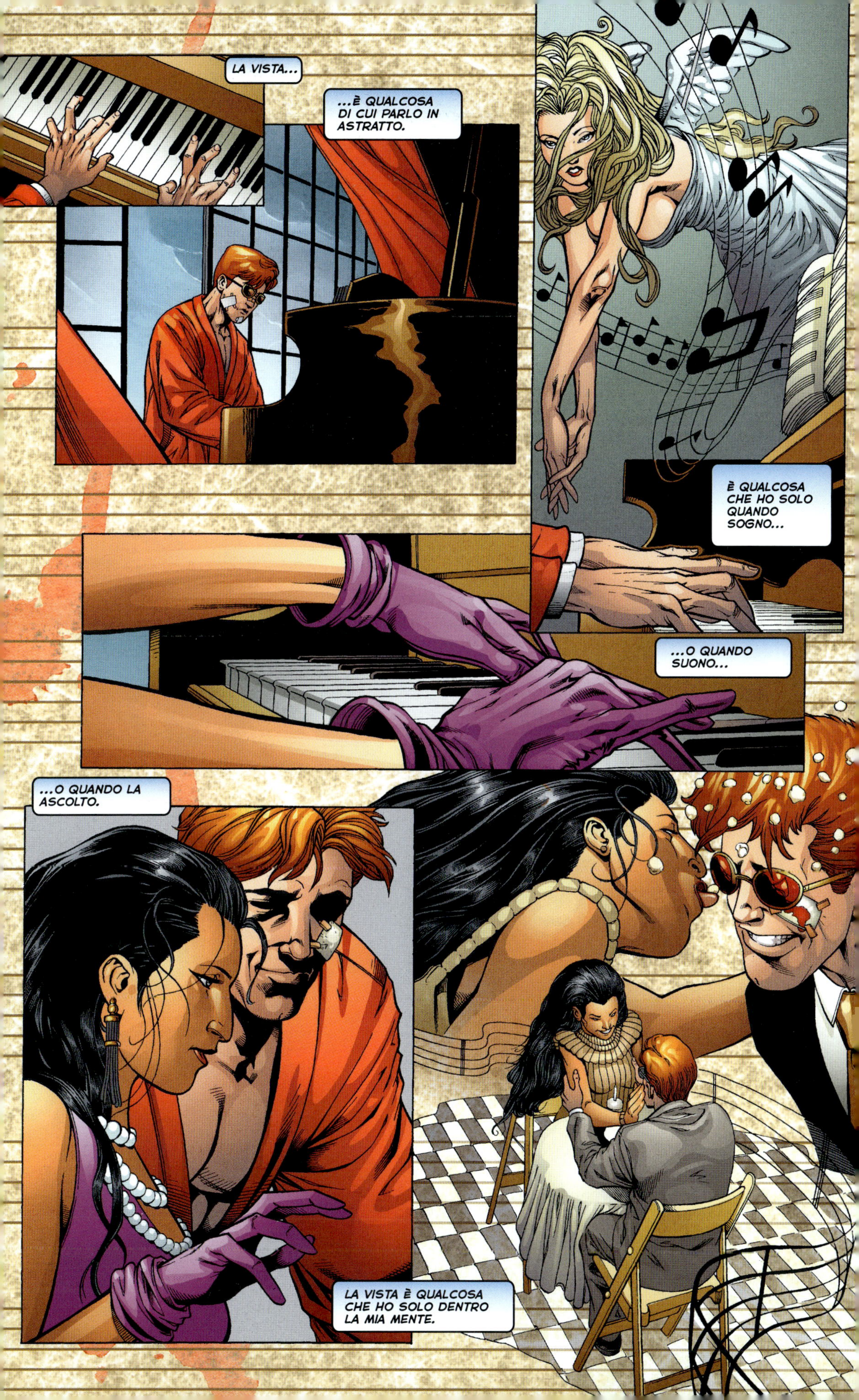
LA VISTA...
...È QUALCOSA DI CUI PARLO IN ASTRATTO.
È QUALCOSA CHE HO SOLO QUANDO SOGNO...
...O QUANDO SUONO...
...O QUANDO LA ASCOLTO.
LA VISTA È QUALCOSA CHE HO SOLO DENTRO LA MIA MENTE.

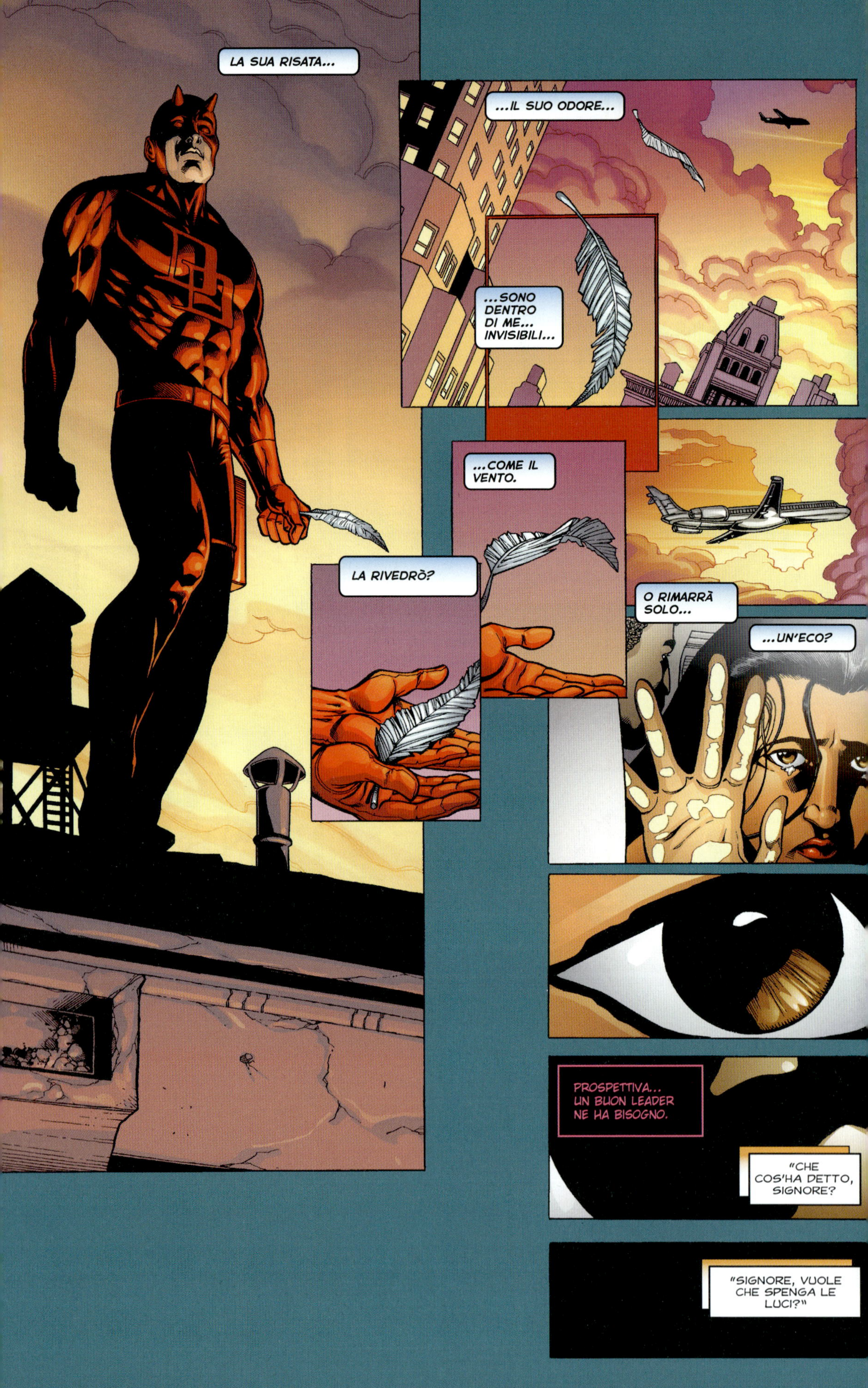
LA SUA RISATA...
...IL SUO ODORE...
...SONO DENTRO DI ME... INVISIBILI...
...COME IL VENTO.
LA RIVEDRÒ?
O RIMARRÀ SOLO...
...UN'ECO?
PROSPETTIVA... UN BUON LEADER NE HA BISOGNO.
"CHE COS'HA DETTO, SIGNORE?
"SIGNORE, VUOLE CHE SPENGA LE LUCI?"

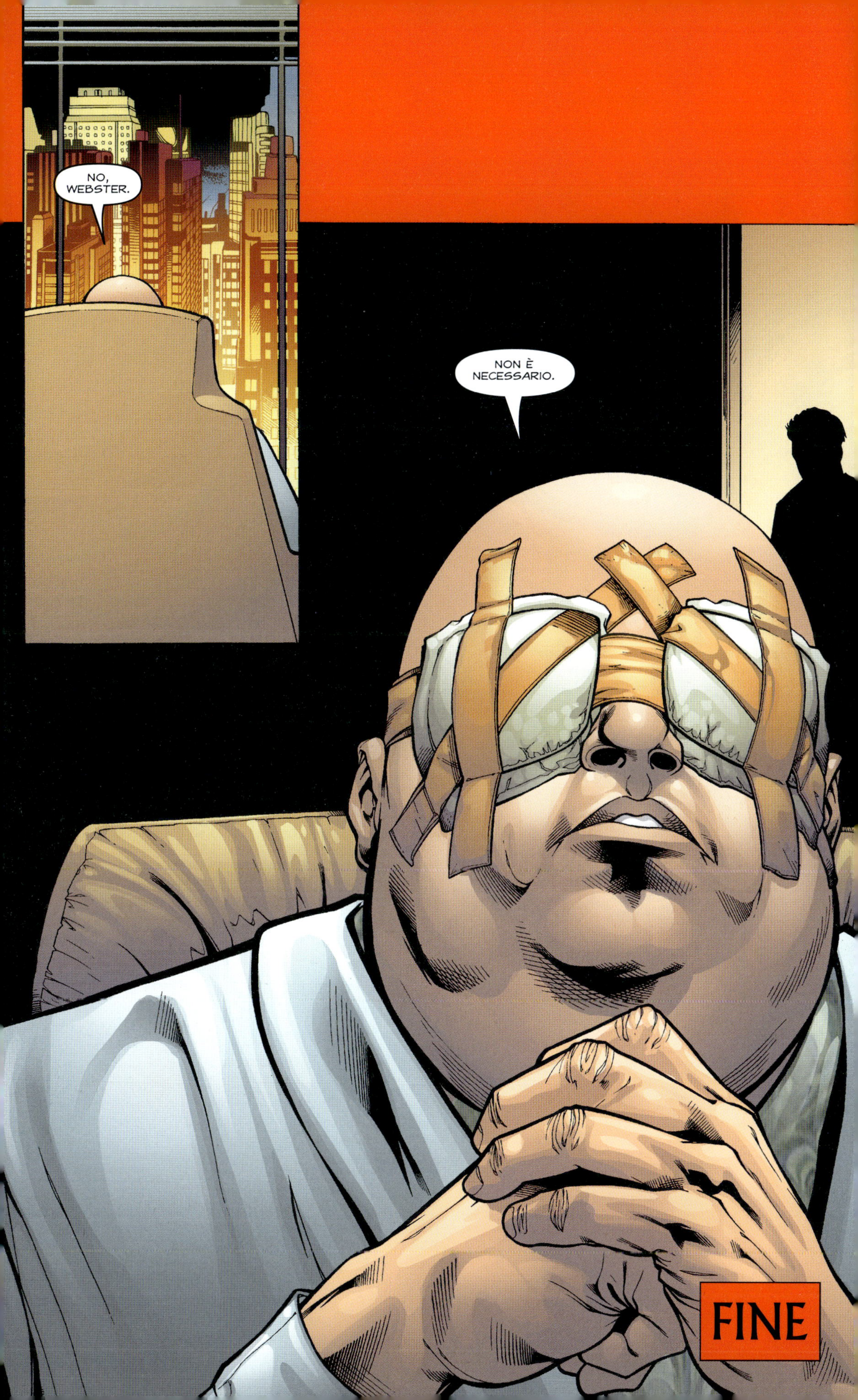
NO, WEBSTER.
NON È NECESSARIO.
FINE

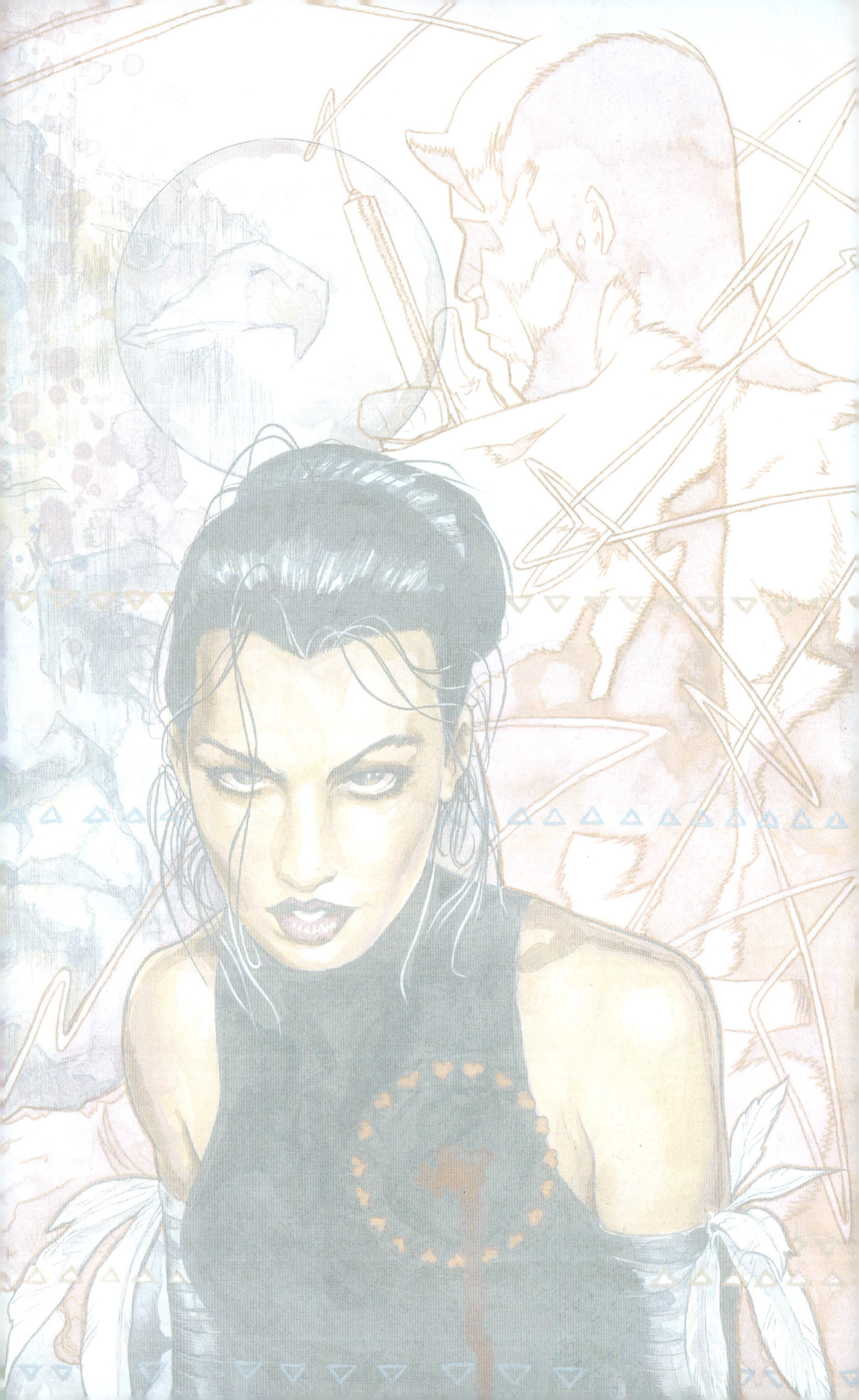

ARMI DA FUOCO

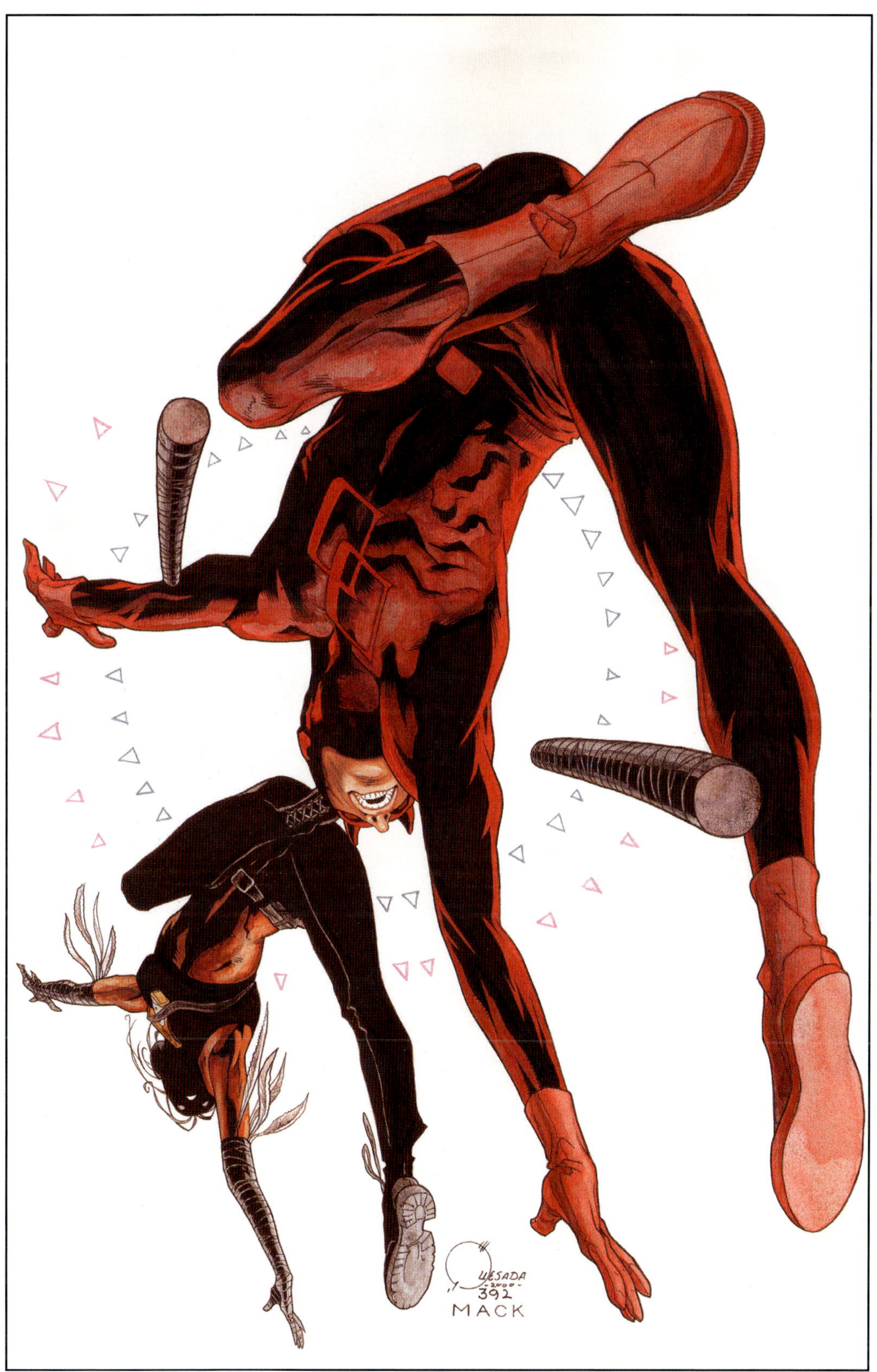

Daredevil (1998) 12
Copertina di **JOE QUESADA** & **DAVID MACK**

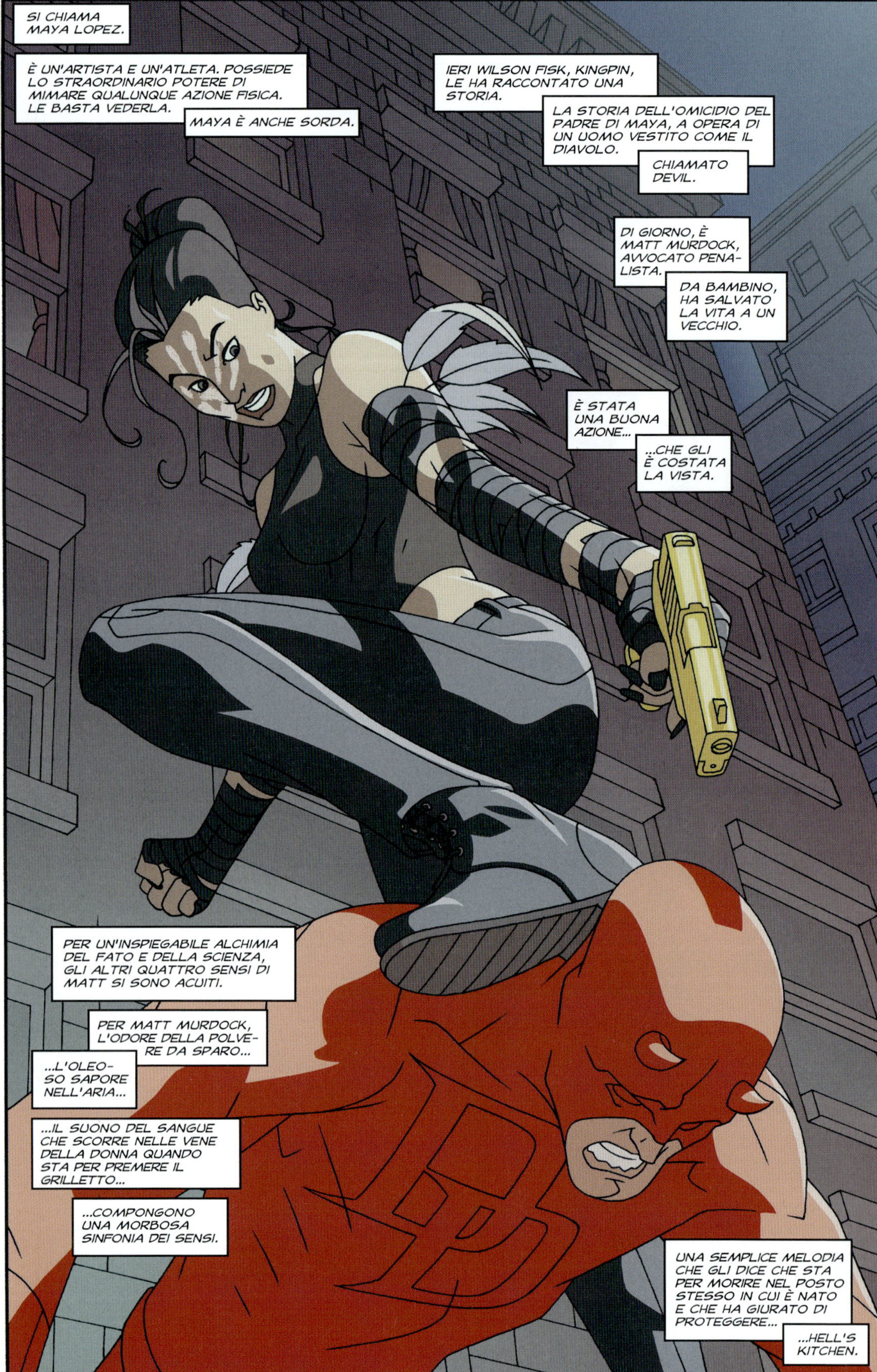
SI CHIAMA MAYA LOPEZ.
È UN'ARTISTA E UN'ATLETA. POSSIEDE LO STRAORDINARIO POTERE DI MIMARE QUALUNQUE AZIONE FISICA. LE BASTA VEDERLA.
MAYA È ANCHE SORDA.
IERI WILSON FISK, KINGPIN, LE HA RACCONTATO UNA STORIA.
LA STORIA DELL'OMICIDIO DEL PADRE DI MAYA, A OPERA DI UN UOMO VESTITO COME IL DIAVOLO.
CHIAMATO DEVIL.
DI GIORNO, È MATT MURDOCK, AVVOCATO PENALISTA.
DA BAMBINO, HA SALVATO LA VITA A UN VECCHIO.
È STATA UNA BUONA AZIONE...
...CHE GLI È COSTATA LA VISTA.
PER UN'INSPIEGABILE ALCHIMIA DEL FATO E DELLA SCIENZA, GLI ALTRI QUATTRO SENSI DI MATT SI SONO ACUITI.
PER MATT MURDOCK, L'ODORE DELLA POLVERE DA SPARO...
...L'OLEOSO SAPORE NELL'ARIA...
...IL SUONO DEL SANGUE CHE SCORRE NELLE VENE DELLA DONNA QUANDO STA PER PREMERE IL GRILLETTO...
...COMPONGONO UNA MORBOSA SINFONIA DEI SENSI.
UNA SEMPLICE MELODIA CHE GLI DICE CHE STA PER MORIRE NEL POSTO STESSO IN CUI È NATO E CHE HA GIURATO DI PROTEGGERE...
...HELL'S KITCHEN.

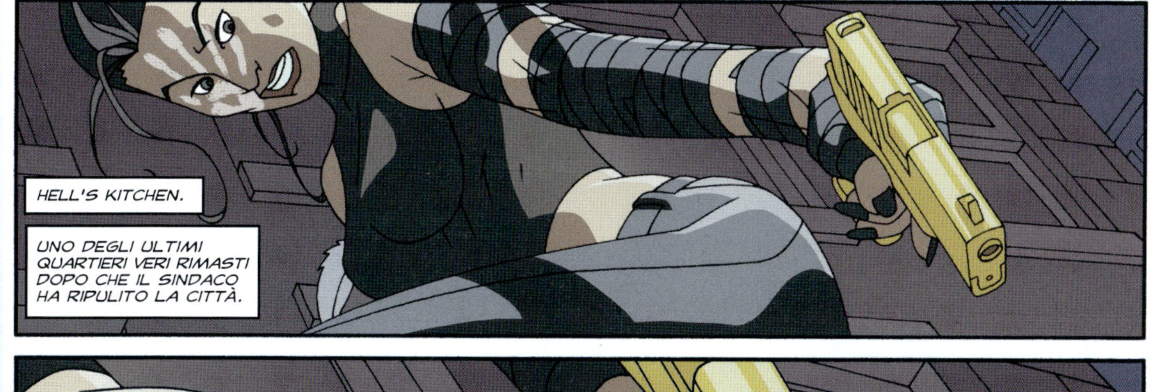

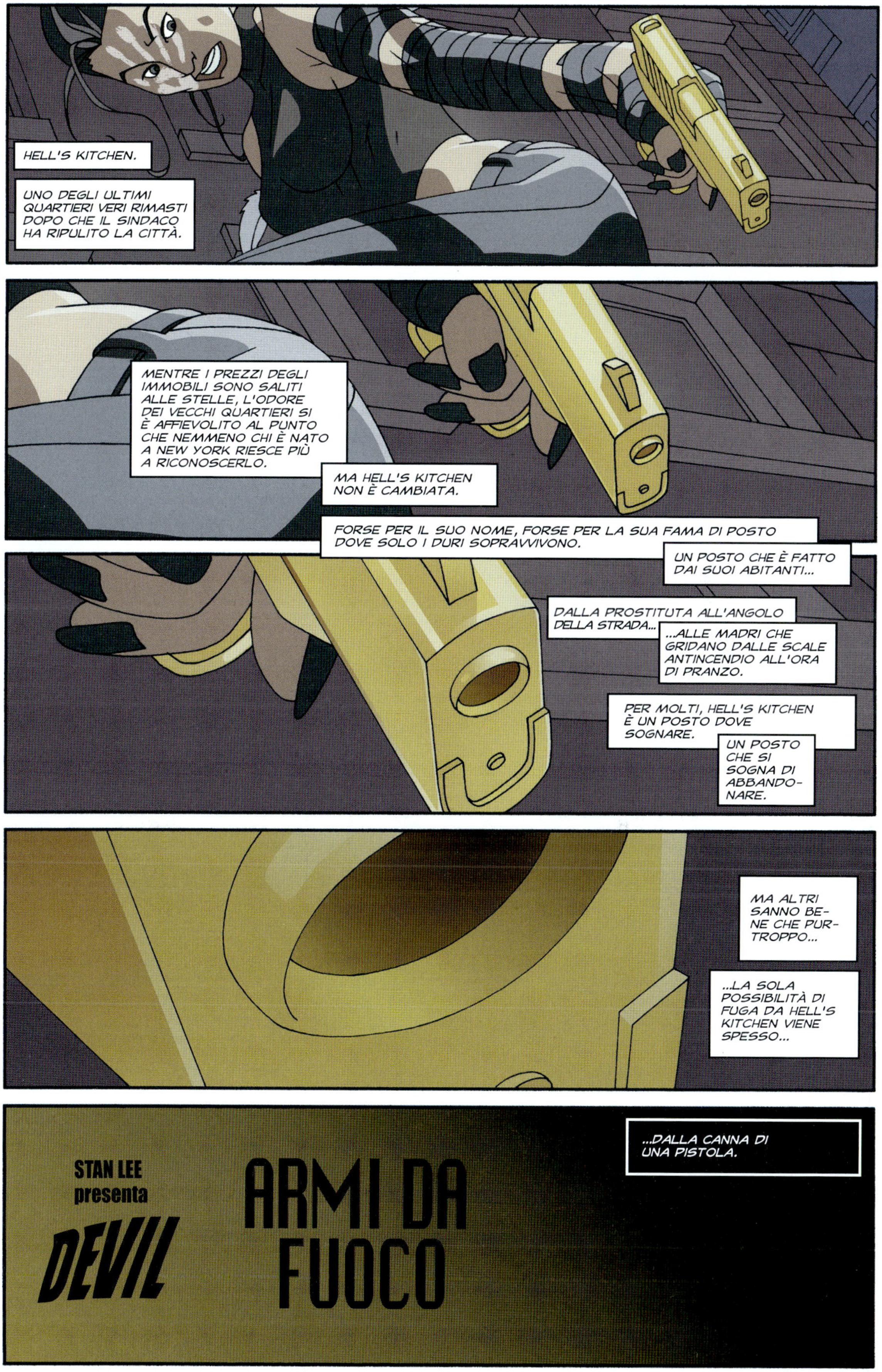

MENTRE I PREZZI DEGLI IMMOBILI SONO SALITI ALLE STELLE, L'ODORE DEI VECCHI QUARTIERI SI È AFFIEVOLITO AL PUNTO CHE NEMMENO CHI È NATO A NEW YORK RIESCE PIÙ A RICONOSCERLO.

MA HELL'S KITCHEN NON È CAMBIATA.

FORSE PER IL SUO NOME, FORSE PER LA SUA FAMA DI POSTO DOVE SOLO I DURI SOPRAVVIVONO.

UN POSTO CHE È FATTO DAI SUOI ABITANTI...

DALLA PROSTITUTA ALL'ANGOLO DELLA STRADA...

...ALLE MADRI CHE GRIDANO DALLE SCALE ANTINCENDIO ALL'ORA DI PRANZO.

PER MOLTI, HELL'S KITCHEN È UN POSTO DOVE SOGNARE.

UN POSTO CHE SI SOGNA DI ABBANDONARE.

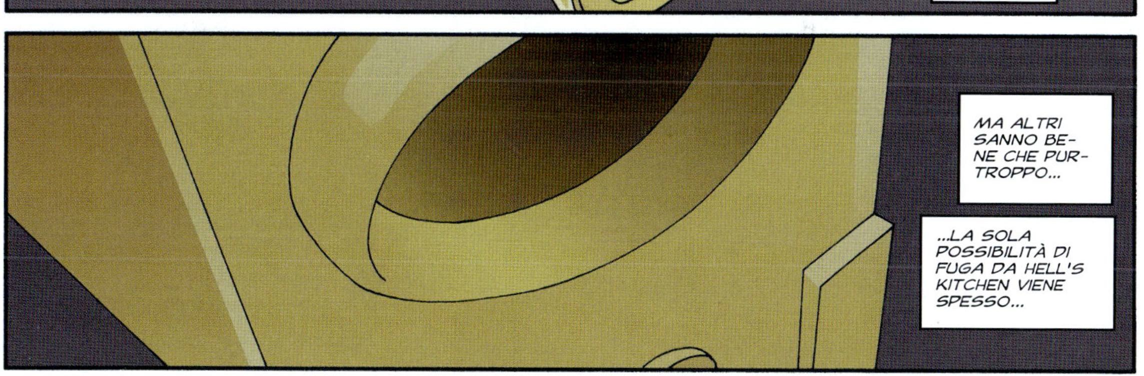

...DALLA CANNA DI UNA PISTOLA.

STAN LEE presenta

DEVIL

ARMI DA FUOCO

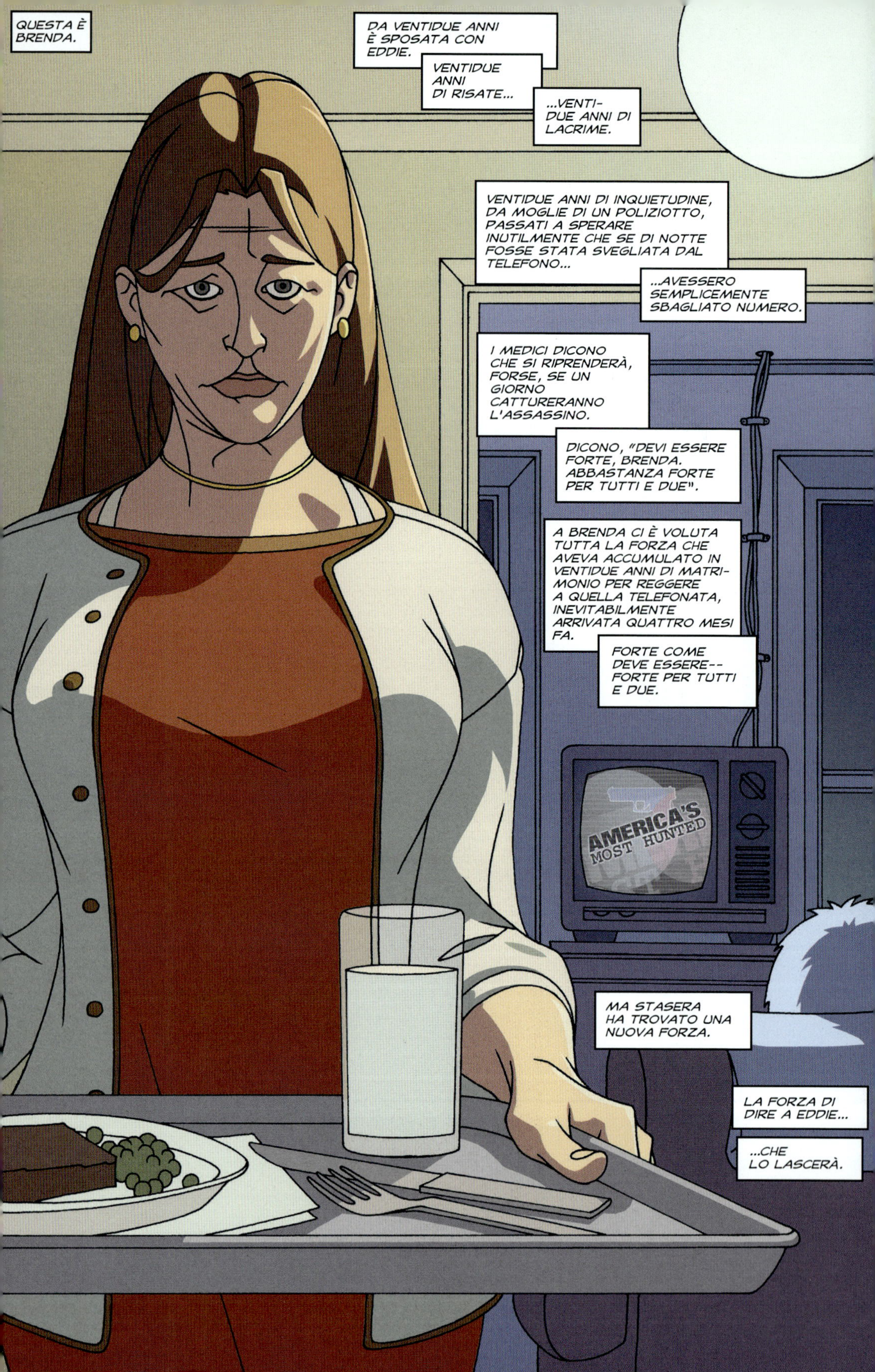
QUESTA È BRENDA.
DA VENTIDUE ANNI È SPOSATA CON EDDIE.
VENTIDUE ANNI DI RISATE...
...VENTI-DUE ANNI DI LACRIME.
VENTIDUE ANNI DI INQUIETUDINE, DA MOGLIE DI UN POLIZIOTTO, PASSATI A SPERARE INUTILMENTE CHE SE DI NOTTE FOSSE STATA SVEGLIATA DAL TELEFONO...
...AVESSERO SEMPLICEMENTE SBAGLIATO NUMERO.
I MEDICI DICONO CHE SI RIPRENDERÀ, FORSE, SE UN GIORNO CATTURERANNO L'ASSASSINO.
DICONO, "DEVI ESSERE FORTE, BRENDA. ABBASTANZA FORTE PER TUTTI E DUE".
A BRENDA CI È VOLUTA TUTTA LA FORZA CHE AVEVA ACCUMULATO IN VENTIDUE ANNI DI MATRI-MONIO PER REGGERE A QUELLA TELEFONATA, INEVITABILMENTE ARRIVATA QUATTRO MESI FA.
FORTE COME DEVE ESSERE-- FORTE PER TUTTI E DUE.
AMERICA'S MOST HUNTED
MA STASERA HA TROVATO UNA NUOVA FORZA.
LA FORZA DI DIRE A EDDIE...
...CHE LO LASCERÀ.

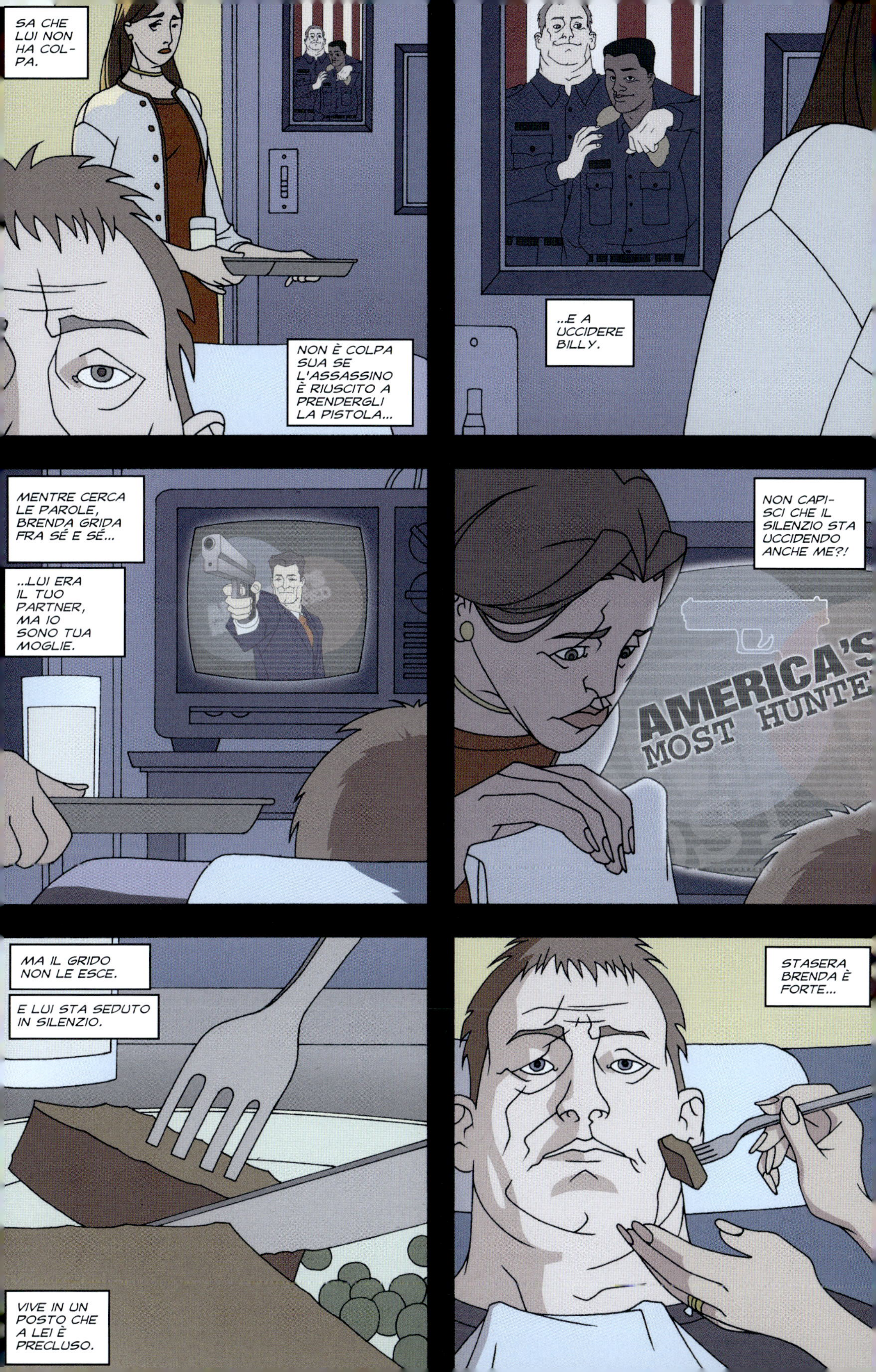

SA CHE LUI NON HA COLPA.

NON È COLPA SUA SE L'ASSASSINO È RIUSCITO A PRENDERGLI LA PISTOLA...

...E A UCCIDERE BILLY.

MENTRE CERCA LE PAROLE, BRENDA GRIDA FRA SÉ E SÉ...

...LUI ERA IL TUO PARTNER, MA IO SONO TUA MOGLIE.

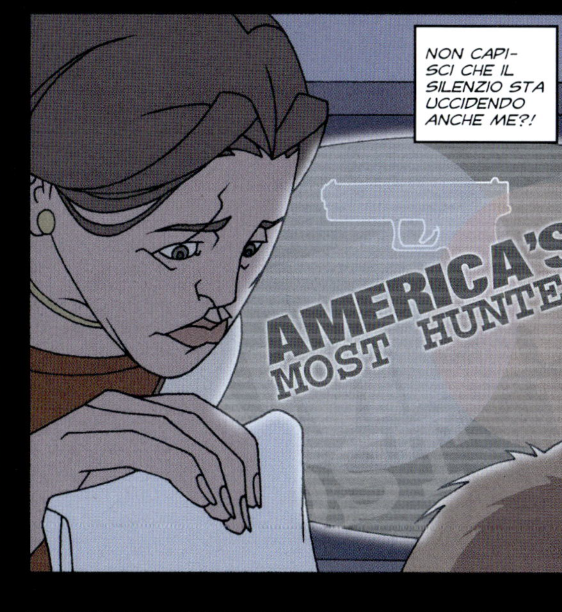

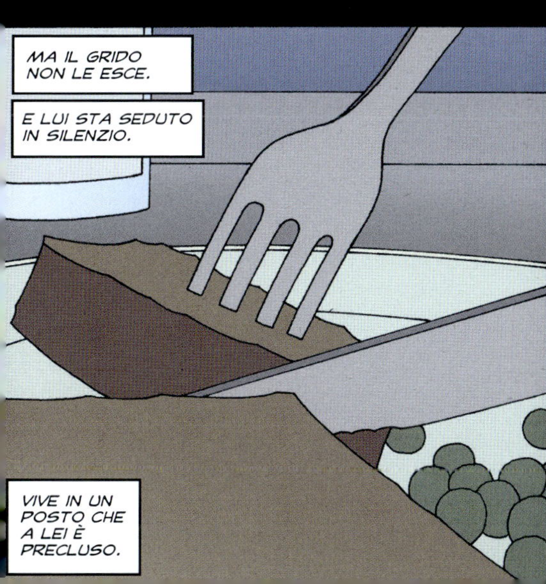

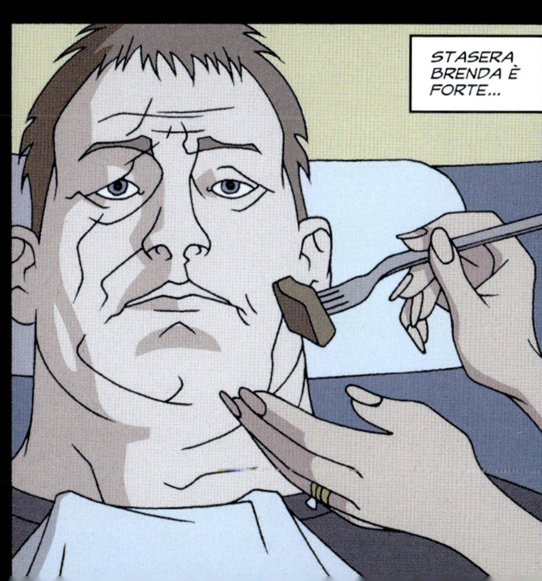

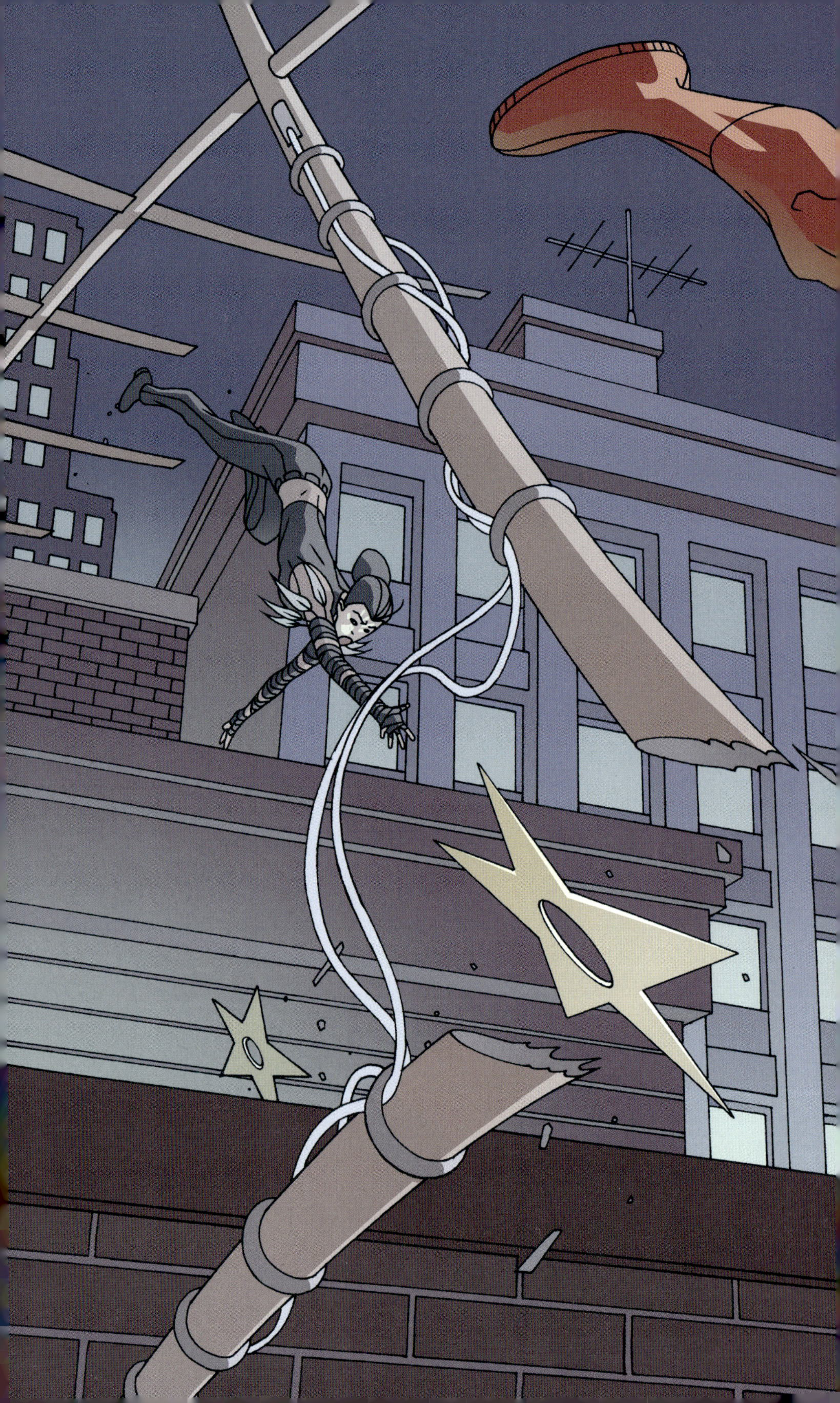

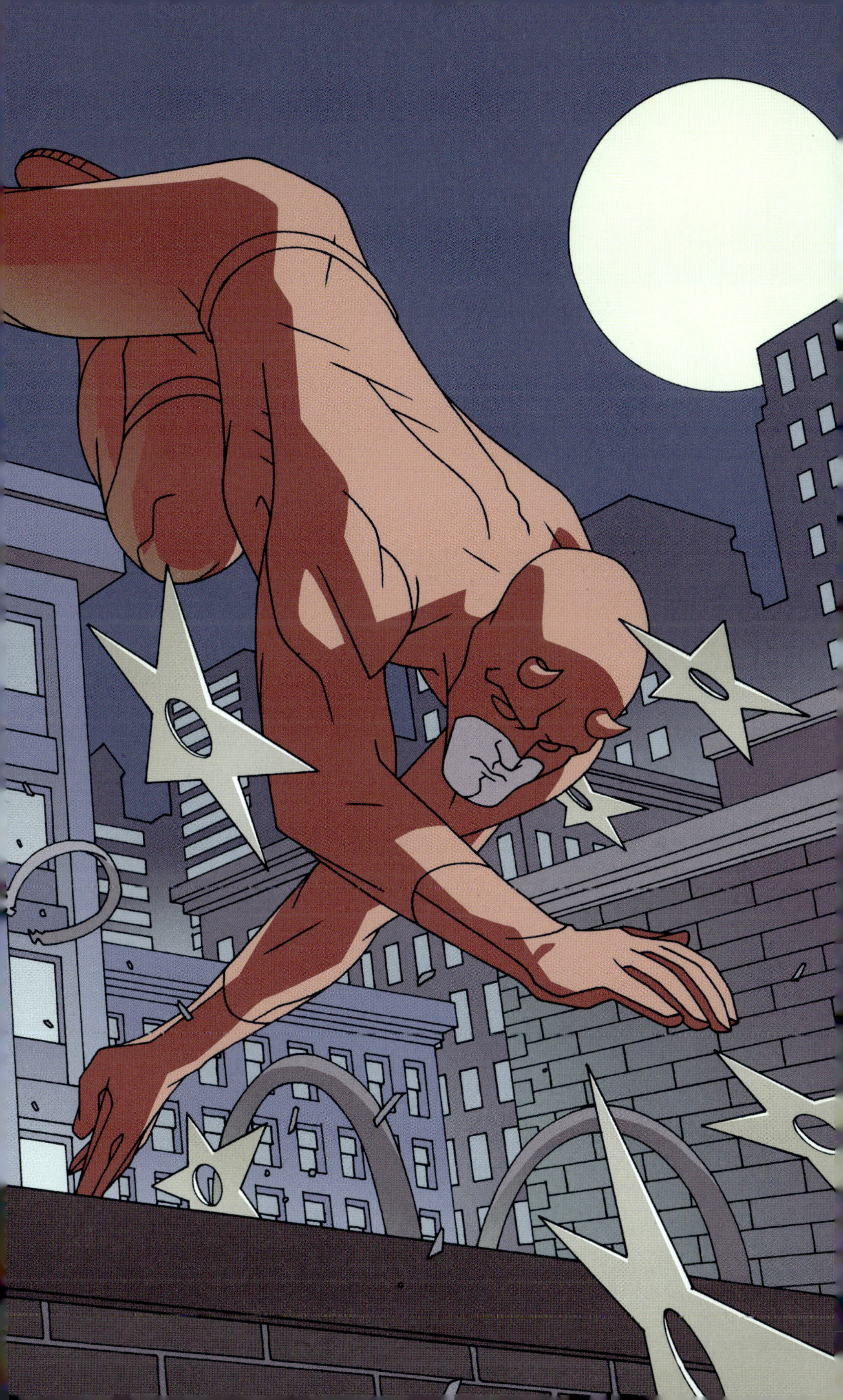

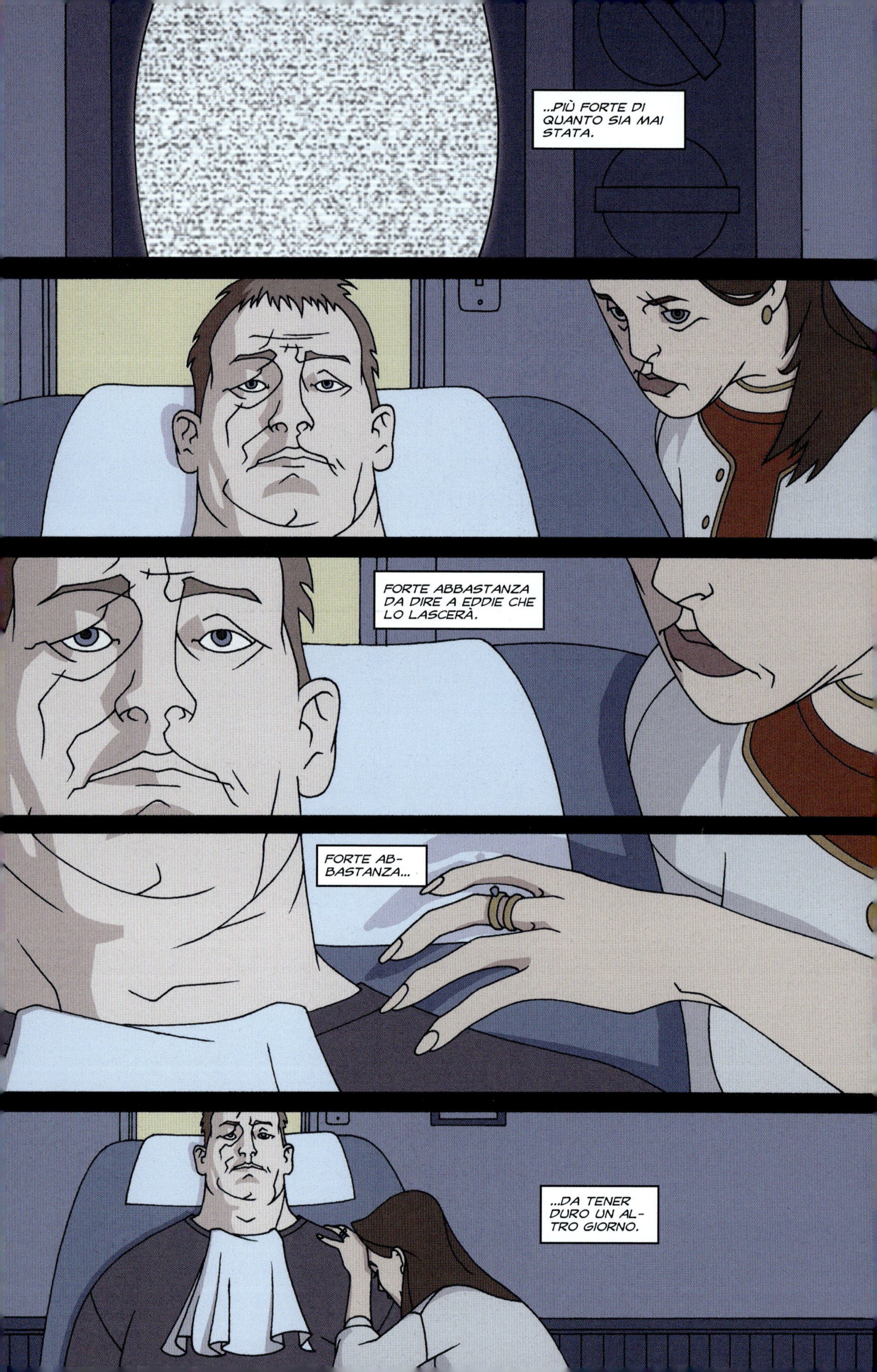
...PIÙ FORTE DI QUANTO SIA MAI STATA.
FORTE ABBASTANZA DA DIRE A EDDIE CHE LO LASCERÀ.
FORTE AB-BASTANZA...
...DA TENER DURO UN AL-TRO GIORNO.

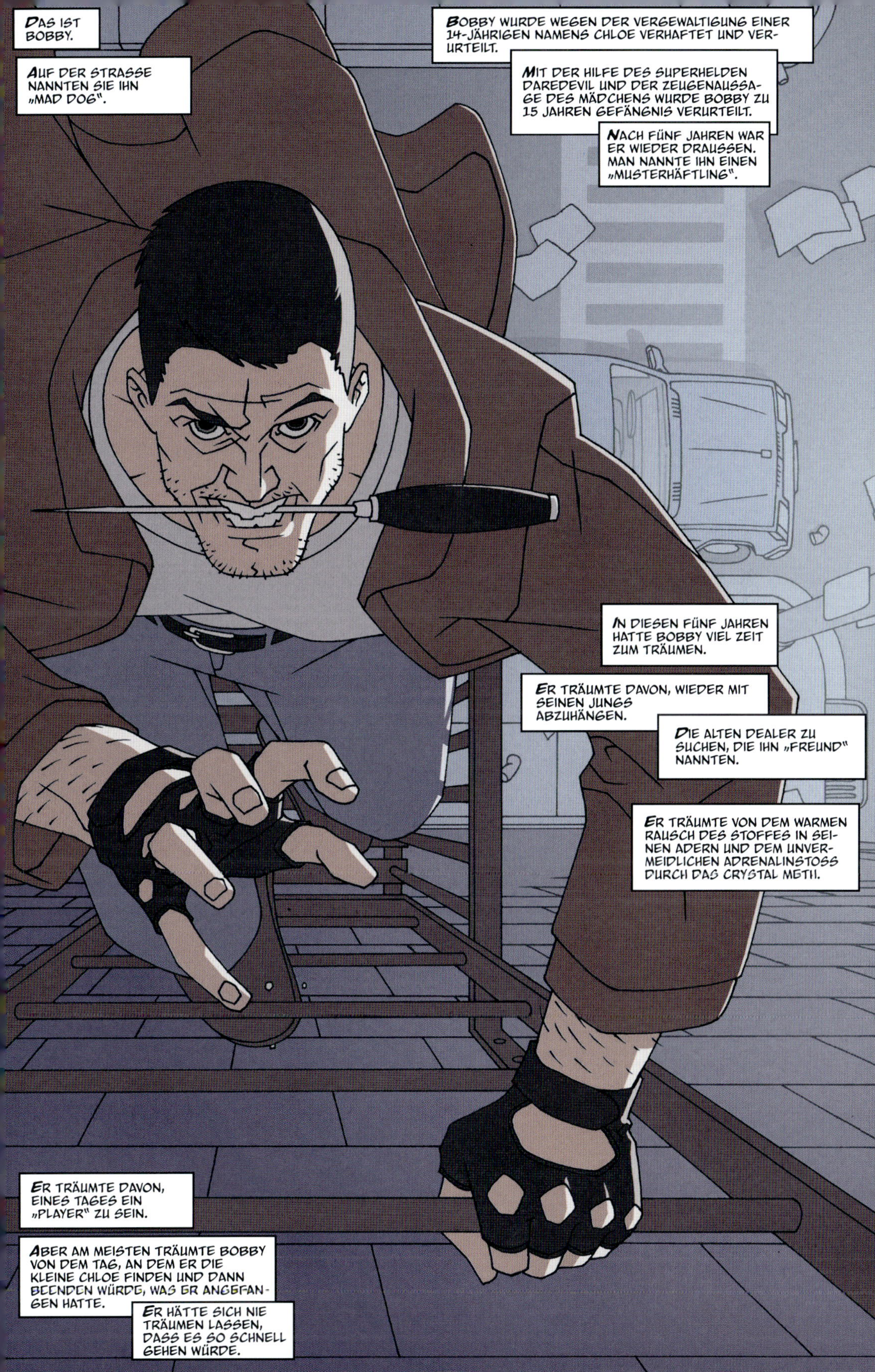
Das ist Bobby.
Auf der Strasse nannten sie ihn „Mad Dog“.
Bobby wurde wegen der Vergewaltigung einer 14-Jährigen namens Chloe verhaftet und verurteilt.
Mit der Hilfe des Superhelden Daredevil und der Zeugenaussage des Mädchens wurde Bobby zu 15 Jahren Gefängnis verurteilt.
Nach fünf Jahren war er wieder draussen. Man nannte ihn einen „Musterhäftling“.
In diesen fünf Jahren hatte Bobby viel Zeit zum Träumen.
Er träumte davon, wieder mit seinen Jungs abzuhängen.
Die alten Dealer zu suchen, die ihn „Freund“ nannten.
Er träumte von dem warmen Rausch des Stoffes in seinen Adern und dem unvermeidlichen Adrenalinstoss durch das Crystal Meth.
Er träumte davon, eines Tages ein „Player“ zu sein.
Aber am meisten träumte Bobby von dem Tag, an dem er die kleine Chloe finden und dann beenden würde, was er angefangen hatte.
Er hätte sich nie träumen lassen, dass es so schnell gehen würde.

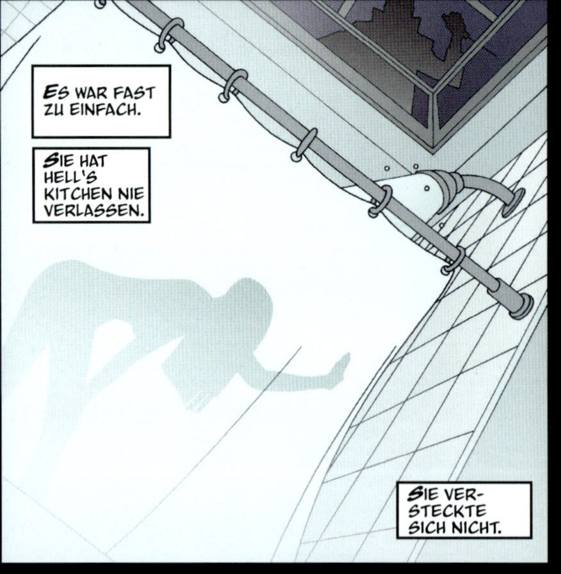
Es war fast zu einfach.
Sie hat Hell's Kitchen nie verlassen.
Sie versteckte sich nicht.

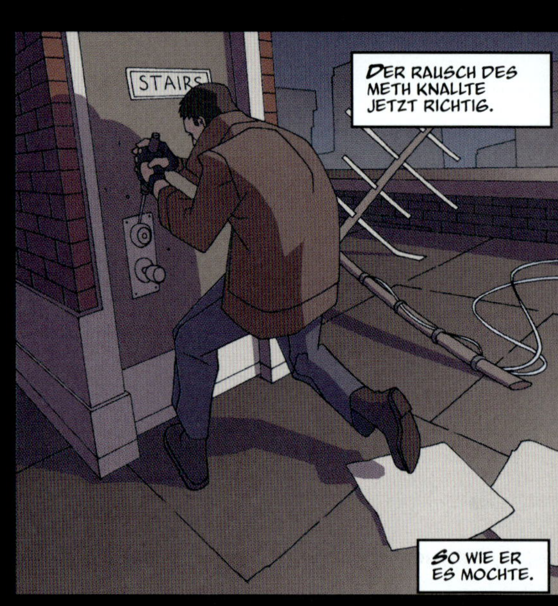
STAIRS
Der Rausch des Meth knallte jetzt richtig.
So wie er es mochte.

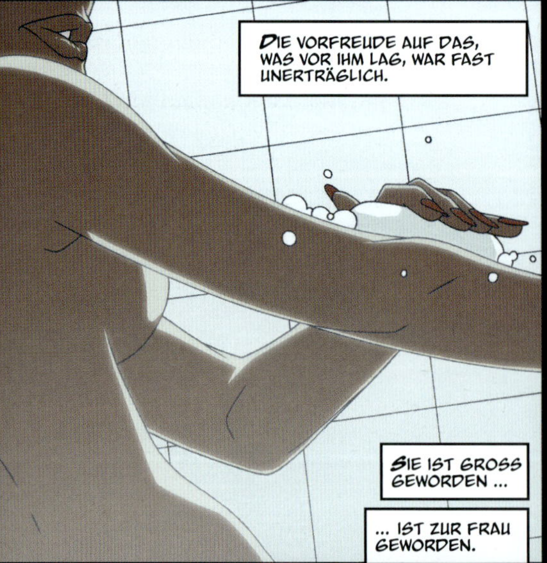
Die Vorfreude auf das, was vor ihm lag, war fast unerträglich.
Sie ist gross geworden ...
... ist zur Frau geworden.

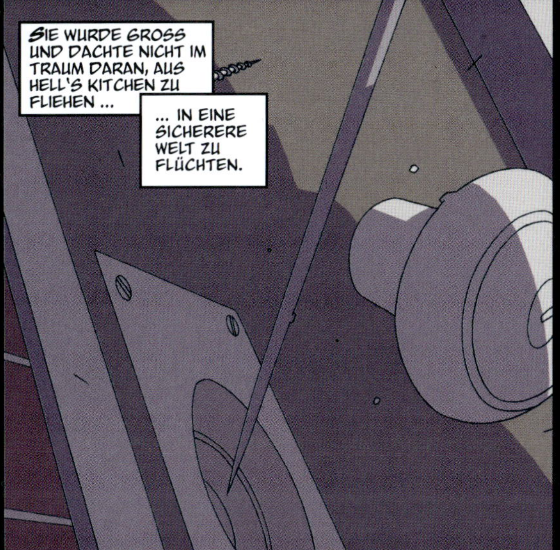
SIE WURDE GROSS UND DACHTE NICHT IM TRAUM DARAN, AUS HELL'S KITCHEN ZU FLIEHEN ...
... IN EINE SICHERERE WELT ZU FLÜCHTEN.

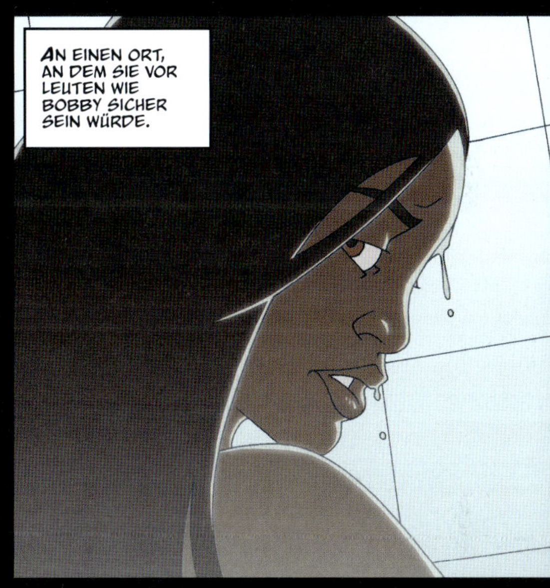
AN EINEN ORT, AN DEM SIE VOR LEUTEN WIE BOBBY SICHER SEIN WÜRDE.

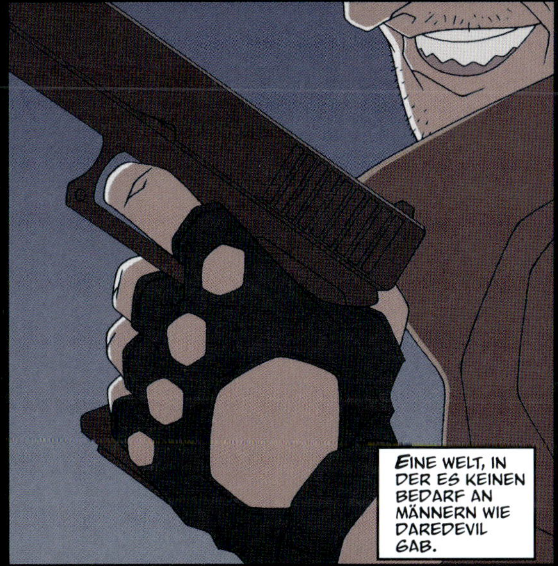
EINE WELT, IN DER ES KEINEN BEDARF AN MÄNNERN WIE DAREDEVIL GAB.

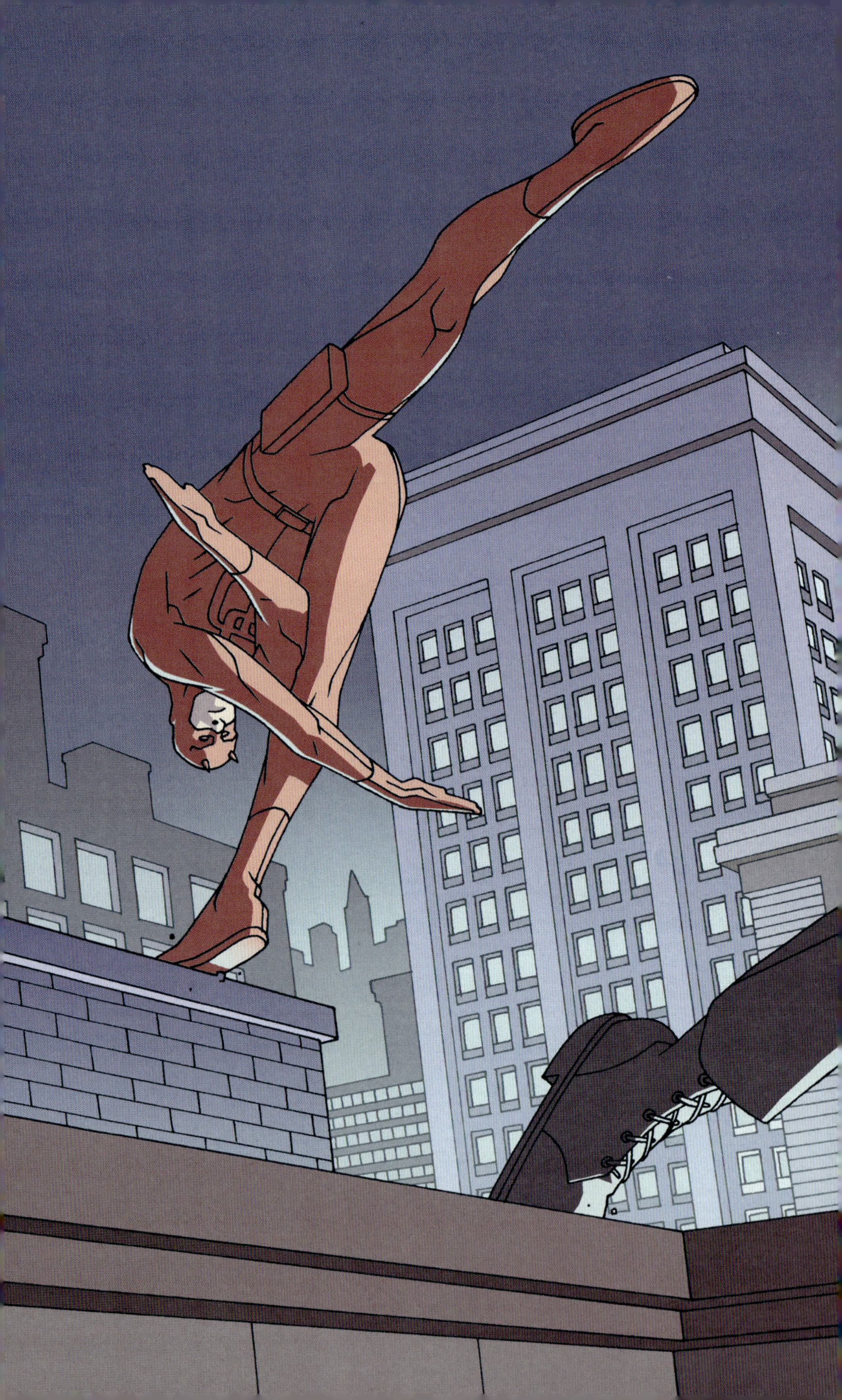

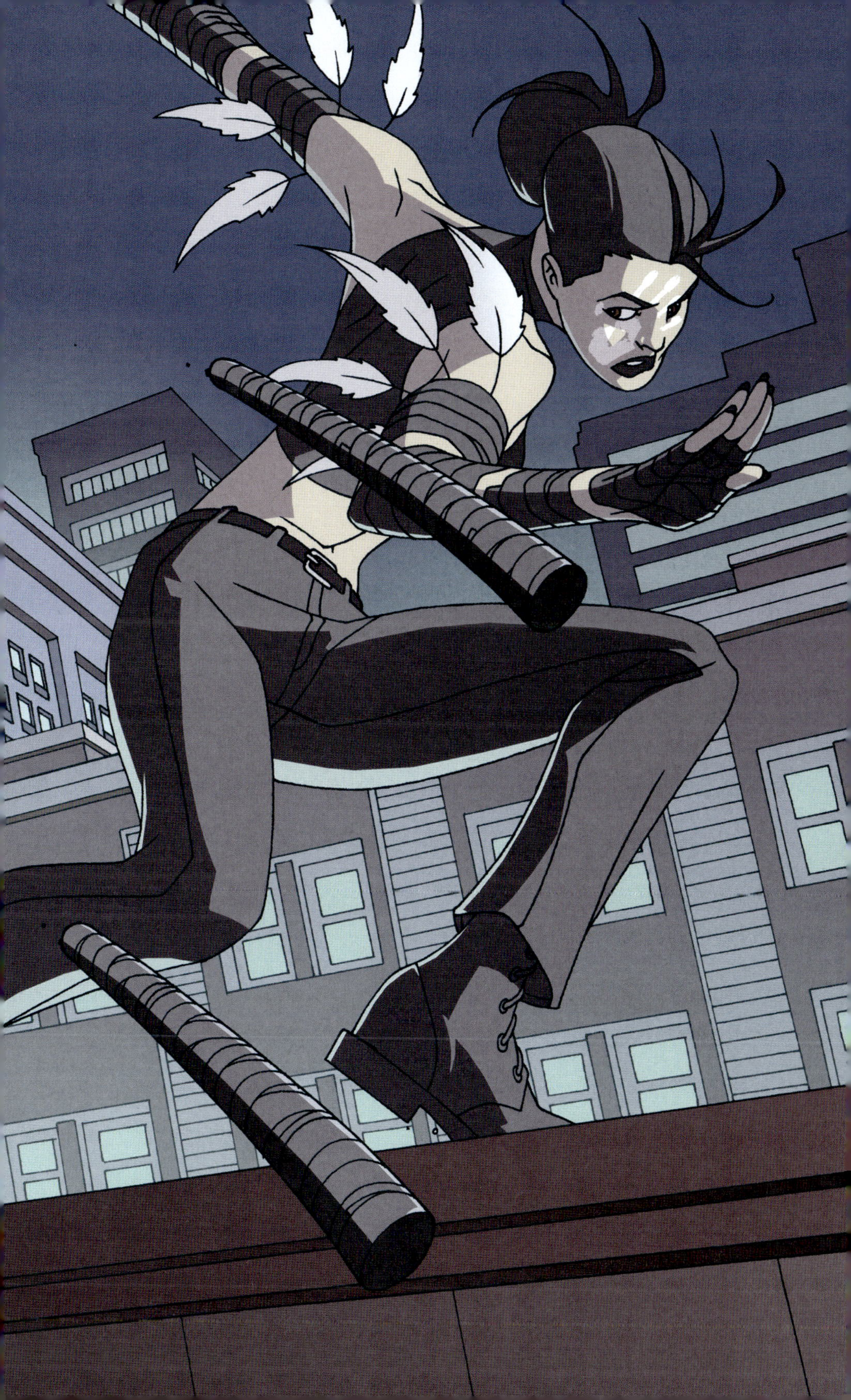

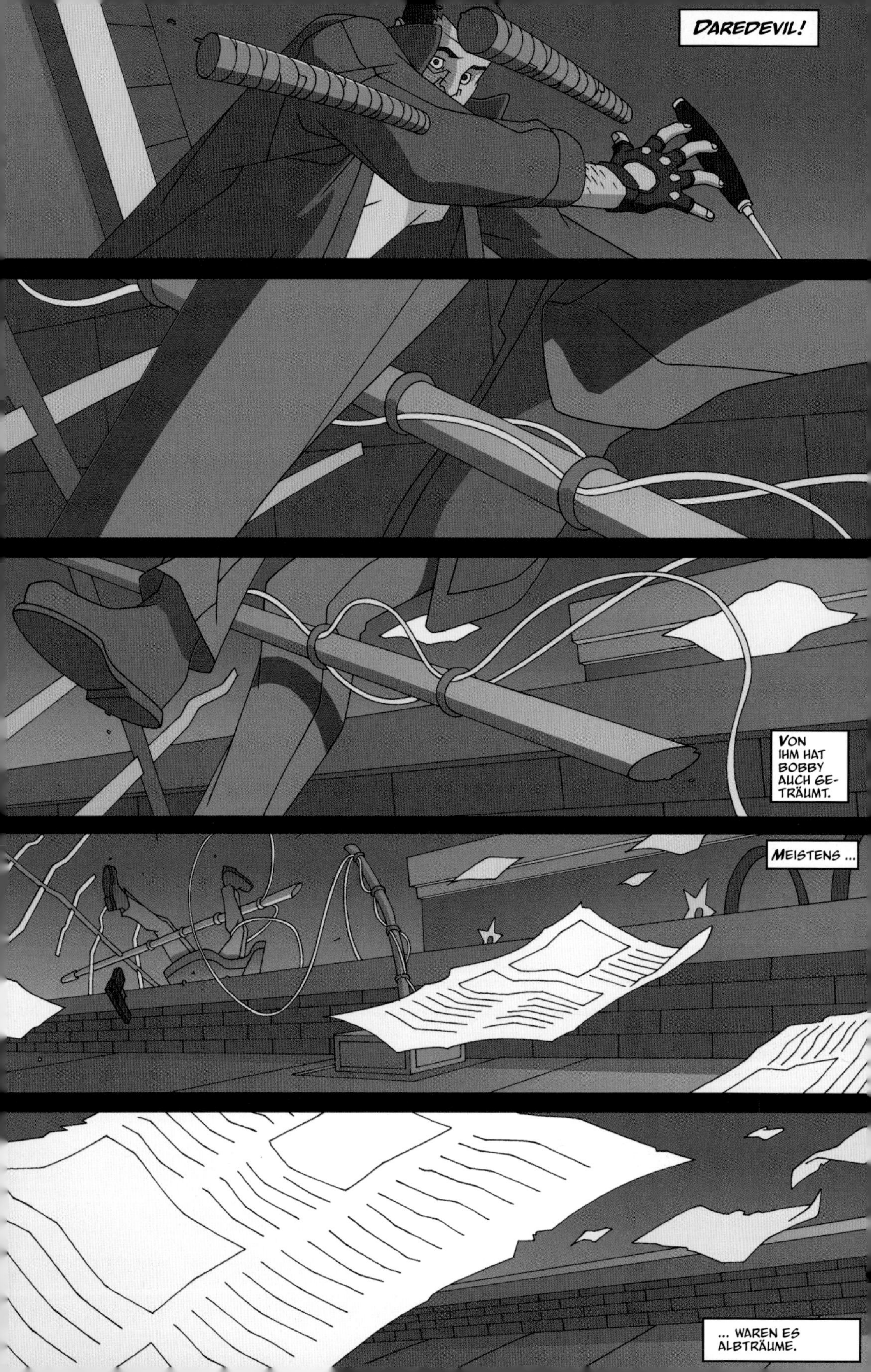
DAREDEVIL!
VON IHM HAT BOBBY AUCH GETRÄUMT.
MEISTENS ...
... WAREN ES ALBTRÄUME.

SEIN NAME IST JOHN.

JOHN HIELT SICH IMMER FÜR EINEN GUTEN VATER, EHEMANN UND ERNÄHRER.

VOR DREI JAHREN ÜBERBRACHTE IHM SEIN HAUSARZT DIE DIAGNOSE.

„SIE HABEN MS, JOHN. MULTIPLE SKLEROSE."

SEITDEM HÖRT ER DIESE WORTE IN EINER ENDLOS-SCHLEIFE IN SEINEM KOPF.

„SIE HABEN MS, JOHN."

BIS DAHIN HATTE ER GEGLAUBT, DASS SO ETWAS NUR „ANDEREN" MENSCHEN PASSIERT.

„SIE HABEN MS, JOHN."

NUR „ANDEREN" MENSCHEN, „ANDEREN" FAMILIEN.

HEUTE MORGEN NAHM SEIN CHEF IHN IN DER AUTOWERKSTATT ZUR SEITE UND SAGTE, DASS IHM EINFACH DIE WORTE FEHLTEN.

DIE WORTE, UM IHM ZU SAGEN, DASS ER IHN ENTLASSEN WIRD.

DASS DAS ZITTERN, DAS UNWEIGERLICH KOMMEN WÜRDE, IHN UND ANDERE IN GEFAHR BRINGT.

„SIE HABEN MS, JOHN."

WIE SOLL ER SEINE FAMILIE ERNÄHREN?

WIE SOLL ER OHNE VERSICHERUNG DIE ÜBER 15.000 DOLLAR FÜR MEDIKAMENTE AUFBRINGEN?

DIE MEDIZIN, DIE DAS ZITTERN IN SCHACH HÄLT UND IHM HILFT, SICH HALBWEGS GESUND ZU FÜHLEN.

WIE WERDEN SEINE KINDER IHN BEHANDELN, WENN ER KEIN RICHTIGER VATER MEHR FÜR SIE IST?

SONDERN OBJEKT DES SPOTTES FÜR IHRE FREUNDE IN DER SCHULE.

WIE WIRD IHN SEINE FRAU JENNY ANSEHEN, WENN DAS ZITTERN KOMMT? WIRD SIE IHN NOCH ALS MANN BETRACHTEN?

ODER EINEN HOFFNUNGSLOSEN KRÜPPEL SEHEN, DER JEDEN TAG ZU EINER IMMER GRÖSSEREN LAST FÜR SIE WIRD?

WIE WIRD SIE SICH FÜHLEN, WENN IHRE FREUNDE UND FAMILIE SIE IMMER ALS „ARME JENNY" BEZEICHNEN?

WIE WIRD SIE MIT DIESER LAST UMGEHEN?

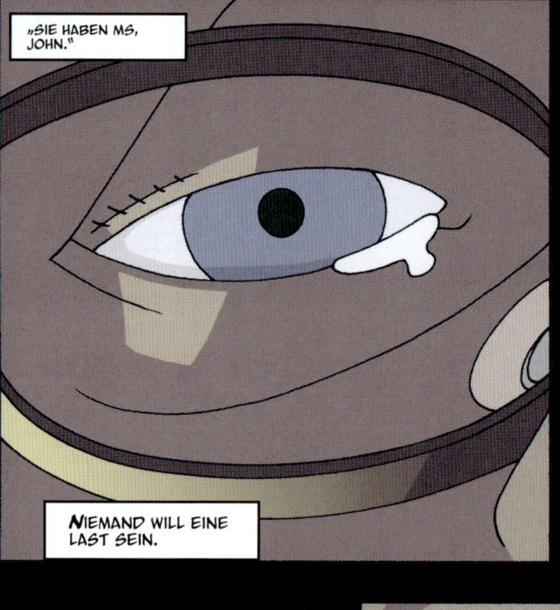
„SIE HABEN MS, JOHN."
NIEMAND WILL EINE LAST SEIN.

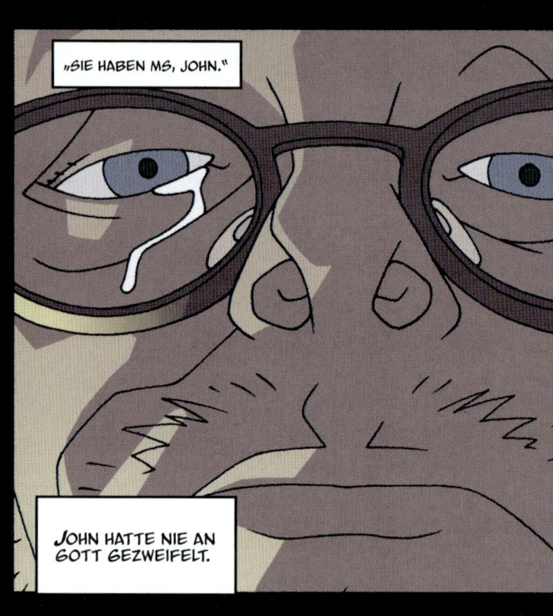
„SIE HABEN MS, JOHN."
JOHN HATTE NIE AN GOTT GEZWEIFELT.

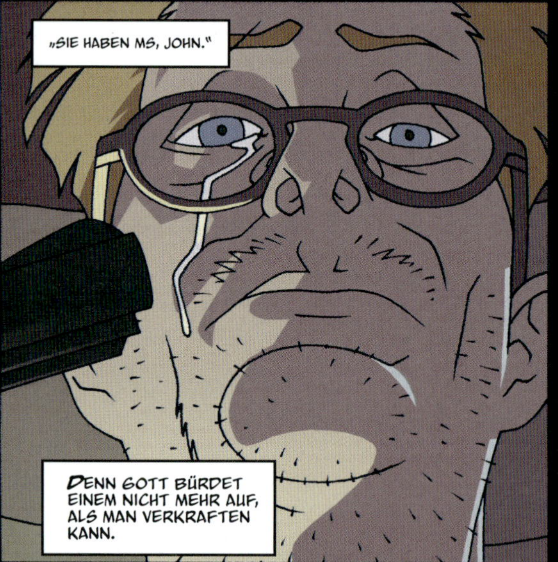
„SIE HABEN MS, JOHN."
DENN GOTT BÜRDET EINEM NICHT MEHR AUF, ALS MAN VERKRAFTEN KANN.

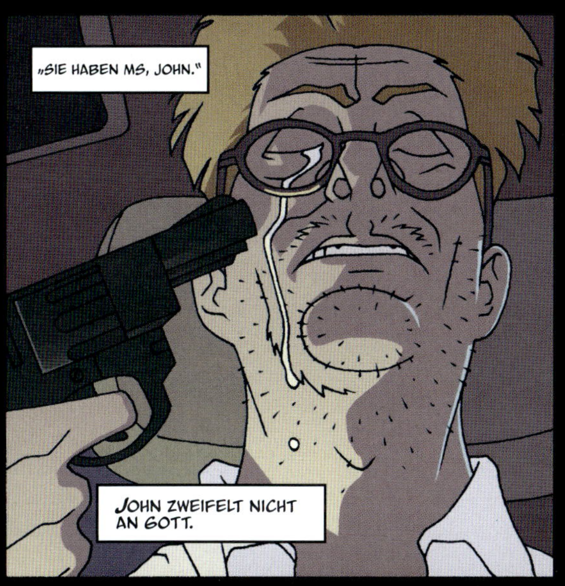
„SIE HABEN MS, JOHN."
JOHN ZWEIFELT NICHT AN GOTT.

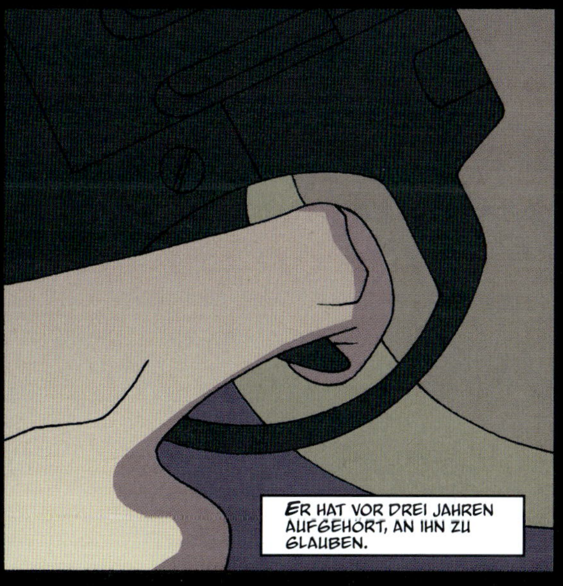
ER HAT VOR DREI JAHREN AUFGEHÖRT, AN IHN ZU GLAUBEN.

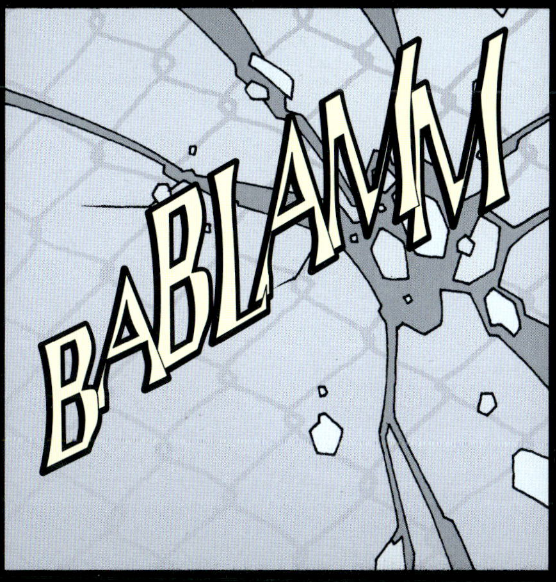
BABLAMM

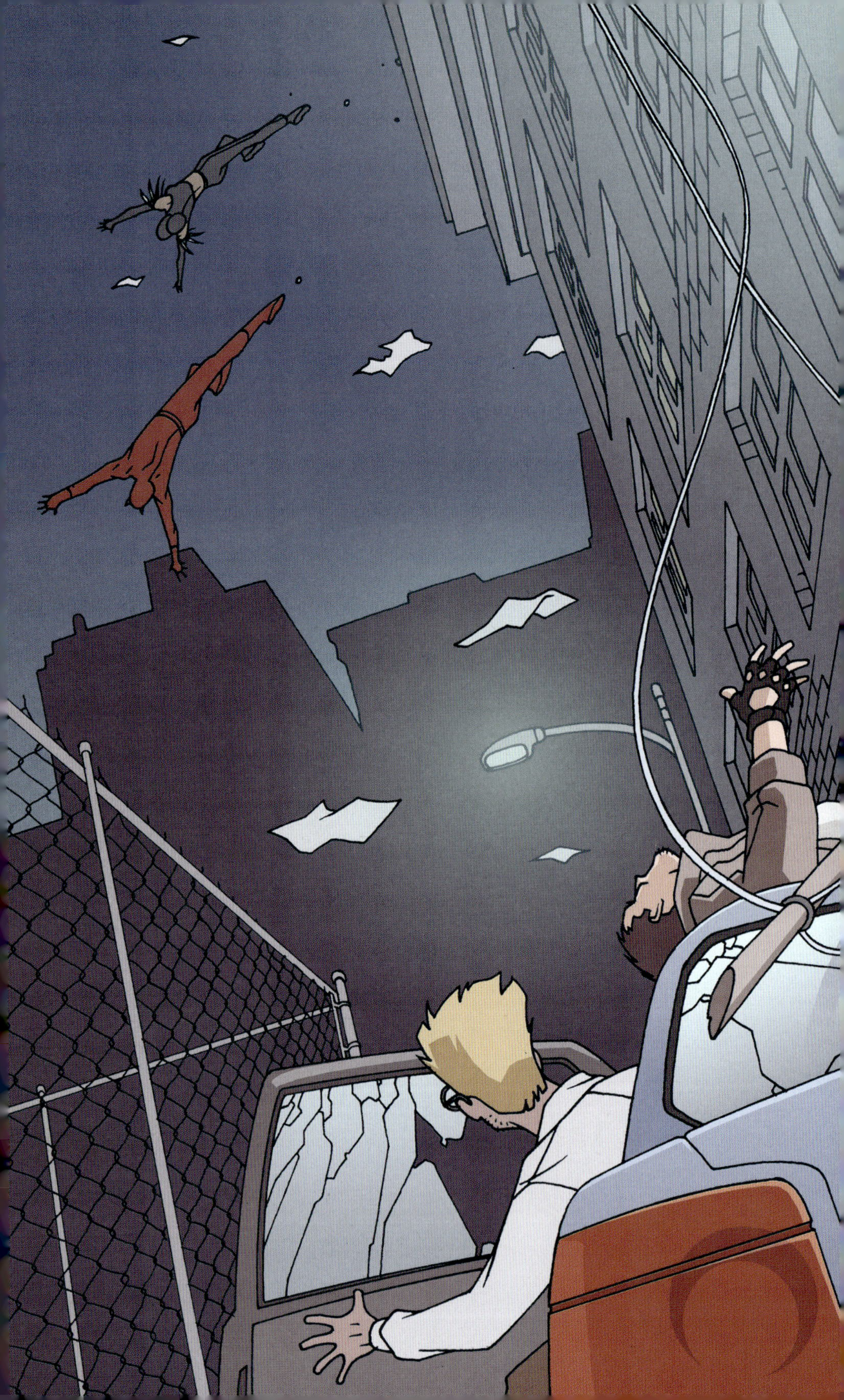

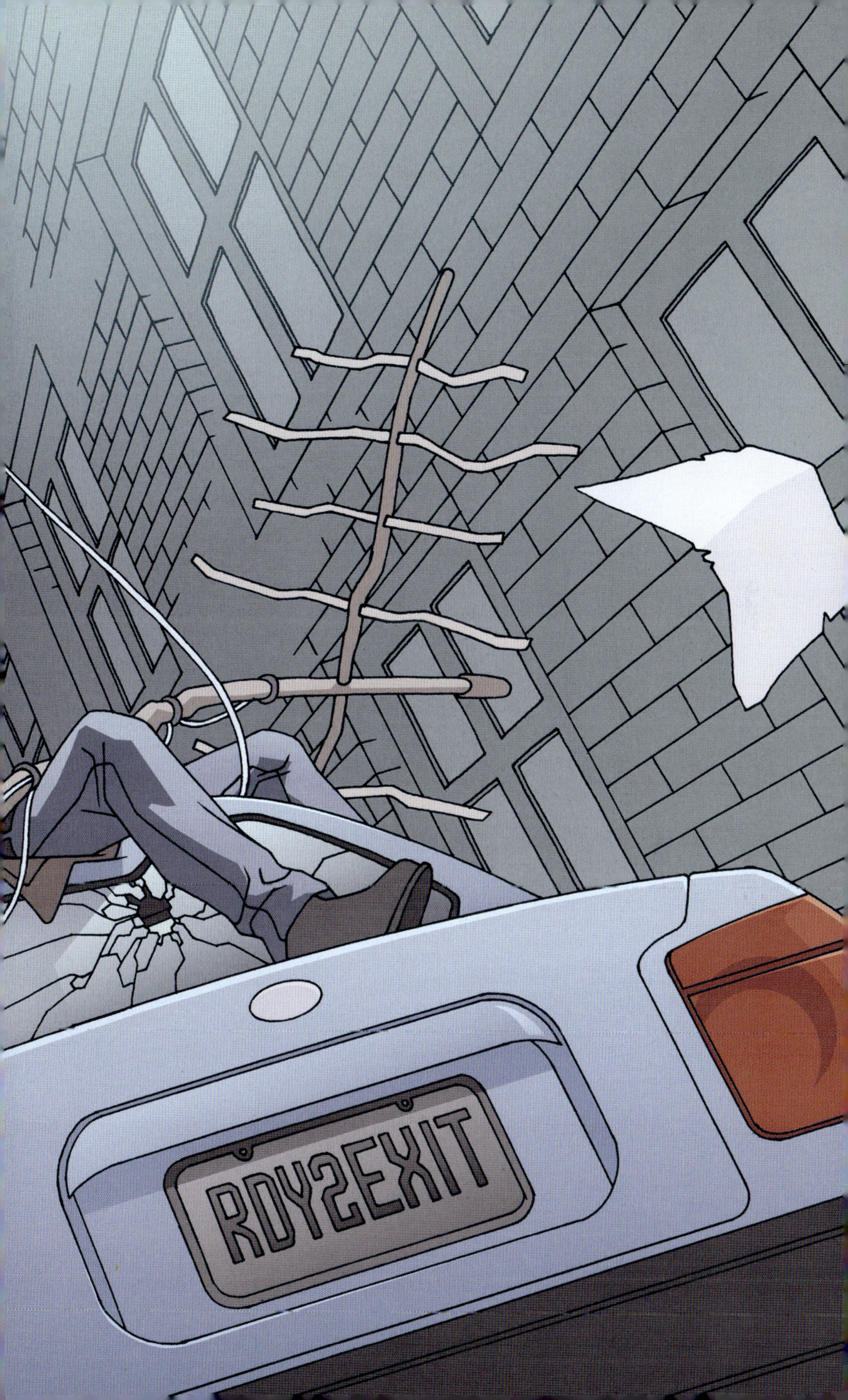
RDY2EXIT

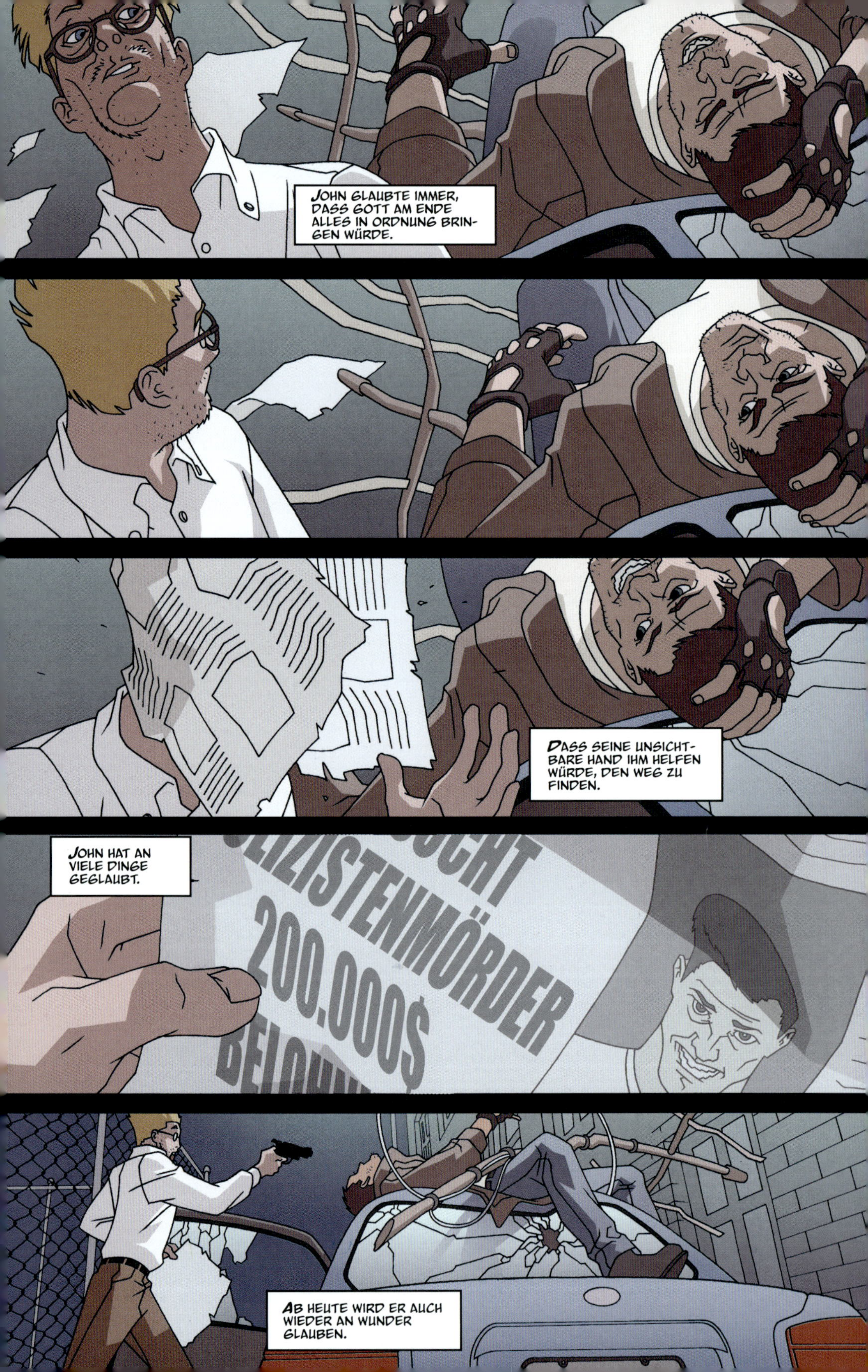
JOHN GLAUBTE IMMER, DASS GOTT AM ENDE ALLES IN ORDNUNG BRINGEN WÜRDE.
DASS SEINE UNSICHTBARE HAND IHM HELFEN WÜRDE, DEN WEG ZU FINDEN.
JOHN HAT AN VIELE DINGE GEGLAUBT.
200.000$
AB HEUTE WIRD ER AUCH WIEDER AN WUNDER GLAUBEN.

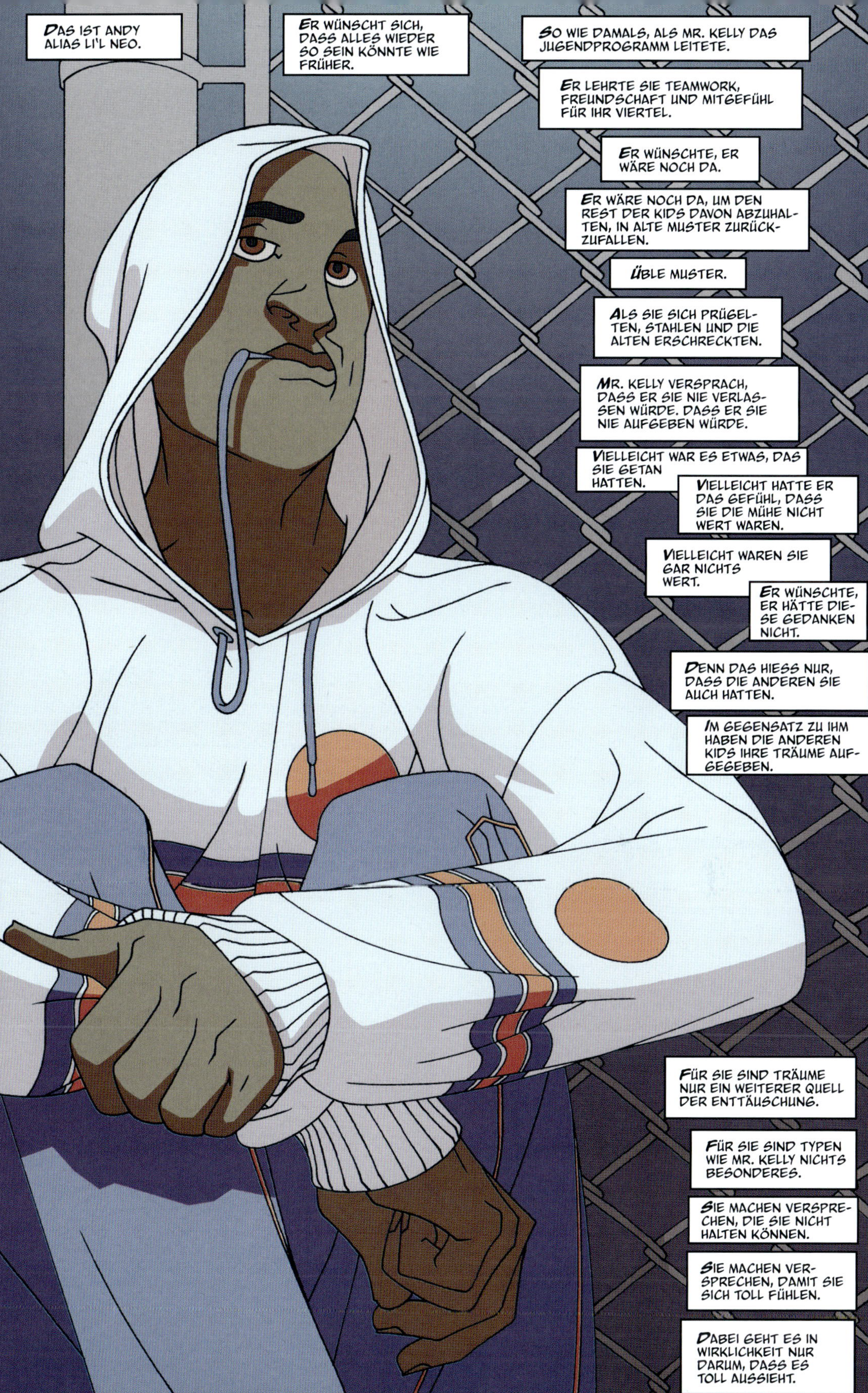
Das ist Andy alias Li'l Neo.
Er wünscht sich, dass alles wieder so sein könnte wie früher.
So wie damals, als Mr. Kelly das Jugendprogramm leitete.
Er lehrte sie Teamwork, Freundschaft und Mitgefühl für ihr Viertel.
Er wünschte, er wäre noch da.
Er wäre noch da, um den Rest der Kids davon abzuhalten, in alte Muster zurückzufallen.
Üble Muster.
Als sie sich prügelten, stahlen und die Alten erschreckten.
Mr. Kelly versprach, dass er sie nie verlassen würde. Dass er sie nie aufgeben würde.
Vielleicht war es etwas, das sie getan hatten.
Vielleicht hatte er das Gefühl, dass sie die Mühe nicht wert waren.
Vielleicht waren sie gar nichts wert.
Er wünschte, er hätte diese Gedanken nicht.
Denn das hiess nur, dass die anderen sie auch hatten.
Im Gegensatz zu ihm haben die anderen Kids ihre Träume aufgegeben.
Für sie sind Träume nur ein weiterer Quell der Enttäuschung.
Für sie sind Typen wie Mr. Kelly nichts Besonderes.
Sie machen Versprechen, die sie nicht halten können.
Sie machen Versprechen, damit sie sich toll fühlen.
Dabei geht es in Wirklichkeit nur darum, dass es toll aussieht.

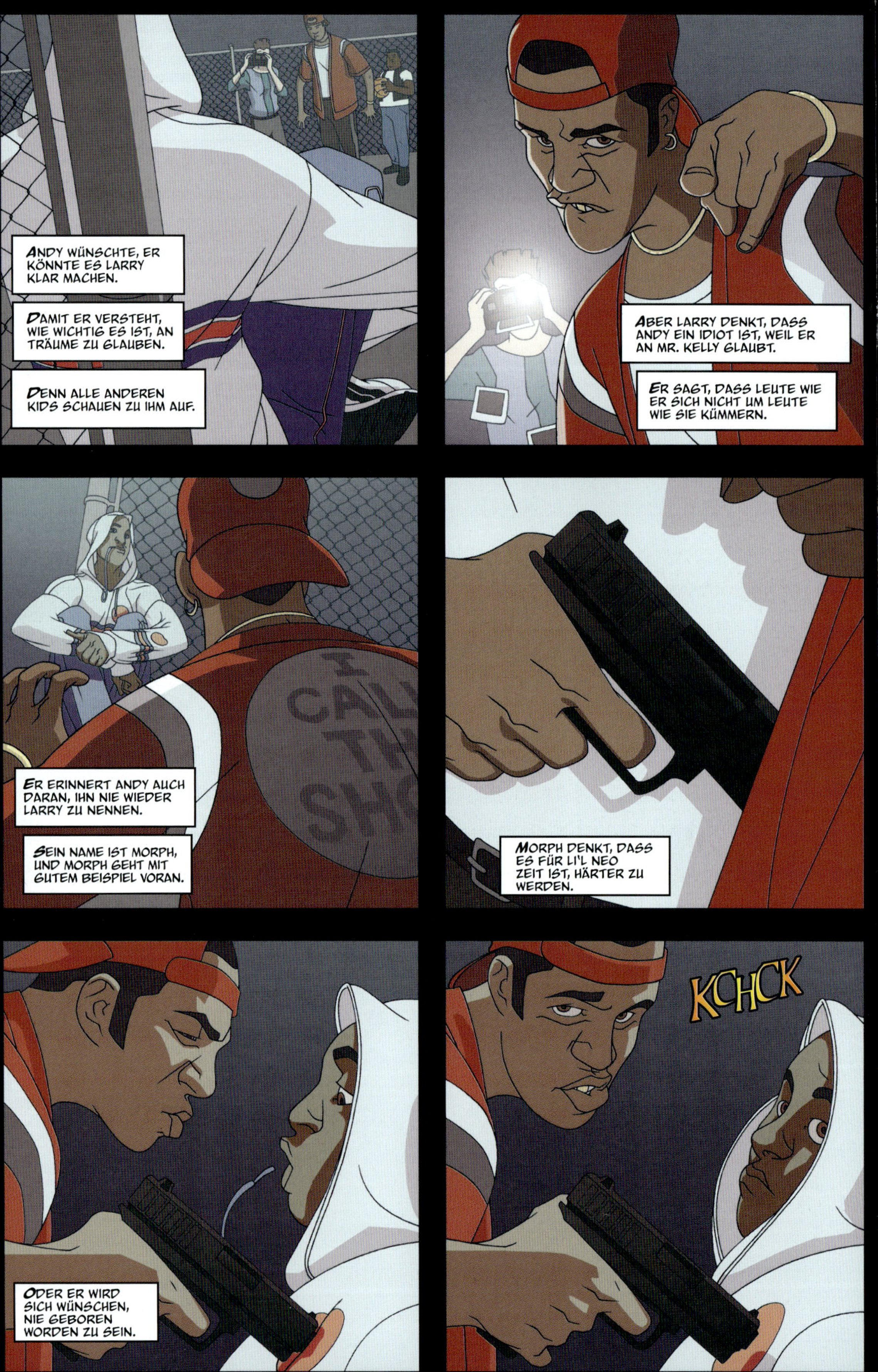

ANDY WÜNSCHTE, ER KÖNNTE ES LARRY KLAR MACHEN.

DAMIT ER VERSTEHT, WIE WICHTIG ES IST, AN TRÄUME ZU GLAUBEN.

DENN ALLE ANDEREN KIDS SCHAUEN ZU IHM AUF.

ABER LARRY DENKT, DASS ANDY EIN IDIOT IST, WEIL ER AN MR. KELLY GLAUBT.

ER SAGT, DASS LEUTE WIE ER SICH NICHT UM LEUTE WIE SIE KÜMMERN.

ER ERINNERT ANDY AUCH DARAN, IHN NIE WIEDER LARRY ZU NENNEN.

SEIN NAME IST MORPH, UND MORPH GEHT MIT GUTEM BEISPIEL VORAN.

MORPH DENKT, DASS ES FÜR LI'L NEO ZEIT IST, HÄRTER ZU WERDEN.

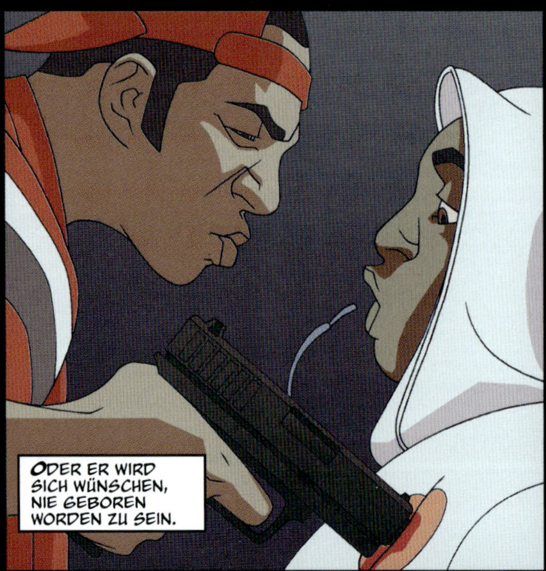

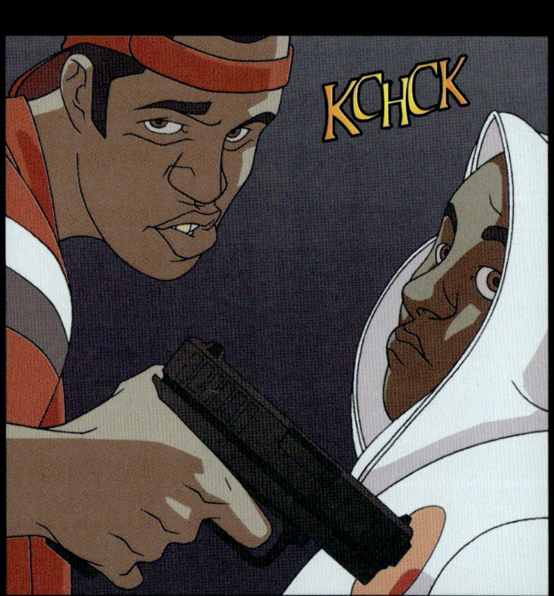

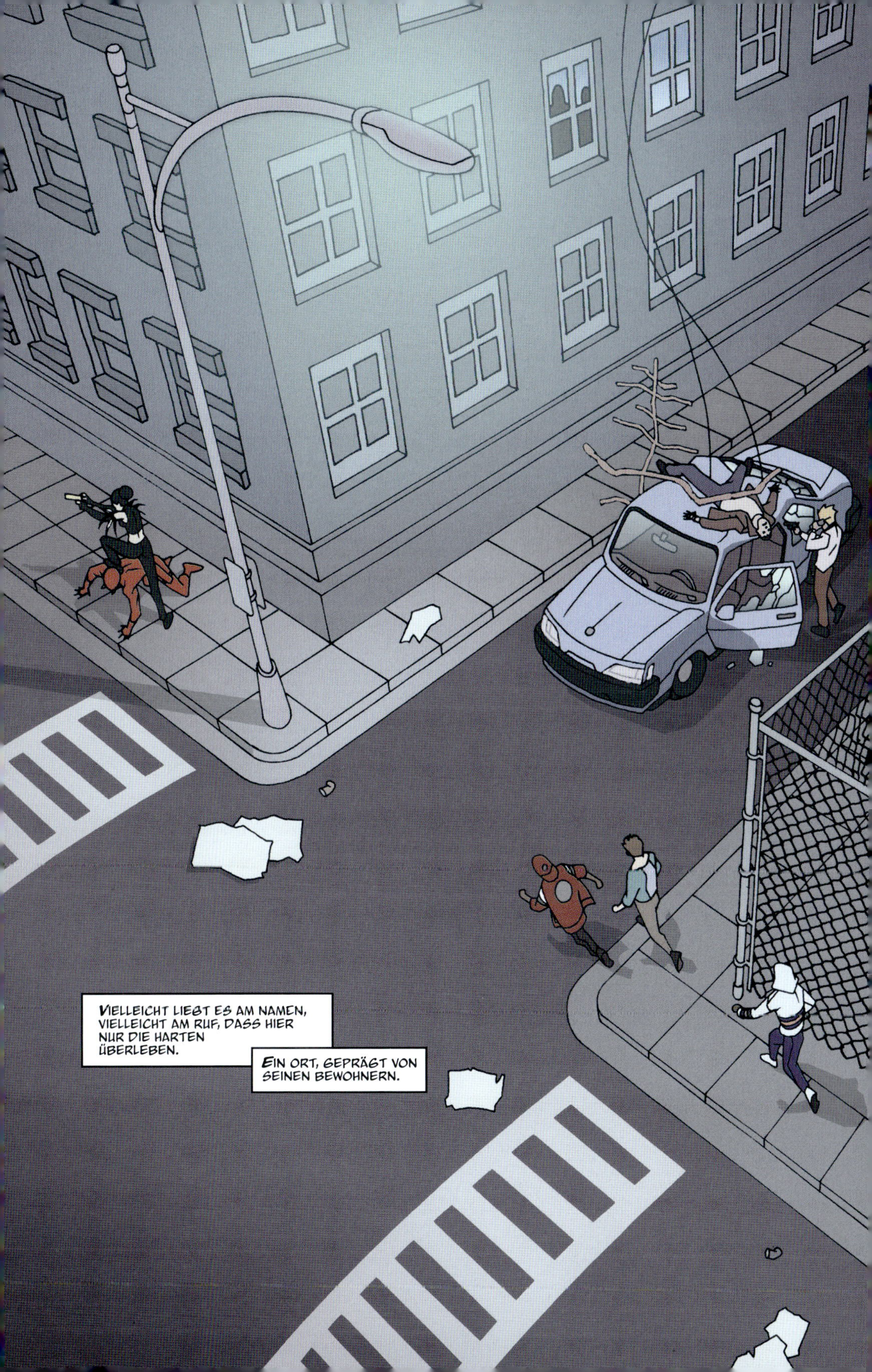
VIELLEICHT LIEGT ES AM NAMEN, VIELLEICHT AM RUF, DASS HIER NUR DIE HARTEN ÜBERLEBEN.
EIN ORT, GEPRÄGT VON SEINEN BEWOHNERN.

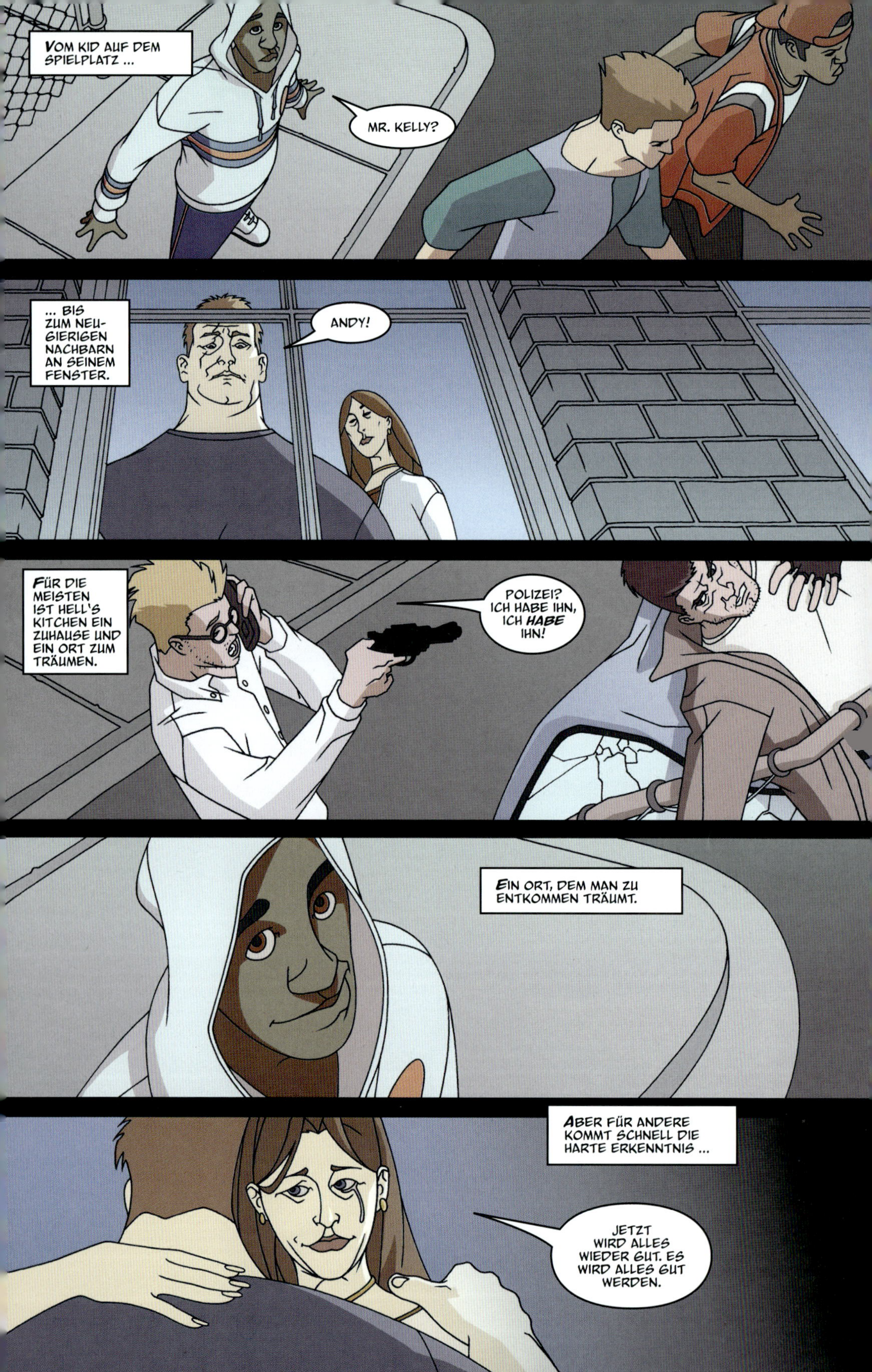
VOM KID AUF DEM SPIELPLATZ ...
MR. KELLY?
... BIS ZUM NEU-GIERIGEN NACHBARN AN SEINEM FENSTER.
ANDY!
FÜR DIE MEISTEN IST HELL'S KITCHEN EIN ZUHAUSE UND EIN ORT ZUM TRÄUMEN.
POLIZEI? ICH HABE IHN, ICH *HABE* IHN!
EIN ORT, DEM MAN ZU ENTKOMMEN TRÄUMT.
ABER FÜR ANDERE KOMMT SCHNELL DIE HARTE ERKENNTNIS ...
JETZT WIRD ALLES WIEDER GUT. ES WIRD ALLES GUT WERDEN.

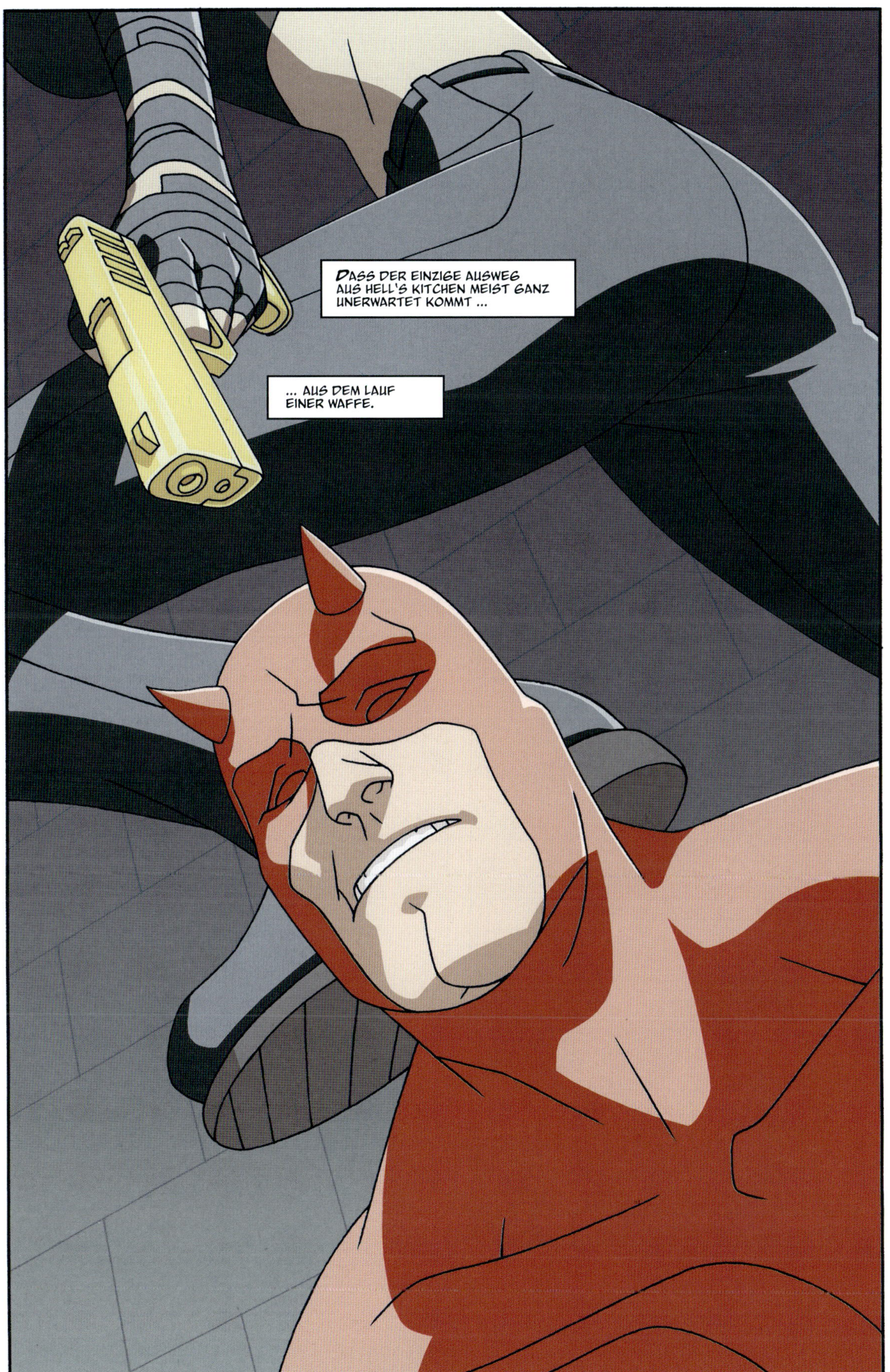
DASS DER EINZIGE AUSWEG AUS HELL'S KITCHEN MEIST GANZ UNERWARTET KOMMT ...
... AUS DEM LAUF EINER WAFFE.

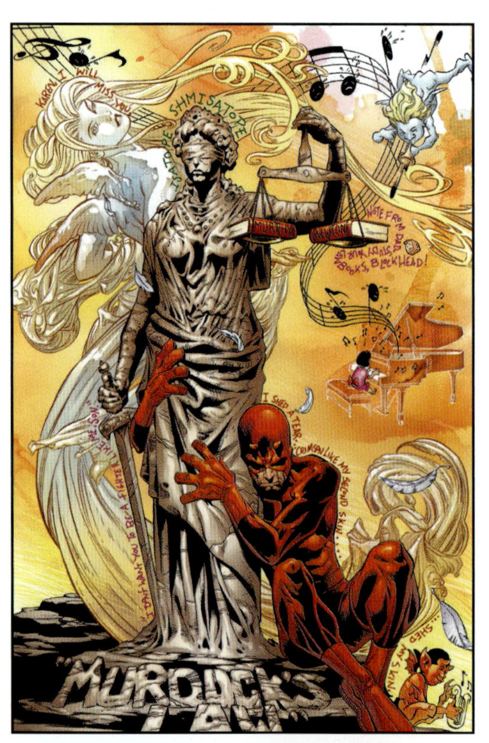

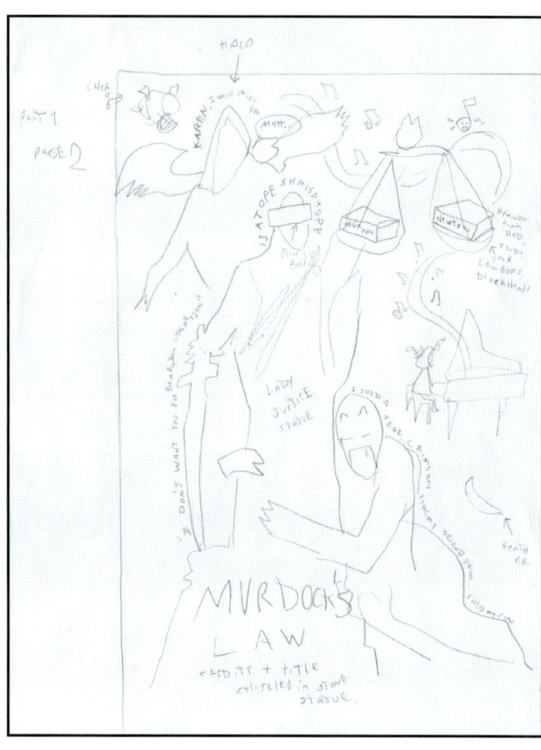

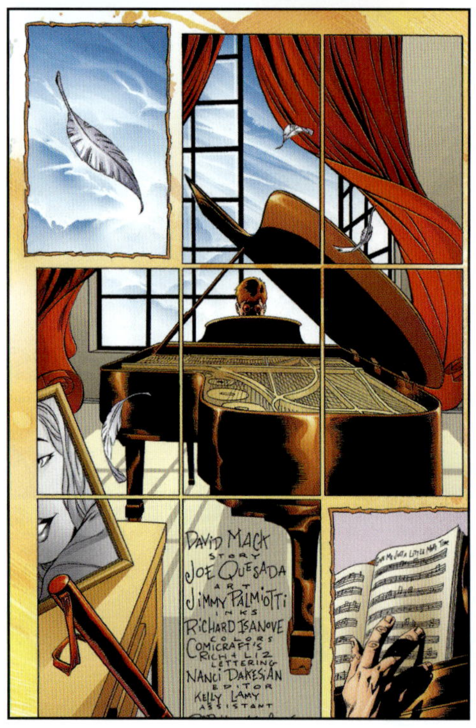

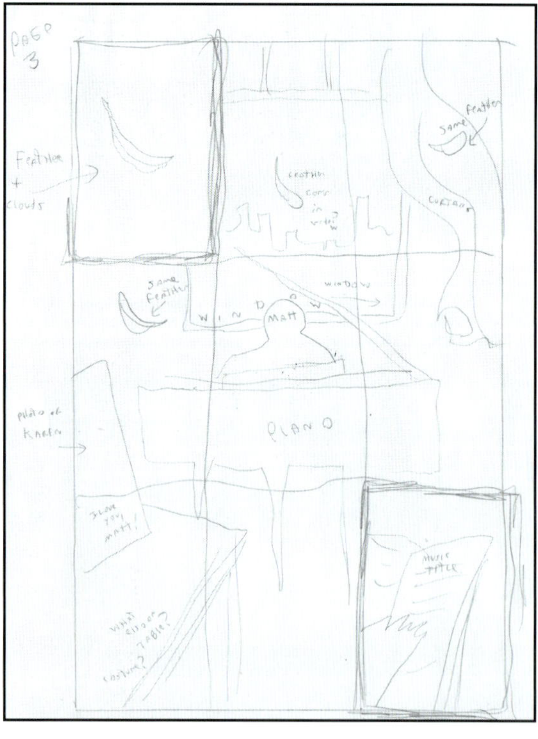

Daredevil (1998) 9
Layouts von **DAVID MACK**

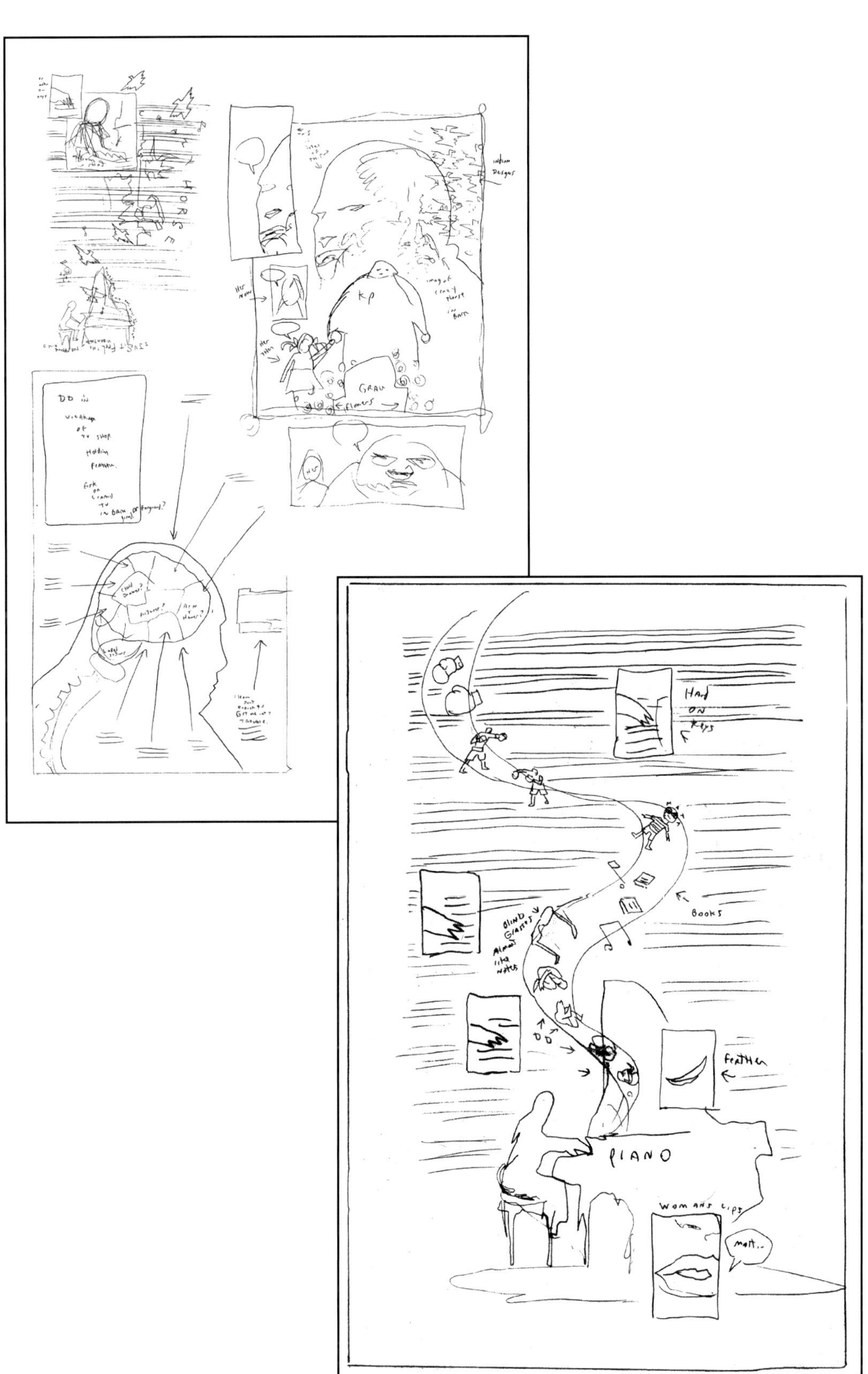

Daredevil (1998) 9
Layouts von **DAVID MACK**

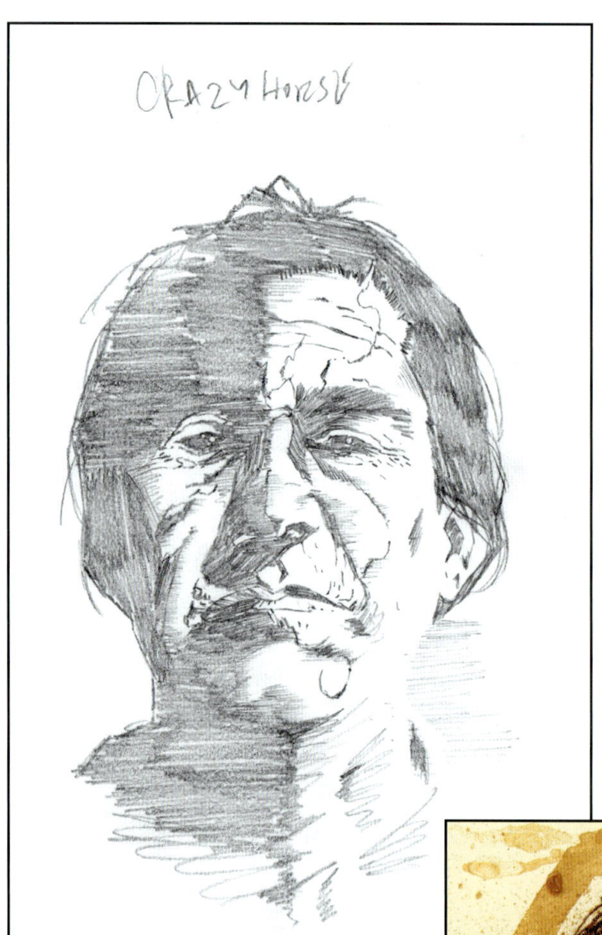

Abbildungen von Crazy Horse und Karen Page, die immer wieder in der Story erscheinen.

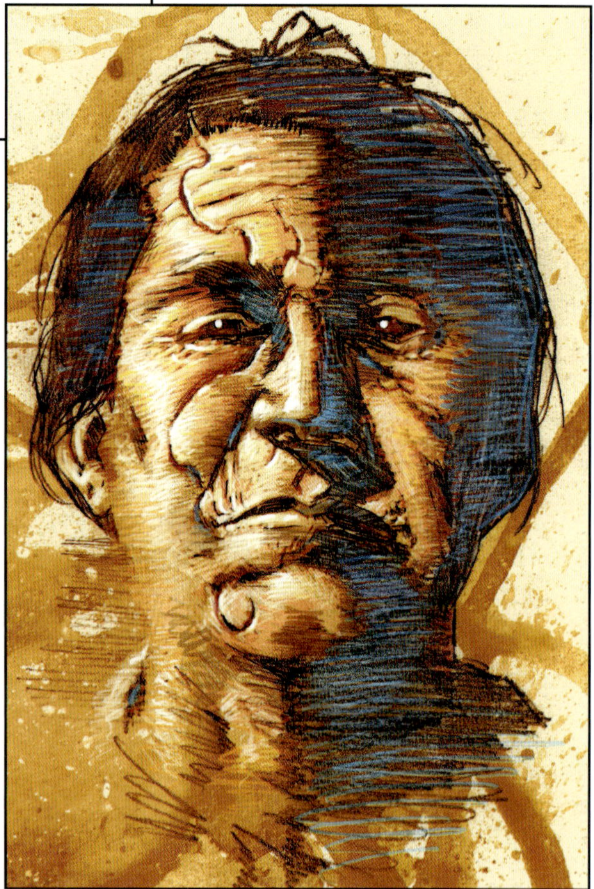

Zeichnungen von **JOE QUESADA**, Farben von **RICHARD ISANOVE**

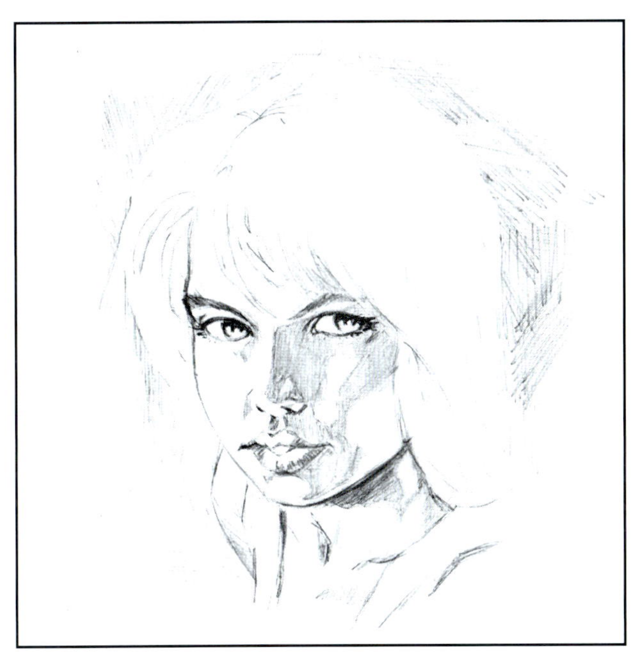

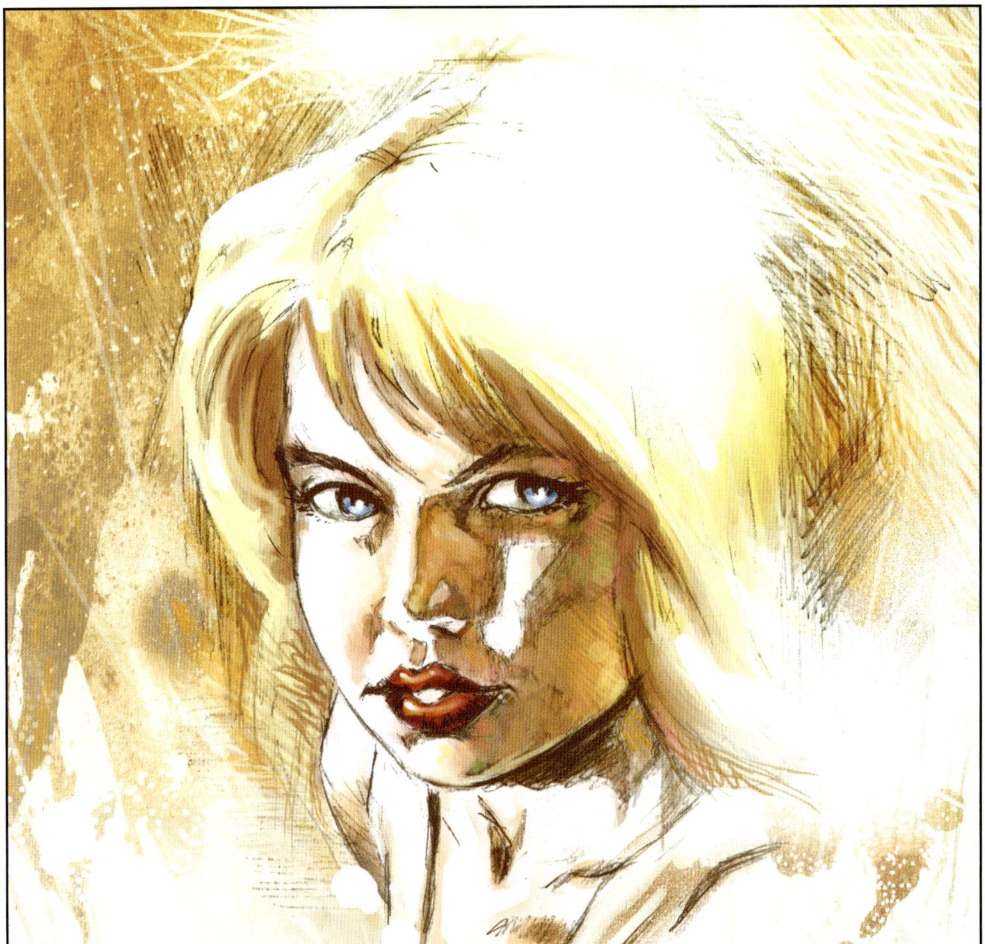

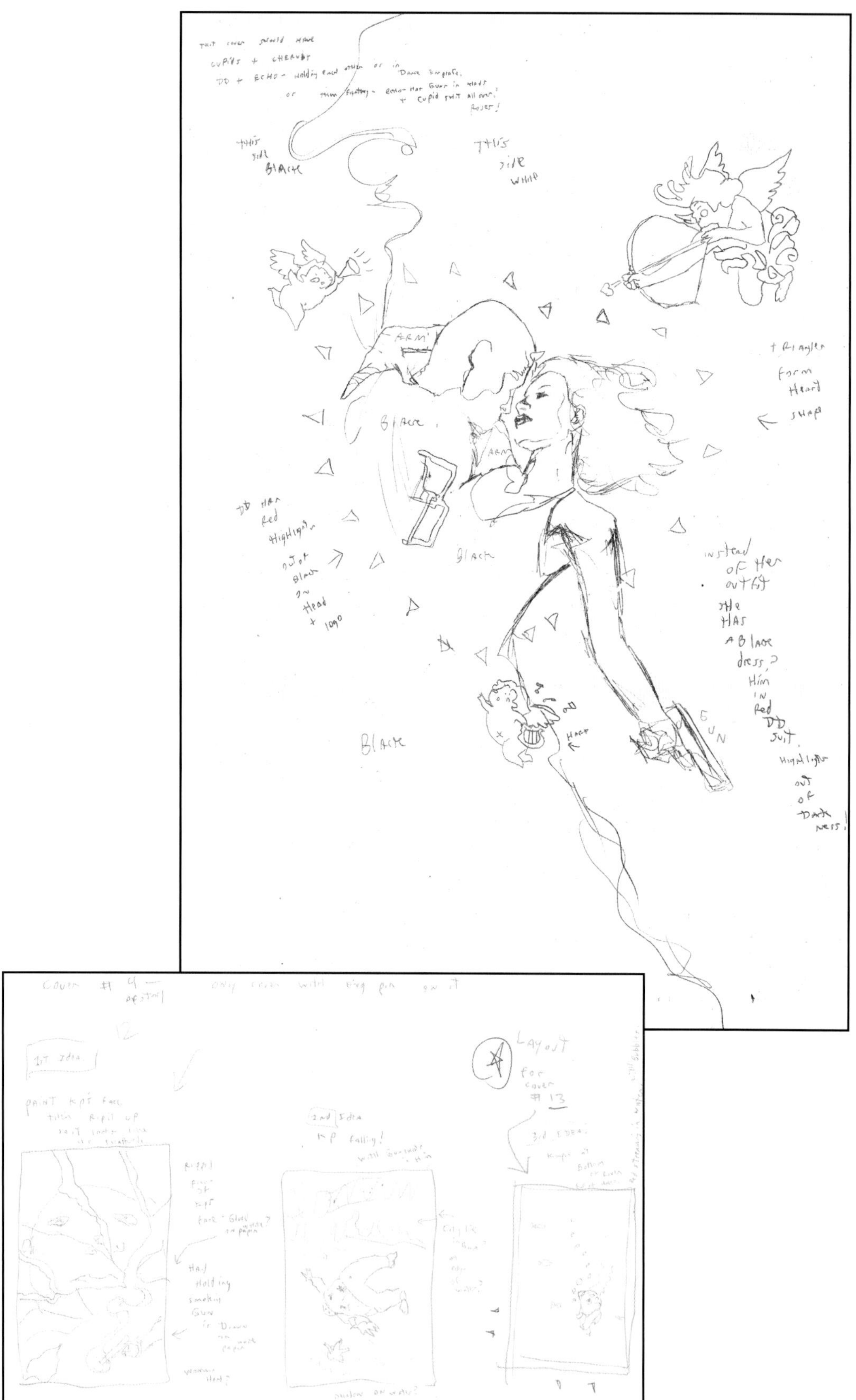

Cover-Layouts von **DAVID MACK**

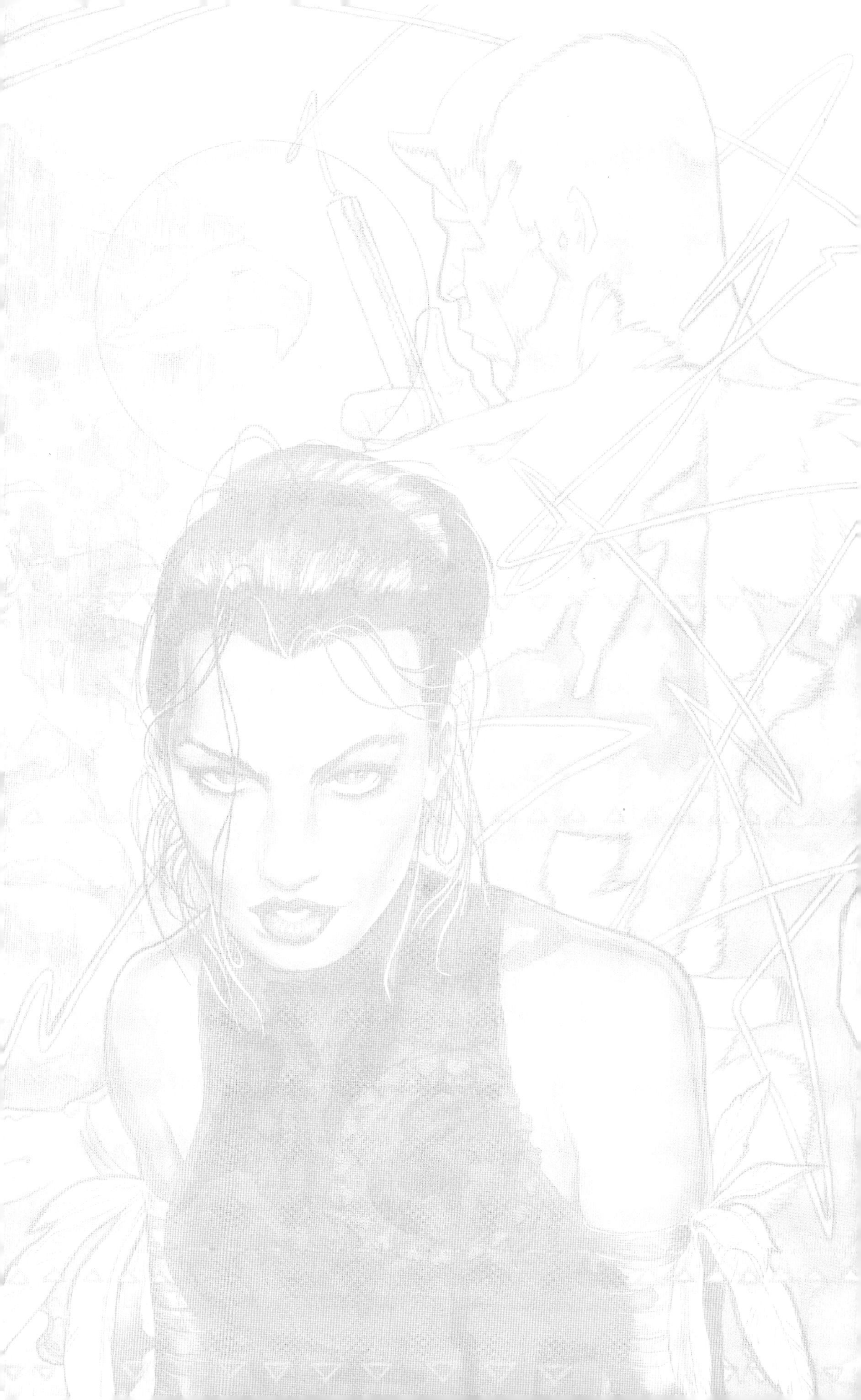

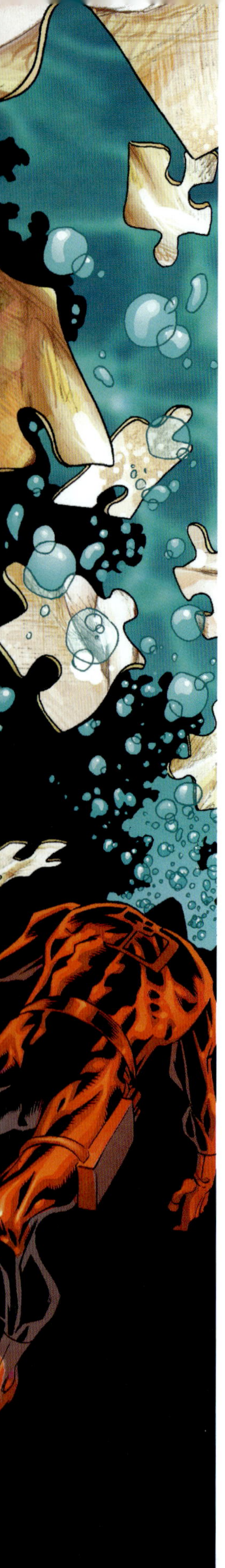

DIE MACHER

DAVID MACK entdeckte seine Talente bereits in den 1980er-Jahren auf der Ludlow High School, wo er als Autor und Darsteller an Theaterprojekten mitwirkte. Die Northern Kentucky University verließ er mit einem Bachelor of Fine Arts in Grafikdesign. Bereits auf dem College hatte er mit der Arbeit an seiner futuristischen Thriller-Serie *Kabuki* begonnen, die er für wechselnde Verlage gestaltete (zuletzt bei Marvel) und deren sieben Bände inzwischen nachgedruckt wurden. Auch *New Avengers* und *Dream Logic* wurden von ihm gezeichnet. Mit Brian M. Bendis und Alex Maleev bildet David Mack einen einschlägigen Freundeskreis. Nachdem Bendis 2001 zu *Daredevil* 16 gestoßen war, zog sich Mack vom Platz des Autors auf den des Zeichners zurück, war aber gelegentlich noch als Cover-Gestalter für die Serie aktiv. 2020 war er in den Kategorien Best Painter/Digital Artist und Best Cover Artist für den Eisner Award nominiert.

JOE QUESADA wuchs in Queens auf und erlernte das Zeichnen an der School of Visual Arts in New York. Nachdem er zunächst als Kolorist tätig war, bekam er seinen ersten Job als Zeichner bei DC. 1998 beauftragte ihn Marvel, Superhelden wie Black Panther, Black Widow, die Inhumans und Daredevil mit einem frischen, etwas erwachseneren Ansatz auszustatten und dafür die nötigen Talente anzuheuern. Daredevil etwa bekam mit *Guardian Devil* (der Vorgeschichte zu diesem Band) eine neue Heftnummerierung. Der Erfolg dieses Unternehmens, die Reihe „Marvel Knights", beförderte Quesadas Aufstieg zum Marvel-Chefredakteur – mit der nach Stan Lee längsten Amtszeit auf diesem Posten. Joe Quesada besetzte ihn bis 2011 und hatte deswegen weniger Zeit zum Zeichnen. Er verließ den Verlag 2022.

ROB HAYNES hat sich als Zeichner, Tuscher und Kolorist eine große Fangemeinde aufgebaut. Seine Karriere begann 1992 bei DC mit *Legion of Super-Heroes Annual*. Ein Großteil der DC-Stars wanderte in der Folgezeit über seinen Tisch: Flash, Batman, Supergirl und andere. Die Liste der Verlage, für die er tätig war, ist noch weitaus länger. Seine klare Linie setzt in DAREDEVIL & ECHO: TEILE DER LEERE einen hübschen Kontrapunkt zum physischen, dynamischen Strich Joe Quesadas. Leider hat sich Rob Haynes einstweilen aus der Comic-Branche zurückgezogen.

JIMMY PALMIOTTI hat sich als Autor, Zeichner, Tuscher und Redakteur für etliche Marvel- und DC-Serien verdient gemacht, darunter *Hawkman*, *Superboy*, *Deadpool*, *The Punisher*, *Heroes for Hire* und *The Monolith*. Neben seinen vielseitigen Tätigkeiten in dieser Branche entwickelte der Italo-Amerikaner zusammen mit der Autoren-Legende Garth Ennis Storyboards für die Videogames *Ghost Rider* und *The Punisher*. Außerdem wirkte er an der Fernsehadaption der Comic-Reihe *Painkiller Jane* als Drehbuchautor und Regisseur mit, die er mit seinem Freund Joe Quesada aus der Taufe gehoben hat.

DAREDEVIL & ECHO

TEILE DER LEERE

BONUSTEIL

Das Liebesleben der Marvel-Helden verläuft selten reibungslos, aber man kann mit Sicherheit sagen, dass niemandem öfter das Herz gebrochen wurde als **Daredevil**, dem Mann ohne Furcht. **Matt Murdock** hat eine Reihe verheerender Liebesaffären hinter sich, die länger ist als Manhattan Island. 1999 taten sich **David Mack** und **Joe Quesada** zusammen, um der Reihe eine weitere hinzuzufügen …

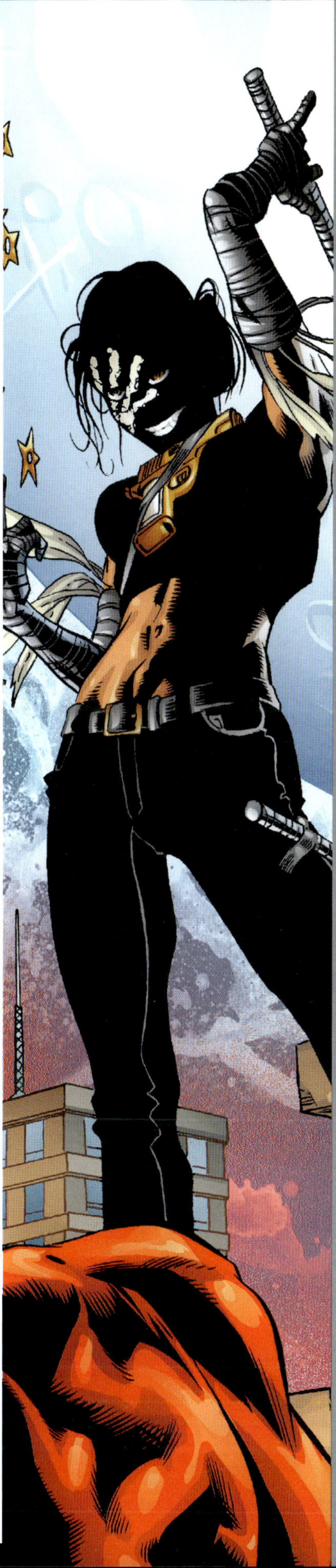

Die Geräusche der Stille

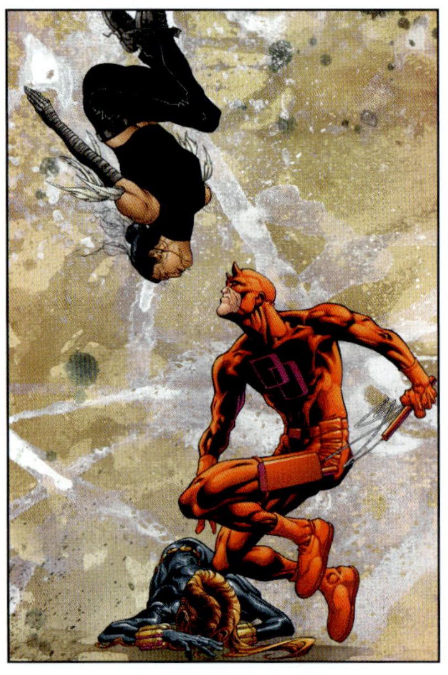

Echo war eine faszinierende neue Widersacherin für Daredevil. Zeichnung von Joe Quesada, **David Ross** und **Mark Morales**.

1997 wurde **Joe Quesada** und seinem Kreativ-Partner **Jimmy Palmiotti** die volle redaktionelle Kontrolle über vier Marvel-Titel angeboten. Palmiotti erinnert sich: „Joe und ich wussten sofort, dass wir *Daredevil* wollten, was lustig war, weil sie *Daredevil* einstellen wollten. Und wir wollten *Punisher*, was lustig war, weil sie *Punisher* einstellen wollten. Und wir mochten **Black Panther**, und sie sagten: ‚Oh ja, ihr könnt *Black Panther* haben', und wir wählten die **Inhumans**, und ich weiß, dass wir Figuren wählten, bei denen sie sich fragten: ‚Warum wollen sie ausgerechnet diese Figuren?' Aber wir hatten sofort im Kopf, dass **Kevin Smith** *Daredevil* schreiben sollte."

Quesada und Palmiotti arbeiteten in einem separaten Büro und agierten im Grunde wie ein Unternehmen innerhalb des Unternehmens: Sie betreuten, gestalteten und bewarben die Titel selbst, die unter dem Banner *Marvel Knights* veröffentlicht wurden. *The Inhumans, The Punisher* und *Black Panther* wurden von den Leserinnen und Lesern gut aufgenommen, aber *Daredevil* war der herausragende Verkaufserfolg. Nach der gefeierten achtbändigen *Guardian Devil*-Story verließ Kevin Smith die Reihe.

Mit Heft 9 kam **David Mack** als neuer Autor hinzu, der als Autor und Zeichner seiner eigenen Comic-Kreation *Kabuki*, die von Caliber Comics veröffentlicht wurde, viel Lob von der Kritik bekommen hatte. „Man bot mir den Job als Autor von *Daredevil* an, weil sie *Kabuki* kannten", erinnert sich Mack. „Joe Quesada und Jimmy Palmiotti unterstützten *Kabuki* wirklich, wo es nur ging. Sie stellten *Kabuki* immer wieder neuen Leserinnen und Lesern vor und waren sehr ermutigend."

Mack war schon seit Langem ein Fan von Marvels Mann ohne Furcht: „Ich lernte **Daredevil** 1982 kennen, als ich neun Jahre alt war. Der einzige *Daredevil*, den ich gelesen habe, war die Serie von **Frank Miller** und die Zusammenarbeit von Miller und **Bill Sienkiewicz**. Ich habe diese Geschichten als Kind geliebt. Als man mir also anbot, für *DD* zu schreiben, ging es mir vor allem darum, eine Figur zu schreiben, die ich als Kind gelesen hatte. Die **Kingpin**-Charak-

▶ **Rob Haynes** illustrierte in *Daredevil* 12 eine besondere „Zwischensequenz" von *Parts of a Hole*. Haynes begann seine Comic-Karriere 1992 bei DC mit einem *Legion of Super-Heroes*-Annual. Er hat Ausgaben von *Excalibur, Cable* und *Quicksilver* für Marvel gezeichnet sowie *Daredevil: Ninja*, eine dreiteilige Miniserie, die von **Brian Michael Bendis** verfasst wurde. Für Image Comics hat er außerdem Ausgaben von *Savage Dragon* und *Vanguard* gezeichnet.

terstudie, die ich in *Parts of a Hole* gemacht habe, basiert auf dem Kingpin dieser Miller-Geschichten, weil das der einzige Kingpin ist, den ich kenne.

„Joe bat mich, mir eine neue Figur für diese Geschichte auszudenken. Das gehörte zu den Dingen, die er unbedingt wollte. Er sagte, Daredevil habe nicht wirklich eine attraktive Schurkengalerie, die meisten seiner Bösewichte seien von Spider-Man ausgeliehen. Er meinte, dass ihm die Gegner in meinen *Kabuki*-Geschichten gefielen, und er wollte, dass ich einen Schurken erfinde, der einzigartig mit Daredevil verbunden ist.

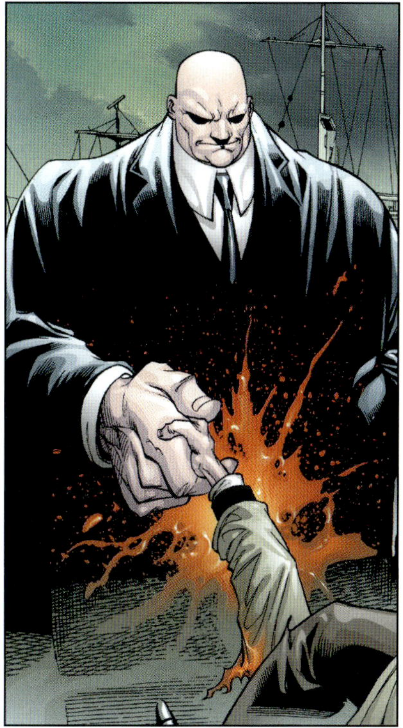

Die Lebensgeschichte vom Kingpin wurde zum ersten Mal gründlich erforscht. Zeichnung von Joe Quesada und Jimmy Palmiotti.

„Also begann ich mit dem Kingpin-Teil der Geschichte und mit **Echos** Vater. Was für ein Typ ist mutig oder verrückt genug, um Fisks Jugendfreund zu sein? Was ist das für ein Typ? Natürlich wird sich Fisk irgendwann gegen seinen Freund wenden, aber das Problem ist, dass er das Versprechen gegeben hat, sich um dieses Kind zu kümmern. Das klang gerade verrückt genug, um wirklich zu funktionieren. Fisk und ein kleines Mädchen. Und es geht in Richtung einer mythischen Reise für das Kind. Wie sieht dieses Mädchen die Dinge? Wie sieht sie die Welt? Wie kommt sie mit dem zurecht, was ihr fehlt? Wie reagiert sie, wenn sie erfährt, was passiert ist?"

Die ausgeklügelte Art und Weise, in der Text und Zeichnungen zusammenspielten, machte die Geschichte zu einem unvergesslichen Erlebnis: „Wann immer ich für einen anderen Künstler schreibe, gebe ich ihm Layouts. Nur damit sie wissen, wovon ich spreche. Manchmal kann die Beschreibung im Skript sehr unkonventionell sein. Meine Layouts zeigen dem Künstler, was ich sehe, und dienen ihm als Ausgangspunkt für seine eigene Interpretation. Joe hat als Künstler erstaunliche Stärken, und ich habe speziell für diese Stärken und seinen Zeichenstil geschrieben. Joe hat das Beste aus meinen Layouts und meinem Erzählstil übernommen und mit seinen eigenen grafischen Eigenheiten kombiniert, sodass eine Art neuer hybrider Zeichenstil entstanden ist. Ich war begeistert. Es ist immer noch mein Lieblingswerk von Quesada!

„Das ist das Tolle an Comics. Text und Zeichnungen verschmelzen miteinander. Die perfekte Synthese von Schrift und Bild bis zu dem Punkt, an dem die Schrift das Bild und die Zeichnung die Geschichte ist – sie sind eins."

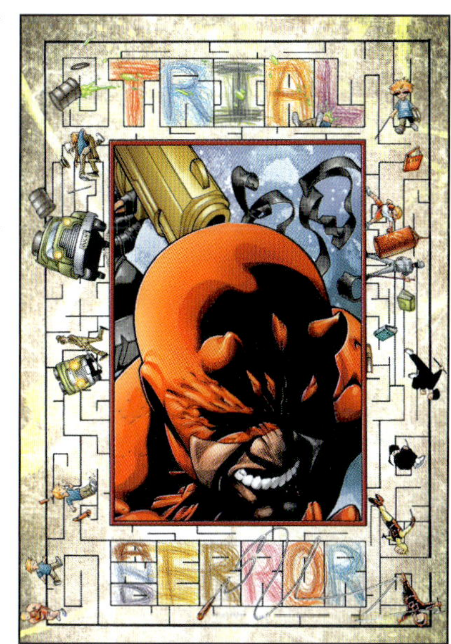

Parts of a Hole hatte viele auffallend unkonventionelle Layouts. Zeichnung von Joe Quesada und Jimmy Palmiotti.

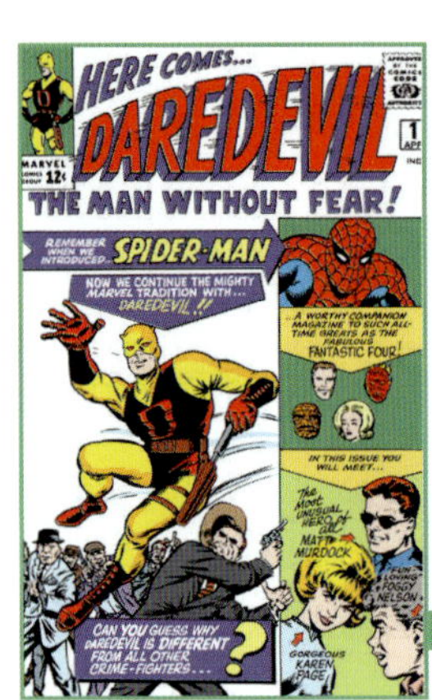

***Daredevil* 1**
(1964)
STAN LEE
BILL EVERETT
__Daredevil__ taucht auf und will __Fixer__ schnappen, einen Gangster, der den Tod seines Vaters befohlen hat. Auch __Foggy Nelson__ und __Karen Page__ werden eingeführt.

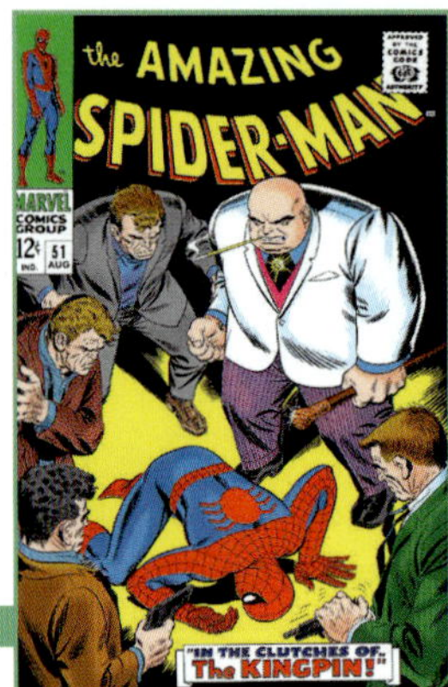

***Amazing Spider-Man* 51**
(1967)
STAN LEE
JOHN ROMITA SR.
Wilson Fisk, alias der mysteriöse Kingpin der Unterwelt, kämpft zum ersten Mal gegen Spider-Man.

DAREDEVIL & ECHO
TEILE DER LEERE

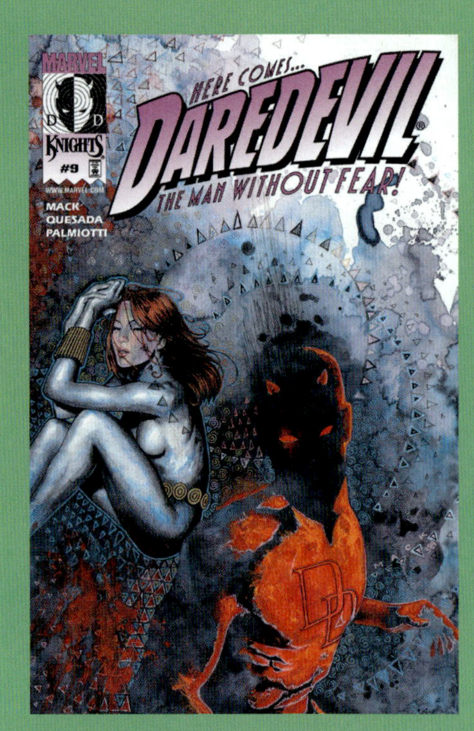

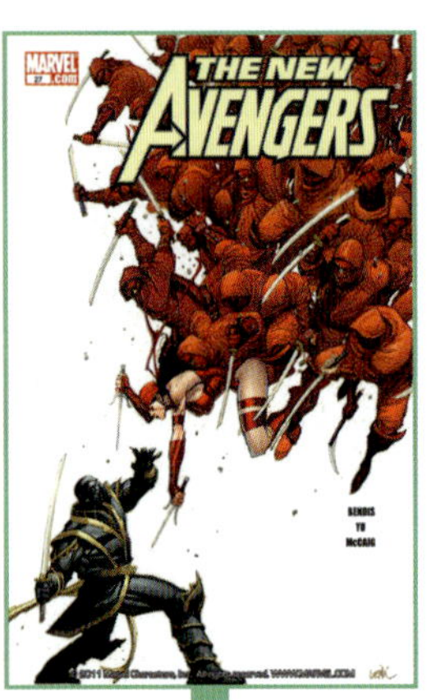

***New Avengers* 27**
(2007)
BRIAN MICHAEL BENDIS
LEINIL FRANCIS YU
Maya operiert weiterhin als Ronin in Japan, wird aber von __Elektra__ und der __Hand__ besiegt.

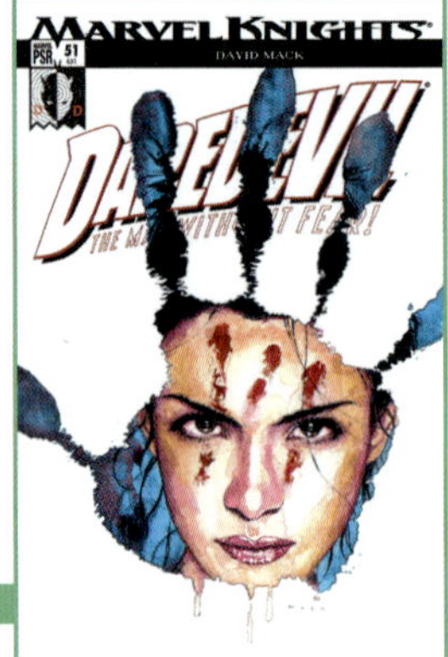

***Daredevil* 51**
(2003)
DAVID MACK
__Maya Lopez__ kehrt nach New York zurück und erfährt, dass Matt Murdock eine neue Beziehung hat. Sie konfrontiert den Kingpin.

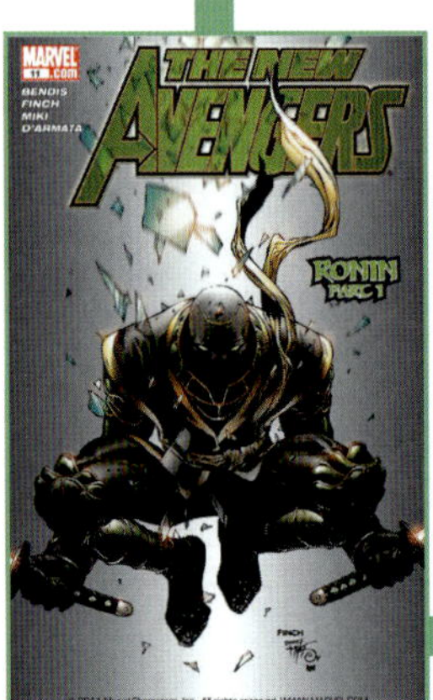

***New Avengers* 11**
(2005)
BRIAN MICHAEL BENDIS
DAVID FINCH
Maya Lopez wird zu __Ronin__, als sie den __Avengers__ bei einem Einsatz in Japan hilft.

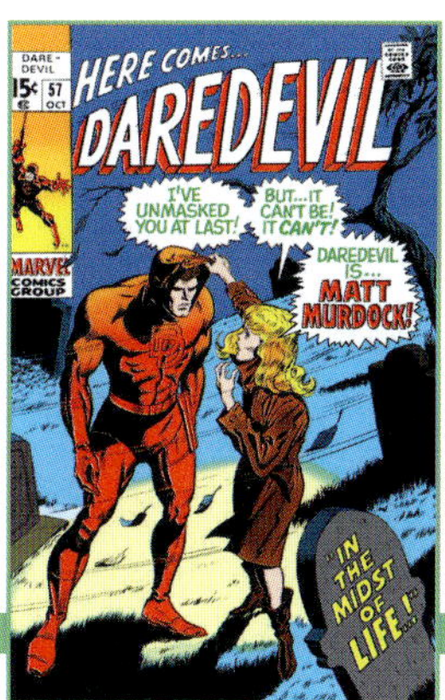

***Daredevil* 57**
(1969)
ROY THOMAS
GENE COLAN
Matt Murdock offenbart Karen Page sein Doppelleben, was ihre Beziehung letztlich zum Scheitern verurteilt.

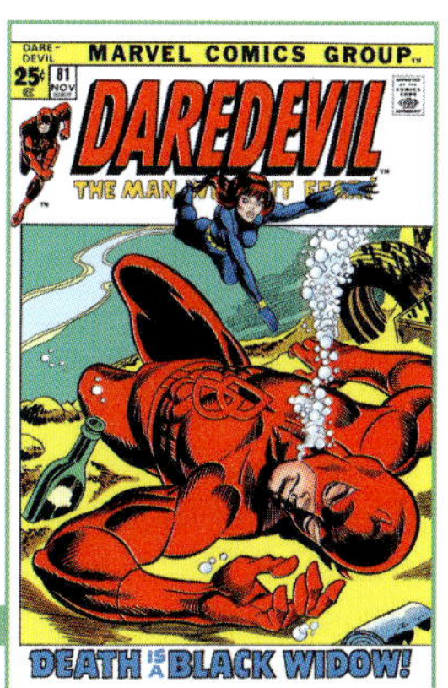

***Daredevil* 81**
(1971)
GERRY CONWAY
GENE COLAN
*Daredevil lernt **Black Widow** kennen, als sie beide mit **Owl** in Konflikt geraten. Sie beginnen schon bald eine Romanze.*

Der **Kingpin** kam ursprünglich aus der Welt von **Spider-Man** und war in den ersten 14 Jahren fast ausschließlich ein Feind von **Peter Parkers** Geheimidentität. Doch als **Frank Miller** 1981 Autor und Zeichner von *Daredevil* wurde, machte er sich die Figur zu eigen und verlieh ihr eine beängstigende neue Gestalt als skrupelloser Boss der New Yorker Unterwelt. Von diesem Zeitpunkt an wurden **Wilson Fisk** und **Matt Murdock** zu Erzfeinden. *Parts of a Hole* zeigt, wie gut sich die beiden Männer kennengelernt haben, während sie ihren erbitterten Krieg führen.

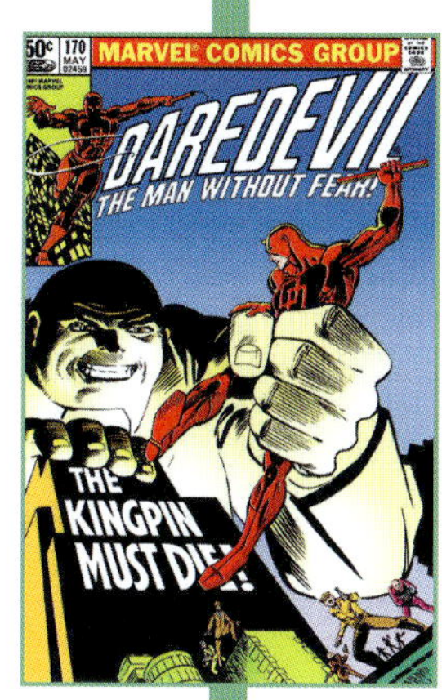

***Daredevil* 170**
(1981)
FRANK MILLER
Der Kingpin kehrt aus seinem Ruhestand in Japan zurück und wird erneut in einen Bandenkrieg hineingezogen. Er und Daredevil treffen zum ersten Mal aufeinander.

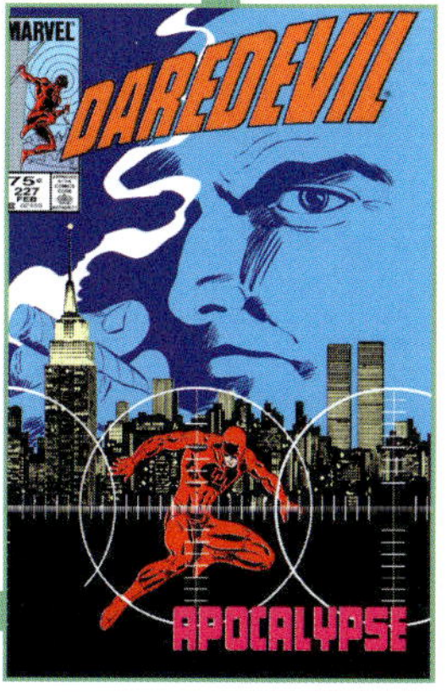

***Daredevil* 227**
(1986)
FRANK MILLER
DAVID MAZZUCCHELLI
Karen Page enthüllt die geheime Identität von Daredevil. Als der Kingpin die Wahrheit erfährt, beginnt er, Matt Murdocks Leben in Fetzen zu reißen.

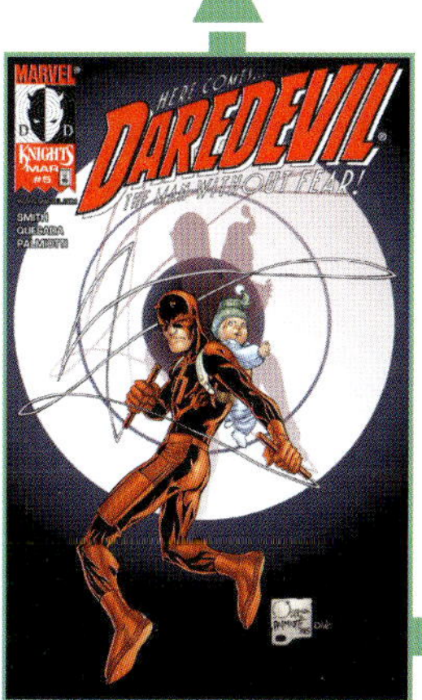

***Daredevil* 5**
(1999)
KEVIN SMITH
JOE QUESADA
*Daredevil und **Bullseye** kämpfen in einer Kirche. Karen Page wird von dem Schurken getötet.*

Echos der Vergangenheit

Vier Jahre später kehrte **David Mack** zu *Daredevil* zurück und brachte seine Schöpfung **Echo** gleich mit. Er schrieb und illustrierte eine Geschichte, die in *Daredevil* 51-55 erschien: Sie schilderte **Maya Lopez'** Reise um die Welt und ihre Versuche, mit sich selbst ins Reine zu kommen. Als sie nach New York zurückkehrt, stellt sie fest, dass **Matt Murdock** eine neue Beziehung hat, und konfrontiert den **Kingpin**, der ihr sagt, dass er sie wie eine Tochter liebt. Sie reist in den Westen und trifft dort auf einen alten Schamanen, der nur als „Chief" bekannt ist. Er schickt sie auf eine Geisterreise in die Berge. Maya fastet mehrere Tage lang und wird Zeuge eines Kampfes zwischen Tiergeistern. Sie begegnet **Wolverine**, der den Häuptling zum ersten Mal traf, als er noch eine wilde Kreatur war. Wolverine erzählt ihr von einem Mann, der dem Häuptling einst sagte, dass in ihm immer zwei Hunde kämpften: ein böser und ein guter. Auf die Frage, welcher Hund gewinnt, antwortete der Mann: „Der, dem ich am meisten Futter gebe." Maya erinnert sich an die Geschichte und erkennt, dass der Mann ihr verstorbener Vater war. Als sie zum Chief zurückkehrt, teilt er ihr mit, dass sie die Aufgabe des Geschichtenerzählers erhalten hat. Sie reist zurück nach New York und beginnt erneut, in einem Theater für Kinder aufzutreten.

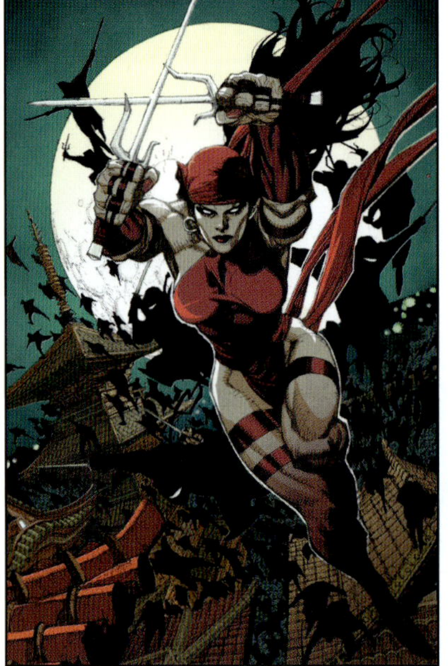

Eine falsche Elektra wird zur tödlichen Feindin von Maya Lopez. Zeichnung von Leinil Francis Yu und **Dave McCaig**.

Echo erscheint das nächste Mal in *New Avengers* 11 von **Brian Michael Bendis** und **David Finch**. Die **Avengers** entdecken, dass **Madame Hydra** versucht, eine Allianz mit **Silver Samurai**, dem Oberhaupt des Yashida-Clans, zu schmieden. **Captain America** bittet Matt Murdock um Informationen, und Matt bittet Maya Lopez, ihnen zu helfen. Zur Tarnung wird sie zu **„Ronin"** und trägt nun ein Kostüm, in dem sie wie ein Mann aussieht. Mit Ronins Hilfe gelingt es den Avengers, Madame Hydra in Japan gefangen zu nehmen.

▶ In *New Avengers* 27 von Brian Michael Bendis und Leinil Francis Yu erfahren wir, dass Maya heimlich nach Japan zurückgekehrt ist und als Ronin gegen das organisierte Verbrechen kämpft. Sie konfrontiert **Elektra Natchios**, die die neue Anführerin der **Hand** geworden ist. Elektra tötet Maya im Kampf, nutzt dann aber die Magie der Hand, um sie wiederauferstehen zu lassen und Maya zu ihrer Dienerin zu machen. Die Avengers retten Maya, und **Dr. Strange** befreit sie von der Gehirnwäsche der Hand. Maya tötet Elektra im Kampf, aber nach ihrem Tod stellt sich heraus, dass Elektra ein Skrull und Gestaltwandler war.

Black Widow

Natasha Romanoff wuchs von frühester Kindheit an in einer streng geheimen russischen Sicherheitseinrichtung auf, die als „Red Room" bekannt ist. Sie war eines von vielen jungen Waisenmädchen, die eine strenge Ausbildung in Spionage-, Kampf- und Attentatstechniken durchliefen. Als sie erwachsen war, erhielt Natasha eine Ausbildung von **Winter Soldier**, und die beiden hatten eine kurze Romanze.

Natasha erhielt den Codenamen **Black Widow** und wurde mit dem Auftrag in die USA geschickt, die technologischen Geheimnisse von **Tony Starks** Rüstungskonzern zu erbeuten. Dies führte zu einer Reihe von Gefechten mit **Iron Man**. Natasha verführte **Hawkeye** mit ihrer Schönheit und rekrutierte ihn, um gegen Iron Man zu kämpfen. Hawkeye wechselte die Seiten und schloss sich den **Avengers** an. Seine Beziehung zu Natasha vertiefte sich mit der Zeit und die beiden verliebten sich aufrichtig ineinander. Natasha lief von den Russen über, was sie zur Zielscheibe für viele Agenten machte.

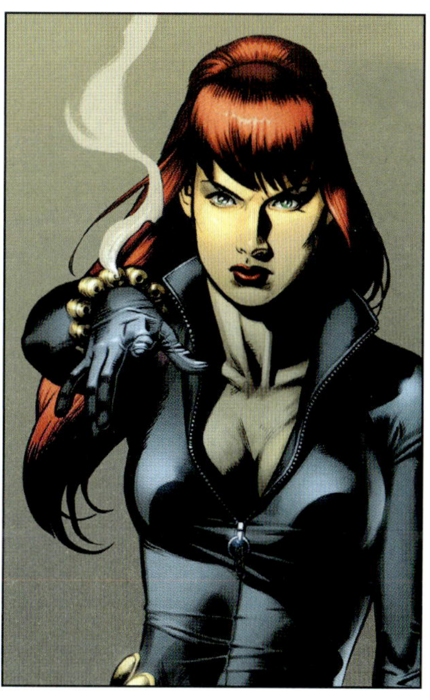

Die Hauptwaffe von Black Widow ist ihr „Witwenbiss", ein Energiestrahl, der von Vorrichtungen an ihren Handgelenken abgefeuert wird. Zeichnung von **J. G. Jones**.

Als ihre Beziehung zu Hawkeye in die Brüche ging, verliebte sie sich in **Daredevil** und begann mit ihm ein neues Leben in San Francisco. Auch diese Beziehung endete schließlich, obwohl die beiden Helden eng befreundet geblieben sind. Black Widow ist normalerweise als freie Agentin tätig, obwohl sie eng mit **SHIELD** verbunden ist.

Natasha Romanoffs Körper wurde durch Biotechnologie verbessert, was ihn resistent gegen Alterung und Krankheiten macht. Sie besitzt die Fähigkeit, mehrere Informationsströme schnell zu verarbeiten und sich rasch auf wechselnde taktische Situationen einzustellen. Sie hat eine umfassende Spionageausbildung absolviert. Sie ist eine Weltklasse-Athletin, Turnerin und Luftakrobatin und außerdem eine ausgezeichnete Ballerina. Sie beherrscht die meisten der weltweit wichtigsten Kampfsportarten wie Jiu-Jitsu, Aikido, Boxen und Kung-Fu sowie die russische Kampfsportart Sambo. Sie ist eine erfahrene Schützin und beherrscht den Umgang mit Handfeuerwaffen und Gewehren, aber auch mit Schlagstöcken und Kampfmessern.

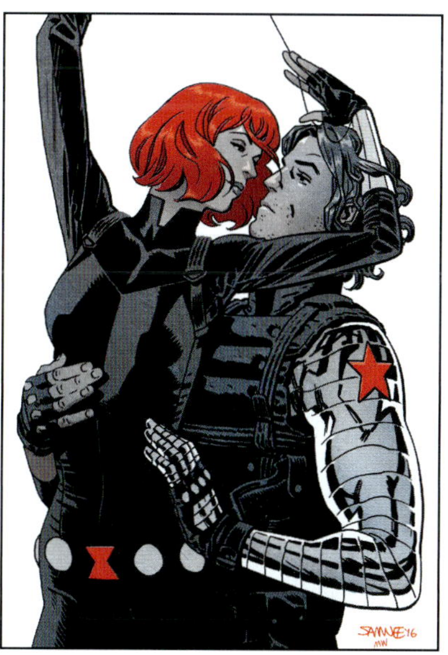

Black Widow und Winter Soldier haben eine romantische Vergangenheit. Zeichnung von **Chris Samnee** und **Matthew Wilson**.

WEITERE MUST-HAVE-TITEL

BEREITS ERHÄLTLICH

CIVIL WAR
AVENGERS: HELDENFALL
SPIDER-MAN: SPIDER-VERSE
WOLVERINE: OLD MAN LOGAN
DEADPOOL KILLT DAS MARVEL-UNIVERSUM
THANOS: DIE GEBURT EINES MONSTERS
DAREDEVIL: DER MANN OHNE FURCHT
MILES MORALES: ULTIMATE SPIDER-MAN
MS. MARVEL: META-MORPHOSE
DER TOD VON WOLVERINE
INFINITY GAUNTLET: DIE EWIGE FEHDE
PLANET HULK
X-MEN: DIE DARK PHOENIX SAGA
VENOM: DARK ORIGIN
IRON MAN: EXTREMIS
FANTASTIC FOUR - 4
PUNISHER: FRANK IST ZURÜCK!
MARVEL KNIGHTS SPIDER-MAN
BLACK PANTHER: WER IST BLACK PANTHER?
X-MEN: EIN NEUER ANFANG
FANTASTIC FOUR: ALLES GELÖST?!
SPIDER-MAN: HEIMKEHR
CAPTAIN AMERICA: WINTER SOLDIER
ASTONISHING X-MEN: BEGABT
SPIDER-MAN: KRAVENS LETZTE JAGD

HOUSE OF M
DEADPOOL: WEIBER, WUMMEN UND WADE WILSON
AVENGERS: AUSBRUCH
ULTIMATE SPIDER-MAN: LEKTIONEN FÜRS LEBEN
DER TOD VON CAPTAIN AMERICA
ANNIHILATION
MARVELS
DAREDEVIL: AUFERSTEHUNG
GUARDIANS OF THE GALAXY: SPACE-AVENGERS
AVENGERS PRIME
WOLVERINE: STAATSFEIND
THE SIEGE - DIE BELAGERUNG
SPIDER-MAN/BLACK CAT
DAREDEVIL: IN DEN ARMEN DES TEUFELS
THOR: DIE RÜCKKEHR DES DONNERS
SECRET INVASION
UNCANNY AVENGERS: DER ROTE SCHATTEN
WOLVERINE: WAFFE X
MARVEL ZOMBIES
DOCTOR STRANGE: DER EID
SILVER SURFER: REQUIEM
X-MEN: BEDROHTE SPEZIES
FEAR ITSELF - NACKTE ANGST
THOR: AUF DER SUCHE NACH GÖTTERN
WORLD WAR HULK
SPIDER-MAN: QUALEN

WOLVERINE
NEW AVENGERS: ILLUMINATI
SECRET WAR
THANOS KEHRT ZURÜCK
GHOST RIDER: STRASSE ZUR VERDAMMNIS
AVENGERS: ULTRONS RACHE
DEADPOOL: DREI GLORREICHE HALUNKEN
SPIDER-MAN: ERSTAUNLICHER NEUSTART
AVENGERS FOREVER
X-MEN: SCHISMA - GETRENNTE WEGE
SUB-MARINER: DIE TIEFE
AGE OF ULTRON
SECRET WARS
HULK: GRAU
NEW MUTANTS: HÖLLENBIEST
X-MEN: MAGNETO - TESTAMENT
SILVER SURFER: PARABEL
IRON MAN: DIE FÜNF ALBTRÄUME
CAPTAIN AMERICA: NEUE GEGNER
THOR: GOTT DES DONNERS - GÖTTERSCHLÄCHTER
MARVEL SUPER HEROES SECRET WARS
GUARDIANS OF THE GALAXY: KRIEGER DES ALLS
HULK: DYSTOPIA
SPIDER-MAN NOIR
DEADPOOL: DIE WETTE

JETZT ERHÄLTLICH

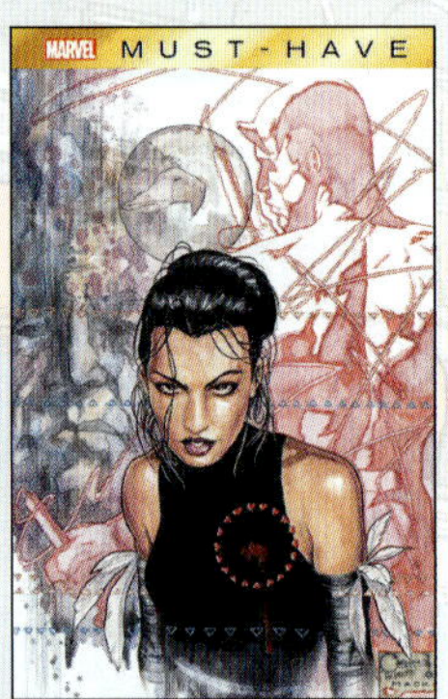

DAREDEVIL & ECHO: TEILE DER LEERE

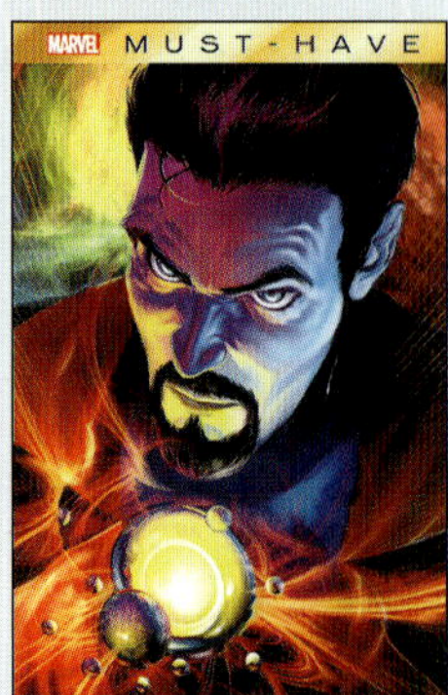

DOCTOR STRANGE: ANFANG UND ENDE

DEMNÄCHST

DAREDEVIL: FATHER

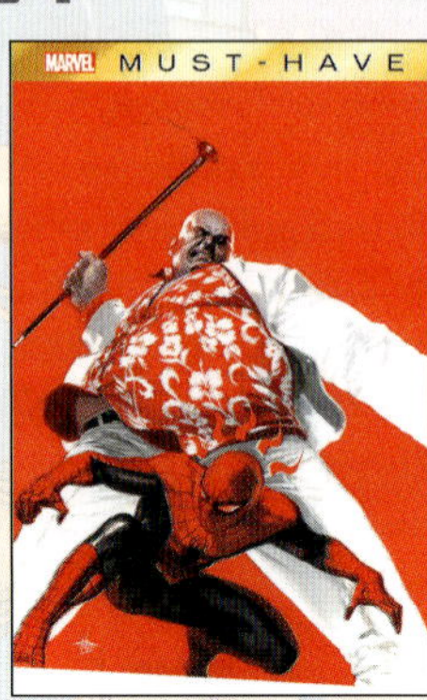

SPIDER-MAN: FAMILIENTRADITION